Der Windows Server 2016 MCSA Trainer
Installation, Speichertechnologien und Computing
Vorbereitung zur MCSA-Prüfung 70-740

Nicole Laue / Thomas Steinberger

Der Windows Server 2016 MCSA Trainer
Installation, Speichertechnologien und Computing
Vorbereitung zur MCSA-Prüfung 70-740

Verlag Nicole Laue

Bibliografische Information der Deutschen Bibliothek:

Die Deutsche Bibliothek verzeichnet diese Publikation in der Deutschen Nationalbibliografie; detaillierte bibliografische Daten sind im Internet über http://dnb.ddb.de abrufbar.

ISBN: 978-3-937239-78-1

© März 2017, Verlag Nicole Laue, Farchant

Alle Rechte vorbehalten

Druck: Scandinavianbook, Flughafenallee 26, 6.OG. 28199 Bremen
Titelfoto: © sonjanovak - Fotolia.com

Inhaltsverzeichnis

Für wen ist dieses Buch?

Dieses Buch ist für alle diejenigen geschrieben, die sich mit dem Themengebiet „Windows Server 2016" auseinandersetzen möchten.

Dieses Themengebiet entspricht der MCTS-Prüfung 70-740 „Installation, Storage, and Compute with Windows Server 2016" und ist als Vorbereitung zum Bestehen dieser Prüfung zu sehen.

Hierbei ist besonders an zwei Hauptgruppen gedacht worden:

- Privatleute, die sich die Kenntnisse im Selbststudium aneignen möchten
- Schulungsunternehmen, die eine Schulungsunterlage benötigen

Dieses Buch ist für beide Personengruppen gleichermaßen geeignet, da es sowohl für das Selbststudium geschrieben wurde, als auch als hochwertige Schulungsunterlage eingesetzt werden kann.

Ein Schulungsbuch kann nur gut sein, wenn das Erlernte sofort in praktischen Übungen ausprobiert werden kann. Aus diesem Grund werden exakte Installationsanleitungen mitgeliefert, die Ihnen die Möglichkeit geben, alle praktischen Übungen absolvieren zu können.

Für die Präsentation im Unterricht stehen auf der Homepage des Verlags http://www.laue-net.de Powerpoint Präsentationen zum Download bereit.

Übungsumgebung

Die Hardwarevoraussetzungen für eine Übungsumgebung sind nicht besonders hoch. Sie können jeden Computer dafür benutzen, der folgende Mindestvoraussetzungen erfüllt:

- 16 GB Arbeitsspeicher
- 500 GB freien Festplattenspeicher
- Das BIOS muss die Virtualisierung unterstützen

Für die Übungen installieren Sie eine Virtualisierungssoftware, hier können Sie beispielsweise Microsoft Hyper-V benutzen.

Achten Sie darauf, dass bei allen virtuellen Computern die Netzwerkkarten auf „Privat" eingerichtet sind, damit die virtuellen Computer keinen Kontakt zur realen Welt haben.

Allerdings müssen Sie für Installation – Downloads, beispielsweise für den ADK oder den MDT die Möglichkeit haben, Zugriff aufs Internet zu erhalten.

Ansonsten benötigen Sie lediglich eine DVD mit Windows Server 2016 und eine DVD mit Windows 10.

In einer Klassenumgebung sollte jeder Teilnehmer einen eigenen PC mit Hyper-V zur Verfügung haben.

Die Installation wird teilweise während des Kurses vorgenommen.

Einrichten der virtuellen Maschinen

Bevor Sie mit dem Kurs beginnen, sollten Sie die virtuellen Maschinen vorkonfigurieren.

Virtuelle Maschine „DC"

Erstellen Sie die neue virtuelle Maschine mit Namen „DC" der Generation 2 und achten Sie darauf, dass die Netzwerkkarte „Privat" konfiguriert ist.

Fügen Sie der virtuellen Maschine ein DVD-Laufwerk hinzu und bearbeiten Sie die Startsequenz, so dass die Maschine vom DVD-Laufwerk startet.

Sorgen Sie dafür, dass die Windows Server 2016 Installations- DVD entweder als reale DVD oder als .iso-Datei in dieser Maschine zur Verfügung steht.

Installieren Sie das Betriebssystem mit grafischer Oberfläche mit den Standardeinstellungen.

Nach der Installation startet das Betriebssystem neu und Sie nehmen folgende Konfigurationen vor:

- Beim Neustart werden Sie nach einem Administratorkennwort gefragt. Legen Sie dieses als „Kennw0rt!" fest. (Bitte beachten Sie: Dieses Kennwort enthält die Ziffer „0" und am Ende ein „!")

- Klicken Sie im Dashboard auf „lokaler Server" auf „Computername". Ändern Sie den Namen auf „DC". Führen Sie den benötigten Neustart durch

- Klicken Sie im Dashboard auf „Ethernet" und wählen Sie dann mit der rechten Maustaste die Eigenschaften der Netzwerkkarte aus

- Wählen Sie die Eigenschaften von „IPv4" und geben folgende statischen Werte ein:
  - IP-Adresse: 192.168.1.100
  - Subnetzmaske: 255.255.255.0
  - Bevorzugter DNS-Server: 192.168.1.100
- Klicken Sie im Dashboard auf „Verwalten" und wählen Sie „Rollen und Features hinzufügen"
- Wählen Sie „Rollenbasierte oder featurebasierte Installation" aus
- Bestätigen Sie im nächsten Fenster den Server „DC"
- Wählen Sie „Active Directory Domänendienste" aus und bestätigen Sie die benötigten Features
- Auf den nächsten Seiten klicken Sie auf „Weiter"
- Bestätigen Sie die Installation
- Nach der Installation sehen Sie im oberen Bereich des Dashboards ein Ausrufezeichen auf gelbem Dreieck. Klicken Sie hierauf
- Wählen Sie „Server zu einem Domänencontroller heraufstufen"
- Wählen Sie „Neue Gesamtstruktur hinzufügen"
- Name der Stammdomäne: Meistertrainer.info
- Gesamtstrukturfunktionsebene: Windows Server 2016
- Domänenfunktionsebene: Windows Server 2016
- Lassen Sie die Domänencontrollerfunktionen in der Standardeinstellung
- Geben Sie das DSRM-Kennwort an: Kennw0rt! (Bitte beachten Sie: Dieses Kennwort enthält die Ziffer „0" und am Ende ein „!")
- Klicken Sie bei „DNS-Optionen" auf „Weiter"
- Bestätigen Sie den NetBios Domänennamen „MEISTERTRAINER"
- Bestätigen Sie die Pfade
- Klicken Sie bei „Optionen prüfen" auf „Weiter"
- Klicken Sie bei „Voraussetzungsüberprüfung" auf „Installieren"
- Der Assistent installiert Active Directory, nach einem Neustart steht der Domänencontroller zur Verfügung
- Klicken Sie auf „Tools – DHCP"

- Klicken Sie mit der rechten Maustaste auf „DC.meistertrainer.info" und wählen Sie „Autorisieren"

Virtuelle Maschine „Server1"

Erstellen Sie die neue virtuelle Maschine mit Namen „Server1" der Generation 2 und achten Sie darauf, dass die Netzwerkkarte „Privat" konfiguriert ist.

Fügen Sie der virtuellen Maschine ein DVD-Laufwerk hinzu und bearbeiten Sie die Startsequenz, so dass die Maschine vom DVD-Laufwerk startet.

Sorgen Sie dafür, dass die Windows Server 2016 Installations- DVD entweder als reale DVD oder als .iso-Datei in dieser Maschine zur Verfügung steht.

Installieren Sie das Betriebssystem mit grafischer Oberfläche mit den Standardeinstellungen.

Nach der Installation startet das Betriebssystem neu und Sie nehmen folgende Konfigurationen vor:

- Beim Neustart werden Sie nach einem Administratorkennwort gefragt. Legen Sie dieses als „Kennw0rt!" fest. (Bitte beachten Sie: Dieses Kennwort enthält die Ziffer „0" und am Ende ein „!")
- Klicken Sie im Dashboard auf „Ethernet" und wählen Sie dann mit der rechten Maustaste die Eigenschaften der Netzwerkkarte aus
- Wählen Sie die Eigenschaften von „IPv4" und geben folgende statischen Werte ein:
  - IP-Adresse: 192.168.1.11
  - Subnetzmaske: 255.255.255.0
  - Bevorzugter DNS-Server: 192.168.1.100
- Klicken Sie im Dashboard auf „lokaler Server" auf „Computername". Ändern Sie den Namen auf „Server1". Treten Sie auch direkt der Domäne „Meistertrainer.info" bei.
- Führen Sie dann den benötigten Neustart durch und melden Sie sich als Administrator mit dem Kennwort „Kennw0rt!" an der Domäne an

Virtuelle Maschine „Server2"

Erstellen Sie die neue virtuelle Maschine mit Namen „Server2" der Generation 2 und achten Sie darauf, dass die Netzwerkkarte „Privat" konfiguriert ist.

Fügen Sie der virtuellen Maschine ein DVD-Laufwerk hinzu und bearbeiten Sie die Startsequenz, so dass die Maschine vom DVD-Laufwerk startet.

Sorgen Sie dafür, dass die Windows Server 2016 Installations- DVD entweder als reale DVD oder als .iso-Datei in dieser Maschine zur Verfügung steht.

Installieren Sie das Betriebssystem mit grafischer Oberfläche mit den Standardeinstellungen.

Nach der Installation startet das Betriebssystem neu und Sie nehmen folgende Konfigurationen vor:

- Beim Neustart werden Sie nach einem Administratorkennwort gefragt. Legen Sie dieses als „Kennw0rt!" fest. (Bitte beachten Sie: Dieses Kennwort enthält die Ziffer „0" und am Ende ein „!")

- Klicken Sie im Dashboard auf „Ethernet" und wählen Sie dann mit der rechten Maustaste die Eigenschaften der Netzwerkkarte aus

- Wählen Sie die Eigenschaften von „IPv4" und geben folgende statischen Werte ein:
  - o IP-Adresse: 192.168.1.12
  - o Subnetzmaske: 255.255.255.0
  - o Bevorzugter DNS-Server: 192.168.1.100

- Klicken Sie im Dashboard auf „lokaler Server" auf „Computername". Ändern Sie den Namen auf „Server2". Treten Sie auch direkt der Domäne „Meistertrainer.info" bei

- Führen Sie dann den benötigten Neustart durch und melden Sie sich als Administrator mit dem Kennwort „Kennw0rt!" an der Domäne an

Virtuelle Maschine „Nested"

Erstellen Sie die neue virtuelle Maschine mit Namen „Nested" der Generation 2 und achten Sie darauf, dass die Netzwerkkarte „Privat" konfiguriert ist.

Fügen Sie der virtuellen Maschine ein DVD-Laufwerk hinzu und bearbeiten Sie die Startsequenz, so dass die Maschine vom DVD-Laufwerk startet.

Sorgen Sie dafür, dass die Windows Server 2016 Installations- DVD entweder als reale DVD oder als .iso-Datei in dieser Maschine zur Verfügung steht.

Installieren Sie das Betriebssystem mit grafischer Oberfläche mit den Standardeinstellungen.

Nach der Installation startet das Betriebssystem neu und Sie nehmen folgende Konfigurationen vor:

- Beim Neustart werden Sie nach einem Administratorkennwort gefragt. Legen Sie dieses als„Kennw0rt!" fest. (Bitte beachten Sie: Dieses Kennwort enthält die Ziffer „0" und am Ende ein „!")

- Klicken Sie im Dashboard auf „Ethernet" und wählen Sie dann mit der rechten Maustaste die Eigenschaften der Netzwerkkarte aus

- Wählen Sie die Eigenschaften von „IPv4" und geben folgende statischen Werte ein:
    - o IP-Adresse: 192.168.1.14
    - o Subnetzmaske: 255.255.255.0
    - o Bevorzugter DNS-Server: 192.168.1.100

- Klicken Sie im Dashboard auf „lokaler Server" auf „Computername". Ändern Sie den Namen auf „Nested".

- Führen Sie dann den benötigten Neustart durch und melden Sie sich als Administrator mit dem Kennwort „Kennw0rt!" am lokalen Rechner an

Virtuelle Maschine „Core"

Erstellen Sie die neue virtuelle Maschine mit Namen „Core" der Generation 2 und achten Sie darauf, dass die Netzwerkkarte „Privat" konfiguriert ist.

Fügen Sie der virtuellen Maschine ein DVD-Laufwerk hinzu und bearbeiten Sie die Startsequenz, so dass die Maschine vom DVD-Laufwerk startet.

Sorgen Sie dafür, dass die Windows Server 2016 Installations- DVD entweder als reale DVD oder als .iso-Datei in dieser Maschine zur Verfügung steht.

Die Installation wird im Kurs vorgenommen.

Virtuelle Maschine „Test"

Erstellen Sie die neue virtuelle Maschine mit Namen „Test" der Generation 2 und achten Sie darauf, dass die Netzwerkkarte „Privat" konfiguriert ist.

Fügen Sie der virtuellen Maschine ein DVD-Laufwerk hinzu und bearbeiten Sie die Startsequenz, so dass die Maschine vom DVD-Laufwerk startet.

Sorgen Sie dafür, dass die Windows Server 2016 Installations- DVD entweder als reale DVD oder als .iso-Datei in dieser Maschine zur Verfügung steht.

Die Installation wird im Kurs vorgenommen.

Erstellen Sie von den virtuellen Maschinen DC, Server1 und Server2 einen Snapshot (Prüfpunkt), den Sie „Installation" nennen.

Software

Für die Übungen benötigen Sie folgende Evaluierungskopien:

* Windows Server 2016

Die meisten dieser Evaluierungskopien können Sie bei Microsoft unter folgendem Link erhalten: http://technet.microsoft.com/de-de/evalcenter/default.aspx. Natürlich können Sie auch Vollversionen verwenden, die dann nicht aktiviert werden müssen.

Danksagung

An dieser Stelle möchte ich mich bei den vielen hilfreichen Freunden und Mitarbeitern bedanken, die erst ermöglicht haben, dass dieses Buch entstehen kann. Besonderer Dank gilt folgenden Helfern:

Karin Feichtinger, Helmuth Volk, Marco Haas, Thomas Steinberger und meinem Mann Christian.

Sie waren mir als Betaleser eine große Hilfe und haben freiwillig ihre Freizeit geopfert. Mit ihrem großen Fachwissen waren sie ein wichtiger Bestandteil der Entstehung dieses Buches.

Danksagung

1 Installieren von Windows Server als Host und in einer Serverumgebung

Prüfungsanforderungen von Microsoft:

- Install, Upgrade and migrate Servers and workloads

- Install and Configure Nano Server

- Create, Manage and Maintain images for Deployment

Quelle: Microsoft

Lernziele:

- Die Installation
    - o Installation eines Servers
    - o Installation eines Core-Servers
- Serverkonfiguration
- Installation und Konfiguration des Nano Servers
- Verteilen von Windows Server 2016
    - o Der Windows Imaging and Configuration Designer
- MDT

1.1 Einführung

Windows Server 2016 ist das neue Serverbetriebssystem von Microsoft. Wie in jeder Version, hat Microsoft auch diesmal den Funktionsumfang des Servers erheblich erweitert.

1.2 Die Installation

Bevor wir eine Installation durchführen können, müssen wir uns erst mit einigen Voraussetzungen beschäftigen.

1.2.1 Die Versionen von Windows Server 2016

Windows Server 2016 gibt es in folgenden Versionen:

- Standard
- Datacenter
- Essentials (ersetzt den Small Business Server Essentials)
- Windows Storage Server 2016 Workgroup Edition (50 Benutzer, 1 Prozessor, 32 GB RAM)
- Windows Storage Server 2016 Standard Edition (nicht alle Rollen werden unterstützt)

In den meisten Fällen werden Sie mit der Standard und der Datacenter Edition zu tun haben. Die Unterschiede sind folgende:

	Standard Edition	**Datacenter Edition**
OSEs/Hyper-V Container	2	Unbegrenzt
Windows Server Container	Unbegrenzt	Unbegrenzt
Nano Server	X	X
Speicherfunktionen, wie Storage Spaces Direct und Storage Replica		X
Shielded Virtual machines and Host Guardian Service		X
Neue Netzwerktechnologien		X

1.2.2   Hardwareanforderungen

Um Windows Server 2016 installieren zu können, müssen Sie folgende Hardwareanforderungen erfüllen:

Komponente	Mindestanforderung
Prozessor	1.4 GHz
Arbeitsspeicher	512 MB
Freier Platz auf Festplatte	32 GB
Grafikkarte	Super VGA

Bitte beachten Sie, dass Windows Server 2016 nur in der 64-bit Version vorliegt, also die Hardware dafür ausgelegt sein muss!

Außerdem sollten Sie immer bedenken, dass dies die absoluten Mindestanforderungen sind, und Sie das System deutlich beschleunigen können, wenn Sie diese Anforderungen übertreffen.

1.2.3   Installation eines Servers

Die Installation ist sehr einfach. In den meisten Fällen werden Sie eine Installation von der DVD durchführen.

Dafür legen Sie die DVD ein und starten von dieser DVD. Eventuell müssen Sie das BIOS dafür anpassen.

Für virtuelle Maschinen können Sie auch eine .iso-Datei benutzen.

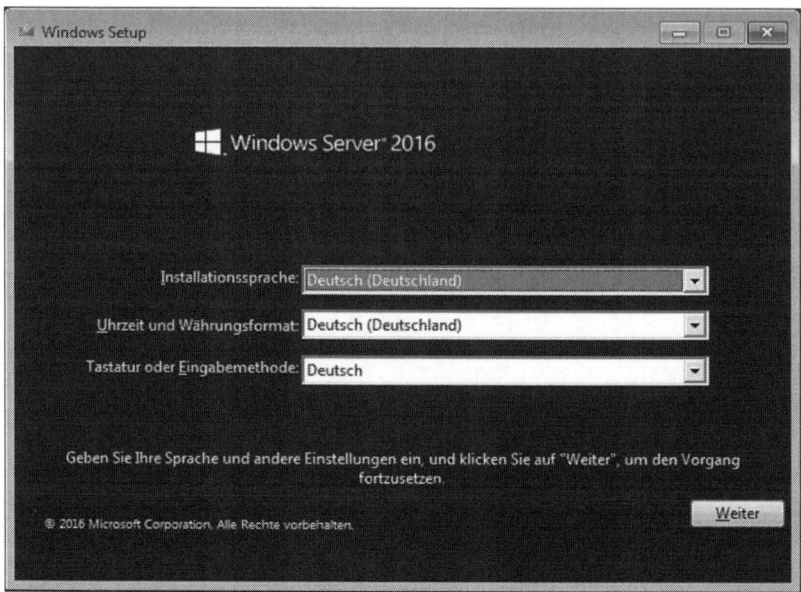

Abbildung 1.1: Installationsstart

Nach der Auswahl der Landeseinstellungen klicken Sie auf „Jetzt installieren".

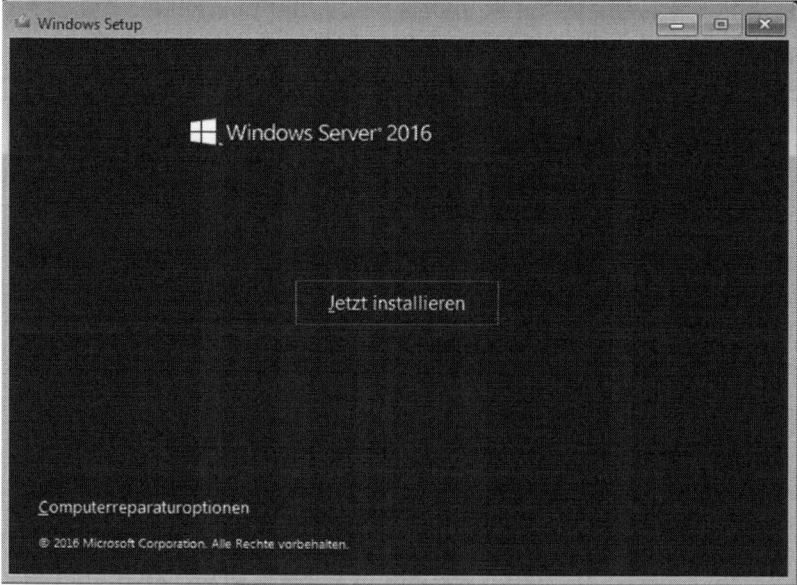

Abbildung 1.2: Jetzt installieren

An dieser Stelle haben Sie auch die Möglichkeit, diverse Reparaturoptionen zu starten, aber natürlich erst, wenn Sie bereits eine fertige Installation haben.

Nun wird der Product Key abgefragt. Wenn Sie ihn an dieser Stelle eingeben, wird automatisch festgelegt, welche Edition Sie installieren, denn diese Information ist im Product Key gespeichert.

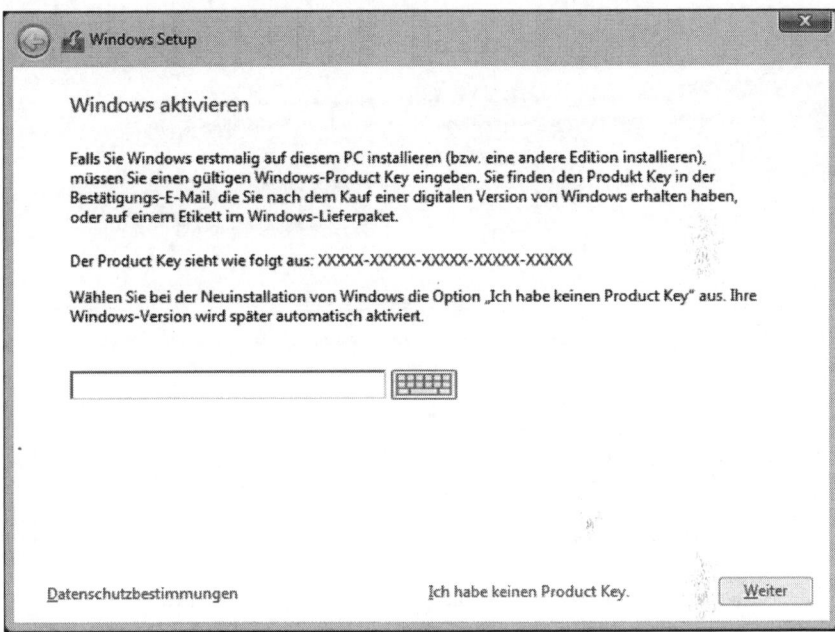

Abbildung 1.3: Abfrage Product Key

Wenn Sie hier wählen „Ich habe keinen Product Key" können Sie im nächsten Fenster wählen, welche Edition Sie installieren möchten.

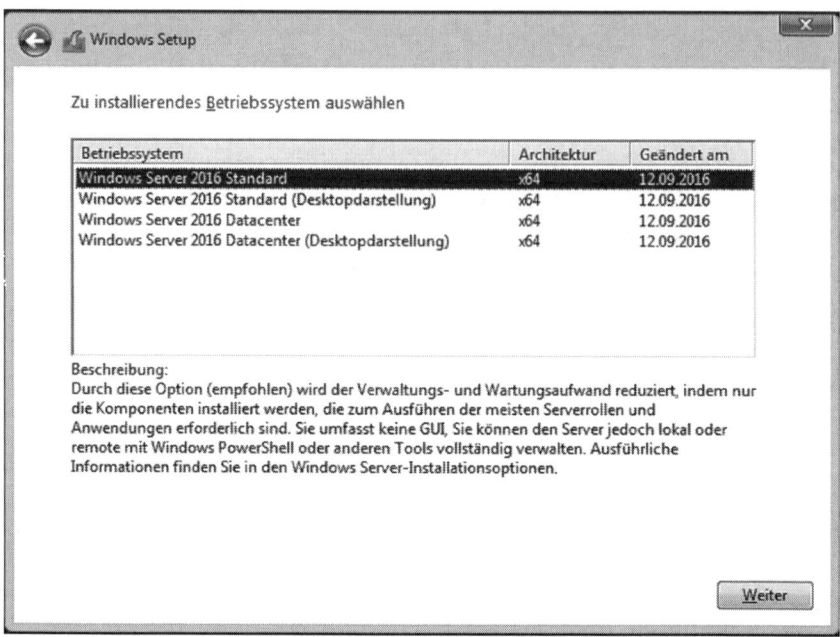

Abbildung 1.4: Art der Installation

Sie haben die Auswahl zwischen der Standard- und der Datacenter Version. Dies ist dann aber die Server Core Version ohne grafische Benutzeroberfläche!

Wenn Sie eine vollständige Installation mit grafischer Benutzeroberfläche wünschen, müssen Sie die entsprechende Edition mit dem Zusatz „(Desktopdarstellung)" wählen.

Hier installieren wir zunächst den Datacenter Server mit grafischer Benutzeroberfläche.

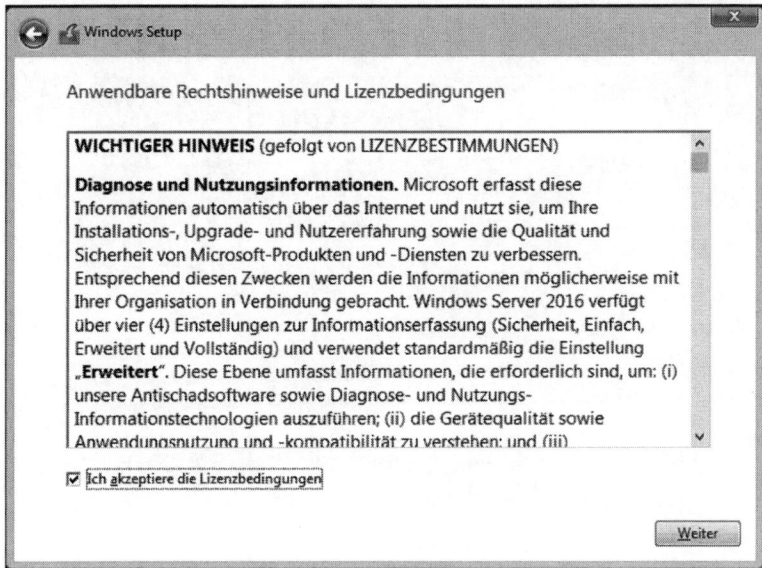

Abbildung 1.5: Lizenzbedingungen

Im nächsten Schritt müssen Sie die Lizenzbedingungen akzeptieren.

Danach wählen Sie, ob Sie ein Upgrade machen möchten oder eine komplette Neuinstallation.

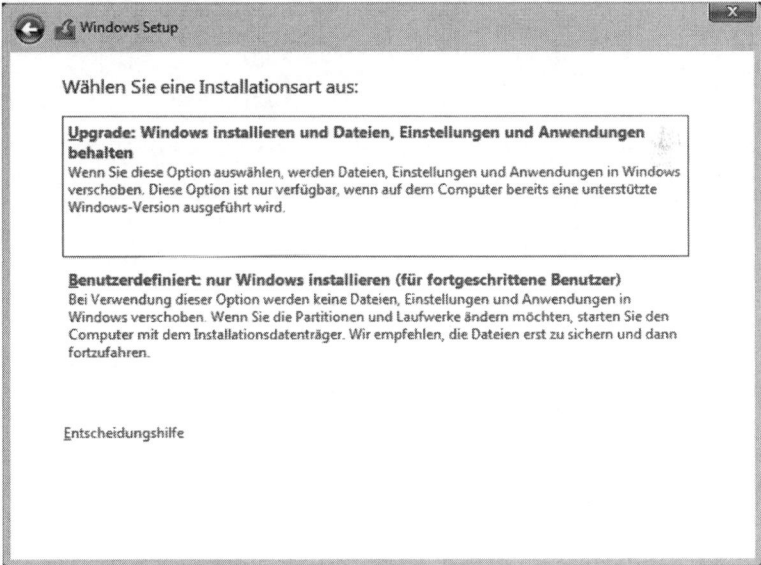

Abbildung 1.6: Upgrade oder Neuinstallation

Das nächste Fenster fordert Sie auf, eine Partition für die Installation zu wählen.

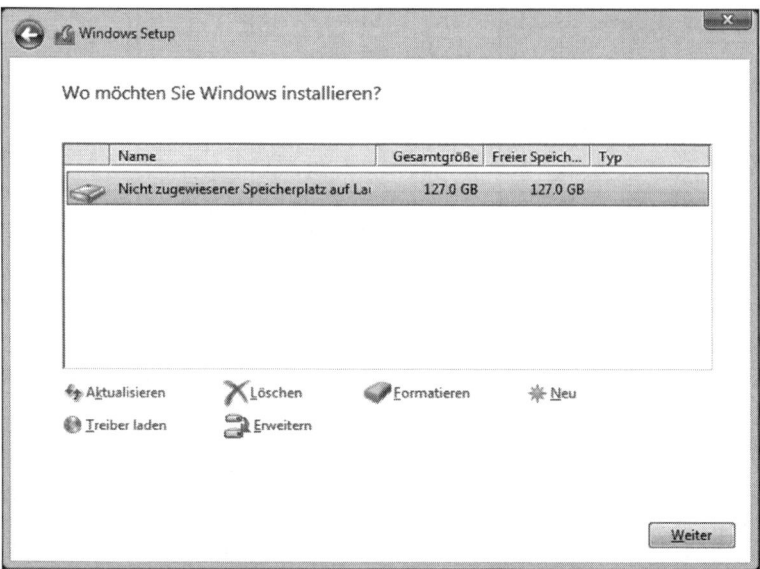

Abbildung 1.7: Auswahl Partition

Nun werden die Daten kopiert und Windows Server 2016 wird installiert.

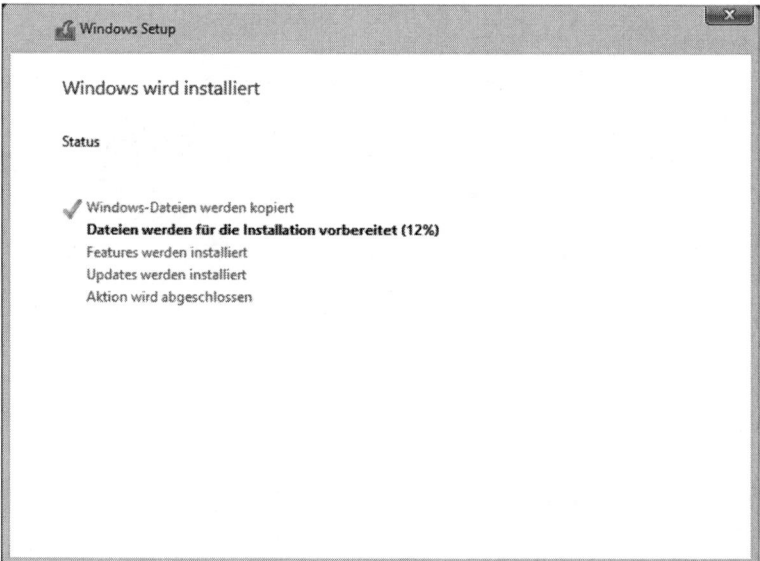

Abbildung 1.8: Installation

Dies dauert einige Minuten.

Nach einem Neustart müssen Sie noch das Administratorkennwort angeben.

Abbildung 1.9: Einstellungen

Danach können Sie sich am Server anmelden.

Abbildung 1.10: Anmeldung

Der erste Bildschirm startet.

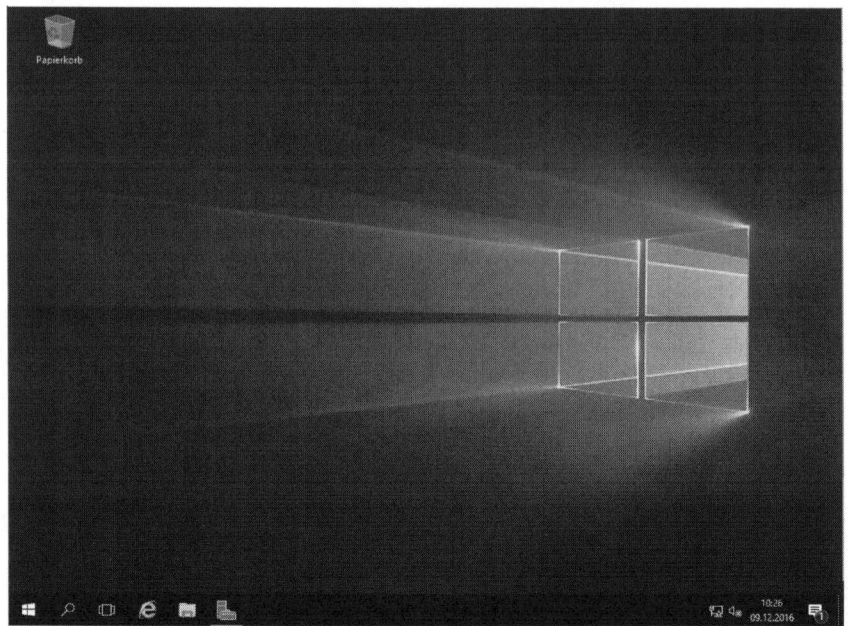

Abbildung 1.11: erster Start

Damit ist der Server einsatzfähig.

1.2.4   Installation eines Core-Servers

Ein Core-Server ist ein Server ohne grafische Benutzeroberfläche. Dies macht ihn schneller und weniger anfällig, aber leider auch schwerer zu administrieren.

Ein Core-Server wird ähnlich installiert, nur wählen Sie im Auswahlfeld die gewünschte Edition ohne den Hinweis „Desktopdarstellung" aus.

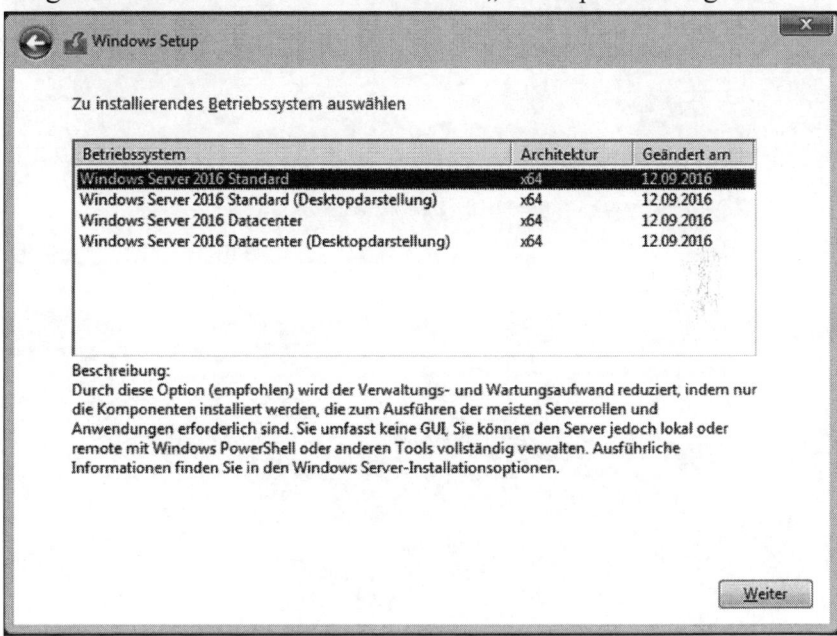

Abbildung 1.12: Server Core-Installation

Die Installation geht dann automatisch weiter.

Auch die Eingabe des Administratorkennworts erfolgt über die Befehlszeile.

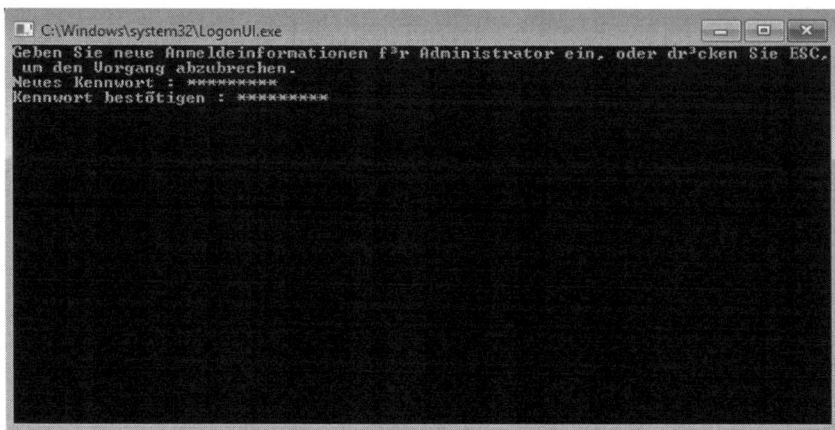

Abbildung 1.13: Administratorkennwort

Ein weiterer Unterschied ist, dass Sie nach der Installation lediglich das Befehlszeilenfenster haben.

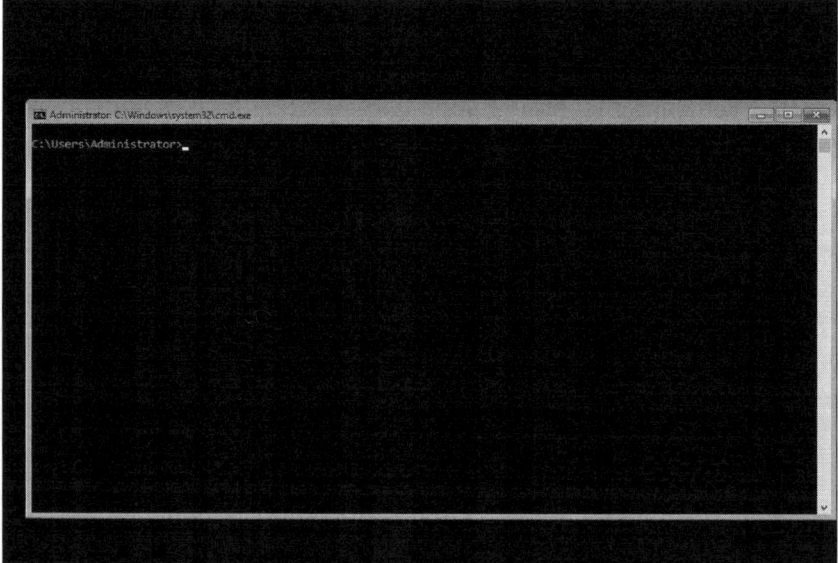

Abbildung 1.14: Befehlszeilenfenster

Wenn Sie eine minimale Oberfläche benutzen möchten, mit der Sie die allerwichtigsten Konfigurationseinstellungen vornehmen können, geben Sie ein

Sconfig.cmd

Dann öffnet sich das Menü „Serverkonfiguration".

Abbildung 1.15: Serverkonfiguration

1.2.5   Server mit PowerShell verwalten

Natürlich können Sie jeden Server auch mit der PowerShell verwalten. Windows Server 2016 bietet Ihnen dafür PowerShell 5.0.

Gerade für den Core Server und den Nano Server (später mehr darüber) ist PowerShell nötig, da hier keine grafische Benutzeroberfläche zur Verfügung steht.

Importieren von Modulen

In der Standardinstallation eines Servers ist die PowerShell enthalten.

Allerdings gibt es einige Befehle, die standardmäßig nicht vorhanden sind. Es gibt sogenannte „Module", die einen Satz an Cmdlets enthalten, die für einen bestimmten Themenkreis sind.

Diese Module können Sie importieren mit dem PowerShell Cmdlet

Import-module

1.3   Serverkonfiguration

Nach der Installation sind die Server noch völlig unkonfiguriert, das bedeutet, dass Sie eine Grundkonfiguration vornehmen müssen.

Diese erste Konfiguration können Sie sehr einfach im Server-Manager vornehmen.

Diesen starten Sie durch klicken auf den Startbutton und wählen „Servermanager".

Abbildung 1.16: Starten des Servermanagers

Sie klicken auf „Diesen lokalen Server konfigurieren".

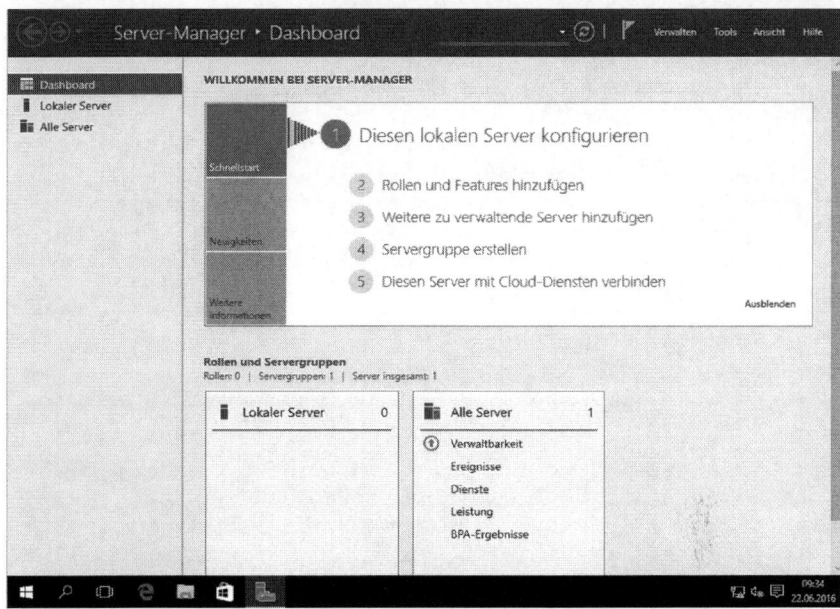

Abbildung 1.17: Den lokalen Server konfigurieren

Nun erhalten Sie eine Übersicht, in der Sie die wichtigsten Schritte einstellen können.

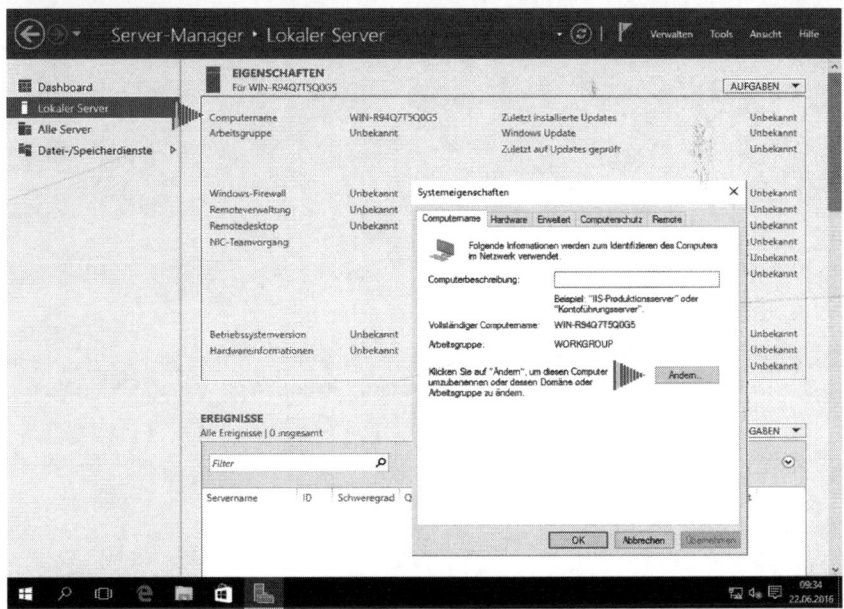

Abbildung 1.18: Computername ändern

Beispielsweise können Sie den Computernamen ändern.

Bei der Installation erhält der Computer einen zufälligen Namen, den sich in den meisten Fällen keiner merken kann.

Deswegen ist es sinnvoll, einen aussagekräftigen Namen zu wählen.

Nach dieser Konfigurationsaktion ist ein Neustart zwingend!

> **TIPP:**
> Sie können die Namensänderung gleichzeitig mit einem Domänenbeitritt durchführen, dann sparen Sie sich einen Neustart.

Der PowerShell-Befehl dafür lautet:

Rename-Computer -NewName $name -force

Auch können Sie hier die Remoteeinstellungen ändern.

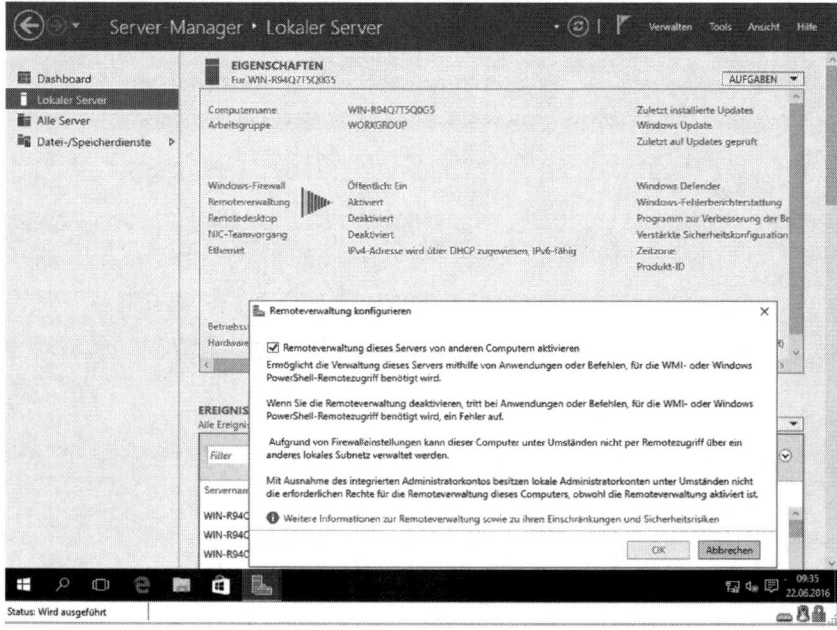

Abbildung 1.19: Remotedesktop

Mit der PowerShell können Sie dies folgendermaßen vornehmen:

Set-ExecutionPolicy -ExecutionPolicy RemoteSigned
Configure-SMRemoting.ps1 -force -enable

Eine interessante Möglichkeit ist das „NIC-Teaming".

Damit lassen sich physische Netzwerkadapter zu „Teams" zusammenfassen.

Erst seit Windows Server 2012 wird diese Funktion von Microsoft offiziell unterstützt!

Allerdings gibt es einige Einschränkungen, die beachtet werden müssen:

- Es lassen sich nur Netzwerkkarten mit gleicher Bandbreite zusammenfassen (z.B zwei Karten für 1 Gigabit)
- Wenn Receive Side Scaling (RSS) benötigt wird, müssen dies auch beide Netzwerkkarten unterstützen

Zum Einrichten klicken Sie auf „NIC-Teamvorgang".

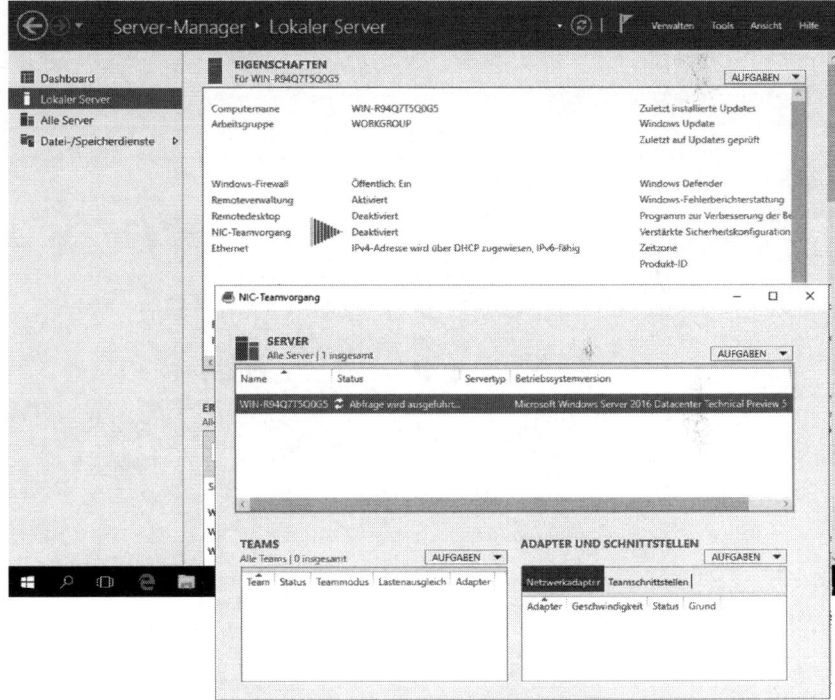

Abbildung 1.20: NIC-Teaming einrichten

In dieser Konsole können Sie die Adapter zusammenfassen.

Mit der PowerShell erstellen Sie ein NIC-Teaming mit:

New-NetLbfoTeam

Eine weitere Grundkonfiguration ist das Einstellen der IP-Adressierung.

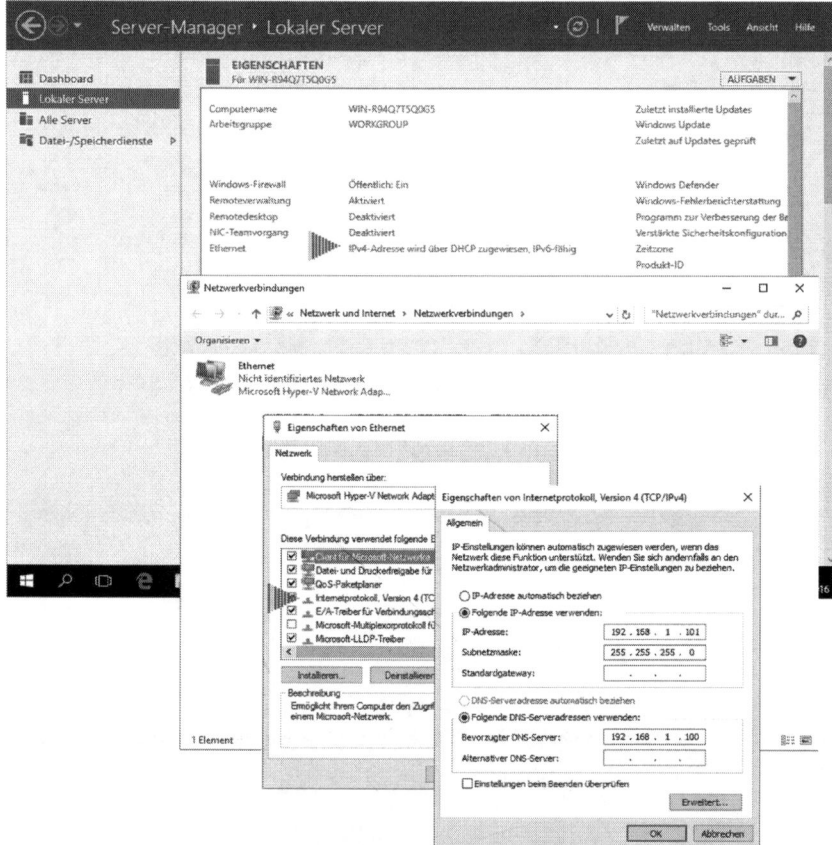

Abbildung 1.21: IP-Adressierung

Hier können Sie die IP-Adresseinstellungen vornehmen.

Die Befehle dafür lauten:

Befehl	Bedeutung
netsh interface ip show config	IP Adresse anzeigen
netsh interface ip set address name=<NAME DES INTERFACES> static <IP-ADRESSE> <NETMASK> <DEFAULT-GATEWAY>	IP Adresse ändern
route change -p 0.0.0.0 mask 0.0.0.0 10.196.26.253 #-p persistent, Änderung bleibt nach Reboot	Default Gateway ändern
netsh interface ip set dns "Local Area Connection" static 8.8.8.8 #Primärer DNS mit "set" netsh interface ip add dns "Local Area Connection" 8.8.4.4 #Jeder weiterer mit "add"	DNS ändern

1.3.1   Rollen und Features

Windows Server 2016 unterscheidet zwischen „Rollen" und „Features".

Beides sind Zusatzfunktionen, die der Server verwalten kann. Sie unterscheiden sich lediglich in der Gewichtung.

Rollen

Dies sind die bedeutenden Funktionen, die wichtigeren, wie beispielsweise Active Directory oder auch diverse Netzwerkdienste.

Features

Dies sind die kleineren Funktionen, die auch nicht ganz so bedeutend für die Server Infrastruktur sind, wie die Gruppenrichtlinienverwaltung oder das Sicherungsprogramm.

Installieren können Sie Rollen und Features, indem Sie auf „Rollen und Features hinzufügen" klicken.

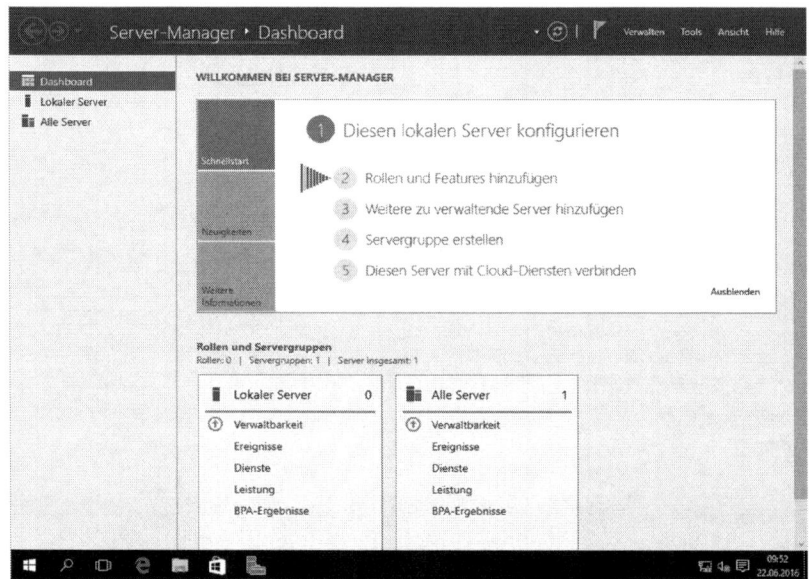

Abbildung 1.22: Rollen und Features hinzufügen

Zunächst sehen Sie einen Bildschirm mit allgemeinen Hinweisen, den Sie für die Zukunft ausblenden können.

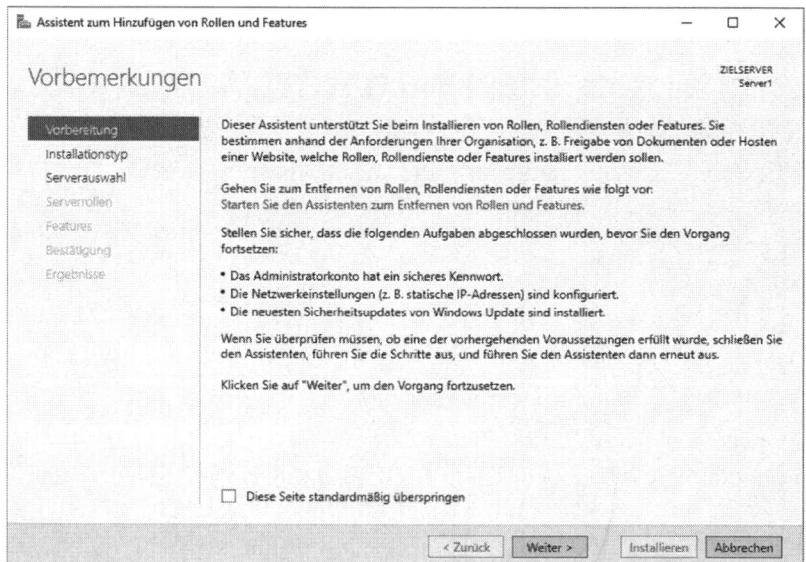

Abbildung 1.23: Hinweise

Dann wählen Sie aus, was Sie installieren wollen.

Hier ist „Rollenbasierte oder featurebasierte Installation" richtig.

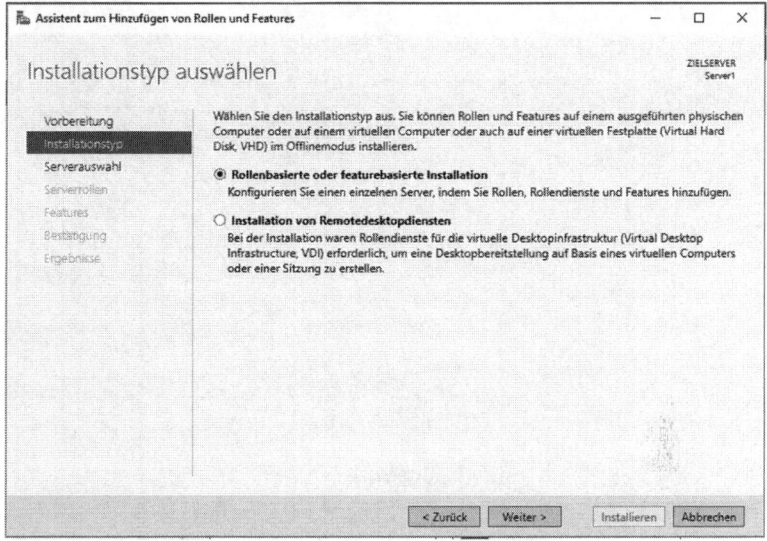

Abbildung 1.24: Installationstyp

Nun wählen Sie den Server aus, auf dem Sie die Rolle oder das Feature installieren möchten.

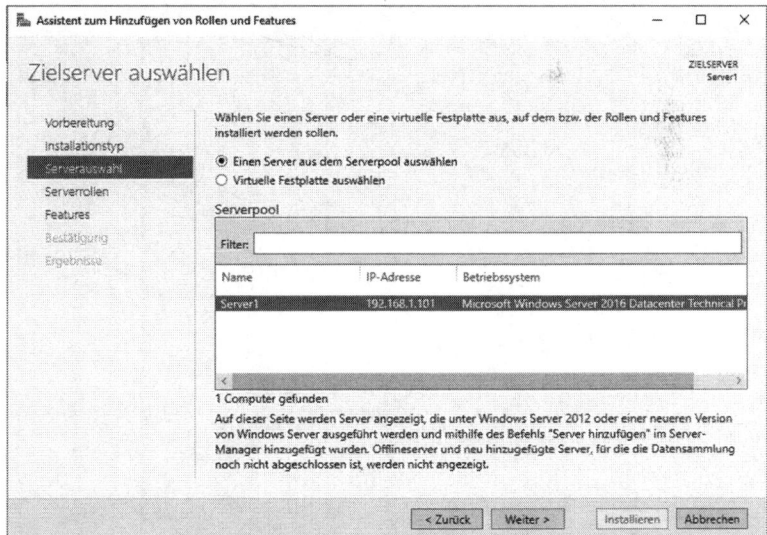

Abbildung 1.25: Serverauswahl

Der nächste Bildschirm ist die Auswahl der Rollen.

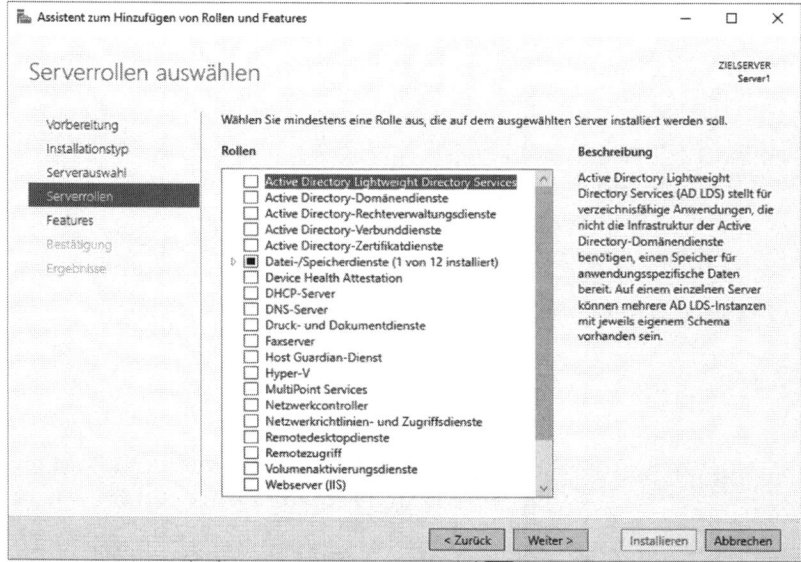

Abbildung 1.26: Serverrollen

Danach können Sie die Features auswählen.

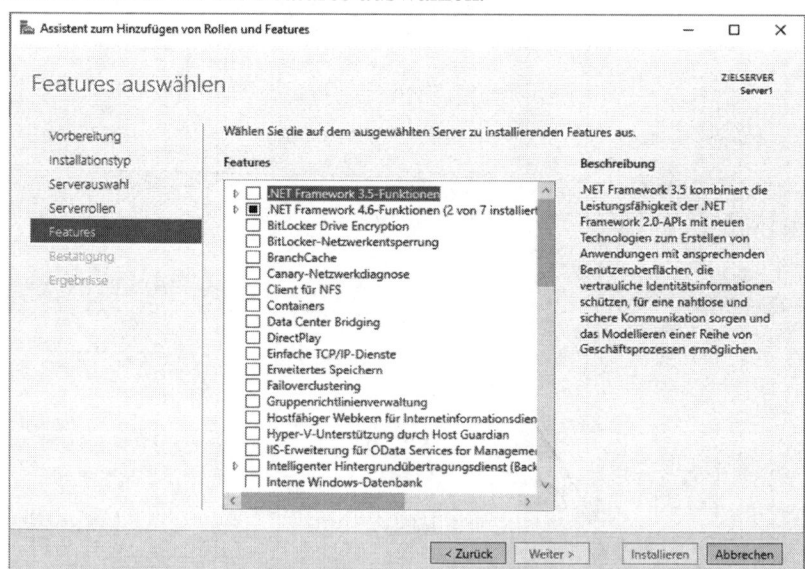

Abbildung 1.27: Features

Mit der PowerShell ist es der Befehl

Add-WindowsFeature name -restart

Um zu sehen, ob eine bestimmte Rolle oder ein bestimmtes Feature installiert ist, benutzen Sie das Cmdlet:

Get-WindowsOptionalFeature

Rollen oder Features entfernen

Wie Sie eben gesehen haben, ist dies nur ein Assistent zum Installieren von Rollen und Features.

Entfernen können wir sie mit diesem Assistenten nicht!

Deswegen gibt es hierfür einen eigenen Menüpunkt:

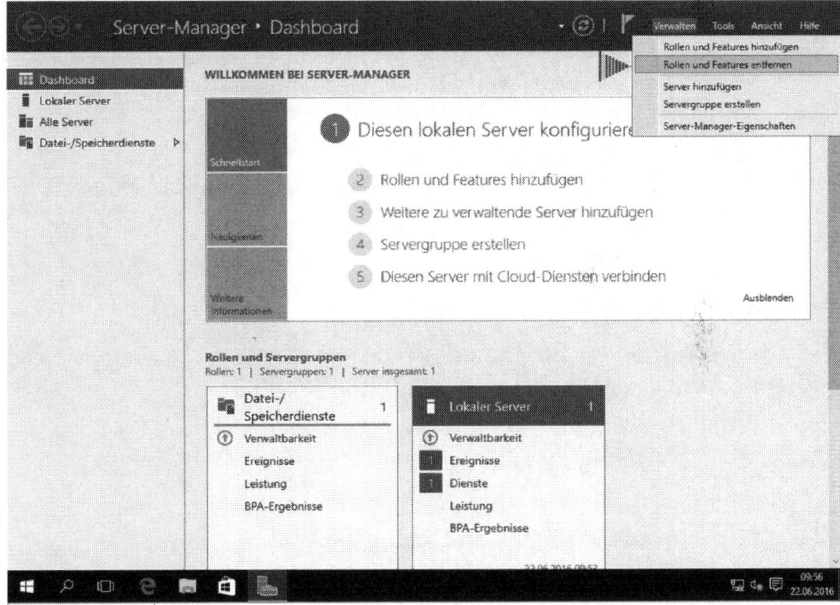

Abbildung 1.28: Rollen und Features entfernen

Hier sehen Sie, dass nur die installierten Rollen und Features nicht ausgegraut sind, und damit können wir sie entfernen.

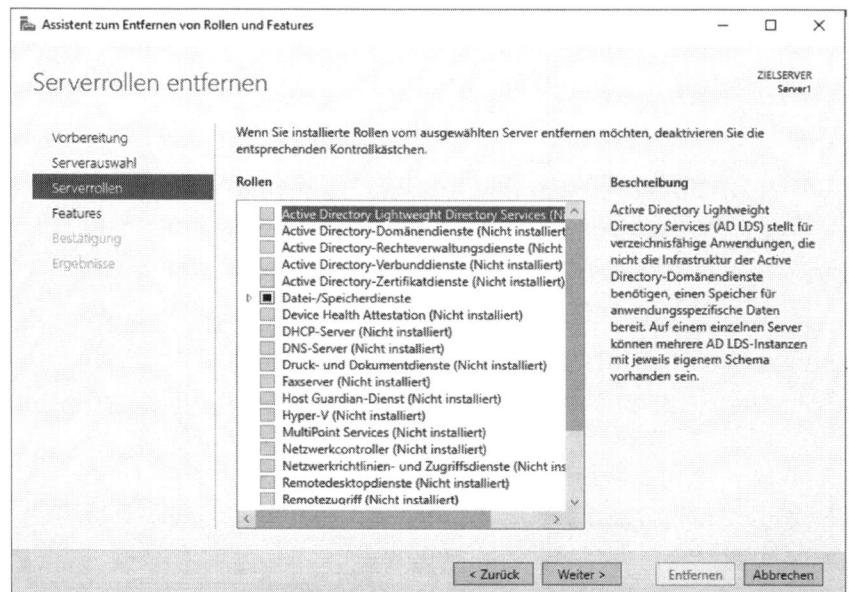

Abbildung 1.29: Rollen entfernen

Mit der PowerShell ist es der Befehl

Remove-WindowsFeature name -restart

Rollen inklusive Dateien entfernen

Hat man den Namen der gewünschten Rolle oder des betreffenden Features ermittelt, dann kann man es mit dem Befehl

Uninstall-WindowsFeature -name Server-Gui-Shell -remove

komplett vom Server löschen.

1.3.2 Aktivieren eines Servers

Nach der Installation muss ein Server aktiviert werden.

Das können Sie auch im Server-Manager machen.

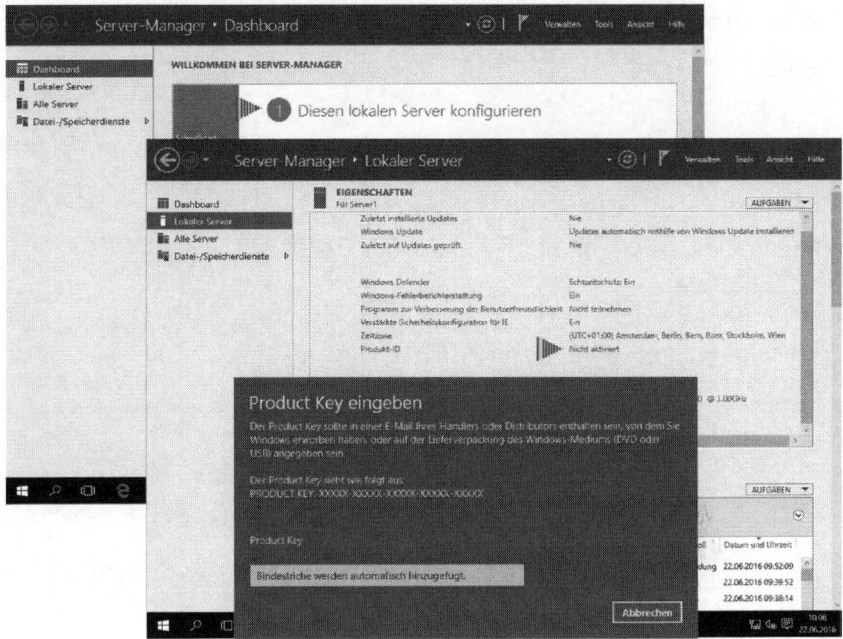

Abbildung 1.30: Aktivierung

Sie klicken auf „Produkt-ID – Nicht aktiviert" und geben den Produkt-Key ein.

Danach wird die Installation aktiviert.

Sie können die Aktivierung auch über die Befehlszeile machen.

Dafür bietet Windows das Skript

slmgr.vbs

an.

Sinnvoll eingesetzt wird es mit folgenden Parametern:

Parameter	Bedeutung
/ato	Aktiviert Windows online
/dli	Zeigt aktuelle Lizenzinformationen an
/dlv	Zeigt weitere Lizenzdetails an
/dlv all	Zeigt detaillierte Infos für alle installierten Lizenzen an

Volumenaktivierung

Aber wie sieht es aus, wenn Sie viele Aktivierungen machen müssen?

Hier ist eine manuelle Aktivierung zu aufwändig.

Microsoft stellt verschiedene Möglichkeiten zur Verfügung, aus denen Sie die jeweils beste Vorgehensweise auswählen können.

Volumenaktivierung mit Key Management Server (KMS)

Es ist möglich, die Aktivierung des Betriebssystems von einem Aktivierungsserver vornehmen zu lassen, dem Key Management Server. Dieser Server muss im Firmennetz verfügbar sein.

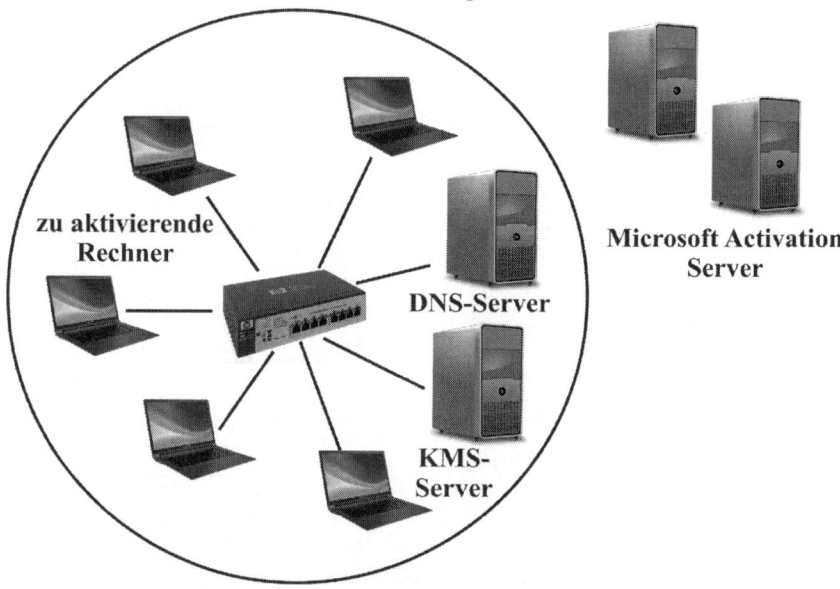

Abbildung 1.31: Prinzip KMS

Der Vorteil für den Nutzer liegt in der vereinfachten Installation des Betriebssystems, denn es ist dafür kein Lizenzschlüssel mehr erforderlich.

Sie benötigen einen KMS-Server, der natürlich auch lizenziert ist und einen DNS-Server, der SRV-Einträge benötigt.

Diese Diensteinträge kann der KMS-Server selber machen, ein Dienst mit Namen SPPSVC sorgt dafür.

ACHTUNG!

Sollten diese Einträge im DNS-Server fehlen, können Sie sie einfach erstellen, indem Sie auf dem KMS-Server zunächst den Dienst SPPSVC anhalten, und dann wieder starten. Danach sollten die Einträge vorhanden sein.

Eine Windows Installation, welche über den Key Management aktiviert wurde, meldet sich regelmäßig bei Ihrem KMS und reaktiviert das Betriebssystem ca. alle 6 Monate (180 Tage).

Kann die Reaktivierung innerhalb von 180 Tagen nicht vorgenommen werden, erhält der Nutzer eine Frist von 30 Tagen, in denen eine Reaktivierung am Key Management Server vorgenommen werden muss.

Nach 30 Tagen schaltet sich das Betriebssystem in den Reduced Function Mode, welcher dann nur noch die Aktivierung ermöglicht, jedoch keine weiteren Anwendungen.

KMS benötigt mindestens 5 Aktivierungen, damit er funktioniert.

Konfiguration des Betriebssystems

Wenn Clients oder Windows Server über KMS aktiviert werden sollen, müssen sie den KMS Server erreichen können.

Es gibt zwei Möglichkeiten, den zu aktivierenden Rechnern den Standort des KMS-Servers bekanntzugeben:

Bekanntmachung mittels Kommandozeile

Sie können mit dem Tool „slmgr.vbs" ein Skript ausführen lassen, mit dem Sie den KMS-Server bekanntgeben.

cscript.exe %systemroot%\system32\slmgr.vbs -skms <NameDesKMSServers>

Leider ist diese Möglichkeit relativ aufwändig, da die Konfiguration überall vorgenommen werden muss.

Besser ist Möglichkeit 2:

Automatische Erkennung über DNS

Wenn Sie die automatische Erkennung nutzen wollen, müssen die oben erwähnten Einträge für den KMS-Server im DNS-Server gemacht worden sein.

Anschließend können Sie das System aktivieren, entweder über die grafische Benutzeroberfläche, die sich übrigens mit „SLUI.exe" jederzeit aufrufen lässt, oder über „SLMGR.VBS".

Volumenaktivierungsdienste

Die Volumenaktiverungsdienste können auf vorhandene KMS-Server zugreifen und diese verwalten.

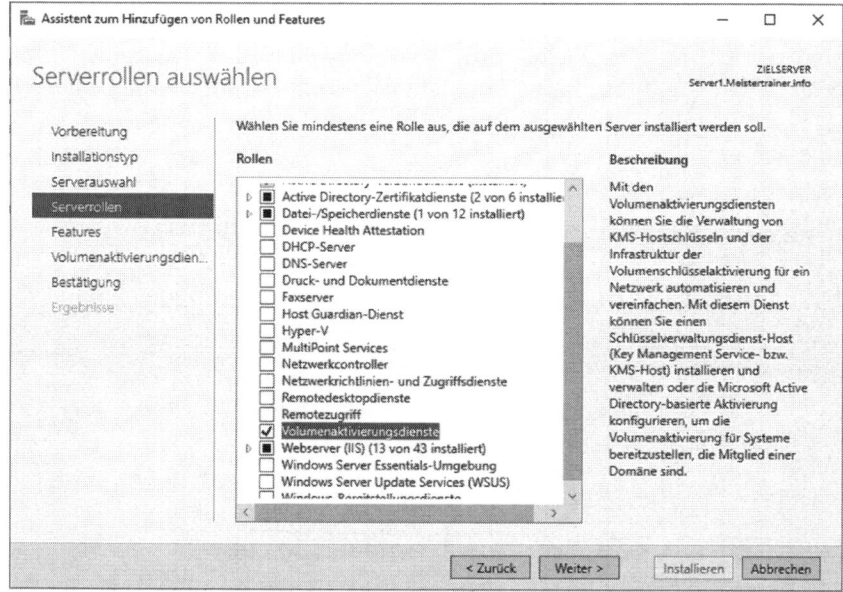

Abbildung 1.32: Volumenaktivierungsdienste

Automatic Virtual Machine Activation (AVMA)

Mit AVMA können Sie virtuelle Maschinen aktivieren.

1.3.3 Die Konfiguration eines Core-Servers

Ein Core-Server ist in den Grundeinstellungen auch relativ einfach zu konfigurieren, wenn Sie an der Eingabeaufforderung „sconfig.cmd" eingeben.

Abbildung 1.33: Konfiguration eines Core-Servers

Hier können Sie die wichtigsten Einstellungen vornehmen.

Natürlich können Sie auch alle PowerShell-Befehle einsetzen.

1.4 Installation und Konfiguration des Nano Servers

Der Nano Server wurde mit Windows Server 2016 neu eingeführt.

In erster Linie soll er nur die Basis des Betriebssystems darstellen, ohne grafische Oberfläche und nur mit den Diensten, die benötigt werden.

Das ist auch der entscheidende Unterschied zum Core Server.

Viele Komponenten, die beim Core Server vorhanden sind, wurden im Nano Server entfernt. Unter anderem betrifft dies auch die Unterstützung von 32-bit Anwendungen (Wow64). Auch ein Zugriff über Remotedesktop ist nicht möglich, alle Verwaltungsaufgaben müssen über das Befehlszeileninterface oder über PowerShell bewerkstelligt werden.

Der große Vorteil an einem dermaßen abgespeckten System ist, dass es deutlich weniger Speicherplatz benötigt, nämlich nur etwa 10 – 15% des Komplettsystems.

Außerdem entfällt ein großer Prozentsatz an Reboots, es wird von bis zu 80% gesprochen, und auch die Updates sind deutlich schlanker als bei einem Server mit allen Diensten.

Nano Server kann als physische Maschine oder als virtuelle Maschine bereitgestellt werden, und unterstützt die neuen Windows Server Container und die Docker-Erweiterung von Windows Server 2016. Dazu mehr in Kapitel 4.

1.4.1   Die Installation von Nano Server

Das Generieren von Nano Server funktioniert konsequenterweise auch über die PowerShell.

Zunächst muss bei einem Windows Server 2016 Server, von dem aus der Nano Server generiert werden soll, die Windows Server 2016 Installations-CD im Laufwerk liegen oder bei einer virtuellen Maschine muss die ISO-Datei eingebunden sein.

Dann kopiert man den Ordner „NanoServer" auf die lokale Festplatte.

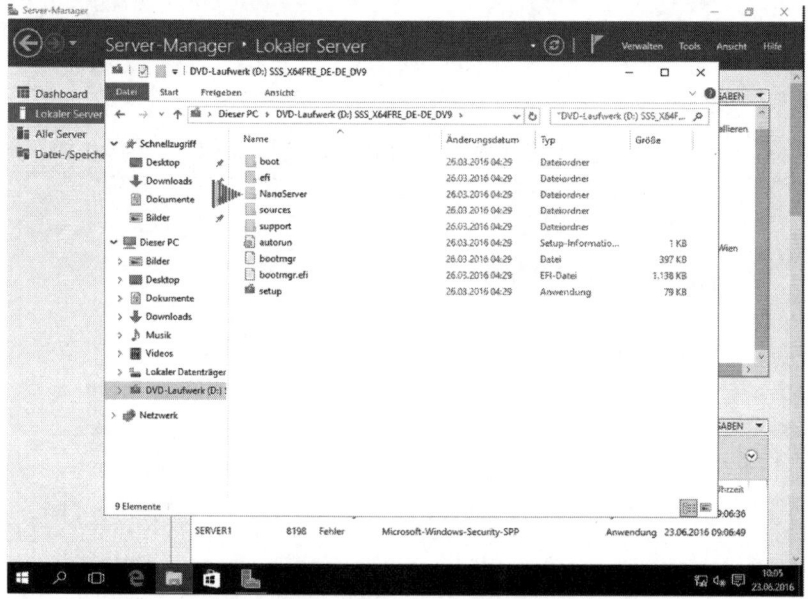

Abbildung 1.34: Dateien kopieren

Nun öffnen Sie auf dem Windows Server 2016 Rechner PowerShell mit erhöhten Rechten.

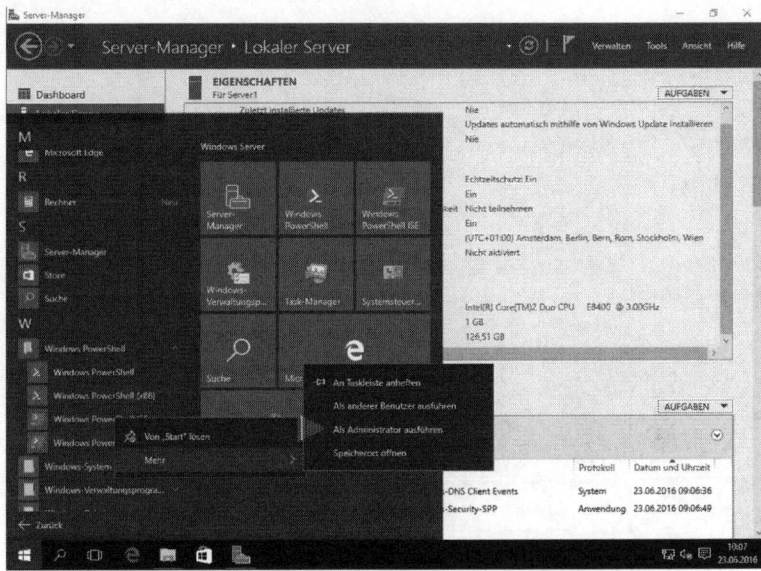

Abbildung 1.35: PowerShell mit erhöhten Rechten

Im nächsten Schritt wechseln Sie in der PowerShell Konsole in das Verzeichnis „NanoServer".

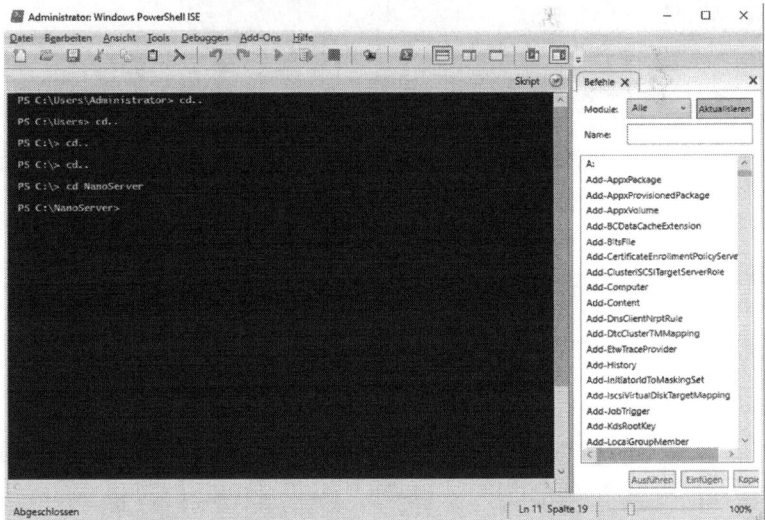

Abbildung 1.36: Wechseln ins Verzeichnis „NanoServer"

Sie können natürlich auch Ihr Arbeitsverzeichnis mit dem Befehl

Set-Location

einstellen.

Der nächste Schritt besteht darin, das benötigte PowerShell Modul zu importieren.

Dies erfolgt mit dem Befehl

Import-module .\NanoServerimageGenerator

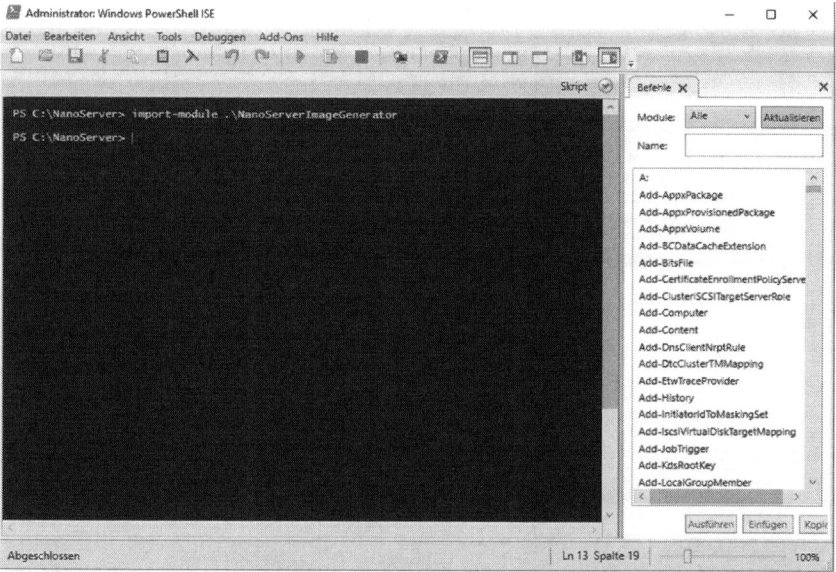

Abbildung 1.37: Import des PowerShell Moduls

Nun kann das Image mit dem Befehl

New-NanoServerImage

erstellt werden.

Dieser Befehl kann mit vielen Parametern sinnvoll erweitert werden:

Befehl	Bedeutung
-MediaPath	Pfad zum Windows Server 2016 Installationsverzeichnis. Dies ist der einzige Parameter, der zwingend angegeben werden muss!
-TargetPath	Zielpfad für die erstellte VHD-Datei
-ComputerName	Name des neuen Servers
-DomainName	Domäne zum Beitritt
-OEMDrivers	Bindet die Standardtreiber für eine physische Installation
-GuestDrivers	Bindet die Hyper-V Treiber ein
-DeploymentType	Damit wird festgelegt ob der Nano Server in einer VM oder auf physikalischer Hardware laufen soll. Die zulässigen Werte dafür sind *Guest* und *Host*.
-Edition	Legt die Edition von Windows Server fest, zulässig sind Standard- und DataCenter
-AdminPassword	Das Passwort für das Konto des eingebauten Administrators

Die meisten Parameter sind nicht zwingend, die wichtigsten werden auch abgefragt, der einzige Parameter, ohne den eine Fehlermeldung kommt ist –MediaPath.

Außerdem kann man hier bereits die Rollen angeben, die der Nano Server später bedienen soll.

Hier einige Beispiele:

Name	Rolle
-Storage	Dateiserver
-Compute	Hyper-V
-Clustering	Failover Cluster
-Containers	Windows Container Host

Einige Rollen müssen mit dem zusätzlichen Parameter „Packages"
hinzugefügt werden:

Name	Rolle
-Packages Microsoft-NanoServer-DNS-Package	DNS Server
-Packages Microsoft-NanoServer-DSC-Package	DSC
-Packages Microsoft-NanoServer-IIS-Package.	IIS

Bei einem Nano Server müssen alle Rollen und Features als „Pakete"
installiert werden, denn bei einer Standardinstallation werden sie nicht
installiert.

Dies ist natürlich auch nachträglich möglich.

Ein Beispiel für die Erstellung eines Nano Servers sehen Sie hier:

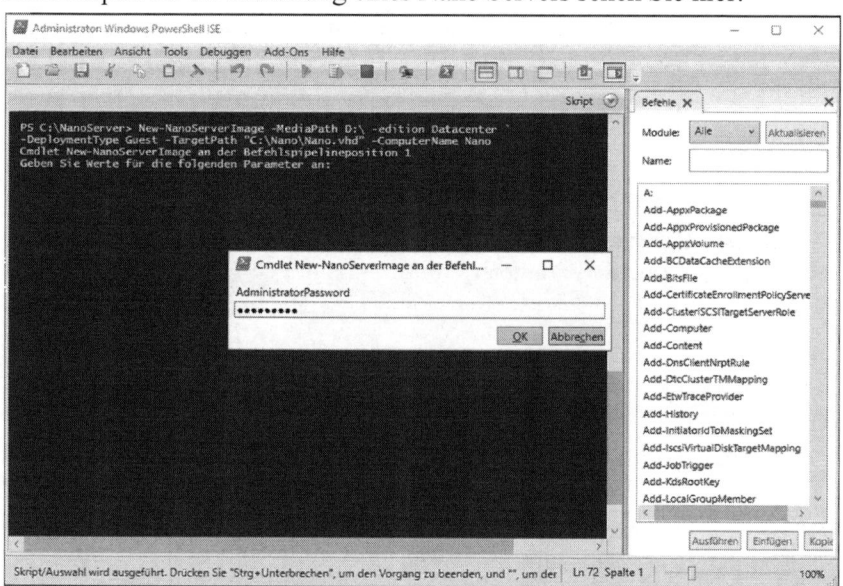

Abbildung 1.38: Nano Server wird erstellt

In unserem Beispiel haben wir uns für eine .vhd-Datei entschieden.

In diesem Fall wird ein MBR-Laufwerk eingerichtet.

Wenn Sie .vhdx wählen, wird dagegen ein GPT-Laufwerk eingerichtet.

ACHTUNG!

Wenn Sie den Nano Server in einer VM der Generation 2 verwenden wollen, müssen Sie .vhdx wählen.

1.4.2   Nano Server verwenden

Das eben erstellte .vhd oder .vhdx Abbild kann nun so verwendet werden, wie es bei der Erstellung angegeben worden ist.

Wenn es als „Guest-System" erstellt wurde, sollte es nun auf den gewünschten Hyper-V Host kopiert werden.

Wenn es als „Host-System" erstellt worden ist, kann man die Datei auf einen Windows Rechner kopieren, und diesen so einrichten, dass er vom virtuellen Laufwerk aus startet.

In den meisten Fällen wird der Nano Server jedoch als virtuelle Maschine genutzt werden, deswegen wird diese Vorgehensweise hier genauer beschrieben.

Zunächst erstellen Sie in Hyper-V eine neue virtuelle Maschine und binden das eben erstellte Image als virtuelle Festplatte ein.

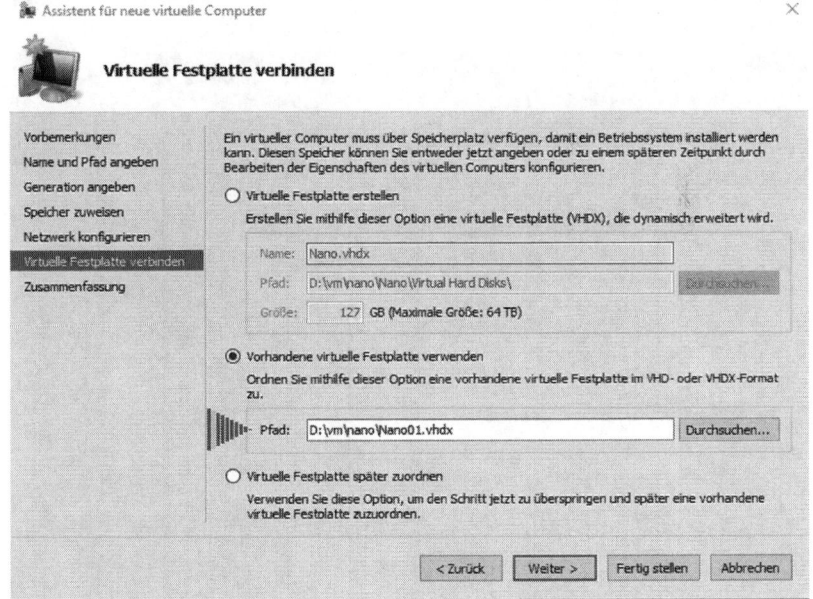

Abbildung 1.39: Erstellen einer neuen VM

Nun können Sie diese virtuelle Maschine starten.

Benutzername:
Kennwort:
Domäne:

EINGABE: Authentifizieren

Abbildung 1.40: Start des Nano Servers

Melden Sie sich als „Administrator" an und benutzen Sie das während der Erstellung der virtuellen Festplatte festgelegte Kennwort.

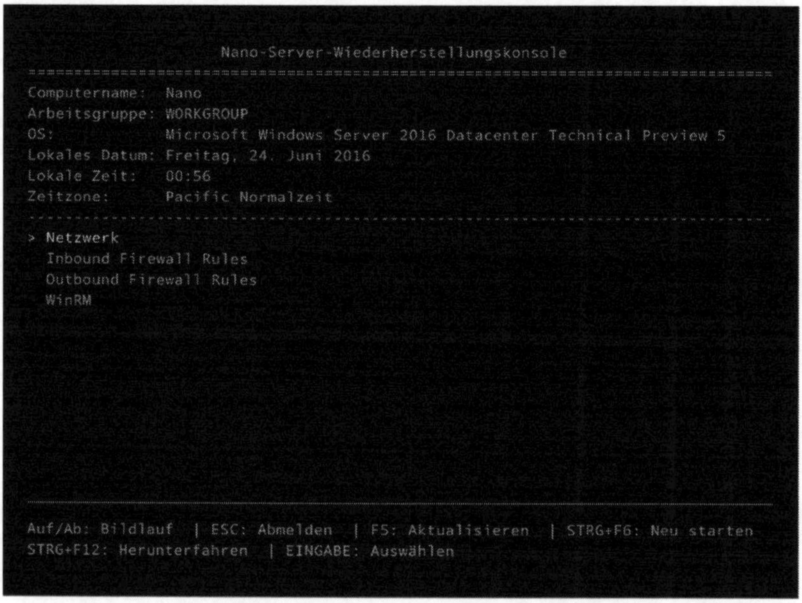

Nano-Server-Wiederherstellungskonsole

Computername: Nano
Arbeitsgruppe: WORKGROUP
OS: Microsoft Windows Server 2016 Datacenter Technical Preview 5
Lokales Datum: Freitag, 24. Juni 2016
Lokale Zeit: 00:56
Zeitzone: Pacific Normalzeit

> Netzwerk
  Inbound Firewall Rules
  Outbound Firewall Rules
  WinRM

Auf/Ab: Bildlauf | ESC: Abmelden | F5: Aktualisieren | STRG+F6: Neu starten
STRG+F12: Herunterfahren | EINGABE: Auswählen

Abbildung 1.41: Nano-Server-Wiederherstellungskonsole

Es öffnet sich die Wiederherstellungskonsole des Nano Servers.

Hier können Sie die wichtigsten Konfigurationseinstellungen machen, wie IP-Adressen und Firewallregeln.

Sie sollten dem Server auf jeden Fall eine statische IP-Adresse geben!

Eine interessante Funktion ist, dass Sie die wichtigsten Informationen über den Nano Server auch in der Hyper-V Konsole sehen können.

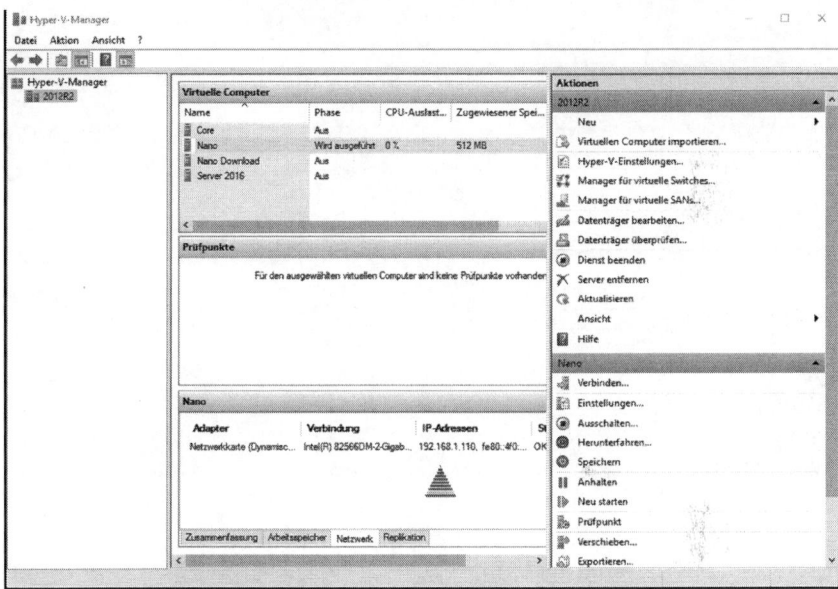

Abbildung 1.42: Informationen in der Hyper-V Konsole

Dies ist möglich, da während der Erstellung der .vhd für eine VM auch die Hyper-V-Erweiterungen für VMs installiert werden.

1.4.3 Verwalten des Nano Servers

Der Nano Server wird remote verwaltet, normalerweise über die PowerShell.

Um das tun zu können, ist der erste Schritt, den Nano Server auf die Liste der vertrauenswürdigen Server zu setzen. Dies muss auf jedem Rechner getan werden, von dem aus Nano Server verwaltet werden soll.

In unserem Fall führen wir diesen Schritt auf Server1 aus:

Set-Item WSMan:\localhost\Client\TrustedHosts "<IP-Adresse des Nano Servers>"

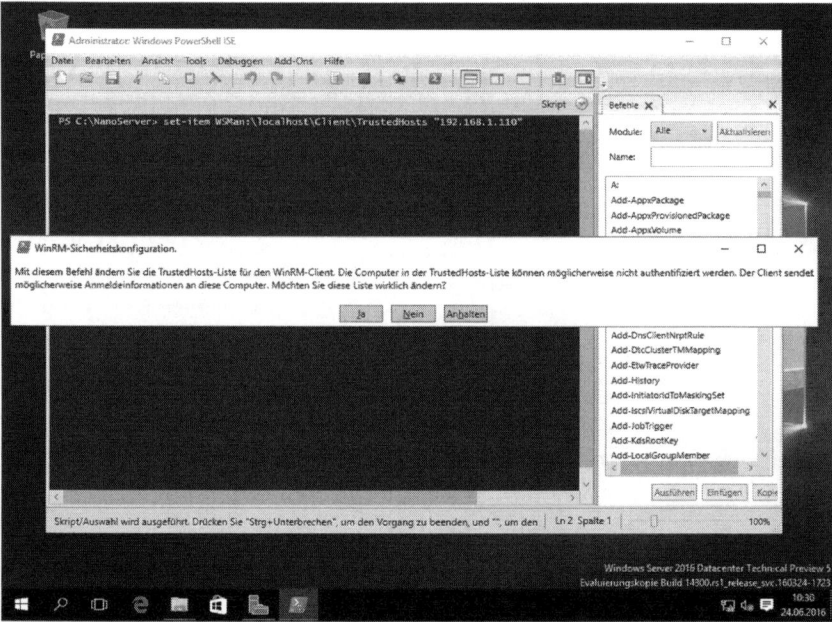

Abbildung 1.43: Nano Server wird auf die Liste der vertrauenswürdigen Server gesetzt

---

ACHTUNG!

Sollte hier eine Fehlermeldung erscheinen, liegt es wahrscheinlich daran, dass der Dienst WinRM nicht gestartet ist.

Dies können Sie nachholen mit dem PowerShell Befehl

Start-Service WinRM

Nun können Sie die Remoteverbindung aufbauen:

Enter-PSSession -ComputerName <IP-AdresseDesNanoServers> -Credential <IP-AdresseDesNanoServers>\Administrator

---

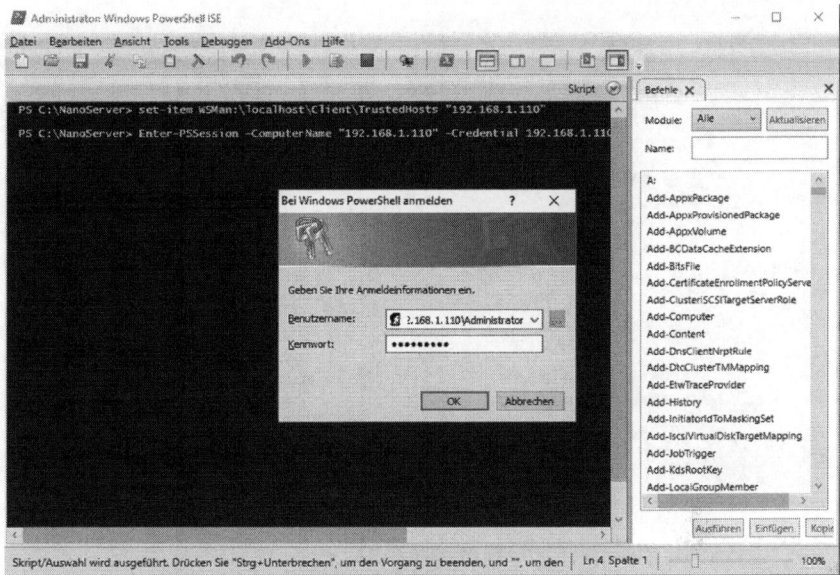

Abbildung 1.44: Verbindungsaufbau zum Nano Server

Das Kennwort wird abgefragt. Danach sind Sie mit dem Nano Server verbunden und können ihn per PowerShell verwalten.

1.4.4   Rollen und Features in Nano Server

Wie bereits erwähnt, können viele Rollen und Features bei einem Nano Server bereits beim Erstellen der Datei eingebunden werden.

Aber auch nach dem Erstellen der virtuellen Harddisk ist es möglich, Rollen und Features hinzuzufügen.

Der einfachste Weg ist, die erstellte vhd-Datei in der PowerShell zu bearbeiten und die gewünschten Pakete hinzuzufügen.

Dazu muss die .vhd-Datei gemountet werden, mit dem Befehl

Mount-DiskImage <PfadDerDatei>

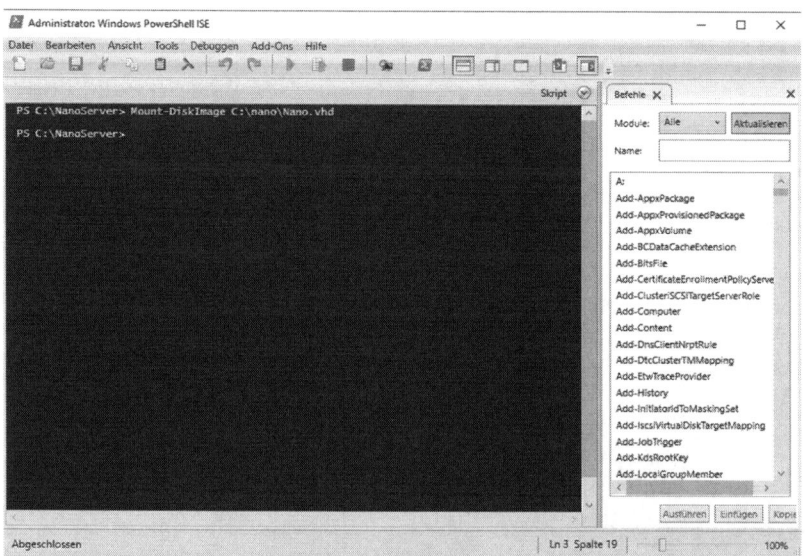

Abbildung 1.45: Mounten der .vhd-Datei

Mit diesem Befehl wird der Inhalt der .vhd-Datei in einem Laufwerk dargestellt, damit die Inhalte bearbeitet werden können.

Es wird der erste freie Laufwerksbuchstabe genommen, in unserem Fall E:\.

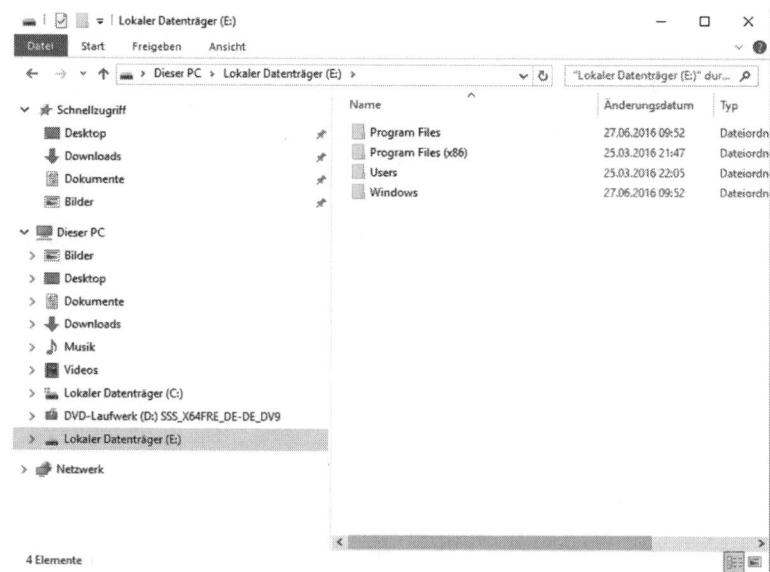

Abbildung 1.46: Gemountetes Laufwerk

Nun können die gewünschten Pakete dem Image hinzugefügt werden. Die Pakete finden Sie im Laufwerk …\NanoServer\Packages\

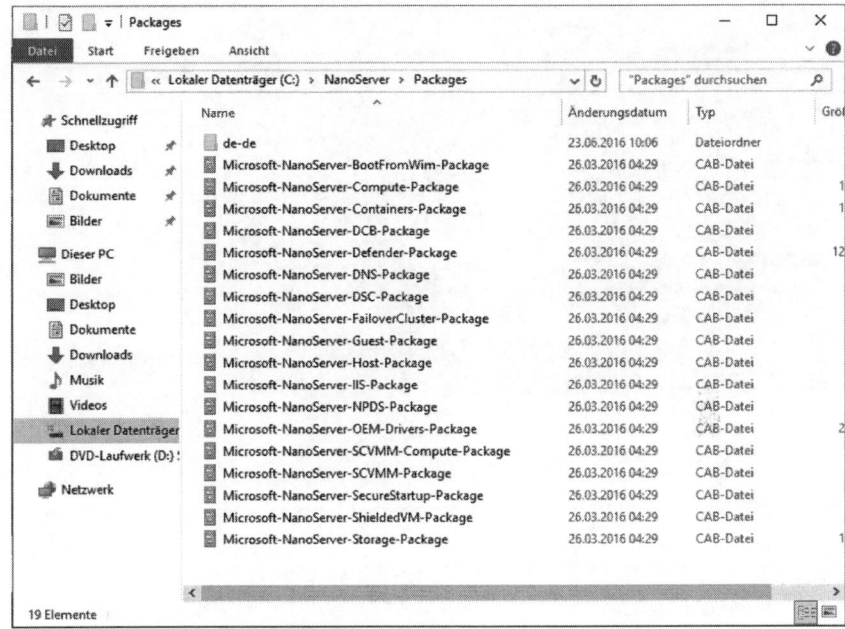

Abbildung 1.47: Pakete, die zum Nano Server hinzugefügt werden können

Hier suchen Sie sich das gewünschte Paket aus und fügen es mit folgendem Befehl hinzu:

Add-WindowsPackage   –Path   <PfadDesGemountetenImages>   -PackagePath <PfadDesPackages>

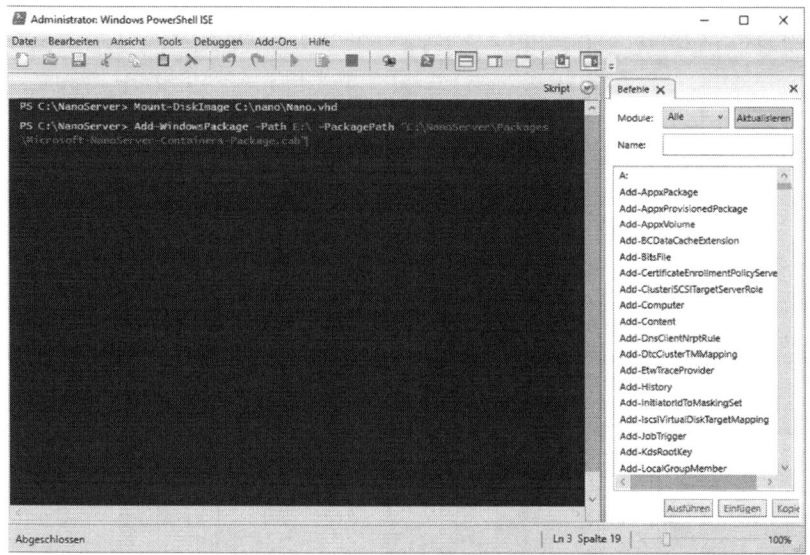

Abbildung 1.48: Hinzufügen des Packages

Nun wird das Paket dem Image hinzugefügt.

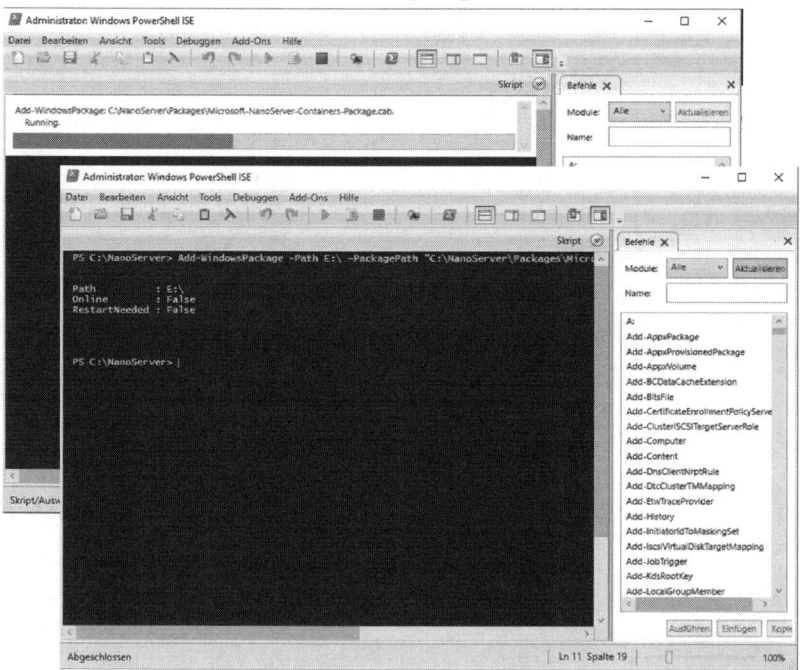

Abbildung 1.49: Paket ist hinzugefügt

Im letzten Schritt muss das Image nur noch „dismountet" und in die .vhd-Datei zurückgeschrieben werden. Dies geschieht mit dem Befehl

Dismount-DiskImage –imagePath<PfadDerVHDDatei>

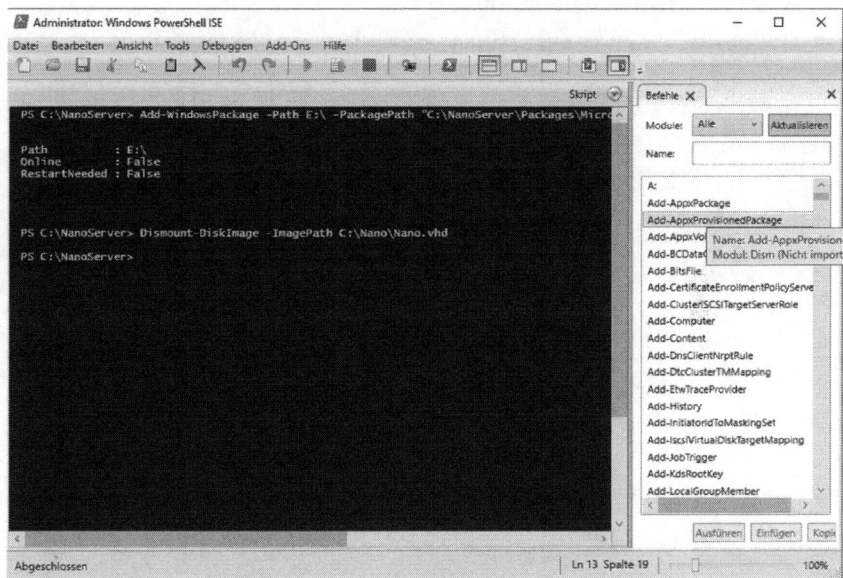

Abbildung 1.50: Dismounten des Images

Nun kann die .vhd wieder in eine virtuelle Maschine eingebunden werden.

1.5   Desired State Configuration (DSC)

Desired State Configuration (DSC) ist eine Verwaltungsmöglichkeit, die von der PowerShell bereitgestellt wird. Sie wurde mit Windows Server 2012 R2 eingeführt.

DSC besteht aus einer Reihe von Cmdlets, mit der Sie die Serverumgebung konfigurieren und auch warten können.

Folgende Konfigurationseinstellungen können Sie mit DSC vornehmen:

- Aktivieren und Deaktivieren von Serverrollen und Features
- Verwalten von Registrierungseinstellungen
- Verwalten von Dateien und Verzeichnissen
- Starten, Beenden und Verwalten von Prozessen und Diensten
- Verwalten von Gruppen und Benutzerkonten
- Bereitstellen neuer Software
- Verwalten von Umgebungsvariablen
- Ausführen von Windows PowerShell-Skripts
- Korrigieren einer Konfiguration, die vom gewünschten Zustand abweicht
- Ermitteln des tatsächlichen Konfigurationsstatus auf einem bestimmten Knoten

DSC ist eine beschreibende Plattform. Das bedeutet, dass Sie die auszuführenden Schritte in einer Datei beschreiben.

1.5.1   Vorbereitungen

Um DSC zu benutzen, müssen Sie das Remote Management (WinRM) aktivieren, da DSC darauf basiert.

Dies machen Sie mit dem Cmdlet

Set-WSManQuickConfig

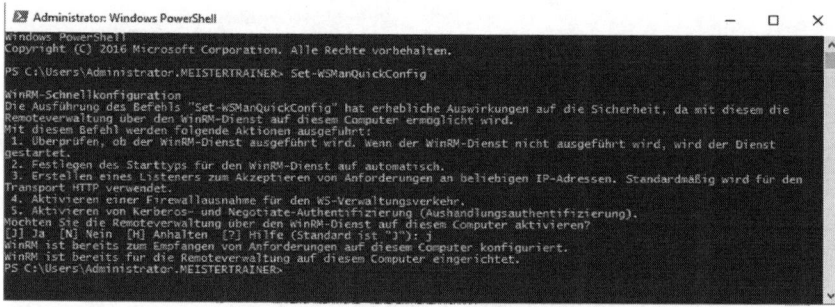

Abbildung 1.51: WinRM aktivieren

Wie werden DSC Anweisungen ausgeführt?

Dies wird von einem lokalen Prozess übernommen, dem Local Configuration Manager (LCM). Dieser empfängt die einzelnen Anweisungen und führt sie aus.

Wie erhält der LCM seine Anweisungen?

Es gibt zwei verschiedene Modi für den LCM, den Push und den Pull Modus.

Im Push-Modus muss der Administrator die Anweisungen manuell übermitteln und starten, im Pull-Modus dagegen gibt es einen zentralen Pull-Server, der diese Arbeit übernimmt.

In unserem Beispiel arbeiten wir im manuellen Push-Modus.

Module

Um Befehle definieren zu können, werden PowerShell Module benötigt.

Diese Module finden Sie unter https://www.powershellgallery.com.

Um ein Modul herunter zu laden und zu installieren, benutzen Sie das Cmdlet

Install-Module –name <NameDesModuls>

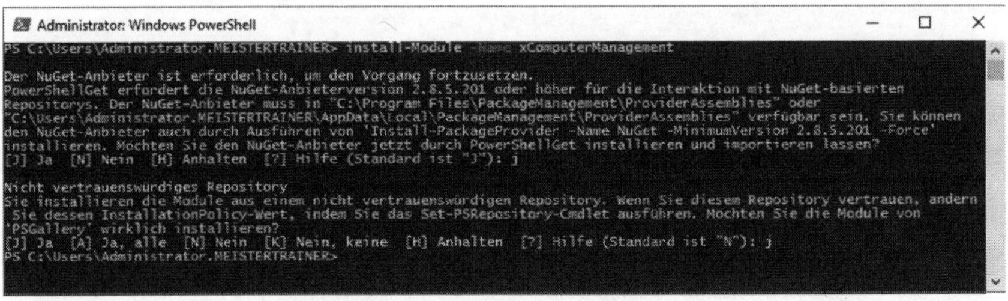

Abbildung 1.52: Modul installieren

Nach einer Weile ist das Modul verfügbar.

1.5.2   Erstellen von Konfigurationsskripten

Nun können Sie beginnen, Konfigurationsskripte zu erstellen.

Ein Skript beginnt immer mit dem Konfigurationsblock.

Hierbei wird das Schlüsselwort „*Configuration*" benutzt und ein Name dahinter gestellt.

Ein Beispiel:

Configuration test

Nun kommen die Knotenblöcke.

Hier werden die Zielknoten definiert, also die Computer, auf denen das Skript später ausgeführt werden soll.

Für den Server „Server1" wäre dies:

Configuration test

{

      Node „Server1"

Der dritte notwendige Block ist der Ressourcenblock.

Hier werden die eigentlichen Anweisungen gegeben.

Wenn zum Beispiel eine Rolle auf dem Server installiert werden soll, wäre die Syntax:

{

WindowsFeature <Bezeichnung>

      {

      Ensure = „Present"

      Name = „<NameDerRolle">

      }

WindowsFeature

Eine Ressource, mit der Rollen oder Features hinzugefügt oder entfernt werden.

Ensure

Definiert, ob die Rolle oder das Feature hinzugefügt oder entfernt werden.

Present: wird hinzugefügt

Absent: wird entfernt

Möchten Sie einen Dienst bearbeiten, ist die Vorgehensweise sehr ähnlich.

Service <Bezeichnung>

      {

      Name = „NameDesDiensts"

```
        StartupType = „Automatic"
        State  = „running"
        }
```

Zusammen wäre dies ein vollständiges DSC Skript:

```
Configuration test
{
        Node „Server1"
        {
        WindowsFeature <Bezeichnung>
                {
                Ensure = „Present"
                Name = „<NameDerRolle">
                }
        Service <Bezeichnung>
                {
                Name = „NameDesDiensts"
                StartupType = „Automatic"
                State  = „running"
                }
        }
}
```

Dieses Skript speichern Sie als .ps1-Datei.

1.5.3   Kompilieren der Konfiguration

Nun müssen Sie das Skript kompilieren. Dazu führen Sie das Skript in der PowerShell Umgebung aus.

Nun wird im Ordner, in dem das Skript gespeichert ist, ein weiterer Ordner mit dem Namen der Konfiguration erstellt und eine Datei mit Namen <KnotenName.mof>.

Nun kopieren Sie die Dateien auf die entsprechenden Server und führen

Sie dort mit dem Cmdlet aus

Start-DscConfiguration   –Path   <Pfadname>   -ComputerName
<NameDesComputers>

1.6   Verteilen von Windows Server 2016

Oft muss Windows Server 2016 nicht nur auf einer einzelnen Maschine installiert werden, sondern auf vielen. In diesem Fall ist es nicht sinnvoll, die normale Einzelplatzinstallation auf jedem einzelnen Rechner auszuführen, diese Vorgehensweise wäre viel zu langsam und auch zu fehleranfällig.

Wir benötigen hierfür Möglichkeiten, so genannte Massenrollouts zu generieren, dies sind Installationen, bei denen automatisiert eine große Anzahl an Computern mit dem Betriebssystem versorgt wird.

Das Verteilen einer Installation ist die Grundvoraussetzung für Massenrollouts. Immer wenn viele Rechner mit ein und demselben Betriebssystem ausgestattet werden müssen, ist es nicht mehr möglich, eine Installation über eine DVD zu starten, wie wir es bisher gemacht haben.

Massenrollouts setzen Vorbereitung voraus, unter anderem darf es nicht mehr nötig sein, die Informationen, wie Seriennummer oder Sprachversion manuell an jedem Computer eingeben zu müssen.

In vielen früheren Versionen war ein Massenrollout relativ schwierig, da jeder Computer einzeln installiert werden musste. Dies konnte zwar mit einigen Dateien vereinfacht werden, aber das Prinzip der Einzelinstallation blieb. Selbst mit Tools, die ein Image eines installierten Systems weiterverbreitet haben, stieß man schnell an die Grenzen des machbaren, da für eine solche Verteilung gleiche, oder zumindest ähnliche Hardware nötig war.

Windows Server 2016 ist imagebasiert

Windows Server 2016 wird bereits als Image ausgeliefert!

Dies wirft einige Fragen auf. Wie ist es möglich, dass ein Image auf den verschiedensten Hardwarekonfigurationen installiert werden kann?

Microsoft hat es geschafft, ein Imageformat zu kreieren, das völlig hardwareunabhängig ist. Dieses Format arbeitet auch mit einer hohen

Kompressionsrate, deswegen ist es möglich, dass auf einem Windows Server 2016 Installationsmedium mehrere Versionen von Windows Server 2016 vorhanden sind! Das Format nennt sich „.WIM" (Windows Imaging Microsoft).

Die relevanten Daten befinden sich in zwei Dateien:

- Install.WIM
- Boot.WIM

Das eröffnet natürlich für das Massenrollout neue Möglichkeiten.

Windows Server 2016 ist sprachneutral

Alle Sprachpakete (inklusive Englisch) sind optionale Komponenten und können einzeln zum Betriebssystem hinzugefügt werden.

Das kann man erkennen, wenn man in der Registry einige Einträge mit den Einträgen vergleicht, die in früheren Windows Versionen zu finden waren.

Windows Server 2016 startet die Installation nicht mehr im DOS-Modus

Viele vorherigen Windows Versionen haben die Installation immer im DOS-Modus gestartet.

Windows Server 2016 dagegen startet die Installation mit Windows PE .

Windows PE basiert auf dem Windows Server 2016 Kernel und ist ein eigenes, kleines Betriebssystem, das aber nur eingeschränkte Funktion hat. Mit diesem System wird die Installation gestartet. Windows PE findet sich in der Datei „Boot.WIM".

1.6.1 Der Windows Imaging and Configuration Designer (ICD)

In vielen Fällen werden Sie Clients für den Massenrollout vorbereiten müssen, bei Servern ist das eher seltener der Fall.

Für diesen Fall gibt Microsoft Ihnen ein sehr gutes Tool zur Hand, den „Windows Imaging and Configuration Designer (ICD) für Windows 10".

Hiermit können Sie Images verändern und neue Images erstellen. Sogar Programme und Treiber können Sie auf einfache Art in das Image einbinden.

Installation

Der ICD ist Bestandteil des Windows Assessment and Deployment Kit. Hier sind auch noch andere nützliche Tools vorhanden.

Laden Sie zunächst das Windows Assessment and Deployment Kit herunter und installieren Sie es.

Folgende Features müssen Sie installieren, damit Sie ICD benutzen können:

- Bereitstellungstools
- Windows Preinstallation Environment (Windows PE)
- Imageerstellungs - und Konfigurations-Designer (ICD)
- Migrationstool für den Benutzerstatus (USMT)

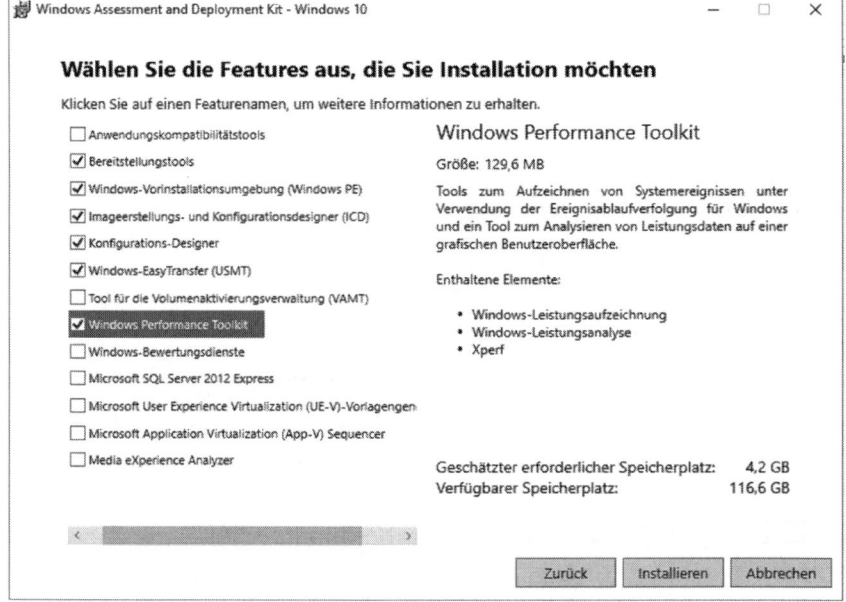

Abbildung 1.53: Windows ADK Installation

Bevor Sie nun mit dem Erstellen von Images beginnen, wollen wir noch kurz auf einige Fakten eingehen.

Welche Images können mit ICD konfiguriert werden?

- Windows 10-Image für Desktopeditionen (Home, Pro und Enterprise)
- Windows 10 Mobile-Image
- Windows 10 IoT Core-Image

Auf welchen Betriebssystemen kann ICD installiert werden, um Images zu erstellen?

- Windows 8.1 – x86 und amd64
- Windows 8 – x86 und amd64
- Windows 10 – x86 und amd64
- Windows Server Technical Preview
- Windows Server 2012 R2
- Windows Server 2012
- Windows Server 2008 R2
- Windows Server 2016

Nun können wir beginnen, Images zu erstellen.

Erstellen eines Images für die Bereitstellung

Zunächst einmal starten Sie den „Windows Designer für die Imageerstellung und –konfiguration".

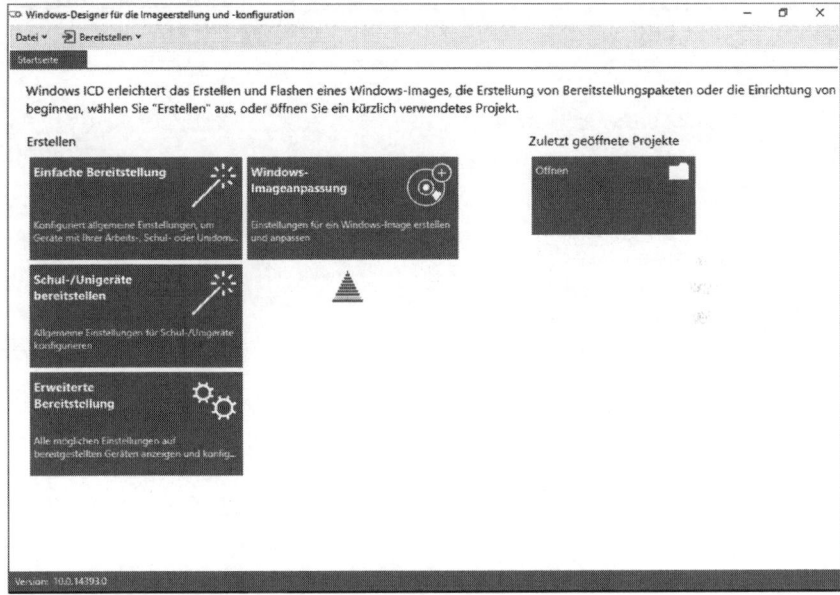

Abbildung 1.54: Designer ist gestartet

Hier wählen Sie „Neue Windows-Imageanpassung".

Abbildung 1.55: Name und Auswahl

Im ersten Schritt geben Sie dem neuen Projekt einen Namen. Dann wählen Sie „Das Windows-Image basiert auf einer WIM (Windows Image)-Datei" aus.

ACHTUNG!

Sie können hier leider kein Windows Server 2016 Image auswählen, wenn Sie das tun, erhalten Sie eine Fehlermeldung. Der ICD ist nur für Windows 10 geeignet.

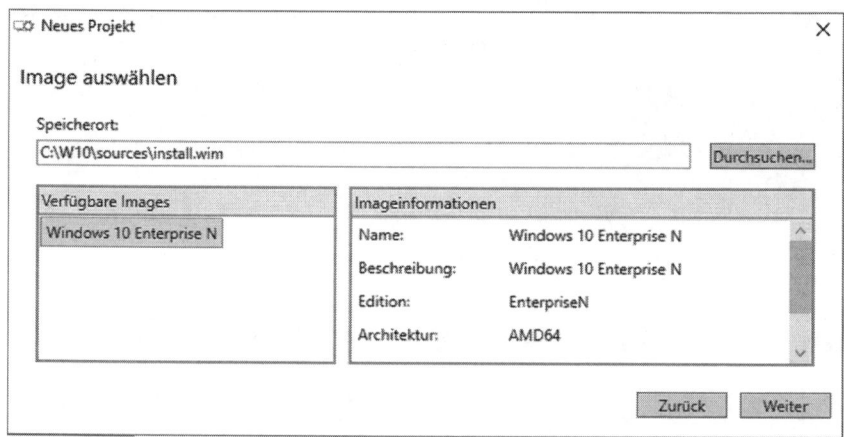

Abbildung 1.56: Auswahl WIM-Image

Nun wählen Sie die Datei „Install.wim" aus. Sollten in diesem Image mehrere Betriebssysteme vorhanden sein, werden Ihnen alle angezeigt.

ACHTUNG!

Kopieren Sie vorher die Installationsdateien auf die Festplatte! Wenn Sie die Datei Install.wim auf einem schreibgeschützten Medium haben, wie beispielsweise einer DVD, können Sie den Vorgang nicht zu Ende führen, und bekommen eine Fehlermeldung, da temporäre Dateien in das Verzeichnis der Datei install.wim geschrieben werden.

Wählen Sie das gewünschte Image aus und klicken Sie auf „Weiter".

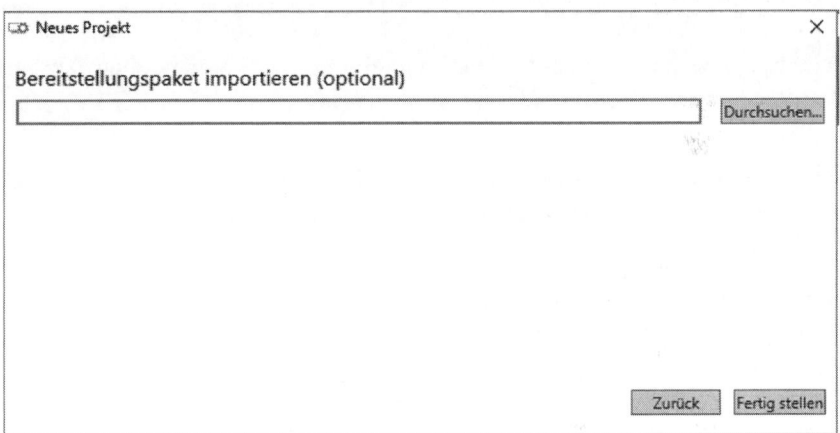

Abbildung 1.57: Bereitstellungspaket

Im nächsten Schritt können Sie ein Bereitstellungspaket importieren.

Lassen Sie uns diesen Schritt erst einmal überspringen, wir kommen später noch darauf zurück, was ein Bereitstellungspaket ist.

Klicken Sie auf „Fertig stellen".

Nun dauert es einen Moment, bis alle Einstellungen verarbeitet sind.

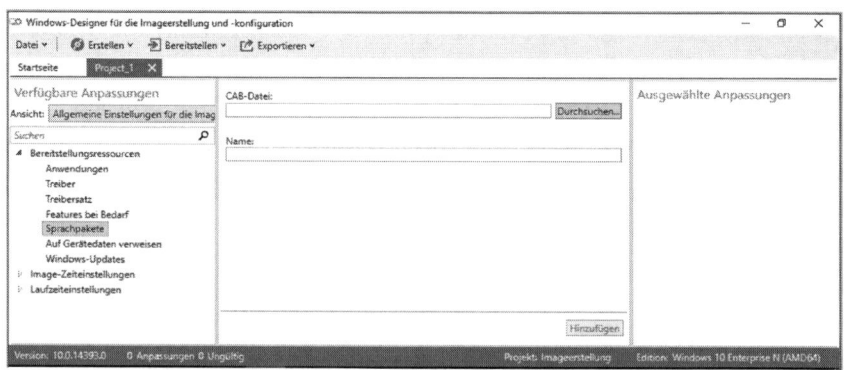

Abbildung 1.58: Verfügbare Anpassungen

Danach erscheint das Fenster „Verfügbare Anpassungen".

Sie ist ein wichtiger Teil der Imageerstellung, denn hier können Sie das Image individuell auf Ihre Bedürfnisse anpassen.

Sie können beispielsweise Anwendungspakete einbinden, Treiber vorab zur Verfügung stellen und sonstige benötigte Einstellungen vornehmen.

Nachdem Sie alle benötigten Einstellungen gemacht haben, können Sie die Konfiguration fortsetzen.

Bereitstellungspaket

An dieser Stelle möchte ich auf das Thema „Bereitstellungspaket" zurückkommen.

Wenn wir es genau betrachten, haben wir bisher zwei verschiedene Dinge gemacht

- Das Betriebssystem-Image gewählt
- Zusätzliche Programme und Funktionen hinzugefügt

Genau diese Herangehensweise ist der Schlüssel zu den Bereitstellungspaketen.

Sie sind nämlich nichts anderes, als die Sammlung der Änderungen für das Betriebssystem-Image, also die Programme, Treiber etc. Es sind die Einstellungen, die wir eben in der Konsole „Verfügbare Anpassungen" vorgenommen haben.

Aus diesem Grund ist es nur logisch, dass wir diese Einstellungen auch getrennt speichern können.

Und schon haben wir ein „Bereitstellungspaket".

Ein Bereitstellungspaket ist eine Sammlung der Änderungen, die am Betriebssystem vorgenommen werden sollen.

Wenn wir diese Änderungen speichern wollen, klicken wir auf „Exportieren – Bereitstellungspaket".

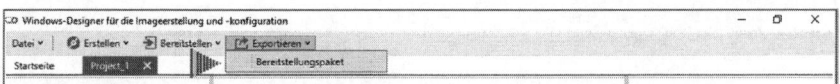

Abbildung 1.59: Export eines Bereitstellungspakets

Nun geben Sie dem Paket einen Namen.

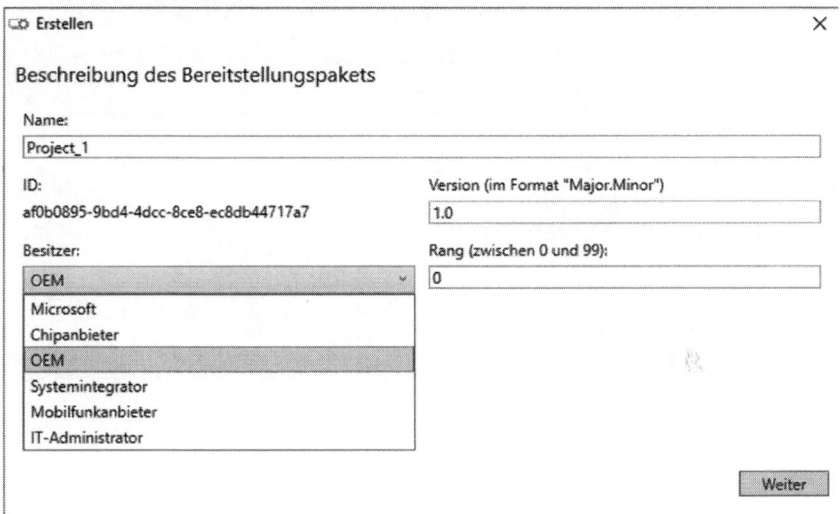

Abbildung 1.60: Paketeigenschaften

Nun wählen Sie den Paketbesitzer aus.

Die Paketversion können Sie auch selber wählen, genauso wie den Rang.

Klicken Sie dann auf „Weiter".

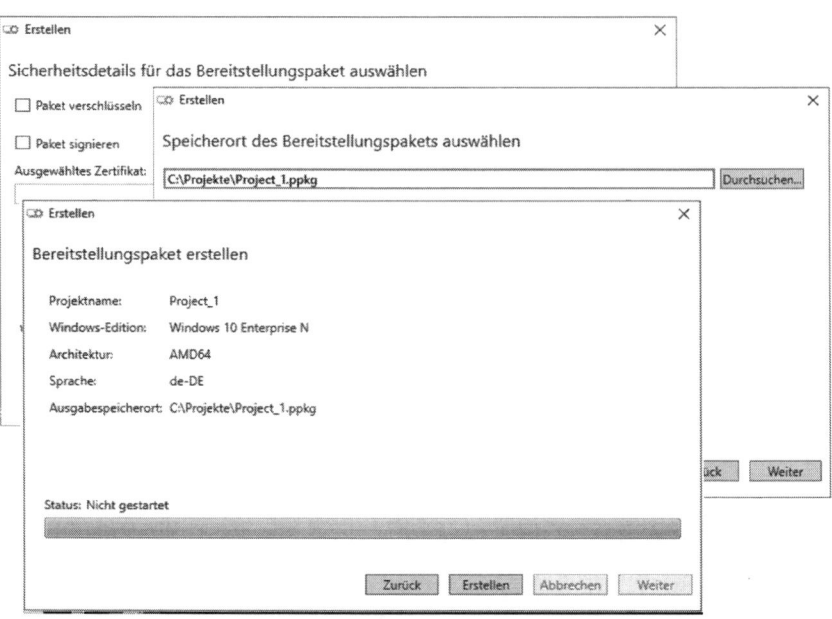

Abbildung 1.61: Fertigstellen

Sie wählen noch, ob das Paket verschlüsselt oder signiert werden soll und wählen einen Speicherplatz.

Dann wird das Paket erstellt.

ACHTUNG!

Ein Bereitstellungspaket hat immer die Endung .ppkg.

Erstellen des Images

Aber zurück zum Erstellen des Images.

Egal, ob wir das Bereitstellungspaket getrennt speichern wollen oder nicht, unser Ziel ist es, ein Image zu erstellen, welches das Betriebssystem zusammen mit den Änderungen enthält.

Dazu klicken wir auf „Erstellen".

Abbildung 1.62: Erstellen des Images

Nun haben wir drei Auswahlmöglichkeiten:

Produktionsmedium

Dies ist die richtige Wahl, wenn das Image für einen Massenrollout genommen werden soll. Die Installation kann komplett automatisiert werden und auch in einem Überwachungsmodus gestartet werden, um ein Skript zu testen.

Medium für die Neuinstallation

Dies ist das Medium der Wahl, wenn es für eine Einzelplatzinstallation verwendet werden soll.

Wiederherstellungsmedium

Dies ist das Medium, mit dem eine Systemwiederherstellung vorgenommen werden kann.

In unserem Beispiel wählen wir „Produktionsmedium".

Im nächsten Bildschirm wählen wir das Speicherformat aus.

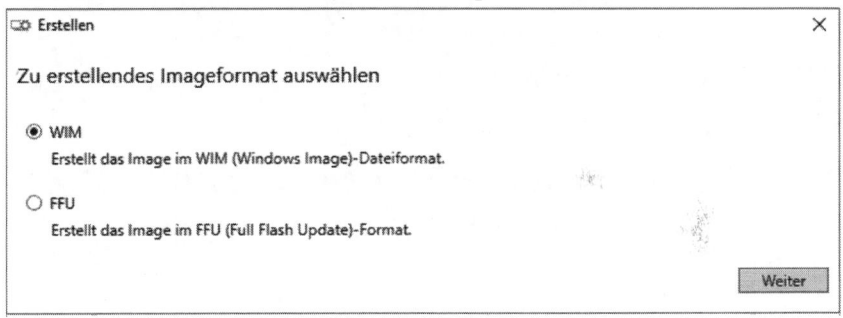

Abbildung 1.63: Speicherformat

In den meisten Fällen werden wir hier das Format „wim" wählen.

Nun wählen Sie noch, ob das Betriebssystem komprimiert werden soll, und den Speicherort.

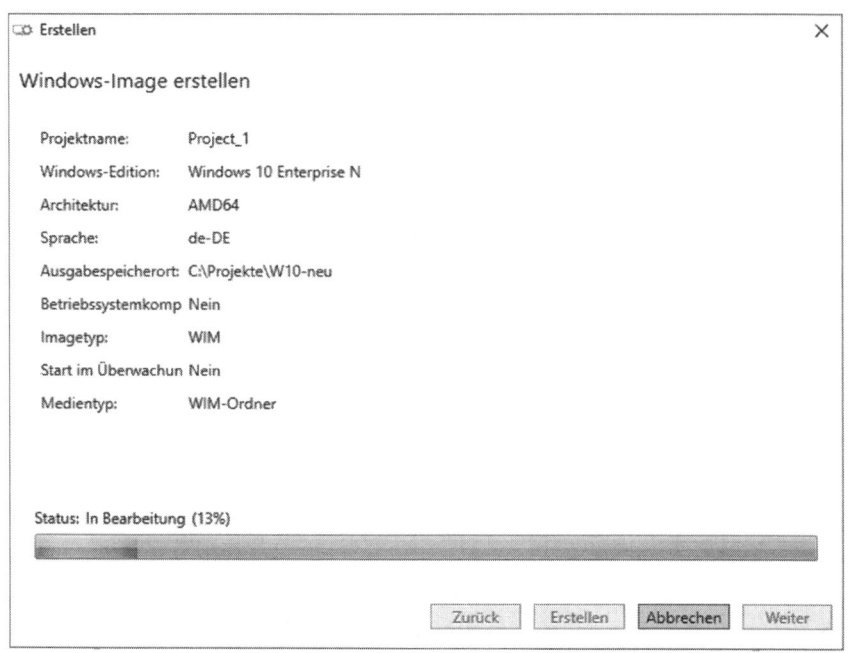

Abbildung 1.64: Image wird erstellt

Danach wird das Image erstellt.

1.6.2 Ein Image bearbeiten mit DISM.EXE

Wir haben gesehen, die Bearbeitung eines Images ist mit ICD sehr einfach.

Es gibt aber noch andere Möglichkeiten, ein Image zu bearbeiten.

Updates, Treiber und Sprachpakete hinzufügen

Wenn Sie das Installationsimage bearbeiten möchten, können Sie dafür auch das Tool „DISM.EXE" benutzen, das im Lieferumfang von Windows Server 2016 enthalten ist.

Infos über das Image

ACHTUNG!
Die folgenden Befehle werden immer mit einer Eingabeaufforderung ausgeführt, die mit dem Parameter „Als Administrator ausführen" geöffnet wird!

Zunächst sollten Sie sich Informationen über das Image anzeigen lassen.

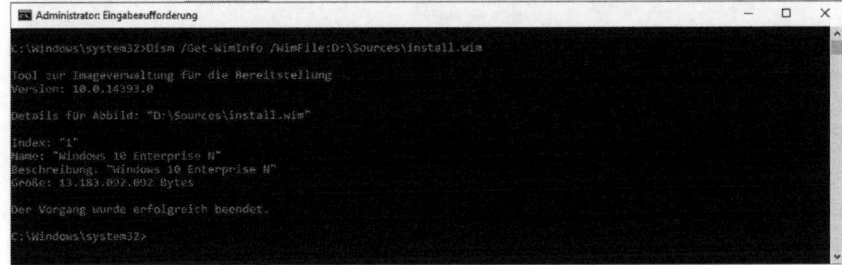

Abbildung 1.65: Informationen

Dies tun Sie mit dem Befehl

dism /Get-WimInfo /WimFile:<Pfad>\<NameDesImages>

Wenn Sie also Informationen über die Datei „Install.wim" haben möchten, die sich auf der DVD im Laufwerk D:\ befindet, lautet der Befehl wie folgt:

dism /Get-WimInfo /WimFile:D:\sources\install.wim>

Sie sehen, dass nur die Version „Windows Server 2016 Enterprise N" in dieser Imagedatei vorhanden ist, und deswegen auch die Indexnummer 1 hat. Wichtig ist, dass Sie sich die Indexnummer merken, denn nun können Sie über einzelne Installationen genauere Informationen betrachten, mit dem Befehl:

dism /Get-WimInfo /WimFile:<Pfad>\<NameDesImages>
/index:<Nummer des Index>

Der Befehl lautet in unserem Fall:

dism /Get-WimInfo /WimFile:d:\sources\install.wim /index:1

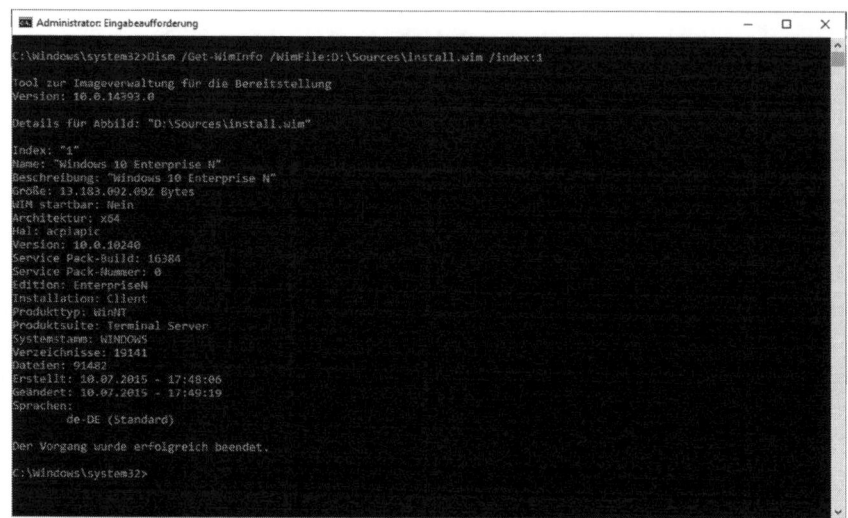

Abbildung 1.66: Informationen über den Index 1

Mounten des Images

Bevor Sie ein Image bearbeiten können, müssen Sie es mounten, also „offline verfügbar machen".

Das bedeutet, das Image wird entpackt und in einem Ordner bereitgestellt.

Dazu sollten Sie das Image auf die Festplatte kopieren. Wenn Sie versuchen, ein Image von einer CD oder DVD zu mounten, erhalten Sie eine Fehlermeldung, da diese Datenträger schreibgeschützt sind.

Also kopieren Sie die Datei auf die Festplatte. Erstellen Sie auch einen Ordner, in den Sie die Datei mounten möchten, z.B. den Ordner C:\Mount.

Die Syntax für das Mounten ist:

**dism /Mount-Wim /wimfile:<Pfad der wim-Datei>
/index:<IndexNummer> /MountDir:<Ordner>**

In unserem Beispiel ist dies folgender Befehl:

**dism /Mount-Wim /wimfile:C:\install\install.wim /index:1
/MountDir:C:\Mount**

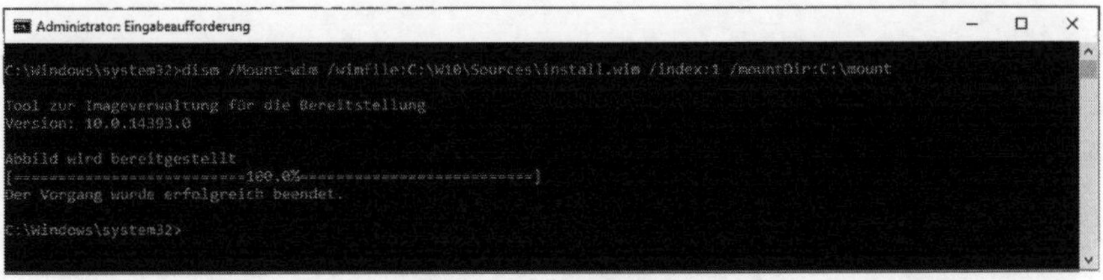

Abbildung 1.67: Mounten

Informationen über Treiber, Features, Sprachen, Updates

Nachdem das Image jetzt gemountet ist, können Sie Informationen über diese Images anfordern.

Die Syntax ist hierfür folgende:

Treiberinformationen:

dism /image:<gemounteterPfad> /Get-Drivers

Informationen über Windows Features:

dism /image:<gemounteterPfad> /Get-Features

Informationen über Feature-Packs, Sprachpakete, Updates, etc:

dism /image:<gemounteterPfad> /Get-Packages

Als Beispiel lassen wir uns hier die Treiber anzeigen:

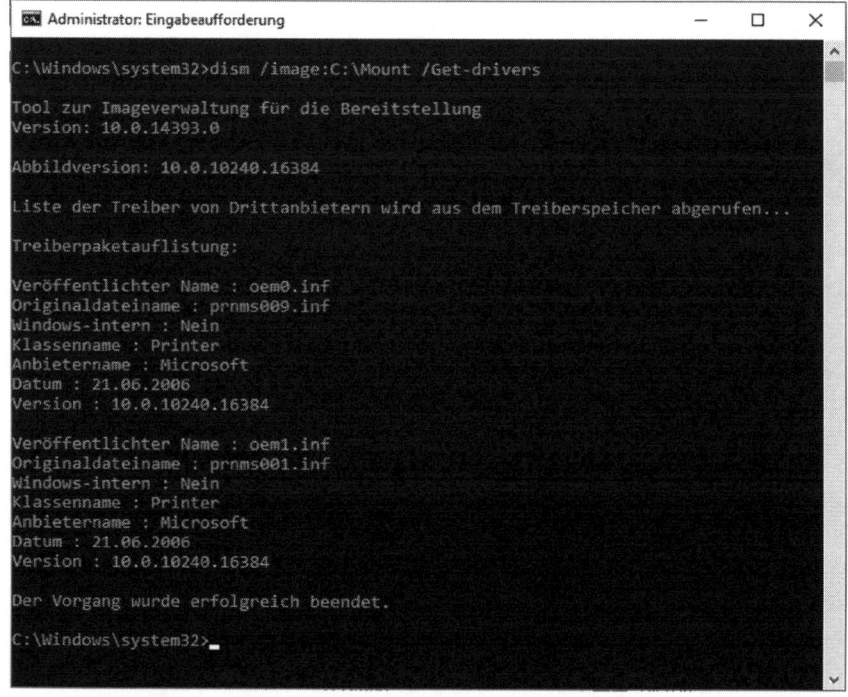

Abbildung 1.68: Treiber

Das Image bearbeiten

Nun können Sie das Image nach Herzenslust bearbeiten.

Features Deaktivieren:

dism /image:< gemounteterPfad> /Disable-Feature:<NameDesFeatures>

Pakete hinzufügen:

Dism /image: <gemounteterPfad> /Add-Package
<PfadDesPakets>\<NameDesPakets>

Apps hinzufügen:

Dism /Add-ProvisionedAppxPackage: Fügt eine Anwendung für alle
Benutzer hinzu

Dism / Add-AppxPackage: Fügt eine Anwendung für einen Benutzer
hinzu

Änderungen im Image speichern

Nach jeder Änderung sollten Sie diese Änderungen speichern.

Dies tun Sie mit dem Befehl

Dism /Commit-Wim /MountDir:<gemounteterPfad>

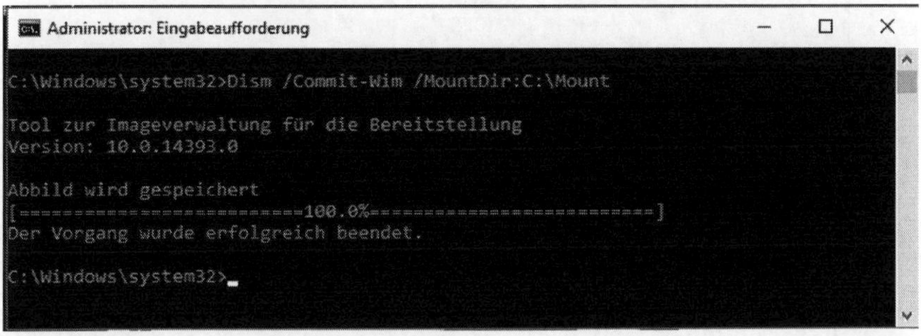

Abbildung 1.69: Änderungen speichern

Bereitstellung aufheben

Der letzte Schritt ist, das Image wieder zu „unmounten", und die Änderungen endgültig in dieses Image zu speichern.

Dism /unmount-WIM /MountDir:<gemounteterPfad> /commit

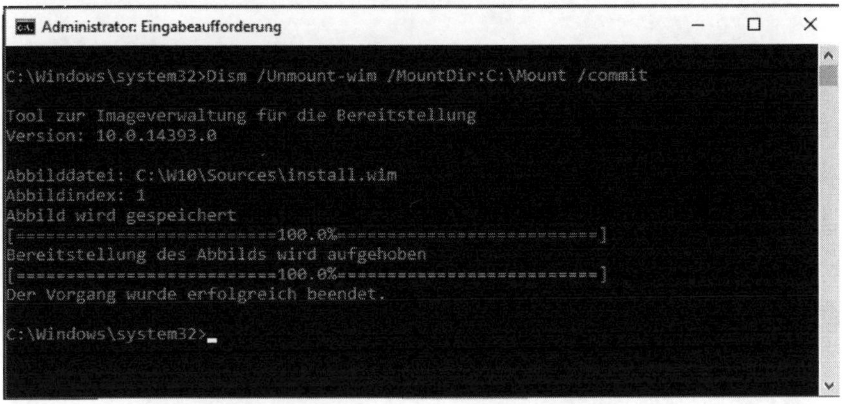

Abbildung 1.70: Bereitstellung aufheben

Hierbei wird das bearbeitete Image wieder in die ursprüngliche Datei zurückgespeichert. Deswegen darf diese auch nicht schreibgeschützt sein!

1.6.3   Das Klonen einer vorhandenen Maschine

Nun wissen wir genau, wie ein Image erstellt oder bearbeitet werden kann.

Allerdings wäre es doch sehr praktisch, wenn es eine Möglichkeit gäbe einen vorhandenen Computer zu klonen, mit allen Einstellungen und installierten Programmen.

Mit Windows Server 2016 haben Sie die Möglichkeit, einen Referenzcomputer einzurichten, und diesen Computer mit den installierten Programmen auf beliebig viele andere Clients zu übertragen, egal, ob die Hardware sich unterscheidet.

Dazu gehen Sie folgenden Weg:

- Sie installieren den Referenzcomputer
- Sie installieren die Programme auf dem Referenzcomputer
- Sie entfernen die SID und andere eindeutige Erkennungsmerkmale vom Referenzcomputer
- Sie erstellen ein Image des Referenzcomputers

Dieses Image können Sie dann an andere Computer verteilen.

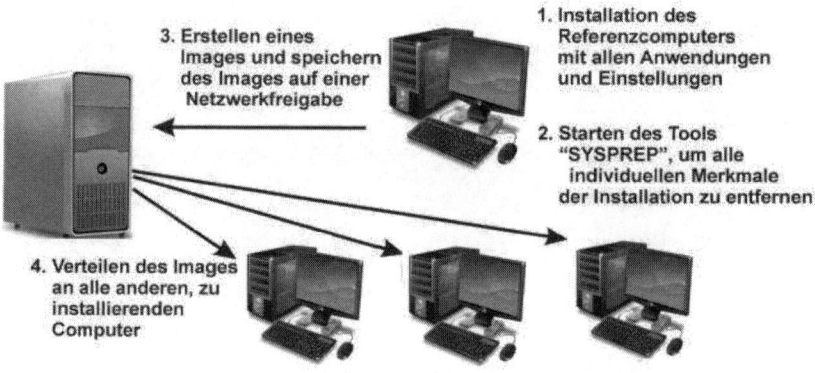

Abbildung 1.71: Das Prinzip des Klonvorgangs

Das Entfernen der eindeutigen Erkennungsmerkmale, wie Computernamen, SID oder ähnliches ist nötig, damit jeder Computer innerhalb des Netzwerks einmalig ist. Wenn Sie diese Informationen vom Referenzcomputer nicht entfernen, erhalten Sie lauter gleiche Computer mit lauter gleichen Namen und SIDs, was natürlich nicht möglich ist.

1.6.4 Erstellen eines BOOT-PE Mediums

Bevor Sie einen Computer mit SYSPREP seiner Identität berauben, sollten Sie sich eine Boot-CD erstellen, mit der Sie nach dem Ausführen von SYSPREP den Computer klonen können.

Nach dem Ausführen von SYSPREP wird der Computer heruntergefahren. Wenn Sie ihn wieder starten, werden Sie nach den eindeutigen Informationen gefragt. Das wollen wir aber solange vermeiden, bis wir ein neutrales Image dieses Rechners erstellt haben. Also müssen wir den Computer mit einer Start-CD starten.

Auf dieser CD sollte im Idealfall natürlich auch ein Imagetool vorhanden sein.

Abbildung 1.72: Umgebung für Bereitstellungs- und Imageerstellungstools

Dafür werden wir ein Windows PE Boot-Medium erstellen.

Windows PE ist eine abgespeckte Version des Windows Betriebssystems, mit dem Sie einen Computer starten können. Auf diesem Medium können auch noch zusätzliche Tools sein, mit denen Sie beispielsweise ein Image ziehen können.

Zum Erstellen eines Windows PE Boot-Mediums benutzen Sie die „Umgebung für Bereitstellungs – und Imageerstellungstools".

Sie müssen in diesem Tool viele Eingaben über die Befehlszeile machen, es gibt hierfür keine GUI.

Sie lassen nun von dem PE Tool eine Ordnerstruktur erstellen, mit der Sie eine Boot-CD mit Windows PE machen können. Dies tun Sie mit dem Befehl

Copype amd64 <Laufwerk\Ordner

In unserem Fall möchten wir im Laufwerk C: einen Ordner mit Namen „Winpe" erstellen und die Daten dorthin kopieren.

Dann ist die Kommandozeile folgende:

Copype amd64 C:\Winpe

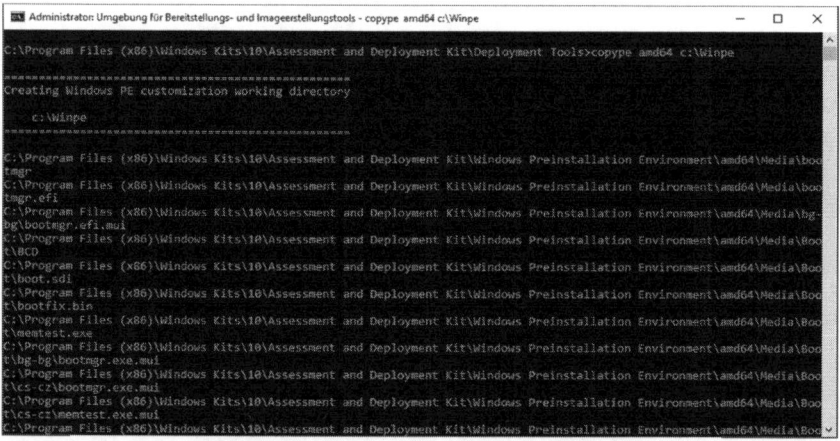

Abbildung 1.73: Erstellen der Verzeichnisstruktur für Boot PE

ACHTUNG!

Je nachdem, welchen Prozessor Sie verwenden, müssen Sie andere Befehle eingeben, entweder „x86", „amd64" oder „ia64"!

Das Erstellen der Ordnerstruktur dauert eine Weile.

Im nächsten Schritt mounten Sie die Datei „Boot.wim".

Diese befindet sich in der eben erstellten Ordnerstruktur im Verzeichnis „Media\Sources".

Zum Mounten öffnen Sie eine PowerShell Konsole als Administrator. Lassen Sie die „Umgebung für Bereitstellungs – und Imageerstellungstools" im Hintergrund geöffnet.

Abbildung 1.74: PowerShell

Hier geben Sie folgenden Befehl ein:

Mount-WindowsImage –ImagePath <PfadDerDateiBoot.wim> -Index
<NummerDesImages> -Path <Zielpfad>

Wenn wir also unser Image in den Ordner C:\WinPE\Mount mounten wollen, lautet der Befehl:

Mount-WindowsImage –ImagePath C:\Winpe\Media\Sources\Boot.wim -
Index 1 -Path C:\Winpe\Mount

Abbildung 1.75: Mounten des Images

Nun können noch zusätzliche Tools eingebunden werden. Dies machen Sie mit folgenden PowerShell-Befehlen:

Add-WindowsDriver –Path
Add-WindowsPackage –Path

Nachdem das Image bearbeitet ist, muss das Mounten beendet werden und die Änderungen in der Dateistruktur gespeichert werden.

Dafür geben Sie folgenden Befehl ein:

Dismount-WindowsImage –Path <PfadDesGemountetenImages> -Save

In unserem Fall ist das folgender Befehl:

Dismount-WindowsImage –Path C:\Winpe\Mount -Save

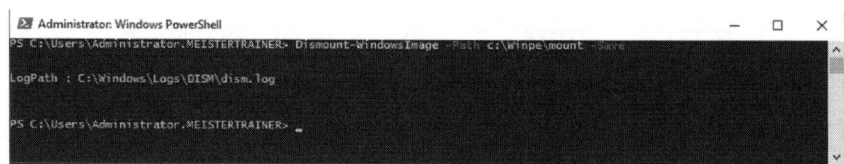

Abbildung 1.76: Dismounten

Zu guter Letzt muss diese Verzeichnisstruktur noch in eine .iso-Datei gepackt werden, die dann gebrannt werden kann.

Dazu schließen Sie die PowerShell Konsole und kehren zu der noch geöffneten „Umgebung für Bereitstellungs – und Imageerstellungstools" zurück.

Hier erstellen Sie zunächst ein Verzeichnis, in dem die ISO-Datei gespeichert werden soll:

MD <Pfad>

Wenn der Pfad C:\BootMedium heißen soll, ist der Befehl:

MD C:\BootMedium

Nun erstellen Sie die ISO-Datei mit folgendem Befehl:

MakeWinpeMedia /iso <PfadDerDateien>
<Zielpfad>\<NameDerDatei>

Wenn die Datei WinPE.iso heißen soll, lautet der Befehl:

MakeWinpeMedia /iso C:\WinPE C:\BootMedium\WinPE.iso

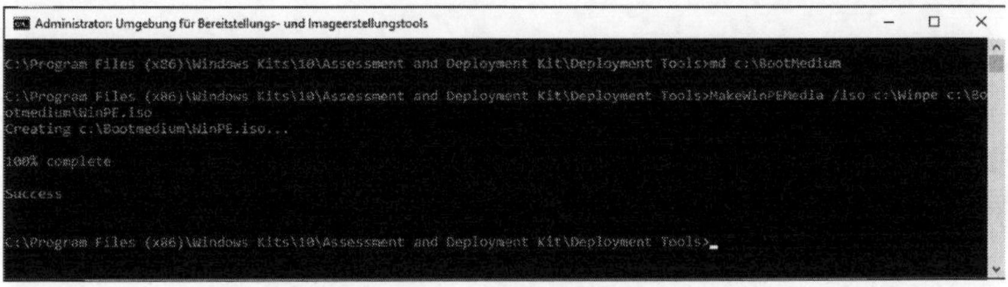

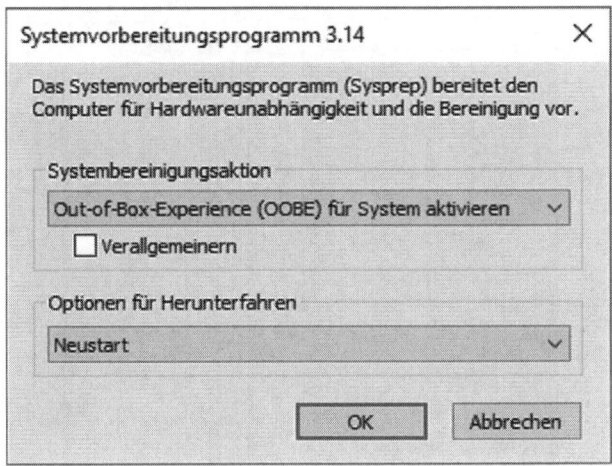

Abbildung 1.77: Erstellen der ISO-Datei

Diese ISO-Datei brennen Sie nun auf CD oder erstellen Sie einen bootfähigen USB-Stick.

1.6.5 Klonen des Rechners

Auf dem Rechner, den Sie klonen möchten, starten Sie nun das Systemvorbereitungsprogramm „Sysprep". Es befindet sich im %Systemroot%\System32\Sysprep.

Abbildung 1.78: Sysprep

Nach dem Ausführen des Programmes wird der Rechner heruntergefahren.

ACHTUNG!
Sysprep kann auch an der Befehlszeile mit diversen Parametern angewendet werden. Manche dieser Parameter sind für ein vollautomatisiertes Rollout zwingend notwendig.

Parameter	Bedeutung
/quiet	Führt die Datei "Sysprep.exe" ohne Bestätigungsmeldungen aus
/generalize	Bereitet die Abbilderstellung der Windows-Installation vor. Wenn diese Option angegeben wird, werden alle eindeutigen Systeminformationen aus der Windows-Installation entfernt
/audit	Startet den Computer im Überwachungsmodus neu. Mit dem Überwachungsmodus können Sie Windows zusätzliche Treiber oder Anwendungen hinzufügen. Sie können außerdem eine Installation von Windows testen, bevor diese an einen Endbenutzer gesendet wird
/oobe	Startet den Computer im Modus der Windows-Willkommensseite neu. Mithilfe der Windows-Willkommensseite können Endbenutzer ihr Windows-Betriebssystem anpassen, Benutzerkonten erstellen, einen Namen für den Computer festlegen und andere Aufgaben durchführen. Alle Einstellungen in der Konfigurationsphase oobeSystem einer Antwortdatei werden unmittelbar vor dem Start der Windows-Willkommensseite verarbeitet
/reboot	Startet den Computer neu
/shutdown	Fährt den Computer nach Beenden von Sysprep herunter
/quit	Schließt Sysprep nach dem Ausführen der angegebenen Befehle
/unattend: Dateiname	Wendet Einstellungen in einer Antwortdatei während der unbeaufsichtigten Installation auf Windows an

1.6.6　Das Image erstellen

Den Rechner starten Sie mit der zuvor erstellten BOOT-PE-CD.

Dann rufen Sie den Befehl „Dism" auf, den wir schon zuvor besprochen haben.

> **Dism /Capture-Image /Imagefile: <ZielpfadDesImages>**
> **\<NameDesImages> /CaptureDir:<SystemLaufwerk>**
> **/Name:<Anzeigename>**

1.6.7　Das Verteilen eines Images

Images müssen verteilt werden, egal, ob sie direkt von der DVD benutzt werden, oder ob sie bearbeitet worden sind.

Dafür gibt es mehrere Möglichkeiten, unter anderem:

- Starten des Clients mit der Boot-PE-CD und Zuweisung des Images (Einzelplatzinstallation)
- Vollautomatische Bereitstellung durch den Windows-Dienst WDS

Damit diese Bereitstellungsformen sinnvoll angewendet werden können, ist es noch nötig, eine Antwortdatei zu erstellen, denn bei allen Installationsarten müssen einige Daten, wie Rechnername oder Domänenzugehörigkeit, am Ende des Installationsvorgangs per Hand eingegeben werden.

Sollten wir auch das vermeiden wollen, ist die beste Lösung dafür das Erstellen einer Antwortdatei.

Windows Server 2016 benötigt für die automatisierte Installation eine .xml-Datei mit Namen „autounattend.xml". Diese wird für eine unbeaufsichtigte Einzelplatzinstallation auf einem Wechseldatenträger, wie einem USB-Stick gespeichert, der während der Installation angeschlossen sein muss. Windows Server 2016 sucht bei Beginn der Installation automatisch nach dieser Datei, und wendet sie an, wenn sie vorhanden ist.

Erstellen einer Antwortdatei

Eine Antwortdatei kann auch mit dem ADK erstellt werden. Zunächst sollten Sie die Windows Server 2016 DVD in eine Freigabe auf dem Rechner kopieren.

Dann starten Sie den „Windows System Image Manager".

Abbildung 1.79: Windows System Image Manager

Sie erhalten zunächst ein leeres Fenster.

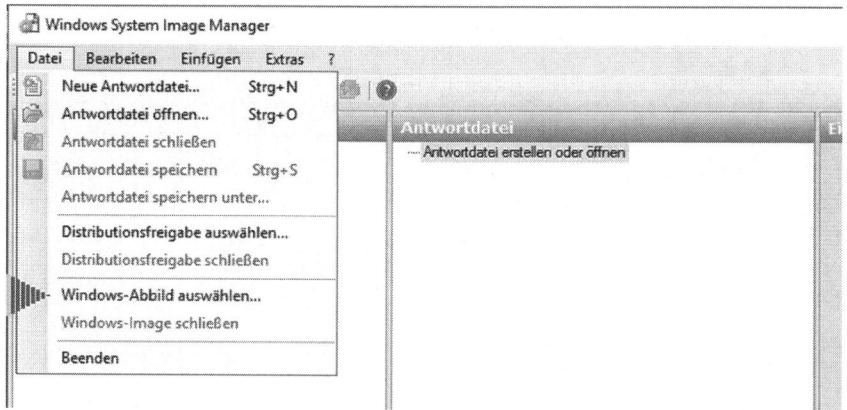

Abbildung 1.80: Abbild auswählen

Um mit der Erzeugung einer Antwortdatei zu beginnen, muss zuerst ein Abbild (also eine .wim-Datei) gewählt werden. Dies ist die install.wim. Diese Datei befindet sich im Ordner „sources" des Windows Server 2016-Installationsmediums, das Sie zuvor auf die Festplatte kopiert haben.

Das Image wird untersucht, eine Katalogdatei wird erstellt.

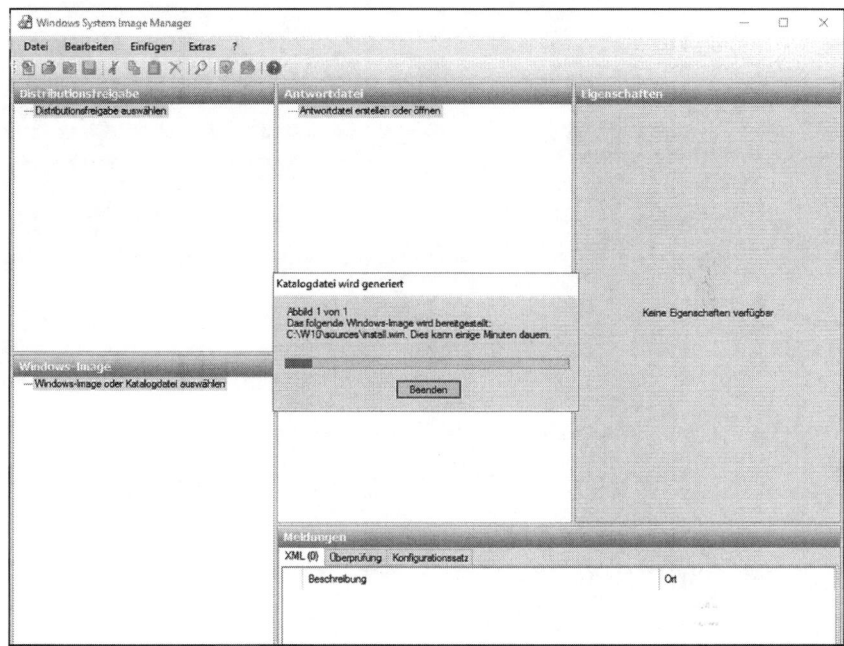

Abbildung 1.81: Katalogdatei wird erstellt

Nun werden alle möglichen Komponenten unterhalb des ausgewählten Systems angezeigt.

Im nächsten Schritt erstellen Sie eine leere Antwortdatei. Diese können Sie nun mit den verschiedenen Komponenten füllen.

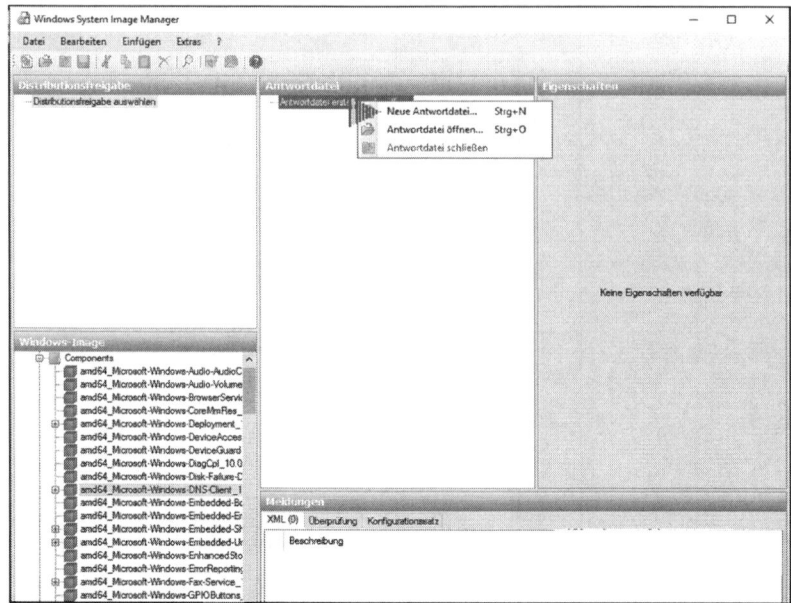

Abbildung 1.82: Neue Antwortdatei erstellen

Dazu klicken Sie die einzelnen Komponenten an und fügen sie an die richtige Stelle ein.

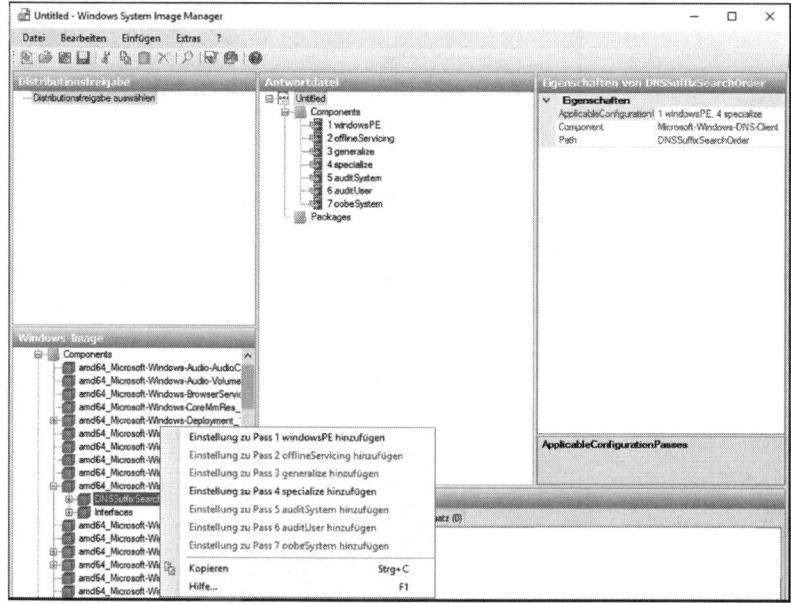

Abbildung 1.83: Komponenten hinzufügen

Doch was ist die richtige Stelle?

Eine Installation besteht aus 7 möglichen Phasen. Nicht alle Phasen sind in jeder Art der Installation vorhanden, beispielsweise ist die Installation anders, wenn Sie von einer DVD installieren, als wenn Sie mit dism ein Abbild erstellt haben, nachdem Sie SYSPREP angewendet haben.

Die 7 Phasen sind folgende:

windowsPE

Hier werden die Komponenten eingefügt, die die grundsätzlichen Einstellungen des Betriebssystems beinhalten, und noch während der PE-Phase ausgeführt werden, beispielsweise Partitionen auf der Festplatte oder die Eingabe des Product Keys.

offlineServicing

Mit dieser Komponente werden einem Image Updates zugewiesen. Auch Sprachpakete, oder Sicherheitsupdates können hier hinzugefügt werden.

generalize

Wenn Sie ein Systemabbild mit „sysprep" und dem Parameter „/generalize" erstellt haben, können Sie an dieser Stelle Konfigurationen machen. Diese Komponente wird nur benutzt, wenn ein Abbild mit „Sysprep/ generalize" erstellt worden ist.

specialize

Hier können systemspezifische Konfigurationen zugewiesen werden. Beispielsweise kann man Netzwerkeinstellungen, internationale Einstellungen, sowie Domäneninformationen konfigurieren.

auditSystem

Wenn Sie ein Systemabbild mit „sysprep" und dem Parameter „/audit" erstellt haben, können Sie an dieser Stelle Konfigurationen machen.

Die Einstellungen betreffen die Zeitspanne, kurz bevor der Benutzer sich anmeldet.

auditUser

Hier werden Einstellungen für die unbeaufsichtigte Installation im Benutzerkontext im Überwachungsmodus verarbeitet.

oobeSystem

Hier werden die Einstellungen zugewiesen, die kurz bevor der „Willkommensbildschirm" erscheint relevant sind.

Sobald Sie die Komponenten an die richtige Stelle in der Antwortdatei gesetzt haben, können Sie die Einstellungen konfigurieren.

Zum Schluss müssen Sie diese Datei nur noch unter dem Namen „autounattend.xml" speichern, und auf ein Wechselmedium kopieren.

1.7 Microsoft Deployment Toolkit (MDT)

Eine weitere Möglichkeit, Betriebssysteme zu verteilen, ist das kostenlose Microsoft Deployment Toolkit.

Dies ist das völlig unterschätzte Bindeglied zwischen dem Windows Deployment Server (WDS) und dem kostenpflichtigen System Center Configuration Manager (SCCM) für größere Umgebungen. Gerade in mittelständischen Unternehmen sollte es bis zur SCCM-Größe unverzichtbar sein. Es erspart dem Administrator Zeit und Geld bei der Installation von Rechnern.

Natürlich kann auch Windows Server 2016 hiermit ausgerollt werden.

1.7.1 Voraussetzungen

Die Voraussetzungen für ein einsatzbereites Microsoft Deployment Toolkit sind relativ leicht zu erfüllen. Es empfiehlt sich ein Server mit mindestens Windows 2012 R2, besser Server 2016, der zwei Festplatten hat. Eine Platte für das Betriebssystem und eine größere Platte für das MDT, den oder die Deployment Shares und temporär auch die Quelldateien, wie Anwendungen, Treiber und Betriebssysteme. Wenn Sie den Server virtuell aufsetzen, dann können Sie später problemlos den Plattenplatz erweitern. Für den Moment sind zweimal 60 GB genug.

1.7.2 Installation des Assessment und Deployment Kits (ADK)

Vor der Installation des Microsoft Deployment Kits muss das ADK für Windows 10[1] vorhanden sein, denn es bringt etliche Programme mit, die für das MDT wichtig sind, zum Beispiel WinPE und die Deployment Tools, wie DISM (Deployment Image Servicing and Management).

Falls das ADK noch nicht installiert ist, sollten Sie es jetzt installieren.

Beachten Sie bitte, dass Sie hier nur einen knapp 2 MB großen Web-Installer herunterladen. Beim Start der adksetup.exe haben Sie die Wahl,

---

[1] Download: http://go.microsoft.com/fwlink/p/?LinkId=526740

ob Sie das ADK auf der verwendeten Maschine installieren wollen oder zum späteren Gebrauch komplett in einen angegebenen (Netzwerk-) Ordner herunterladen möchten. Das vollständige ADK ist rund 4,1 GB groß.

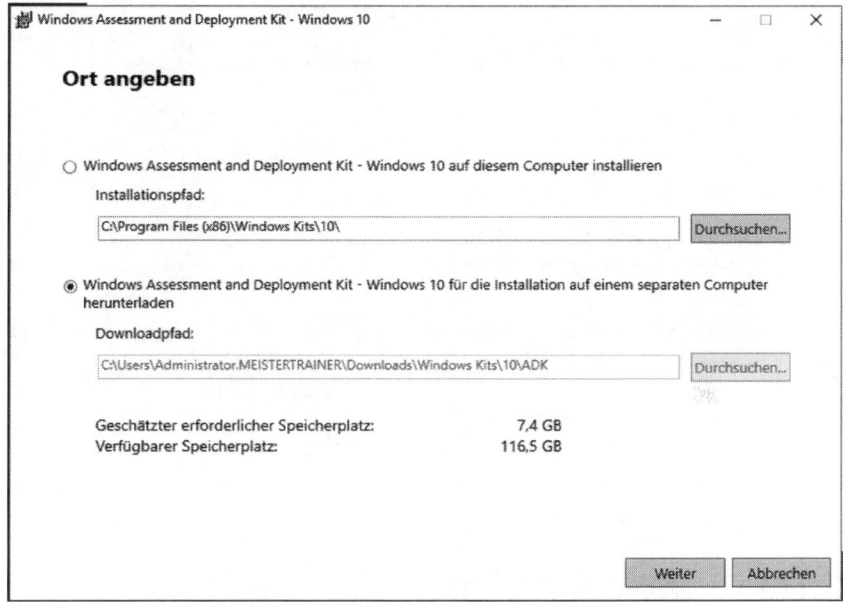

Abbildung 1.84: ADK für die spätere Verwendung

Die eigentliche Installation des Assessment und Deployment Kits ist geradlinig und schnell bewerkstelligt. Belassen Sie den vorgegebenen Standardpfad.

Bestätigen Sie das Programm zur Verbesserung der Benutzerfreundlichkeit (Customer Experience Improvement Program (CEIP)) und die Lizenzvereinbarungen und starten Sie die Installation. Zwingend notwendig sind nur die Bestandteile Deployment Tools, das Windows Preinstallation Environment (Windows PE = WinPE) und das User State Migration Tool (USMT).

HINWEIS:

Neu hinzugekommen ist der Windows Image and Configuration Designer (kurz: WICD). Damit lassen sich Images, Deployments und Bereitstellungspakete (engl. Provisioning Packages) für alle Windows Geräte erstellen.

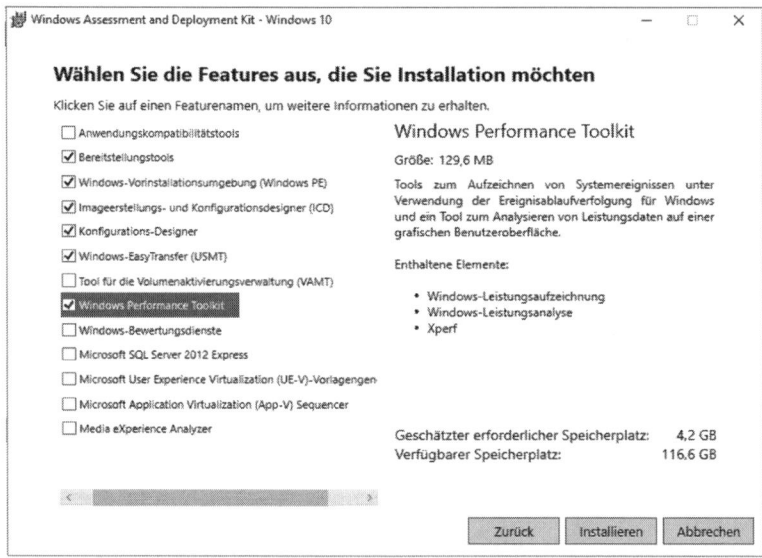

Abbildung 1.85: Notwendige Features für das MDT

Die Installation des ADKs ist in einigen Minuten erfolgreich beendet und Sie können das MDT installieren.

1.7.3 Installation des MDT

Auch die Installation des MDT ist geradlinig. Behalten Sie nach der Zustimmung zur Lizenz alle Standardwerte bei.

Abbildung 1.86: Setup-Assistent MDT

Das MDT ist in wenigen Momenten fertig installiert und bereit für grundlegende Konfigurationen.

1.7.4 Erstellung eines Deployment Shares

Starten Sie die „Deployment Workbench" als Administrator über das Startmenü. Da Sie diese Verknüpfung oft benötigen werden, empfiehlt sich gleich diese Anwendung mittels rechter Maustaste an der Taskleiste anzuheften.

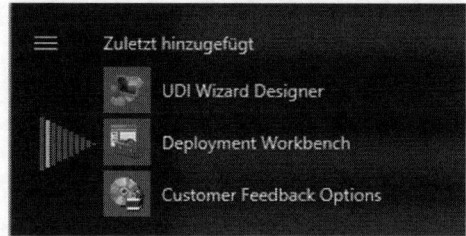

Abbildung 1.87: Start der Deployment Workbench

Der erste Konfigurationsschritt ist die Erstellung eines Deployment Shares. Klicken Sie dazu mit der rechten Maustaste auf „Deployment Shares" und wählen Sie „New Deployment Share".

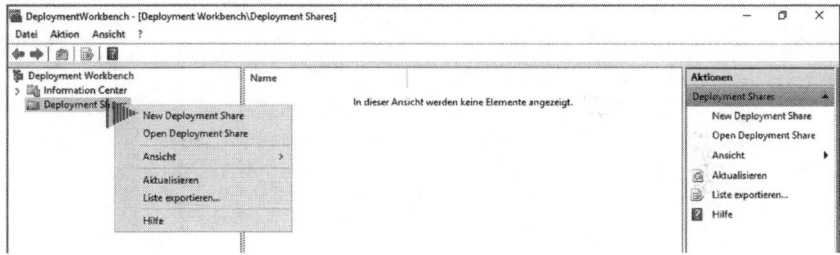

Abbildung 1.88: Erstellung eines neuen Deployment Shares

Ändern Sie den Installationspfad auf die zweite Platte Ihres Servers.

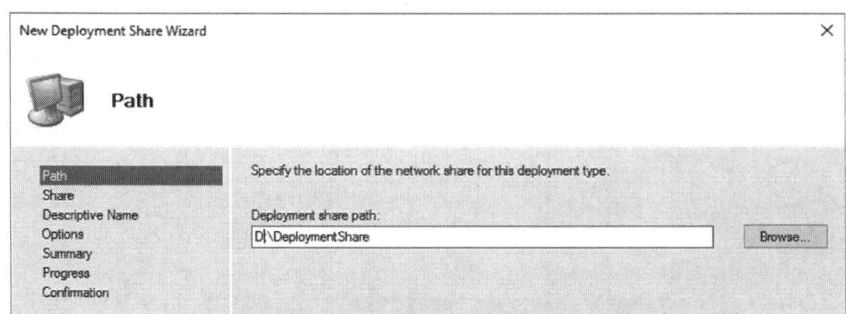

Abbildung 1.89: Pfadänderung auf Platte 2

Belassen Sie die weiteren Optionen, wie Share-Namen, Beschreibung und Optionen, bei den voreingestellten Werten und beenden Sie den Assistenten. Die Erstellung des Deployment Shares geht flott von statten. Somit haben Sie Ihren ersten Deployment Share erstellt und können mit dem Import eines Betriebssystems beginnen.

1.7.5   Import von Betriebssystemen

Eine Praxis-Empfehlung gleich zu Beginn. Organisieren Sie Ihre Betriebssysteme in Ordnern. Diese Vorgehensweise wird sich später in Übersichtlichkeit auszahlen.

Eine Ordnerstruktur ist schnell erstellt. Erweitern Sie Ihren eben erstellten Deployment Share (hier: MDT Deployment Share) bis zum Knoten „Operating Systems". Rufen Sie mit der rechten Maustaste das Kontextmenü auf und wählen Sie „New Folder". Klicken Sie „Next, Next, Finish" durch den Assistenten. Je nach vorher festgelegter Struktur legen Sie nun die Ordnerstruktur fest. Nehmen Sie als oberste Struktur z.B. Clients und Server, dann können Sie unterhalb noch den Ordner „Server 2016 Standard" anlegen.

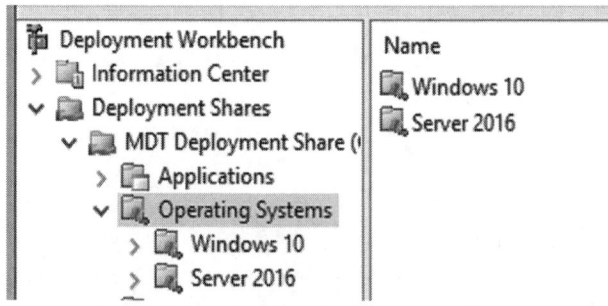

Abbildung 1.90: Eine mögliche Ordnerstruktur

Über das Kontextmenü können Sie den Import-Assistenten starten. Sie können an dieser Stelle entscheiden, ob Sie einen kompletten Satz von Installationsdateien (was einer DVD oder einer eingebundenen ISO-Datei entspricht), ein angepasstes fertiges Image (alle relevanten Firmen-Anwendungen wären bereits in die WIM-Datei integriert) oder ein bestehendes Image von einem Windows Deployment Server (WDS) importieren wollen. Geben Sie den Pfad zu den Wim-Dateien an. Beenden Sie den Assistenten. Danach wird das Windows-Image in das MDT integriert. Wiederholen Sie das mit allen Betriebssystemen, die Sie auf diese Art verteilen möchten.

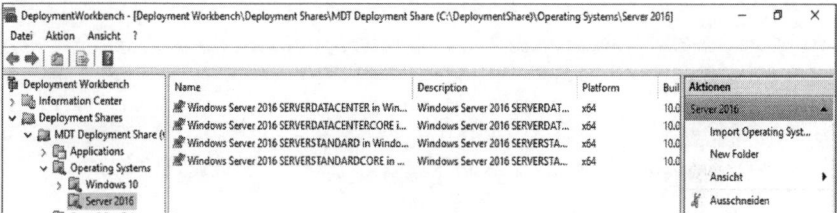

Abbildung 1.91: Importiertes Windows Server 2016 Standard

1.7.6   Import von Treibern

Für den Import von Treibern gilt das Gleiche, wie für Betriebssysteme. Organisieren Sie das Ganze in Ordnern. Beispielsweise nach dem Syntax Hersteller – Modell.

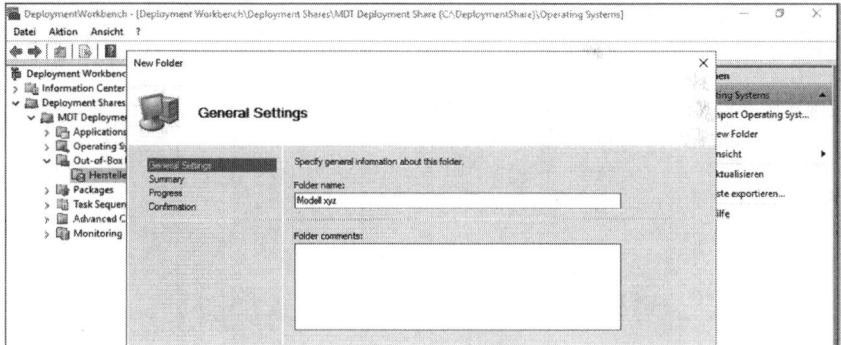

Abbildung 1.92: Ordnerstruktur für Treiber

Den Import von Treibern starten Sie wieder über das Kontextmenü des erweiterten „Out-of-box Drivers"-Knotens auf dem Ordner Ihres Modells. Sie brauchen an dieser Stelle nur das Verzeichnis mit den gewünschten Treibern angeben. Den Rest erledigt das MDT von selbst. Wiederholen Sie diesen Vorgang für alle Modelle, die in Ihrer Umgebung vorhanden sind.

Wenn Ihre Firmenrechner von den großen Herstellern Dell, HP oder Lenovo kommen, dann sind Sie in der glücklichen Lage deren Treiberpakete als cab-Dateien komplett herunterladen und importieren zu können.[2] Diese sind normalerweise nach Modell sortiert. Die Größe der Treiberpakete variiert pro Modell stark zwischen einigen MB bis zu 2 GB.

1.7.7 Import von Anwendungen

Auch bei den Anwendungen sollten Sie eine Ordnerstruktur konsequent umsetzen.

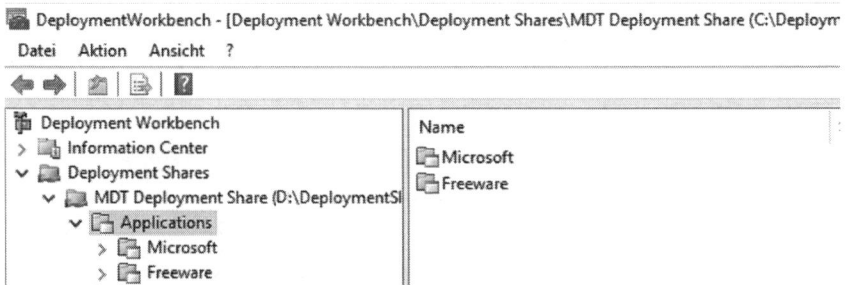

Abbildung 1.93: Ordnerstruktur für Anwendungen

Grundsätzlich gibt es keine Probleme, wenn Ihre Software als funktionierendes MSI-Paket zur Verfügung steht. Sie können aber auch exe-Dateien in das MDT importieren, wenn die Anwendung eine Option zur stillen Installation bietet. Dies ist bei dem beliebten VLC-Player der Fall.

Starten Sie den Assistenten über die rechte Maustaste auf dem entsprechenden Knoten in Ihrer Ordnerstruktur (hier: Freeware). In diesem Fall ist es eine Software mit den Quelldateien, geben Sie die erforderlichen Informationen ein und navigieren Sie zu dem Ordner im Dateisystem, in dem die VLC.exe liegt. Geben Sie im Menüpunkt „Command Details" unter „Command line:" „vlc-2.2.1-win32.exe /s" ein, wenn Sie diese Version zur Verfügung haben. Ansonsten passen Sie den Namen auf die aktuelle bzw. eine ältere Version an. Beenden Sie den Assistenten mit „Next, Next, Finish".

---

[2] http://support.lenovo.com/en_GB/downloads/detail.page?LegacyDocID=SCCM-INDEX

http://en.community.dell.com/techcenter/enterprise-client/w/wiki/2065.dell-command-deploy-driver-packs-for-enterprise-client-os-deployment

http://www8.hp.com/us/en/ads/clientmanagement/drivers-bios.html#softpaq-download-mng#softpaq-download-mng?404m=rt404Mb,cache-ccto0#softpaq-download-mng%23softpaq-download-mng

Damit haben Sie den VLC-Player als Anwendung importiert und Sie kann ab sofort als Anwendung bei der Installation ausgewählt werden. Verfahren Sie analog mit allen Ihren Anwendungen weiter.

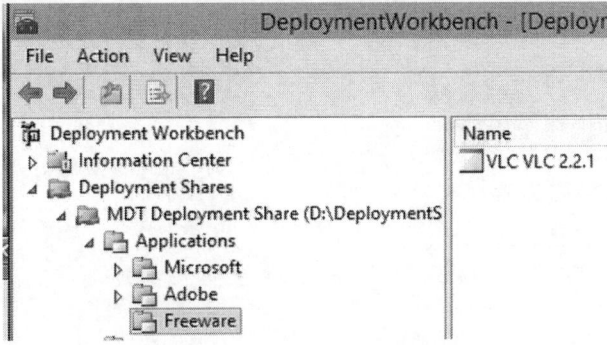

Abbildung 1.94: Der importierte VLC-Player

1.7.8 Erstellung einer Task Sequenz

Mit einer Task Sequenz steuern Sie, was während der Installation geschehen soll. Sie können die Partitionierung festlegen, welche Anwendung auf alle Fälle installiert werden soll, ob Windows Updates noch während der Installation vom lokalen WSUS angewandt oder welches Ihrer Skripte nach Abschluss der Installation ausgeführt werden sollen.

Sie erstellen eine neue Task Sequenz über das Kontextmenü des Knotens „Task Sequences". Vergeben Sie einen sprechenden Namen und eine eindeutige Task-ID. Wählen Sie die „Standard Server Task Sequence" für Server-Betriebssysteme als Vorlage und wählen das richtige importierte Betriebssystem aus der angezeigten Liste aus. Tragen Sie noch Ihren Firmennamen unter „Organization" ein und belassen Sie alle anderen Einstellungen.

In den Eigenschaften der eben erstellten Task Sequenz haben Sie nun die Möglichkeiten alle Ihre Vorgaben nach Ihren Wünschen einzustellen.

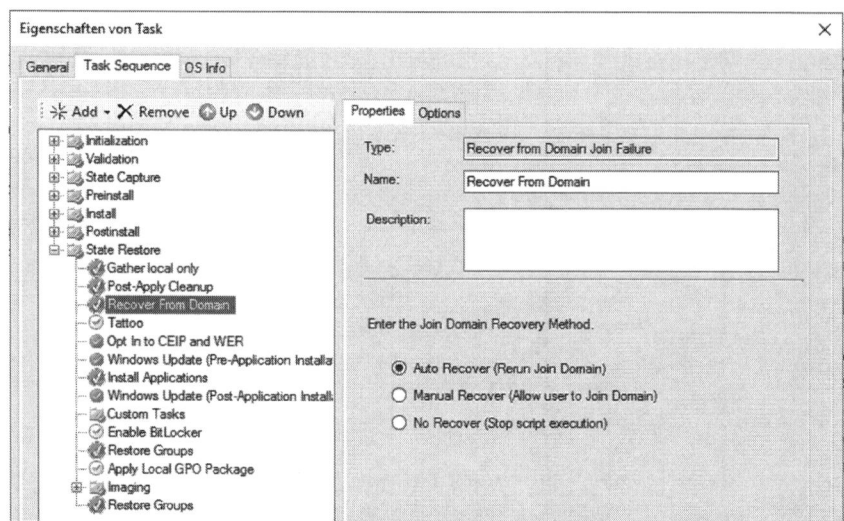

Abbildung 1.95: Eigenschaften einer Task Sequenz

Wie Sie sehen besteht die Möglichkeit Windows Updates sowohl vor als auch nach den Anwendungen zu installieren. Das ist beispielsweise nützlich, wenn man für eine Anwendung X einen bestimmten Patchstand benötigt. Sie haben an dieser Stelle alle Optionen der Installation genaue Vorgaben zu machen, wie der Client oder Server nach beendetem Rollout aussehen soll.

1.7.9 Boot-Images

Nachdem alle Einstellungen bis hierher vorgenommen worden sind, müssen Sie noch die Boot-Images erzeugen, damit Sie entweder einen bootbaren USB-Stick erstellen, eine bootbare CD brennen oder einen Import auf einem Windows Deployment Server (WDS) durchführen können. Dies erledigen Sie über das Kontextmenü des Deployment Shares. Wählen Sie „Update Deployment Share" und klicken Sie sich „Next, Next, Finish" durch den Assistenten. Die Erstellung dauert eine ziemliche Weile.

Danach stehen Ihnen die Boot-Images in 32 Bit/ 64 Bit im Dateisystem zur weiteren Verwendung bereit.

Installieren Sie nun das x86-Boot-Image[3] auf einen USB-Stick oder CD/ DVD. Natürlich können Sie dieses auch auf einem WDS importieren, wenn Sie PXE-Boot verwenden.

---

[3] Das x86-Boot-Image kann sowohl 32 Bit als auch 64 Bit Betriebssysteme booten.

1.7.10 Roll-Out

Nun wird es Zeit die bisherige Arbeit einem Praxistest zu unterziehen.

Erstellen Sie in einer Virtualisierungslösung Ihrer Wahl einen neuen Client. Hyper-V und VMware sind die beiden Lösungen, die durch Ihre Marktanteile die größte Verbreitung haben und daher gibt es hier erfahrungsgemäß die wenigsten Probleme. Weisen Sie dieser virtuellen Maschine eine „ältere Netzwerkkarte" zu, damit Sie vom Netzwerk booten können, falls Sie das vorhaben. Unter Hyper-V ist dies der „Legacy Network Adapter". Unter VMware die E1000-Karte.

Grundsätzlich lassen sich alle folgenden Schritte mit einem gewissen Aufwand automatisieren, bzw. mit einem einfachen Eintrag in die CustomSettings.ini auch ausblenden.

Die Verbindung zum Server funktioniert.

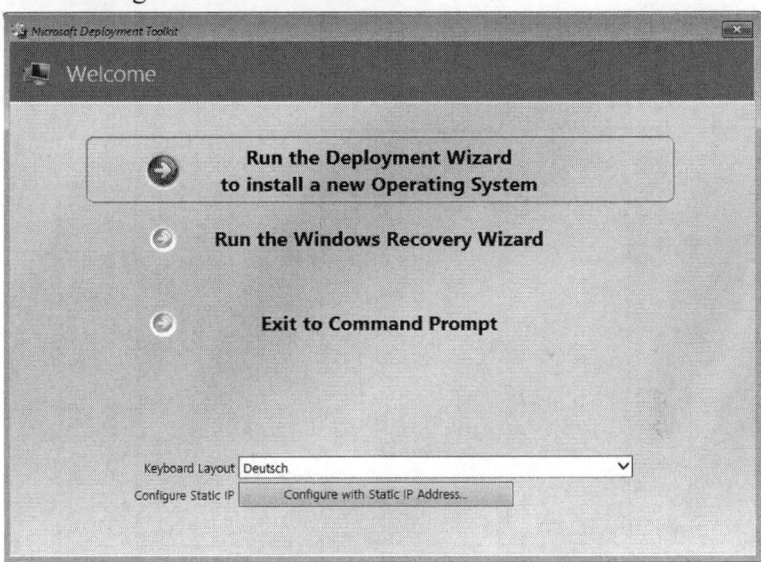

Abbildung 1.96: Eine erfolgreiche Verbindung

Als nächstes werden Sie aufgefordert einen Benutzer mit Passwort anzugeben, der sich auf den Deployment Share verbinden darf und der die Installation samt Domänenbeitritt durchführen darf. Hier in dieser Umgebung ist das der Unternehmensadministrator.

ACHTUNG!

Richten Sie bei sich einen separaten Domänenbenutzer ein, der maximal die Berechtigungen für diese Aufgabenstellung hat.

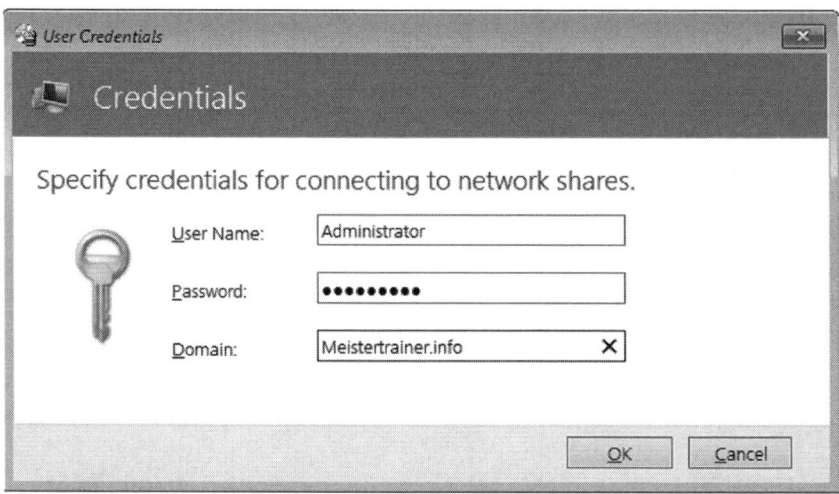

Abbildung 1.97: Benutzerangaben

Nun können Sie auswählen, welche der hinterlegten Task Sequenz samt Betriebssystem für diesen Rechner ausgeführt werden soll.

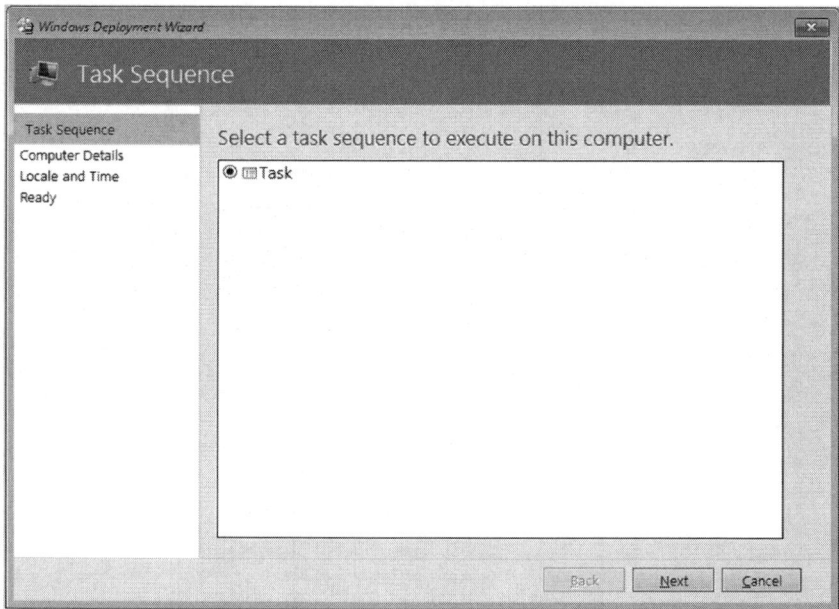

Abbildung 1.98: Gewählte Task Sequenz Windows Server 2016 x64

Geben Sie anschließend den gewünschten Rechnernamen an. Die meisten Firmen haben dahingehende Namenskonventionen. Wenn der Rechner schon während der Installation Ihrer Domäne beitreten soll, dann geben

Sie diese Domäne und den Benutzer samt Passwort dafür an.

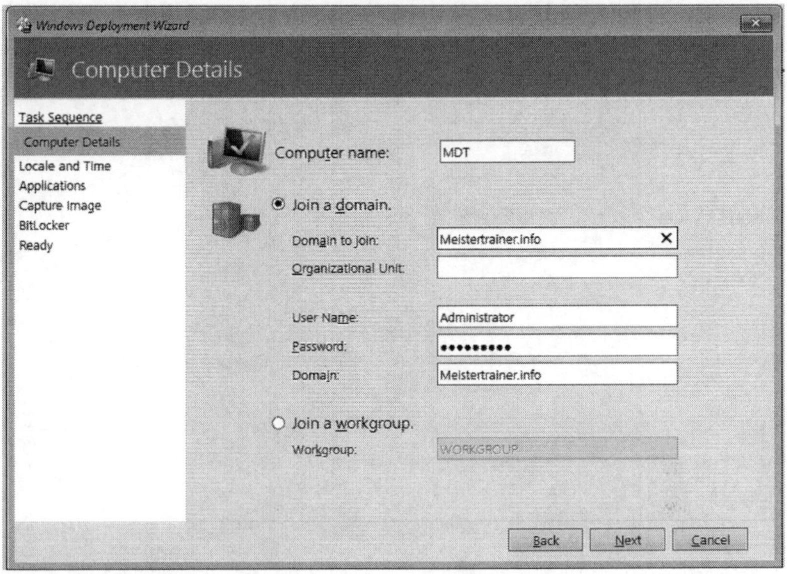

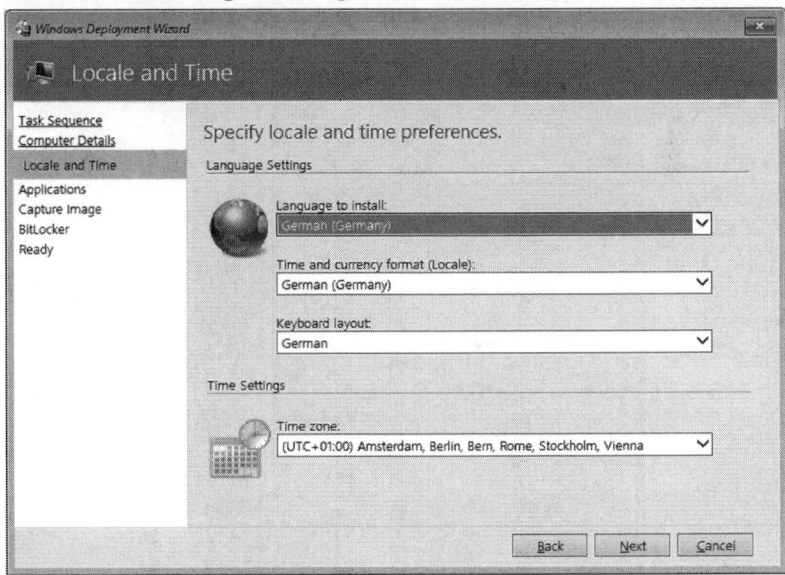

Abbildung 1.99: Angabe von Rechnername und Domänenbeitritt

Stellen Sie die gewünschten Ländereinstellungen, wie Tastatur-Layout, Zeitzone und Währung auf den gewünschten Wert.

Abbildung 1.100: Angabe der Länderspezifikation

Wählen Sie alle Anwendungen, die in Ihrem MDT importiert wurden und auf diesem Rechner mit installiert werden sollen aus.

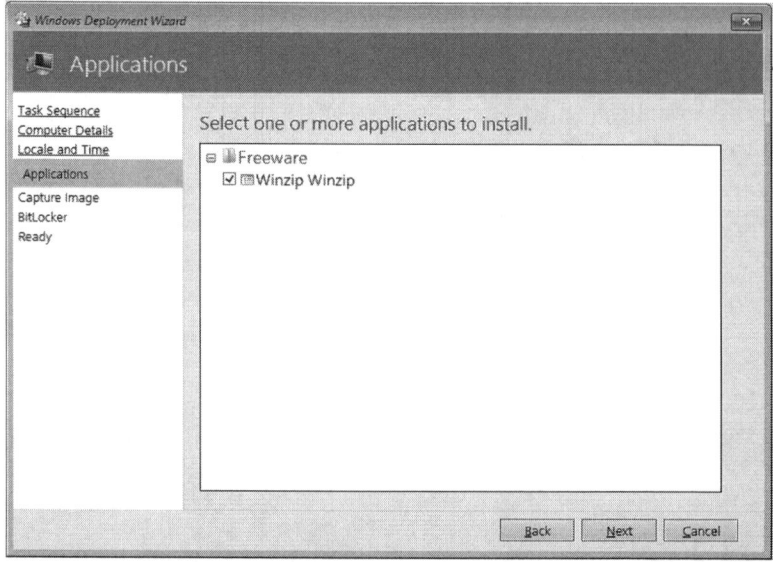

Abbildung 1.101: Auswahl aller benötigten Anwendungen

Wählen Sie nun, ob ein Image erstellt werden soll oder ob Sie eine normale Installation wünschen.

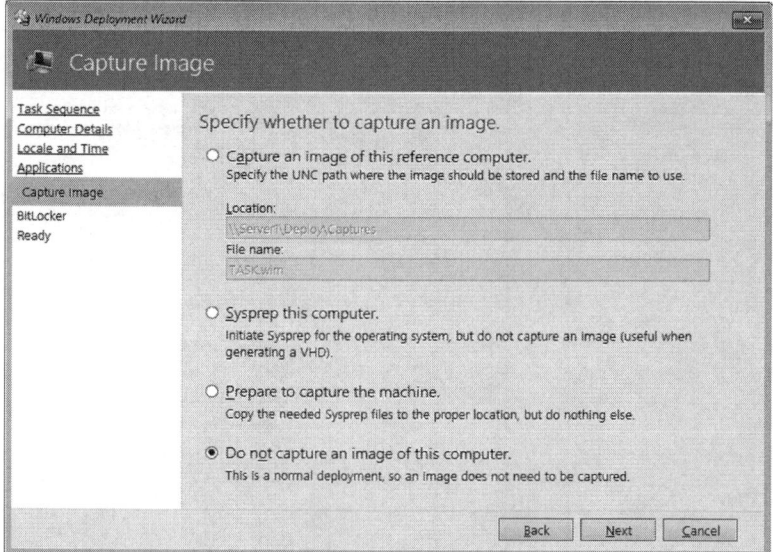

Abbildung 1.102: Image erstellen

Dasselbe gilt für die Aktivierung von BitLocker.

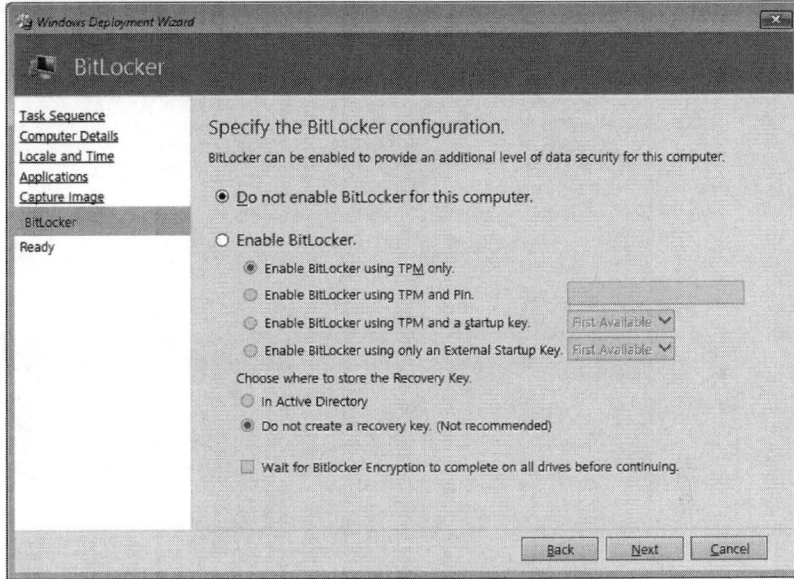

Abbildung 1.103: BitLocker

Beenden Sie den Assistenten und starten Sie das Deployment. Es wird Zeit für einen Kaffee.

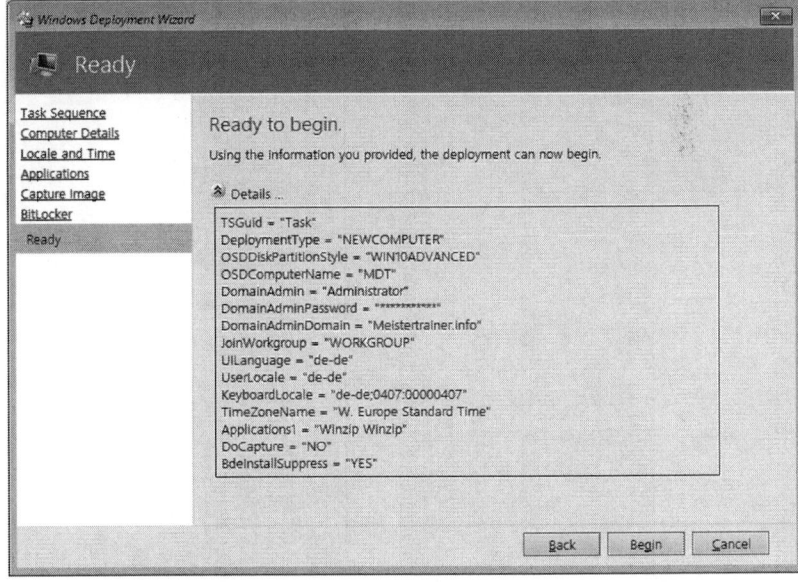

Abbildung 1.104: Die Installation ist noch einen Klick entfernt

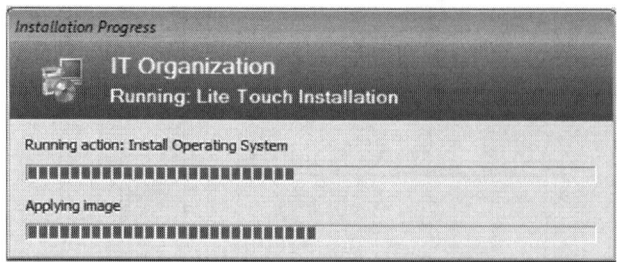

Abbildung 1.105: Das Image wird angewandt

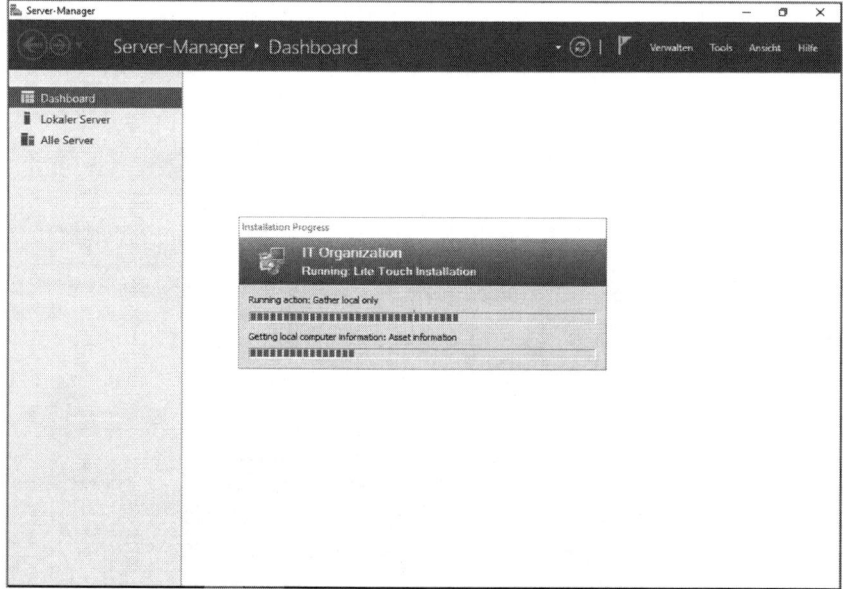

Abbildung 1.106: Kurz vor Ende der Installation

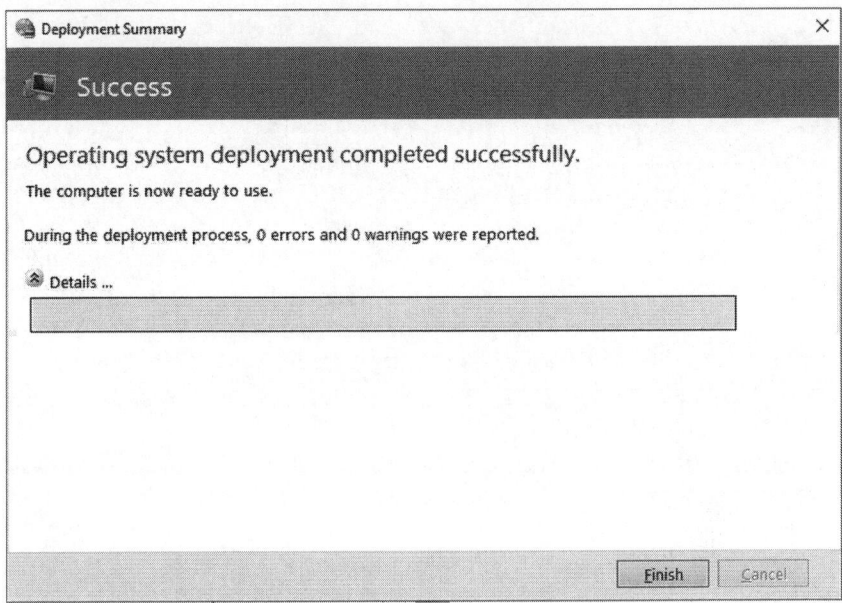

Abbildung 1.107: Ein erfolgreiches Deployment

1.7.11 Weitere Möglichkeiten

In diesem Abschnitt bekommen Sie einen kleinen Überblick, was das MDT noch für Sie tun kann.

Sie können mittels MDT die Standard-WIM-Datei von der DVD neu mit allen Ihren Standard-Firmen-Anwendungen erstellen (Stichwort: Re-Imaging). Alle Ihre Anwendungen wären dann bereits mit der Installation von Windows vorhanden und warten nur noch auf die Konfiguration.

HINWEIS:
Bitte beachten Sie, dass nicht jede Windows Lizenz automatisch zum Re-Imaging verwendet werden darf. Informieren Sie sich bitte vorher ausführlich bei Ihrem bevorzugten Händler, ob diese Option bei der von Ihnen verwendeten Lizenz möglich ist. Auf der sicheren Seite sind Sie mit einer Volumenlizenz.

Mit der zusätzlichen Verwendung eines angepassten Images haben Sie die volle Freiheit, ob Sie einen Client/ Server schnell oder flexibel installieren wollen.

Das MDT bietet darüber hinaus einen Client-Refresh an. Starten Sie das Deployment als Administrator von einem funktionierenden Client aus, dann bleibt das Profil erhalten während das Betriebssystem und die Anwendungen quasi eine Neuinstallation erfahren. Dies eignet sich auch hervorragend für einen Architekturwechsel (32 Bit zu 64 Bit und umgekehrt), aber auch für einen Versionswechsel.

Wenn Sie bereits einen Windows Deployment Server im Einsatz haben, dann ist mit geringem Aufwand mittels PXE eine Netzwerkinstallation verfügbar. Damit entfallen die obligatorischen USB-Sticks und Boot-CDs. Vor der versehentlichen Installation durch Ihre Benutzer verwenden Sie ein eigenes Passwort für den Installationsbenutzer.

Sollten Sie mehrere Standorte haben, steht Ihnen das „Linked Deployment" zur Verfügung. Damit replizieren Sie Ihre Daten zu den anderen Standorten. Die Arbeit muss nur einmal gemacht werden und die Installationen laufen dann über lokale Netzwerke.

Für häufige Rechnerwechsel empfiehlt sich die MDT Database. Damit können Sie vorab alle MAC-Adressen in die Datenbank einpflegen (Stichwort: Prestaging) und schon Rechnernamen und Anwendungen für die kommende Installation zuweisen.

Möchten Sie mehr über den MDT erfahren?

Dann empfehlen wir Ihnen das Buch „Administrator Praxis Microsoft Deployment Toolkit (MDT) 2013 Update 2: Windows 10 & Windows Server 2016 ready" mit der ISBN-Nummer 978-3937239-75-0 von Thomas Steinberger.

1.8 Zusammenfassung, Übungen / Aufgaben

1.8.1 Zusammenfassung

Windows Server 2016 gibt es in folgenden Versionen:

- Standard
- Datacenter
- Essentials (ersetzt den Small Business Server Essentials)
- Windows Storage Server 2016 Workgroup Edition (50 Benutzer, 1 Prozessor, 32 GB RAM)
- Windows Storage Server 2016 Standard Edition (nicht alle Rollen werden unterstützt)

Die Installation ist sehr einfach. In den meisten Fällen werden Sie eine Installation von der DVD durchführen.

Dafür legen Sie die DVD ein und starten von dieser DVD. Eventuell müssen Sie das BIOS dafür anpassen. Danach folgen Sie dem Assistenten.

Ein Core-Server ist ein Server ohne grafische Benutzeroberfläche. Dies macht ihn schneller und weniger anfällig, aber leider auch schwerer zu administrieren.

Ein Core-Server wird ähnlich installiert, nur wählen Sie im Auswahlfeld die gewünschte Edition ohne den Hinweis „Desktopdarstellung" aus.

Wenn Sie eine minimale Oberfläche benutzen möchten, mit der Sie die allerwichtigsten Konfigurationseinstellungen vornehmen können, geben Sie ein

Sconfig.cmd

Dann öffnet sich das Menü „Serverkonfiguration".

Nach der Installation sind die Server noch völlig unkonfiguriert, das bedeutet, dass Sie eine Grundkonfiguration vornehmen müssen. Diese erste Konfiguration können Sie sehr einfach im Server-Manager vornehmen.

Windows Server 2016 unterscheidet zwischen „Rollen" und „Features".

Beides sind Zusatzfunktionen, die der Server verwalten kann. Sie unterscheiden sich lediglich in der Gewichtung.

Rollen

Dies sind die bedeutenden Funktionen, die wichtigeren, wie beispielsweise Active Directory oder auch diverse Netzwerkdienste.

Features

Dies sind die kleineren Funktionen, die auch nicht ganz so bedeutend für die Server Infrastruktur sind, wie die Gruppenrichtlinienverwaltung oder das Sicherungsprogramm.

Installieren können Sie Rollen und Features, indem Sie auf „Rollen und Features hinzufügen" klicken.

Nach der Installation muss ein Server aktiviert werden.

Das können Sie auch im Server-Manager machen.

Sie können die Aktivierung auch über die Befehlszeile machen.

Dafür bietet Windows das Skript *slmgr.vbs* an.

Es ist möglich, die Aktivierung des Betriebssystems von einem Aktivierungsserver vornehmen zu lassen, dem Key Management Server. Dieser Server muss im Firmennetz verfügbar sein.

Die Volumenaktivierungsdienste können auf vorhandene KMS-Server zugreifen und diese verwalten.

Mit AVMA können Sie virtuelle Maschinen aktivieren.

Der Nano Server wurde mit Windows Server 2016 neu eingeführt.

In erster Linie soll er nur die Basis des Betriebssystems darstellen, ohne grafische Oberfläche und nur mit den Diensten, die benötigt werden.

Das ist auch der entscheidende Unterschied zum Core Server.

Viele Komponenten, die beim Core Server vorhanden sind, wurden im Nano Server entfernt. Unter anderem betrifft dies auch die Unterstützung von 32-bit Anwendungen (Wow64). Auch ein Zugriff über Remotedesktop ist nicht möglich, alle Verwaltungsaufgaben müssen über das Befehlszeileninterface oder über PowerShell bewerkstelligt werden.

Der große Vorteil an einem dermaßen abgespeckten System ist, dass es deutlich weniger Speicherplatz benötigt, nämlich nur etwa 10 – 15% des Komplettsystems.

Außerdem entfällt ein großer Prozentsatz an Reboots, es wird von bis zu 80% gesprochen, und auch die Updates sind deutlich schlanker als bei einem Server mit allen Diensten.

Das Generieren von Nano Server funktioniert konsequenterweise auch über die PowerShell.

Zunächst muss bei einem Windows Server 2016 Server, von dem aus der Nano Server generiert werden soll, die Windows Server 2016 Installations-CD im Laufwerk liegen oder bei einer virtuellen Maschine muss die ISO-Datei eingebunden sein.

Dann kopiert man den Ordner „NanoServer" auf die lokale Festplatte.

Danach wird mithilfe der PowerShell das benötigte PowerShell Modul importiert.

Import-module .\NanoServerimageGenerator

Nun kann das Image erstellt werden mit dem Befehl

New-NanoServerImage

Dieser Befehl kann mit vielen Parametern sinnvoll erweitert werden.

Außerdem kann man hier bereits die Rollen angeben, die der Nano Server später bedienen soll.

Das eben erstellte .vhd oder .vhdx Abbild kann nun so verwendet werden, wie es bei der Erstellung angegeben worden ist.

Wenn es als „Guest-System" erstellt wurde, sollte es nun auf den gewünschten Hyper-V Host kopiert werden.

Der Nano Server wird remote verwaltet, normalerweise über die PowerShell.

Um das tun zu können, ist der erste Schritt, den Nano Server auf die Liste der vertrauenswürdigen Server zu setzen. Dies muss auf jedem Rechner getan werden, von dem aus Nano Server verwaltet werden soll.

In unserem Fall führen wir diesen Schritt auf Server1 aus:

Set-Item WSMan:\localhost\Client\TrustedHosts "<IP-Adresse des Nano Servers>"

Nun können Sie die Remoteverbindung aufbauen:

Enter-PSSession -ComputerName <IP-AdresseDesNanoServers> -Credential <IP-AdresseDesNanoServers>\Administrator

Auch nach dem Erstellen der virtuellen Harddisk ist es möglich, Rollen und Features hinzuzufügen.

Der einfachste Weg ist, die erstellte .vhd-Datei in der PowerShell zu bearbeiten und die gewünschten Pakete hinzuzufügen.

Dazu muss die .vhd-Datei gemountet werden, mit dem Befehl

Mount-DiskImage <PfadDerDatei>

Nun können die gewünschten Pakete dem Image hinzugefügt werden. Die

Pakete finden Sie im Laufwerk …\NanoServer\Packages\

Add-WindowsPackage   –Path   <PfadDesGemountetenImages>   -PackagePath <PfadDesPackages>

Im letzten Schritt muss das Image nur noch „dismountet" und in die .vhd-Datei zurückgeschrieben werden. Dies geschieht mit dem Befehl

Dismount-DiskImage –imagePath<PfadDerVHDDatei>

Oft muss Windows Server 2016 nicht nur auf einer einzelnen Maschine installiert werden, sondern auf vielen. In diesem Fall ist es nicht sinnvoll, die normale Einzelplatzinstallation auf jedem einzelnen Rechner auszuführen, diese Vorgehensweise wäre viel zu langsam und auch zu fehleranfällig.

Wir benötigen hierfür Möglichkeiten, so genannte Massenrollouts zu generieren, dies sind Installationen, bei denen automatisiert eine große Anzahl an Computern mit dem Betriebssystem versorgt wird.

Das Verteilen einer Installation ist die Grundvoraussetzung für Massenrollouts. Immer wenn viele Rechner mit ein und demselben Betriebssystem ausgestattet werden müssen, ist es nicht mehr möglich, eine Installation über eine DVD zu starten, wie wir es bisher gemacht haben.

Massenrollouts setzen Vorbereitung voraus, unter anderem darf es nicht mehr nötig sein, die Informationen, wie Seriennummer oder Sprachversion manuell an jedem Computer eingeben zu müssen.

In vielen früheren Versionen war ein Massenrollout relativ schwierig, da jeder Computer einzeln installiert werden musste. Dies konnte zwar mit einigen Dateien vereinfacht werden, aber das Prinzip der Einzelinstallation blieb. Selbst mit Tools, die ein Image eines installierten Systems weiterverbreitet haben, stieß man schnell an die Grenzen des machbaren, da für eine solche Verteilung gleiche, oder zumindest ähnliche Hardware nötig war.

Windows Server 2016 ist imagebasiert

Windows Server 2016 ist sprachneutral

Windows Server 2016 startet die Installation nicht mehr im DOS-Modus

In vielen Fällen werden Sie Clients für den Massenrollout vorbereiten müssen, bei Servern ist das eher seltener der Fall.

Für diesen Fall gibt Microsoft Ihnen ein sehr gutes Tool zur Hand, den „Windows Imaging and Configuration Designer (ICD) für Windows 10".

Hiermit können Sie Images verändern und neue Images erstellen. Sogar Programme und Treiber können Sie auf einfache Art in das Image einbinden.

Eine weitere Möglichkeit, Betriebssysteme zu verteilen, ist das kostenlose Microsoft Deployment Toolkit.

Dies ist das völlig unterschätzte Bindeglied zwischen dem Windows Deployment Server (WDS) und dem kostenpflichtigen System Center Configuration Manager (SCCM) für größere Umgebungen. Gerade in mittelständischen Unternehmen sollte es bis zur SCCM-Größe unverzichtbar sein. Es erspart dem Administrator Zeit und Geld bei der Installation von Rechnern.

Natürlich kann auch Windows Server 2016 hiermit ausgerollt werden.

1.8.2   Übungen

1. Installieren Sie Windows Server 2016 in der virtuellen Maschine „Test".
2. Wählen Sie die DataCenter Installation mit Desktopdarstellung.
3. Wählen Sie als Kennwort „Kennw0rt!" (Bitte beachten Sie: Dieses Kennwort enthält die Ziffer „0" und am Ende ein „!").
4. Installieren Sie in der virtuellen Maschine „Core" einen DataCenter Coreserver.
5. Legen Sie auch hier das Administratorkennwort mit „Kennw0rt!" fest. (Bitte beachten Sie: Dieses Kennwort enthält die Ziffer „0" und am Ende ein „!").
6. Ändern Sie mit sconfig den Namen des Coreservers zu „Core".
7. Legen Sie als IP-Adresse 192.168.1.15 fest, als Subnetzmaske 255.255.255.0
8. Wechseln Sie zur Maschine „Test".
9. Ändern Sie hier den Namen des Computers auf „Test".
10. Ändern Sie die IP-Adresse auf 192.168.1.50 und die Subnetzmaske auf 255.255.255.0
11. Installieren Sie ein beliebiges Feature und entfernen Sie es wieder.
12. Öffnen Sie PowerShell mit administrativen Rechten.
13. Wechseln Sie zum Pfad D:\NanoServer.
14. Importieren Sie das PowerShellModul „NanoServerimageGenerator".
15. Erstellen Sie ein neues Nano-Server Image mit folgendem Befehl:

    New-NanoServerimage –MediaPath D:\ -edition Datacenter –DeploymentType Guest –TargetPath C:\Nano.nano.vhd –ComputerName Nano

16. Legen Sie in Hyper-V eine neue virtuelle Maschine der Generation 1 an mit Namen „Nano". Wählen Sie als virtuellen Switch „Privat".
17. Binden Sie das eben erstellte Abbild als virtuelle Festplatte ein
18. Starten Sie den Nano Server.
19. Melden Sie sich als „Administrator" an und benutzen Sie das während der Erstellung der virtuellen Festplatte festgelegte Kennwort.
20. Konfigurieren Sie den Nano Server. Geben Sie ihm die IP-Adresse 192.168.1.16 mit der Subnetzmaske 255.255.255.0
21. Richten Sie von Server1 aus die Fernwartung des Nano Servers ein.

22. Mounten Sie auf der virtuellen Maschine „Test" das .vhd-Abbild des Nano Servers.
23. Fügen Sie ein beliebiges Paket hinzu und dismounten Sie das Image wieder.
24. Fahren Sie die Maschinen „Test", „Nano" und „Core" herunter.
25. Starten Sie die virtuelle Maschine „DC" und melden Sie sich als Administrator der Domäne mit dem Kennwort „Kennw0rt!" an.
26. Starten Sie die virtuelle Maschine „Server1" und melden Sie sich als Administrator der Domäne mit dem Kennwort „Kennw0rt!" an.
27. Laden Sie das Windows Assessment and Deployment Kit herunter und installieren Sie es auf dem Server „Server1". Installieren Sie alle Funktionen des ADK.
28. Binden Sie ein Windows 10 Installationsmedium auf „Server1" ein.
29. Kopieren Sie das komplette Installationsmedium auf die Festplatte ins Verzeichnis C:\W10.
30. Erstellen Sie mit dem „Windows Designer für die Imageerstellung und –konfiguration" eine neue Windows-Imageanpassung.
31. Wählen Sie als Speicherpfad den Ordner C:\Images.
32. Konfigurieren Sie Anpassungen.
33. Wählen Sie beim Speichern des Images „Produktionsmedium" und als Speicherformat „wim".
34. Wählen Sie keine Komprimierung und keine Überwachung.
35. Speichern Sie im Ordner C:\Images\Projekt1.
36. Erstellen Sie ein Bereitstellungspaket und speichern Sie es in C:\Bereitstellung.
37. Wählen Sie „kompatibel mit allen Windows Editionen".
38. Wählen Sie ein Image, das Sie mit „Dism" bearbeiten.
39. Mounten Sie ein Image in den Pfad C:\Mount.
40. Betrachten Sie die Eigenschaften des Images.
41. Speichern Sie das Image und dismounten Sie es wieder.
42. Erstellen Sie ein Boot-PE Medium als iso-Datei.
43. Erstellen Sie eine Antwortdatei mit dem „Windows System Image Manager".
44. Öffnen Sie die Datei MDT.exe. Dieser Film zeigt Ihnen die Möglichkeiten des MDT
    Link: www.laue-net.de/Downloads/Buecher/70-740/MDT.exe
45. Setzen Sie die virtuellen Maschinen „DC" und „Server1" zurück auf den Prüfpunkt "Installation".

1.8.3   Aufgaben

1. Sie betreiben eine Windows Server 2016 Domäne ohne Internetzugriff.

    Sie möchten mehrere virtuelle Maschinen mit dem Betriebssystem Windows Server 2016 bereitstellen.

    Wie aktivieren Sie diese Maschinen?

2. Sie betreiben eine Windows Server 2016 Domäne.

    Wie erkennen Sie ob auf einem Server eine bestimmte Rolle installiert ist?

    Benutzen Sie ein Cmdlet.

3. Sie betreiben eine Windows Server 2016 Domäne.

    Sie möchten Desired State Configuration für die Einrichtung eines Servers verwenden.

    Hierbei muss eine bestimmte Rolle installiert werden und ein Dienst gestartet werden.

    Wie konfigurieren Sie das?

4. Sie betreiben eine Windows Server 2016 Domäne.

    Welche zwei Cmdlets führen Sie aus, um ein Nano-Server – Abbild zu erstellen?

2 Einrichten von Speicherlösungen

Prüfungsanforderungen von Microsoft:

- o Configure Disks and Volumes

- o Implement Server Storage

- o Implement Data Deduplication

Quelle: Microsoft

Lernziele:

- Einrichten von Festplatten und Volumes
- Zugriff auf Freigaben und Dateien
- Einrichten der Serverspeicherung
- Optimieren der Speicherverwaltung
  - o iSCSI
  - o Multipath IO (MPIO)
  - o iSNS (Internet iStorage Name Service-Server)
  - o Speicherreplikation
- Einrichten der Datendeduplizierung

2.1 Einführung

Oft werden Server als Datenspeicher verwendet. Hierfür gibt es verschiedene Herangehensweisen.

2.2 Die Festplattenverwaltung

Ein Bestandteil des Betreibens eines Servers ist die Festplattenverwaltung. Dies ist zwar keine Aufgabe, die täglich durchgeführt werden muss, aber dennoch eine wichtige Arbeit, um Daten zu organisieren.

Windows Server 2016 kann zwei Arten von Festplatten verwalten: Basisfestplatten und dynamische Festplatten.

Nach der Installation sind alle Festplatten Basisfestplatten, das Konvertieren zu einer dynamischen Festplatte muss von Hand gemacht werden, wenn gewünscht.

2.2.1 Verwaltung mithilfe der grafischen Oberfläche

Die grafische Festplattenverwaltung beginnt in der Konsole „Datenträgerverwaltung".

Diese erreichen Sie, indem Sie im Server-Manager die „Tools" auswählen.

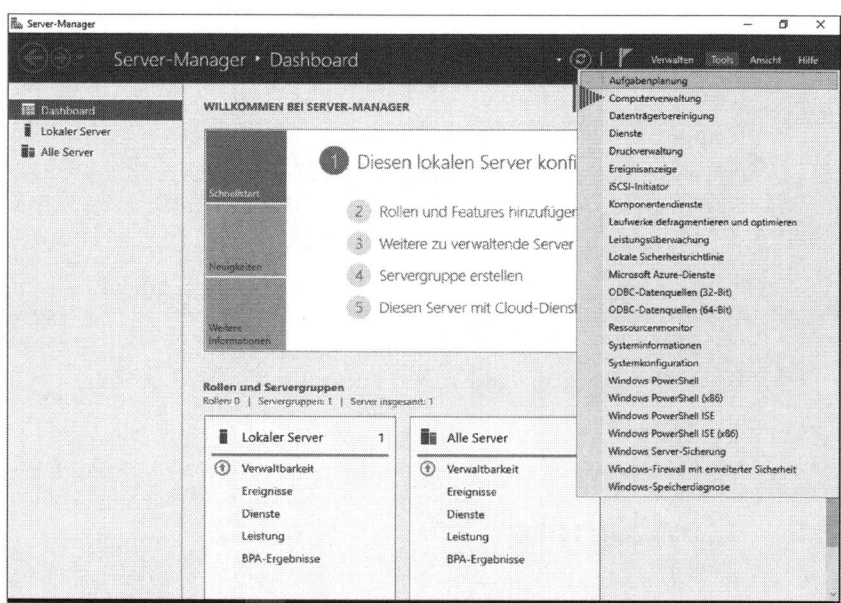

Abbildung 2.1: Tools

Hier öffnen Sie die „Computerverwaltung".

Innerhalb der Computerverwaltung wählen Sie die „Datenträgerverwaltung" aus.

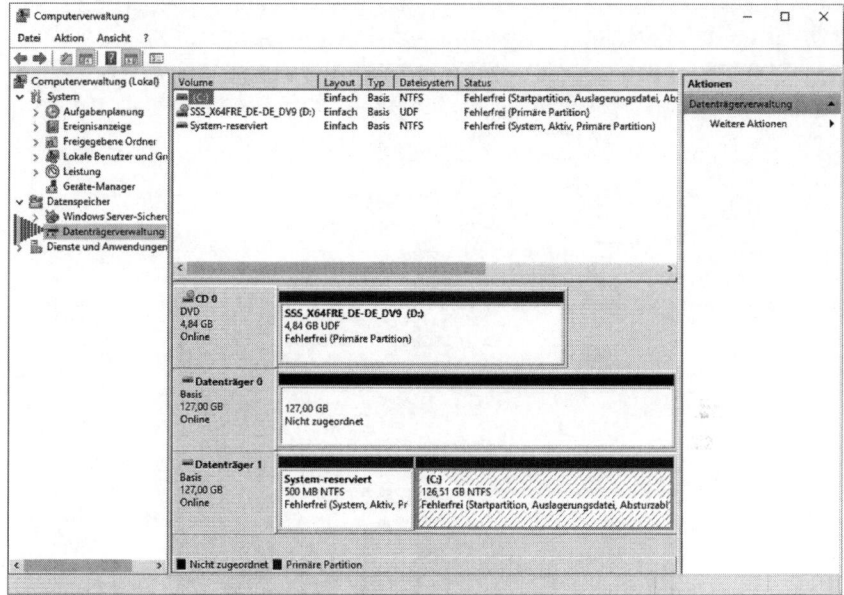

Abbildung 2.2: Datenträgerverwaltung

Hier sehen Sie alle bestehenden Partitionen abgebildet, und auch der freie, nicht zugeordnete Bereich der Festplatten kann hier verwaltet werden.

Auch eine Remoteverwaltung der Datenträger kommt in Frage, nämlich durch eine MMC mit Verbindung zu einem anderen Computer.

Was Sie deutlich erkennen können, ist die Tatsache, dass die Festplatte „C:" nicht die erste Partition im System ist, sondern dass sich davor noch eine sehr kleine Partition mit 350 MB befindet.

Dies sind die Startdateien, die in Windows Server 2016 ausgelagert sind.

Diese ausgelagerten Startdateien geben die Möglichkeit, das Laufwerk mit BitLocker zu verschlüsseln, ohne dass der Systemstart behindert wird. Die Startpartition darf natürlich nicht verschlüsselt sein.

2.2.2 Basisfestplatten

Wie bereits erwähnt, sind alle Festplatten direkt nach der Installation

Basisfestplatten.

Der Begriff „Basisfestplatte" sollte zunächst einmal definiert werden.

Eine Basisfestplatte wird in Partitionen eingeteilt. Es können maximal vier primäre Partitionen erstellt werden, oder bis zu drei primäre Partitionen und eine erweiterte Partition. Die erweiterte Partition wiederum kann in logische Laufwerke unterteilt werden.

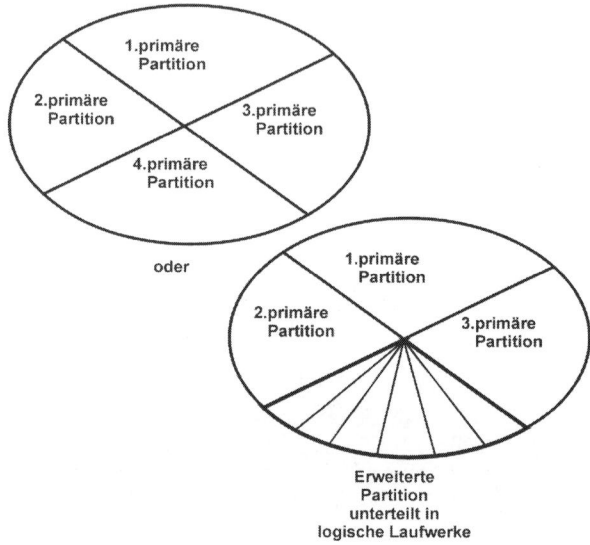

Abbildung 2.3: Die Basisfestplatte

Nur primäre Partitionen sind startfähig, das bedeutet, dass die Startdateien zwingend auf einer primären Partition liegen müssen.

Erstellen von neuen Partitionen

Auf Basisfestplatten können sehr einfach neue Partitionen erstellt werden.

* Rechte Maustaste auf den nicht zugeordneten Bereich
* Neues einfaches Volume

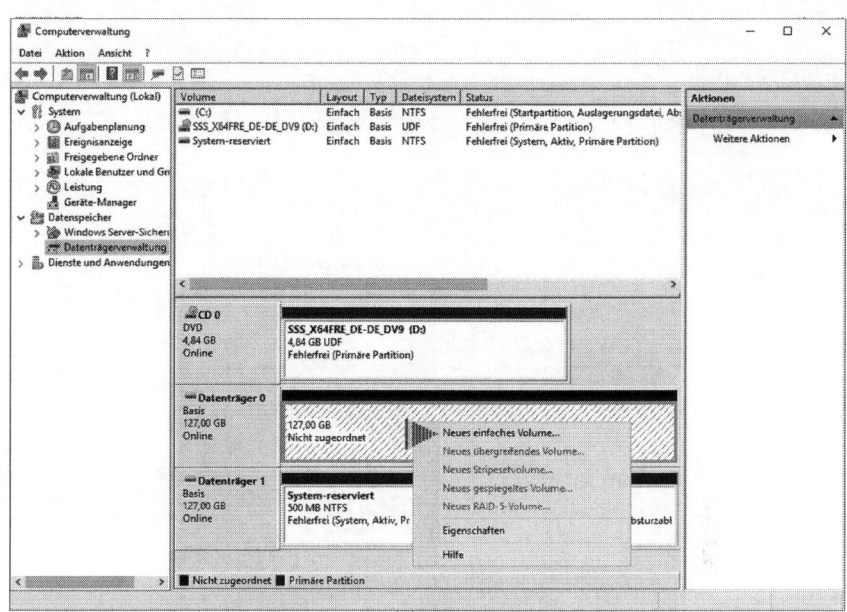

Abbildung 2.4: Erstellen eines Volumes

Ein Assistent startet.

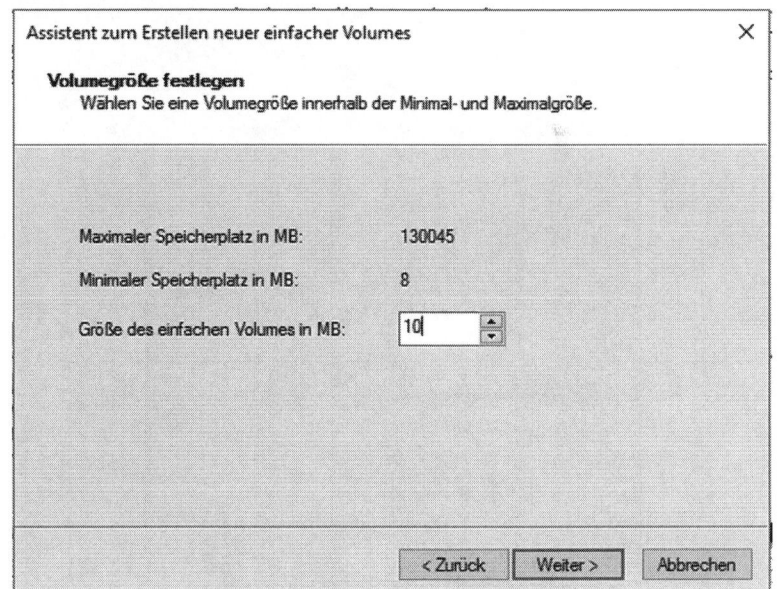

Abbildung 2.5: Festlegen der Größe

ACHTUNG!

In diesem Beispiel wird automatisch eine primäre Partition erstellt, da es die erste Partition auf einer leeren Festplatte ist!

Nun müssen Sie die Größe der Partition angeben.

Den Laufwerksbuchstaben für die neue Partition können Sie frei wählen, und sind nicht an die Reihenfolge im Alphabet gebunden.

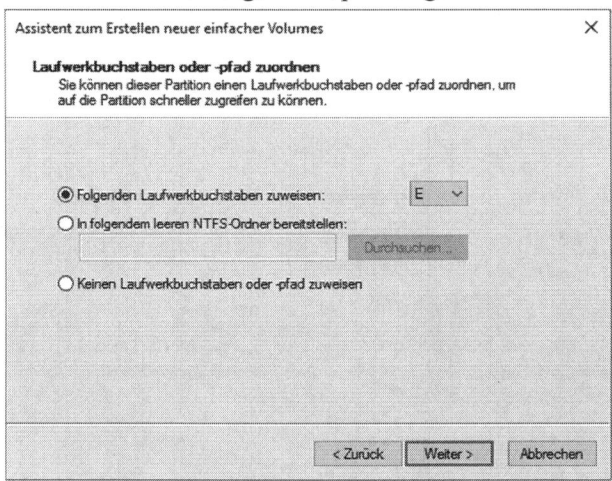

Abbildung 2.6: Auswahl des Laufwerksbuchstabens

Zuletzt wählen Sie noch die Formatierung.

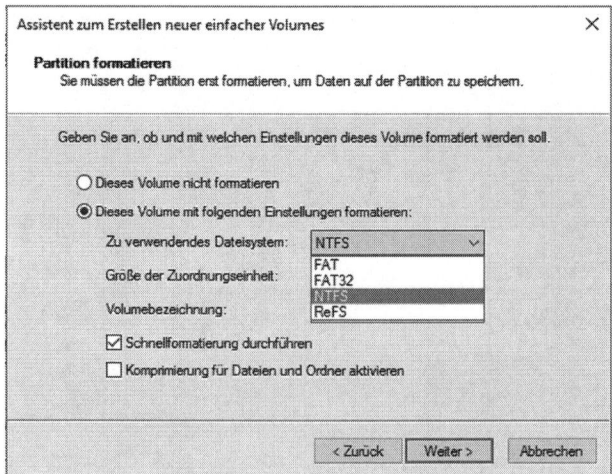

Abbildung 2.7: Auswahl der Formatierung

Sie können die Partition unformatiert lassen, oder sofort formatieren. Hier können Sie sich wiederum das Dateisystem, die Größe der Zuordnungseinheit und die Laufwerksbezeichnung auswählen.

ReFS ist eine Weiterentwicklung des Dateisystems NTFS. Es ist robuster und kann größere Datenmengen verwalten.

	ReFS	NTFS
Maximale Dateigröße	2^{64}-1 Byte	2^{44} Byte
Maximale Volumegröße	2^{78} Byte	2^{64}-1 Byte
Maximale Anzahl Dateien pro Ordner	2^{64}	2^{32}-1
Maximale Länge des Dateinamens	32K	255
Maximale Pfadlänge	32K	255

Danach ist der Assistent abgeschlossen, und nach der Formatierung steht Ihnen die neue Partition zur Verfügung.

Mounten

Beim Erstellen einer neuen Partition wird normalerweise der neuen Partition ein Laufwerksbuchstabe zugewiesen. Irgendwann ist der Vorrat an Buchstaben erschöpft, dann könnten keine neuen Partitionen mehr erstellt werden. Bei der Größe der modernen Festplatten kann diese Grenze erreicht werden.

Vielleicht ist es aber auch nicht erwünscht, der neuen Partition einen eigenen Laufwerksbuchstaben zu geben, da die Partition nicht als solche in Erscheinung treten soll.

Für alle diese Anforderungen gibt es die Möglichkeit, die neue Partition in einen leeren Ordner auf einer bestehenden NTFS - Partition zu mounten.

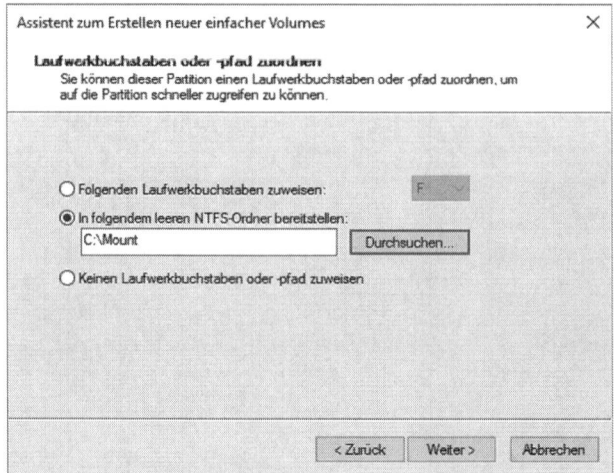

Abbildung 2.8: Mounten einer Partition

Wenn Sie beim Erstellen der Partition keinen Laufwerksbuchstaben zuweisen, sondern den Haken setzen bei: „In folgendem leeren NTFS-Ordner bereitstellen", wird das Laufwerk in diesem Ordner angelegt.

Im Explorer wird die neue Partition als Ordner dargestellt, jedoch mit einem anderen Symbol.

ACHTUNG!

Laufwerke mounten ist auch auf dynamischen Festplatten möglich. Die Voraussetzungen sind auf Basis- und auf dynamischen Festplatten die gleichen:

1.   Der Ordner, in dem die Partition bereitgestellt wird, muss leer sein

2.   Der Ordner muss sich auf einer NTFS-Partition befinden

Verkleinern und Vergrößern von Partitionen

Windows Server 2016 bietet beide Funktionen auch auf einer Basisfestplatte an. Sie können jede Partition vergrößern (solange noch freier Speicherbereich vorhanden ist) oder verkleinern (solange die Partition dann nicht zu klein wird).

Verkleinern

Klicken Sie mit der rechten Maustaste auf die Partition, die Sie verkleinern möchten. In diesem Beispiel ist es die Systempartition.

Wählen Sie dann „Volume verkleinern".

Computerverwaltung
Datei Aktion Ansicht ?
Computerverwaltung (Lokal)
System
Aufgabenplanung
Ereignisanzeige
Freigegebene Ordner
Leistung
Geräte-Manager
Datenspeicher
Datenträgerverwaltung
Volume
Layout
Typ
Dateisystem
Status
(C:)
SSS_X64FRE_DE-DE_DV9 (D:)
System-reserviert
Volume (E:)
Einfach
Basis
NTFS
UDF
Fehlerfrei (Primäre Partition)
Fehlerfrei (System, Aktiv, Primäre Partition)
Aktionen
Datenträgerverwaltung
Weitere Aktionen
CD 0
DVD
4,84 GB
Online
SSS_X64FRE_DE-DE_DV9 (D:)
4,84 GB UDF
Datenträger 0
127,00 GB
10 MB NTFS
126,99 GB
Nicht zugeordnet
Datenträger 1
System-reserviert
500 MB NTFS
126,51 GB NTFS
Öffnen
Durchsuchen
Partition als aktiv markieren
Laufwerkbuchstaben und -pfade ändern...
Formatieren...
Volume erweitern...
Volume verkleinern...
Spiegelung hinzufügen...
Volume löschen...
Eigenschaften
Hilfe
Nicht zugeordnet
Primäre Partition

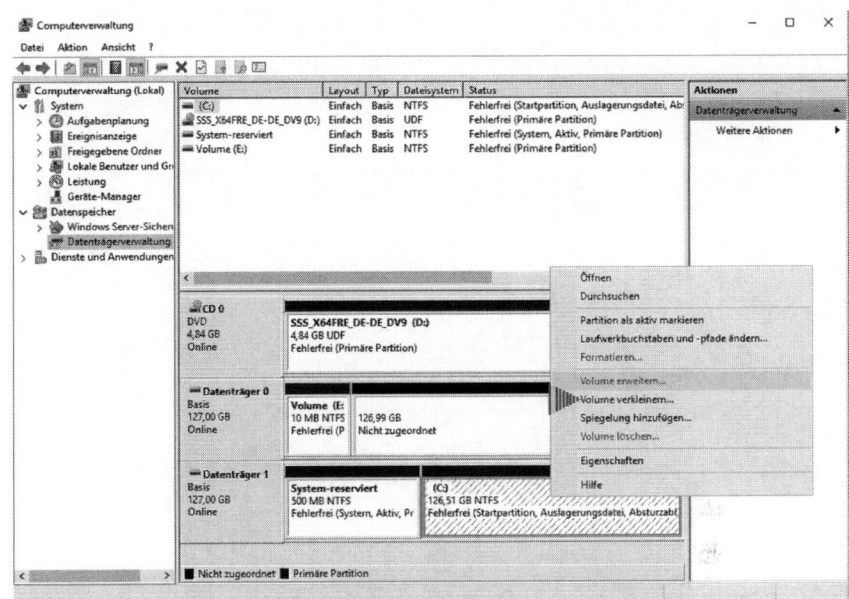

Abbildung 2.9: Verkleinern einer Partition

Die Partition wird untersucht, ob ein Verkleinern möglich ist.

Verkleinerung des Speicherplatzes wird abgerufen
Volume wird für Verkleinerung abgerufen, bitte warten...

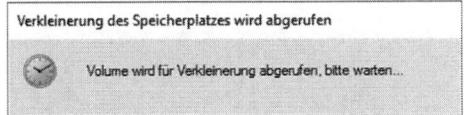

Abbildung 2.10: Analyse

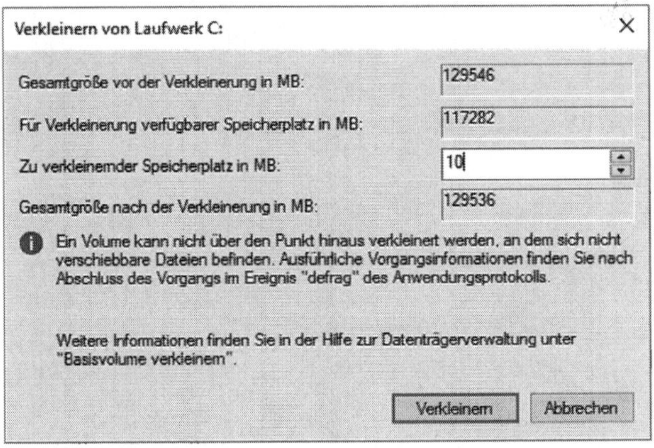

Verkleinern von Laufwerk C:
Gesamtgröße vor der Verkleinerung in MB:
129546
Für Verkleinerung verfügbarer Speicherplatz in MB:
117282
Zu verkleinernder Speicherplatz in MB:
10
Gesamtgröße nach der Verkleinerung in MB:
129536
Ein Volume kann nicht über den Punkt hinaus verkleinert werden, an dem sich nicht verschiebbare Dateien befinden. Ausführliche Vorgangsinformationen finden Sie nach Abschluss des Vorgangs im Ereignis "defrag" des Anwendungsprotokolls.
Weitere Informationen finden Sie in der Hilfe zur Datenträgerverwaltung unter "Basisvolume verkleinern".
Verkleinern
Abbrechen

Abbildung 2.11: Verkleinern ist möglich

Nach der Eingabe des Werts, um die die Partition verkleinert werden soll, wird die Verkleinerung durchgeführt.

Vergrößern

Das Vergrößern oder Erweitern einer Partition funktioniert nach dem gleichen Prinzip.

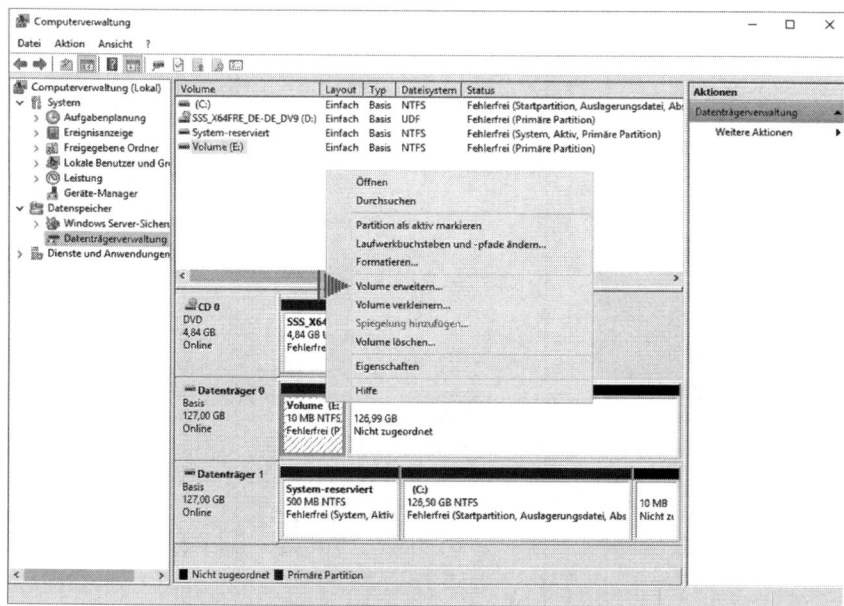

Abbildung 2.12: Vergrößerung wird durchgeführt

Sie klicken mit der rechten Maustaste auf die Partition, die Sie erweitern möchten, und geben den Wert an, um den Sie vergrößern möchten.

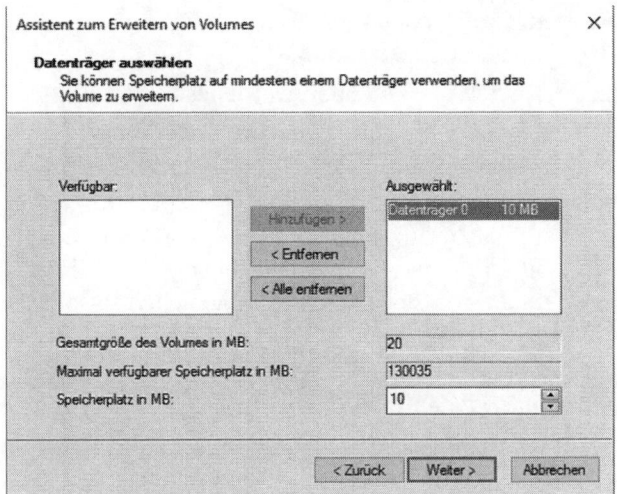

Abbildung 2.13: Angabe des Werts

Die Vergrößerung wird ausgeführt.

2.2.3 Dynamische Festplatten

Alle Betriebssysteme ab Windows 2000 unterstützen auch einen zweiten Festplattentyp, die dynamische Festplatte.

Dynamische Festplatten sind die Antwort auf einige Probleme, die es mit den Basisfestplatten immer wieder gegeben hat.

Probleme der Basisfestplatten:

1. Single Point of Failure: Wenn der MBR (Master Boot Record), auf dem alle Partitionseinträge der Festplatte stehen, beschädigt wird, gibt es mit bordeigenen Mitteln keine Möglichkeit, ihn wieder herzustellen.

2. Wenn an Basisfestplatten Änderungen durchgeführt werden, ist häufig ein Neustart erforderlich. Dies liegt daran, dass die Festplattendaten in der Registry eingetragen sind, die nur bei einem Neustart aktualisiert wird.

3. Keine Informationen über andere Festplatten im System. Basisfestplatten verwalten nur die eigenen Daten, Informationen anderer Festplatten im gleichen System sind ihnen unbekannt.

4. Einschränkung durch primäre und erweiterte Partition. Falls Sie den Fehler machen, vier primäre Partitionen angelegt zu haben, können Sie keine weitere Partition mehr anlegen. Diese Einteilung ist zu starr.

5. Keine Fehlertoleranz, keine übergreifenden Laufwerke.

Alle diese Probleme werden beseitigt, wenn die Festplatte zu einer dynamischen Festplatte umgewandelt worden ist.

Um eine Basisfestplatte in eine dynamische Festplatte umwandeln zu können, wird ein freier, unpartitionierter Speicherbereich von 1 MB benötigt.

Dies liegt daran, dass bei dynamischen Festplatten eine Datenbank angelegt wird, die maximal 1 MB Platz benötigt. In dieser Datenbank werden die Informationen der Festplatte gespeichert, also unter anderem auch die Partitionstabelle.

Zusätzlich werden hier auch noch die Informationen aller anderen, im System vorhandenen dynamischen Festplatten gespeichert. Dies sorgt für eine hohe Fehlertoleranz bei den Festplattendaten.

Außerdem sorgt die Speicherung der Daten auf der Festplatte dafür, dass das System bei Änderungen an der Festplatte nicht mehr neu gestartet werden muss. Dadurch wird „Hot Plugging" unterstützt, allerdings natürlich nur, wenn der Festplattencontroller dafür geeignet ist.

Nach der Konvertierung existieren außerdem keine „Partitionen" mehr, es gibt nur noch völlig gleichberechtigte „Datenträger". Oftmals werden sie auch „Volumes" genannt, wie wir bereits bei den Basisfestplatten gesehen haben.

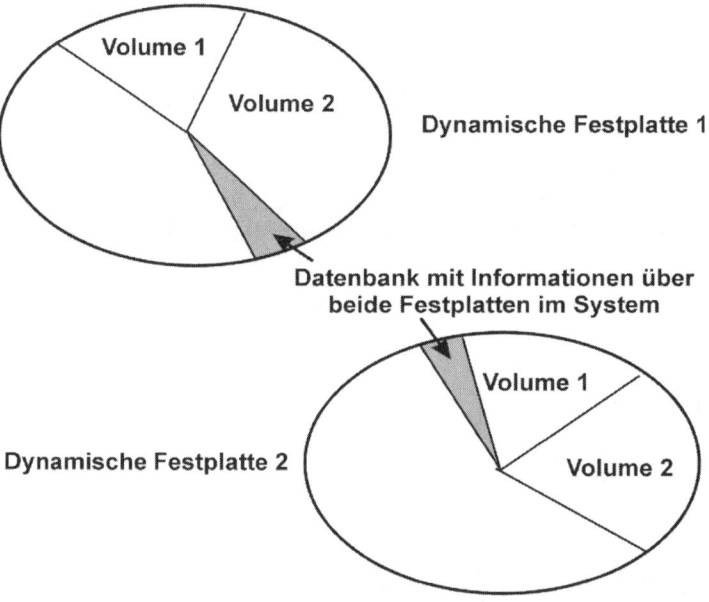

Abbildung 2.14: Die dynamische Festplatte

Auch die anderen Probleme der Basisfestplatten beseitigt die dynamische Festplatte:

- Übergreifende Laufwerke können eingerichtet werden

- Fehlertolerante Laufwerke können eingerichtet werden

Festplatten umwandeln

Zunächst einmal muss die Basisfestplatte zu einer dynamischen Festplatte konvertiert werden.

Diese Aufgabe wird in der Konsole Datenträgerverwaltung gemacht.

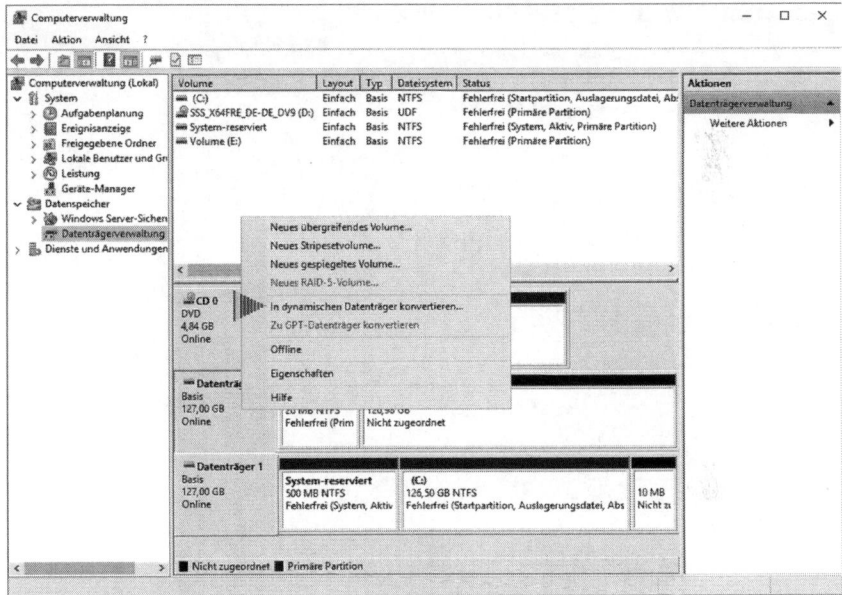

Abbildung 2.15: Umwandeln in eine dynamische Festplatte

Sie klicken mit der rechten Maustaste auf die Festplatte, die Sie umwandeln möchten, und wählen „In dynamischen Datenträger konvertieren...".

ACHTUNG!

Es können nur ganze Festplatten, nicht aber einzelne Partitionen konvertiert werden!

Ihre Auswahl müssen Sie noch einmal bestätigen.

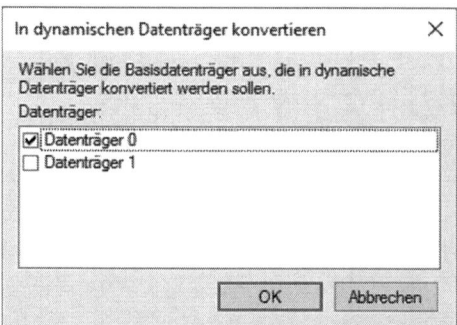

Abbildung 2.16: Bestätigung

Danach erhalten Sie noch einmal eine Zusammenfassung.

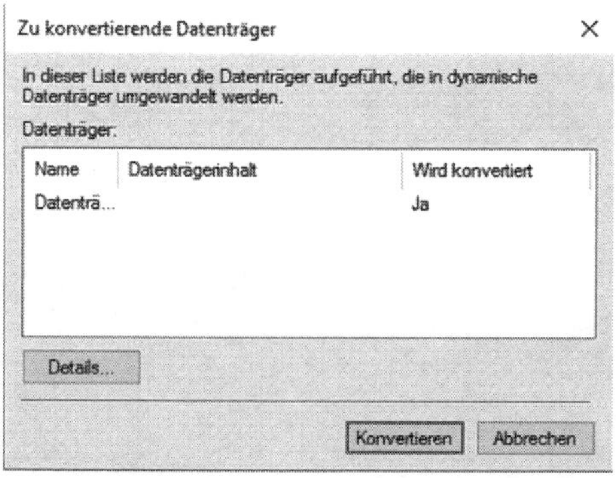

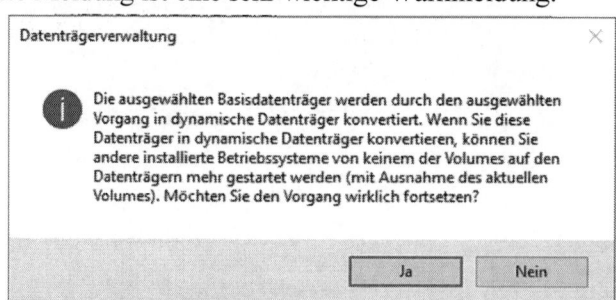

Abbildung 2.17: Zusammenfassung

Die nächste Meldung ist eine sehr wichtige Warnmeldung:

Abbildung 2.18: Konvertierung

Nach einer Aktualisierung der Ansicht im Festplattenmanager ist die Konvertierung durchgeführt.

Sie benötigen keinen Neustart!

Arbeiten mit Volumes

Wenn Sie nach der Konvertierung die Datenträgerverwaltung öffnen, sehen Sie, dass nur noch gleichberechtigte Volumes existieren.

Volumes auf dynamischen Festplatten

Wenn wir ein neues Volume auf einer dynamischen Festplatte erstellen möchten, funktioniert dies prinzipiell genauso, als ob wir eine neue Partition auf einer Basisfestplatte anlegen möchten.

Auch hier leitet ein Assistent durch den Vorgang.

Wir erhalten die gleiche Maske, die wir bereits bei den Basisfestplatten erhalten haben.

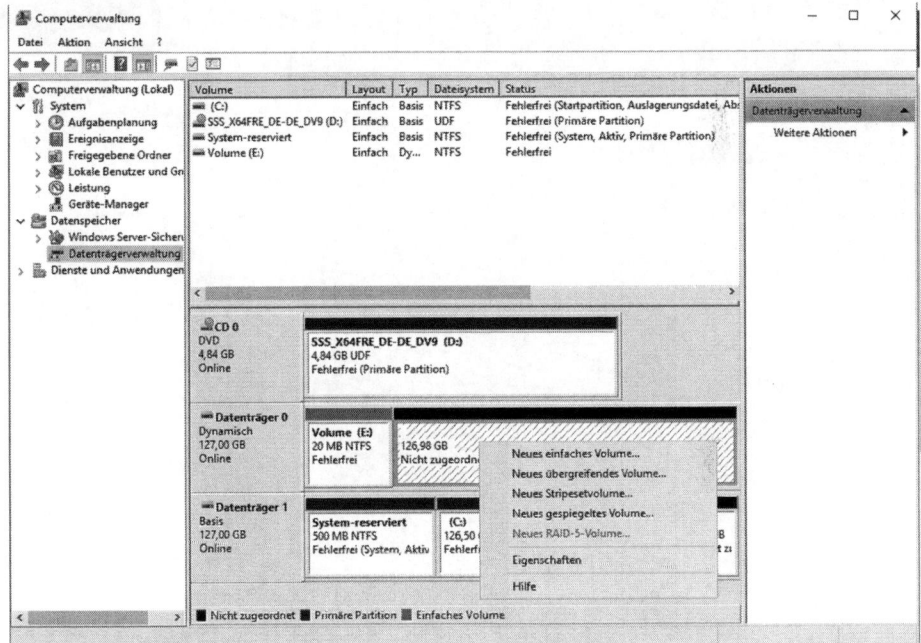

Abbildung 2.19: Erstellen eines Volumes

Wo ist nun der praktische Unterschied?

Wenn Sie zwei oder mehrere dynamische Festplatten im System haben, werden Ihnen sowohl „Neues übergreifendes Volume" als auch „Neues Stripesetvolume" nicht mehr grau, sondern auswählbar angezeigt.

All diese Arten von Volumes stehen uns nur auf dynamischen Festplatten zur Verfügung.

Übergreifendes Volume

Ein übergreifendes Volume ist ein Volume, das Teile mehrerer Festplatten beinhalten kann.

Mit einem übergreifenden Volume können Sie sozusagen Festplattenreste „recyceln" die zu klein sind, um mit ihnen noch etwas anzufangen.

Für ein übergreifendes Volume benötigen Sie 2 bis 32 Festplatten. Wenn Sie nur eine Festplatte im System haben, wird Ihnen diese Option ausgegraut dargestellt.

Ein übergreifendes Volume wird der Reihe nach beschrieben, das heißt, zuerst wird der Teil der einen Festplatte benutzt, dann ein Teil einer anderen Festplatte, und so weiter.

Dies bedeutet natürlich auch ein hohes Risiko, denn wenn auch nur eine Festplatte ausfällt, können unter Umständen alle Daten im übergreifenden Volume zerstört sein

Festplatte 1   **Festplatte 2**   **Festplatte 3**

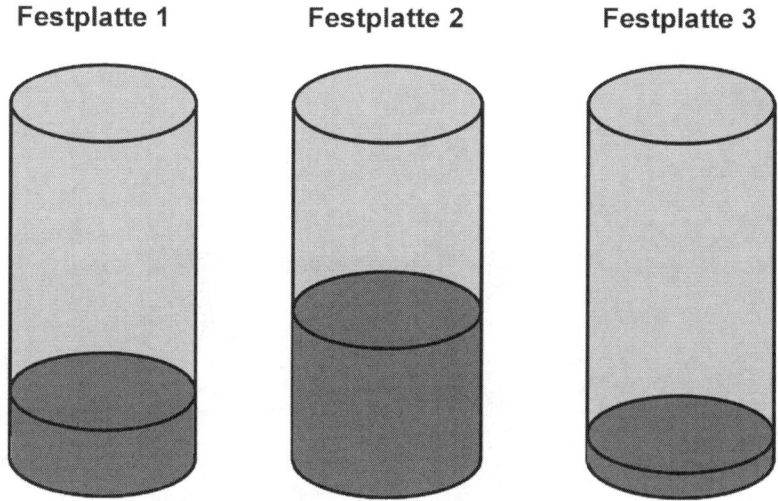

Übergreifendes Volume:
1. Festplatte 1 wird beschrieben
2. Festplatte 2 wird beschrieben
3. Festplatte 3 wird beschrieben

Abbildung 2.20: Übergreifendes Volume

Die Reste der Festplatten müssen nicht gleich groß sein.

Stripeset

Stripesets sind ähnlich aufgebaut, wie übergreifende Datenträger. Auch sie verwenden Reste von freiem Speicherplatz mehrerer Festplatten.

Festplatte 1   **Festplatte 2**   **Festplatte 3**

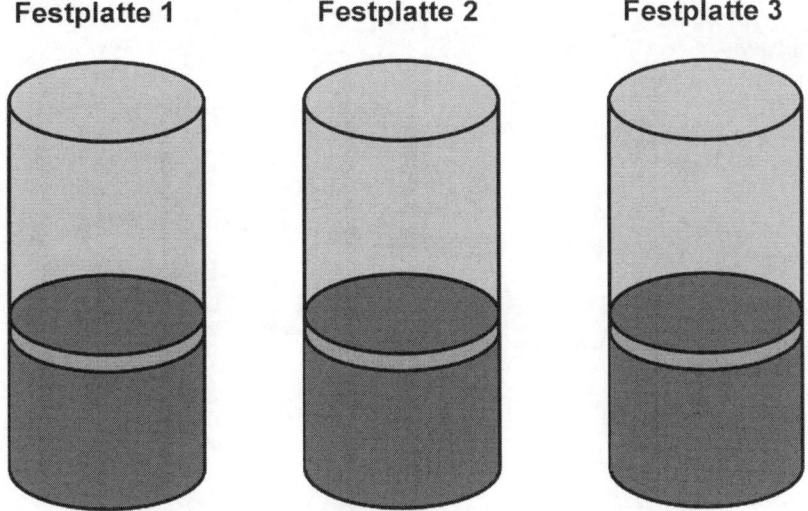

Stripeset:
1. Ein Streifen von Festplatte 1 wird beschrieben
2. Ein Streifen von Festplatte 2 wird beschrieben
3. Ein Streifen von Festplatte 3 wird beschrieben

Abbildung 2.21: Stripeset

Jedoch gibt es einige Unterschiede:

• Stripesets setzen sich aus gleich großen Festplattenteilen zusammen

• Stripesets beschreiben die verschiedenen Festplatten gleichmäßig, also „streifenweise"

Auch Stripesets können aus 2 bis 32 Festplattenteilen bestehen.

Durch ein Stripeset kann die Leistung des Datenzugriffs gesteigert werden. Da das Schreiben und natürlich auch das Lesen gleichzeitig von mehreren Controllern übernommen werden kann, ist der Zugriff sowohl beim Schreiben als auch beim Lesen erheblich beschleunigt.

Leider beinhaltet auch das Stripeset keine Fehlertoleranz. Bei Ausfall einer Festplatte können alle Daten des Stripesets zerstört werden.

Gespiegeltes Volume

Ein gespiegelter Datenträger ist ein fehlertoleranter Datenträger. Alle Daten, die auf ein Volume geschrieben werden, werden gleichzeitig auch auf ein anderes Volume geschrieben, diese beiden Volumes haben natürlich auch nur einen Laufwerksbuchstaben, und sind nicht getrennt anzusprechen.

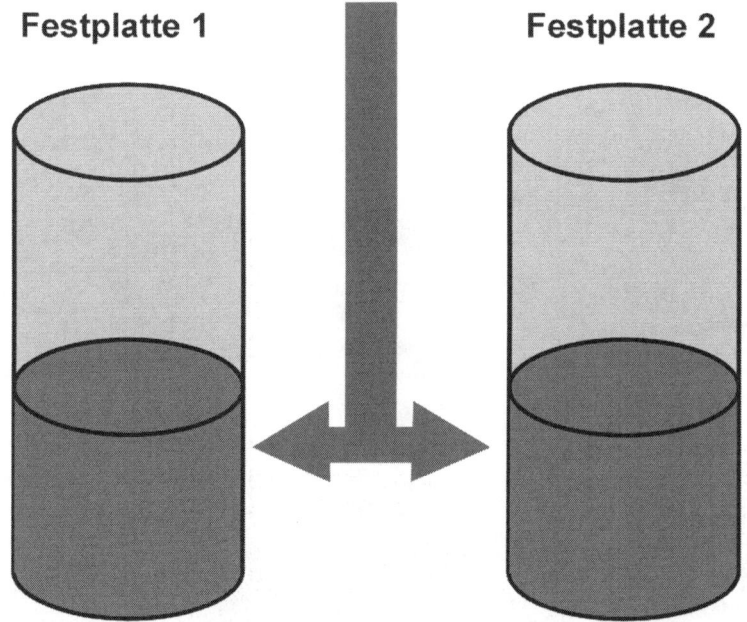

Festplatte 1   **Festplatte 2**

**Gespiegeltes Volume:
Daten werden gleichzeitig auf beide
Volumes geschrieben**

Abbildung 2.22: Gespiegeltes Volume

Gespiegelte Volumes werden hauptsächlich zum Schutz der Systempartition verwendet. Wenn eine der Festplatten ausfällt, ist ein Zugriff dennoch möglich, da die zweite Festplatte alle Daten komplett beinhaltet.

Für gespiegelte Volumes werden immer genau zwei Festplatten benötigt. Die Teile der Festplatten müssen natürlich gleich groß sein.

Eine Performancesteigerung beim Lesen der Daten ist zu erkennen, da im Idealfall zwei Controller zugreifen können. Allerdings ist das Schreiben nicht beschleunigt, da die doppelte Menge an Daten geschrieben werden muss. Auch die Kosten sind sehr hoch, da der doppelte Festplattenspeicher benötigt wird.

RAID-5

Als letzte Möglichkeit eines Volumes ist das RAID-5 Volume zu nennen, auch Stripeset mit Parität genannt.

Ein RAID-5 Volume funktioniert ähnlich, wie das bereits bekannte Stripeset. Auch hier werden die Daten streifenweise auf gleich große Festplattenteile geschrieben.

Allerdings bietet ein RAID-5 Volume Fehlertoleranz.

Festplatte 1   Festplatte 2   Festplatte 3

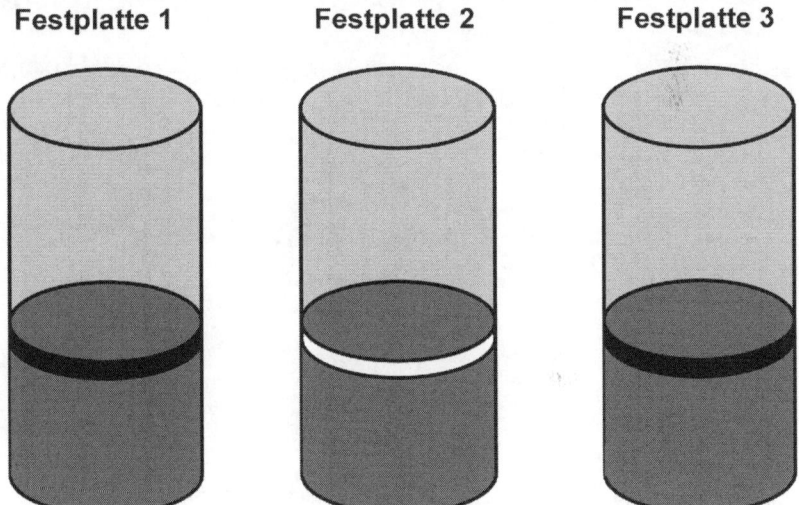

RAID-5 Volume:
Die Festplatten werden streifenweise beschrieben.
Auf einer der Festplatten werden keine Daten geschrieben,
sondern die Parität.

Abbildung 2.23: RAID-5

Bei einem RAID-5 Volume werden die Daten auf alle Festplatten streifenweise geschrieben. Allerdings wird ein Streifen von den Daten ausgespart, auf diesen Streifen wird die Parität geschrieben.

Die Parität ist ein mathematischer Algorithmus, mit dem es möglich ist, fehlende Informationen zu rekonstruieren, sollte eine Festplatte ausfallen.

Allerdings darf nur eine einzige Festplatte ausfallen, die Paritätsdaten können nur den Verlust einer Platte ersetzen, sollte eine zweite Platte ausfallen, sind die Daten verloren!

Aus diesem Grund ist die Mindestanzahl der Festplatten für ein RAID-5 drei Festplatten. Die maximale Anzahl ist auch hier 32.

Fehlerbehebung

Leider treten auch bei Festplatten hin und wieder Fehler auf. In diesem Fall muss es schnell und einigermaßen problemlos möglich sein, den Rechnerbetrieb aufrecht zu erhalten.

Alle Fehler, die auftreten können, werden im Normalfall in der Datenträgerverwaltung bearbeitet.

Festplatten, die Fehler haben, sollten dies am Status anzeigen. Fehlerfreie Festplatten haben den Status „Online".

Wenn ein anderer Status angezeigt wird, kann in den meisten Fällen mit dem Objektmenü zumindest ein Lösungsversuch gestartet werden.

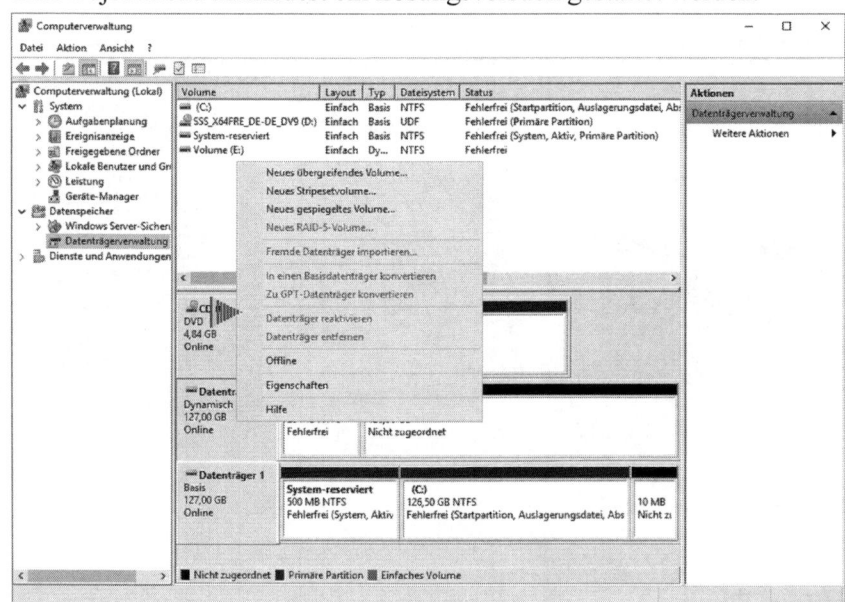

Abbildung 2.24: Reparaturmenü

Festplatte importieren

Mit dynamischen Festplatten haben Sie die interessante Möglichkeit, Festplatten aus anderen Systemen zu importieren.

So können Sie Festplatten, die auch übergreifend oder Stripesets sein können, kurzfristig bei einem Fehler aus einem anderen System holen und in ein funktionstüchtiges System einbauen.

Nach dem Einbau, der während des laufenden Betriebes vorgenommen werden kann, erscheint die neue Festplatte in der Konsole mit dem Status „Fremd". Das bedeutet, dass sie noch nicht in den Festplattenverbund aufgenommen wurde.

ACHTUNG!

Der Festplattenverbund bedeutet in diesem Fall, dass die Daten der Festplatte in die Datenbank der anderen Festplatten dieses Systems eingetragen werden müssen, und dass die Datenbank der importierten Festplatte angepasst werden muss.

Um dies nachzuholen, klicken Sie mit der rechten Maustaste auf den Status der Festplatte, und wählen „Fremde Datenträger importieren".

Wenn es sich um mehrere Festplatten handelt, die zusammengehören, wie bei einem Stripeset, müssen natürlich alle Festplatten einzeln importiert werden.

Festplatte entfernen

Falls Sie eine dynamische Festplatte aus einem Festplattenverbund entfernen möchten, muss sie natürlich auch aus den einzelnen Datenbanken entfernt werden, sonst kann es Ihnen passieren, dass die Festplatte in der Datenträgerverwaltung noch angezeigt wird, aber physisch nicht mehr vorhanden ist.

Klicken Sie mit der rechten Maustaste auf die zu entfernende Festplatte, und wählen Sie „Datenträger entfernen". Damit werden alle Verweise auf diese Festplatte aus den Datenbanken der anderen Festplatten entfernt.

Festplatte ist Offline

Es gibt auch die Möglichkeit, dass der Status der Festplatte „Offline" anzeigt. Dies kann der Fall sein, wenn die Festplatte entfernt worden ist, und die Prozedur „Datenträger entfernen" noch nicht abgeschlossen ist.

Es kann aber auch sein, dass ein interner Fehler aufgetreten ist, der die Festplatte offline gesetzt hat. Damit ist sie nicht mehr ansprechbar, und auf die Daten kann nicht zugegriffen werden. Auch ist es möglich, dass eine Festplatte bereits importiert worden ist, und damit die Datenbanken bereits angepasst worden sind, aber der Status ist noch immer „Offline".

In diesem Fall wählen Sie aus dem Objektmenü die Funktion

„Datenträger reaktivieren". Dies erzwingt ein erneutes Einlesen der Daten der Festplatte. Danach sollte der Status auf „Online" springen.

2.3   Virtuelle Festplatten (VHD)

Virtuelle Festplatten kennen wir alle. Dies sind Festplatten, die für die Virtualisierungssysteme Hyper-V benötigt werden, und im Format .vhd oder .vhdx (neu seit Windows Server 2012) vorliegen.

Der große Vorteil von virtuellen Festplatten ist, dass sich alle Daten in einer einzigen Datei verstecken. So ist auch ein komplettes Betriebssystem in einer einzigen Datei untergebracht.

Das neue *.vhdx-Format hat eine Metadatenstruktur, die für bessere Datenintegrität sorgt. Auch werden in diesem Format maximal 64 TB unterstützt, beim älteren *.vhd-Format dagegen nur 2 TB.

Windows Server 2016 kann eine solche Datei als Festplatte in das System einbinden.

Was soll das nutzen?

Nun, es ist möglich, mit dem Sicherungsprogramm ein Abbild eines Rechners zu erstellen, und zwar im Format .vhdx.

Damit liegt ein Anwendungsbeispiel bereits auf der Hand: Sie können andere Installationen als Laufwerk einbinden und prüfen, Daten sichern oder alle Dinge tun, die sonst noch wichtig sind.

Das Einbinden einer virtuellen Festplatte

Das Einbinden einer vorhandenen virtuellen Festplatte nehmen Sie auch in der „Datenträgerverwaltung" vor.

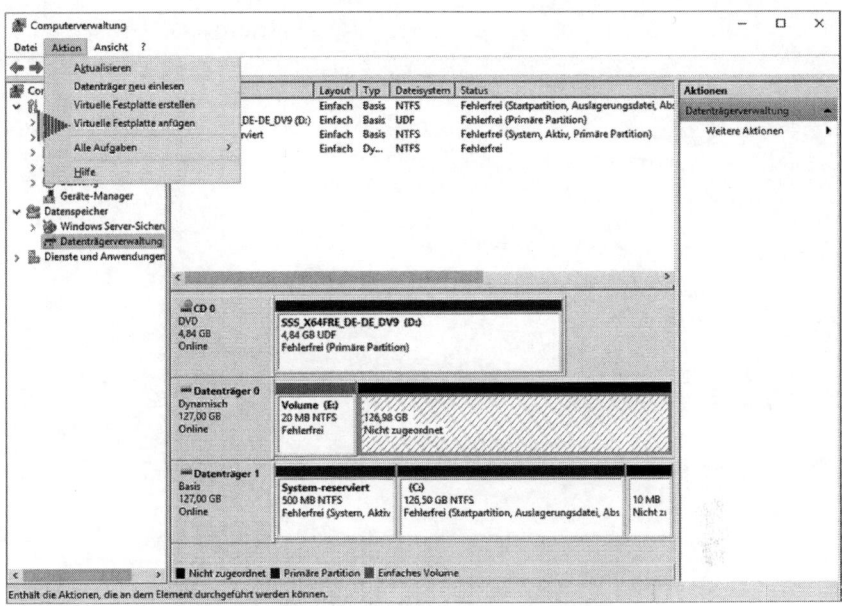

Abbildung 2.25: Datenträgerverwaltung

Hier klicken Sie auf „Aktion" und erhalten ein Menü, in dem Sie eine virtuelle Festplatte anfügen können.

Sie müssen nur noch die entsprechende Datei wählen.

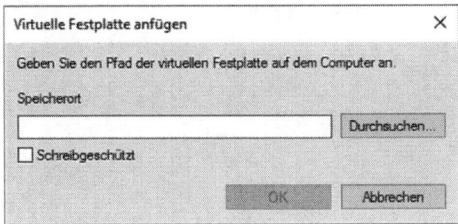

Abbildung 2.26: Auswahl der Datei

Auch ein schreibgeschützter Modus ist möglich.

Erstellen einer neuen virtuellen Festplatte

Eventuell möchten Sie auch eine virtuelle Festplatte selber erstellen.

Die Vorteile dafür sind auch deutlich: alles, was Sie auf dieser Festplatte speichern, kann durch kopieren der .vhdx-Datei gesichert werden, und auf anderen Computern auf die gleiche Art als Laufwerk eingebunden werden.

Wenn Sie wählen „Virtuelle Festplatte erstellen", erhalten Sie zunächst die Frage, wo die Datei dafür gespeichert werden soll und welche Größe diese Datei haben soll.

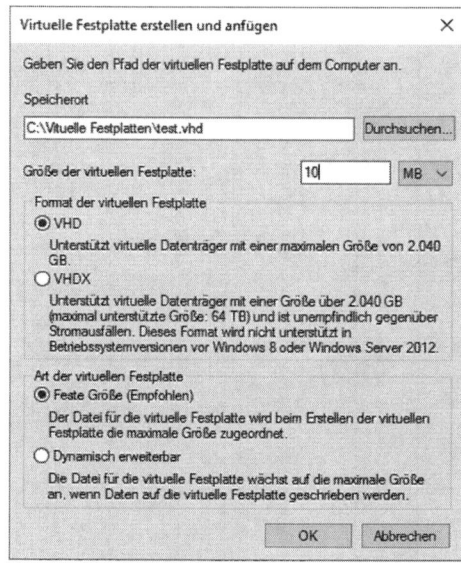

Abbildung 2.27: Speicherort und Größe

Dann wählen Sie noch das Format aus und die Art der Größe.

Hierbei ist zu sagen, dass die dynamisch erweiterbare Festplatte zwar praktischer ist, aber die Festplatten mit fester Größe eine bessere Performance haben.

Diese neue Festplatte muss nun initialisiert werden. Initialisieren bedeutet, dass Sie festlegen, wie die Festplatte formatiert werden soll.

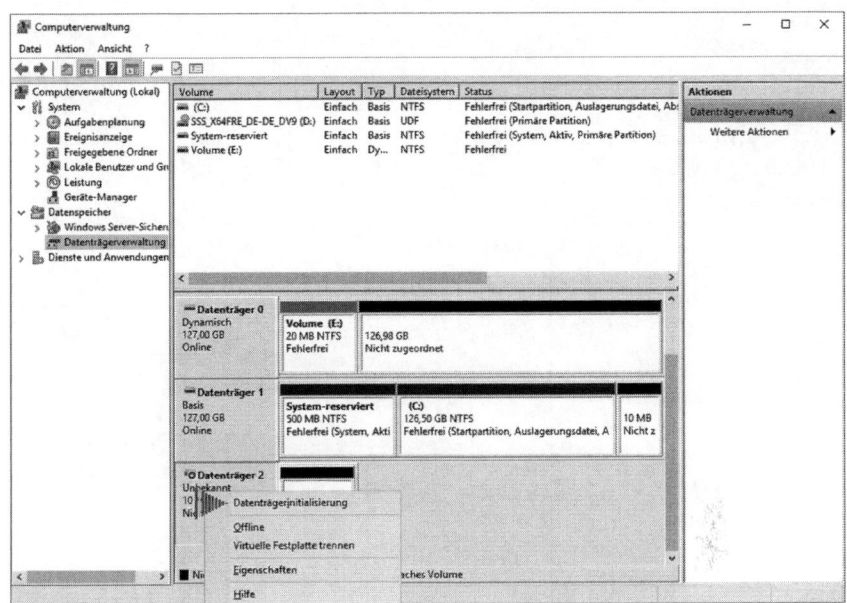

Abbildung 2.28: Initialisieren der Festplatte

Sie können zwischen MBR und GPT wählen.

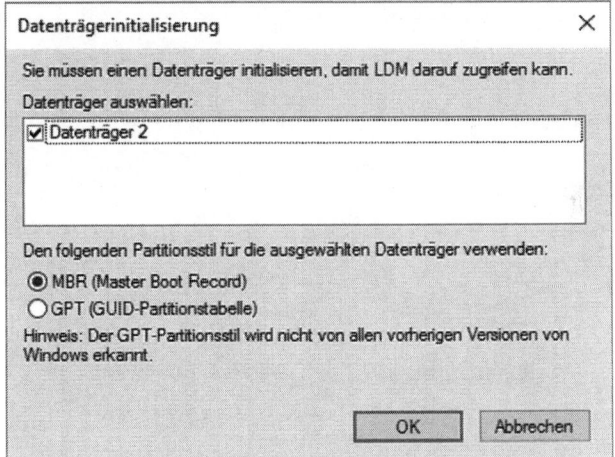

Abbildung 2.29: MBR oder GPT

Aber was sind die Unterschiede zwischen MBR und GPT?

	MBR	**GPT**
Anzahl primäre Partitionen	4	unbegrenzt (Windows: 128)
Maximale Partitionsgröße	2 TByte	18 ExaByte
Maximale Festplattengröße	2 TByte	18 ExaByte
Standarddefinition	Keine	Definiert durch EFI
Sicherheit	keine Prüfsumme	Datensektoren mit Prüfsumme und Backup-Sektoren
Versionsverlauf	keiner	Versionsnummer in GPT abgelegt
Partitionsbezeichnung	Nicht vorhanden (je nach Dateisystem innerhalb Partition abgelegt)	Eindeutige GUID und 36 Zeichen langer Partitionsname

Nun können Partitionen angelegt werden.

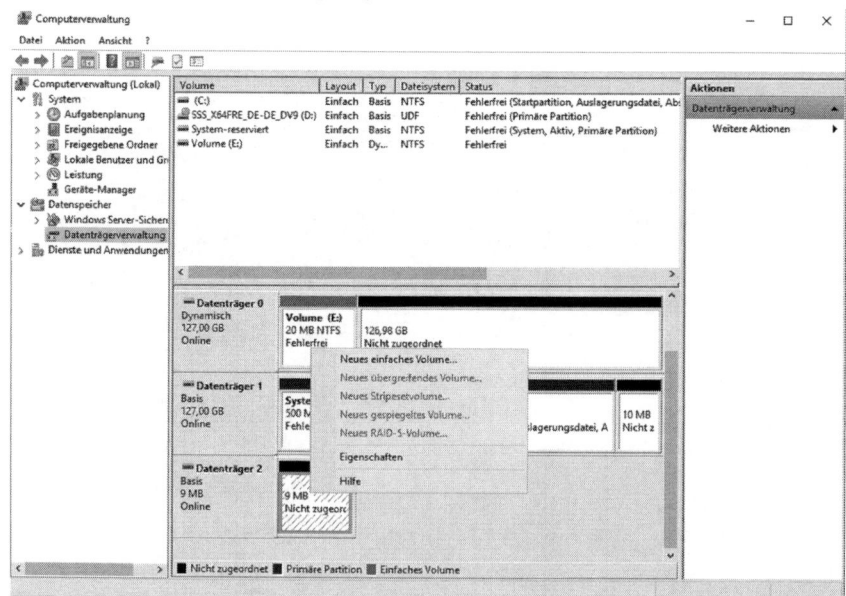

Abbildung 2.30: Erstellen eines einfachen Volumes

2.4 Zugriff auf Freigaben und Dateien

Die Grundvoraussetzung, um auf Ressourcen auf einem anderen Computer zugreifen zu können, sind Freigaben.

Wenn Sie dann im Explorer die Netzwerkumgebung öffnen, und betrachten, welche Ordner Sie auf einem anderen Computer sehen können, werden Sie feststellen, dass nur ein Bruchteil der vorhandenen Ordner angezeigt wird.

Nur die Ordner, die Sie hier sehen, sind auf einem anderen Rechner freigegeben worden.

Damit ergibt sich der Kernpunkt für Freigaben: Um auf einen Ordner, der sich auf einem anderen Rechner befindet, zugreifen zu können, muss dieser Ordner freigegeben worden sein. Ordner, die nicht freigegeben worden sind, sind (außer durch den Administrator, siehe weiter unten in diesem Kapitel) über das Netzwerk nicht zu erreichen.

Wenn ein Ordner freigegeben ist, haben Sie Zugriff auf alle Daten, die dieser Ordner beinhaltet, also auch auf Ordner, die unter dem freigegebenen Ordner angelegt worden sind.

2.4.1 Erstellen einer Freigabe und die Rechte auf die Standardfreigabe

Eine Freigabe zu erstellen ist sehr einfach.

- Explorer
- Rechte Maustaste auf den Ordner, den Sie freigeben möchten
- Freigeben für
- Bestimmte Personen

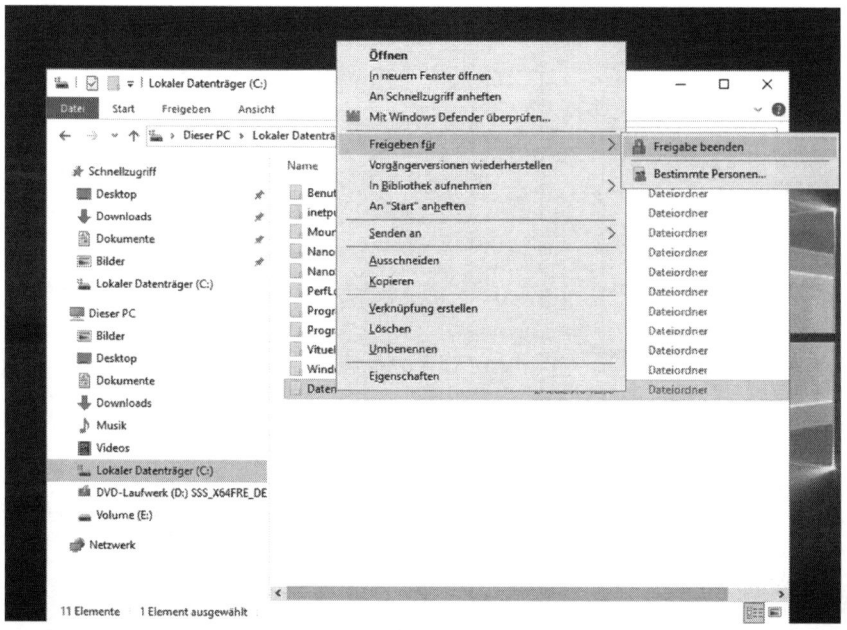

Abbildung 2.31: Freigeben eines Ordners

Nun erscheint ein Fenster, das Sie ausfüllen müssen.

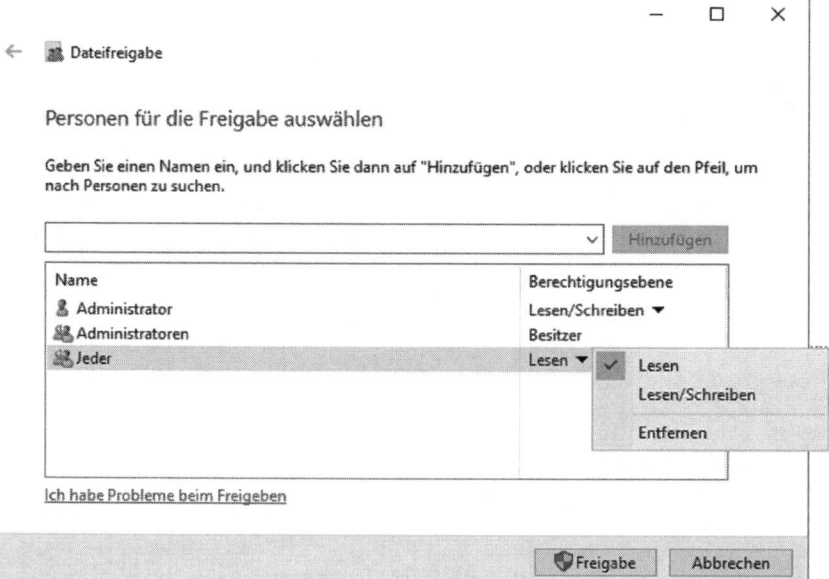

Abbildung 2.32: Erstellen einer Freigabe

Sie fügen die Personen hinzu, die auf den Ordner zugreifen sollen und wählen die Berechtigungsstufe aus.

Es gibt drei verschiedene Arten der Berechtigungsstufen:

*   Lesen
*   Lesen/Schreiben
*   Besitzer

Diese drei Stufen stellen die Berechtigungen dar, die ein Benutzer auf diesen Ordner hat, wenn er sich über das Netzwerk mit der Freigabe verbindet.

Lesen

„Lesen" bedeutet, dass der Benutzer alle Daten betrachten kann, aber keine Änderungen vornehmen kann. Das bedeutet, dass er keine Daten in diesem Ordner erstellen kann, und die vorhandenen Daten nicht verändern kann.

Mit dem Recht „Lesen" können auch Programme in dem freigegebenen Ordner ausgeführt werden.

Lesen/Schreiben

„Lesen/Schreiben" gibt das Recht, auch Änderungen an den Daten vorzunehmen, also neue Daten in diesem Ordner zu speichern, und vorhandene Daten zu ändern. Das Löschrecht ist auch integriert.

Besitzer

„Besitzer" beinhaltet „Lesen" und „Ändern". Zusätzlich können mit der Berechtigung „Besitzer" auch die NTFS-Rechte verändert werden (siehe später in diesem Kapitel).

Nun klicken Sie auf „OK", und der Ordner ist freigegeben.

Dies ist eine sehr einfache Art, einen Ordner freizugeben.

ACHTUNG!
Wenn Sie die einfache Freigabe benutzen, werden automatisch NTFS-Berechtigungen gesetzt!

Wenn Sie die Angaben noch detaillierter machen möchten, wählen Sie

- Rechte Maustaste auf den Ordner, den Sie freigeben möchten
- Eigenschaften
- Freigabe

Abbildung 2.33: Freigabe

Hier klicken Sie auf „Erweiterte Freigabe".

Abbildung 2.34: Freigabe

Standardmäßig wird Ihnen als Freigabename der Name des Ordners angezeigt. Diesen Namen können Sie aber ändern, Sie können den Namen der Freigabe frei wählen.

ACHTUNG!

Beachten Sie: Wenn Sie einen anderen Freigabenamen wählen, behält der freigegebene Ordner lokal auf dem Computer seinen alten Namen. Dadurch können Verwechslungen passieren.

Auch können Sie hier festlegen, wie viele gleichzeitige Verbindungen zu dieser Ressource erlaubt sein sollen.

Die Höchstanzahl von gleichzeitigen Zugriffen ist 16777216. Das ist quasi ein nicht reglementierter Zugriff.

Nun betrachten wir die Schaltfläche „Berechtigungen".

Wenn Sie darauf klicken, sehen Sie die Standardfreigaben. Wie Sie erkennen können, hat im Standardfall die Systemgruppe „Jeder" die Zugriffsberechtigung „Lesen".

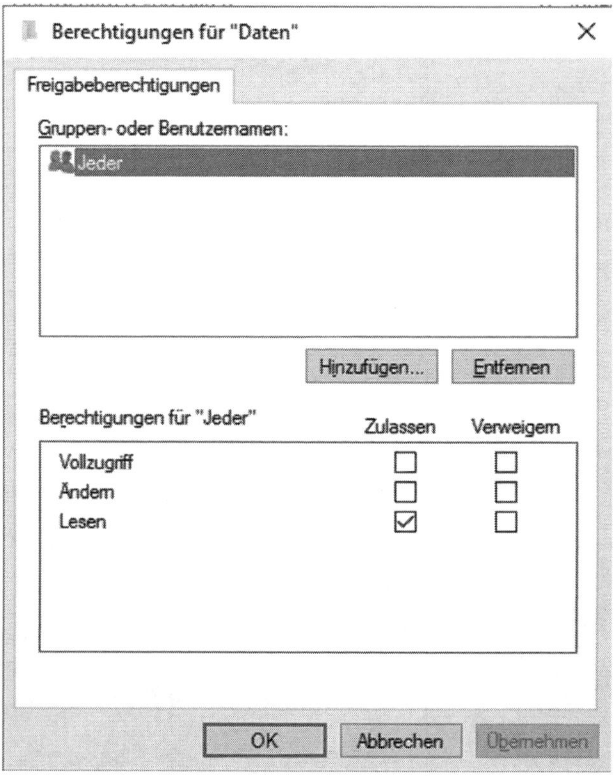

Abbildung 2.35: Berechtigungen

Es gibt also wieder drei verschiedene Arten des Zugriffs:

Vollzugriff

Ändern

Lesen

Diese drei Stufen entsprechen den drei Berechtigungsstufen in der einfachen Freigabe.

Lesen = Lesen

Ändern = Lesen/Schreiben

Vollzugriff = Besitzer

Zugriffsverwaltung auf freigegebene Ordner

Ein wichtiger Bestandteil der Freigabenverwaltung ist die Regelung des

Zugriffs. Es ist meistens nicht praktikabel, die Standardberechtigungen zu belassen, da „Jeder" „Lesen" fast immer nicht die Anforderungen an die Sicherheit trifft.

Ein weiteres Problem ist die Tatsache, dass in vielen Fällen eine Person Mitglied in mehreren Gruppen ist. In diesem Fall muss es eine Regel geben, wie die Mitgliedschaft in mehreren Gruppen sich auf die Zugriffsberechtigung auswirkt.

Ändern der Standardberechtigungen

Nach der Freigabe eines Ordners müssen Sie die Standardberechtigung ändern. Dies ist kein großes Problem, die Maske ist ja bereits bekannt.

Ein Beispiel:

Sie möchten folgende Rechtestruktur für den freigegebenen Ordner „Daten":

- Die domänenlokale Gruppe „Datenbank Vollzugriff 1" soll uneingeschränkten Vollzugriff auf die Ressource haben
- Die domänenlokale Gruppe „Datenbank Zugriff Lesen 1" soll nur lesenden Zugriff auf die Ressource haben
- Die Gruppe der Domänenadministratoren soll uneingeschränkten Vollzugriff auf die Ressource haben

ACHTUNG!

Sorgen Sie immer dafür, dass die Administratoren Vollzugriff auf eine Ressource haben, da diese Gruppe ja administrative Tätigkeiten ausüben muss.

Dies machen Sie in folgenden Schritten:

- Hinzufügen der drei Gruppen
- Vergabe der Rechte an die drei Gruppen
- Entfernen der Gruppe „Jeder"

Auswirkung einer Mitgliedschaft in mehreren Gruppen

Oft ist eine Person Mitglied in mehreren Gruppen. Dies hat natürlich Auswirkung auf die Rechtezusammensetzung.

Bleiben wir bei dem obigen Beispiel. Nehmen wir an, der Benutzer Hans Dampf ist Mitglied in folgenden Gruppen:

- Domänenadministratoren

- Datenbank Zugriff Lesen

Welche effektive Berechtigung hat er auf die Freigabe?

1. Lehrsatz der Ermittlung der Freigaberechte:

Das effektive Freigaberecht ist kumulativ, ergibt sich also aus der Addition der Einzelrechte.

In diesem Fall also:

- Mitgliedschaft in der Gruppe „Domänenadministratoren":
    Vollzugriff
- Mitgliedschaft in der Gruppe „Datenbank Zugriff Lesen":   Lesen
    Addiertes Recht = effektives Freigaberecht:
    Vollzugriff

Bis hierher haben wir nur die positiven Rechte betrachtet, also das Zulassen von Rechten. Es gibt aber auch noch die negativen Rechte, also das Verweigern von Rechten.

Welche Rechte hat nun Hans Dampf, Mitglied in den beiden oben genannten Gruppen, wenn die Gruppe „Datenbank Zugriff Lesen" das Recht „Vollzugriff Verweigern" hat?

2. Lehrsatz der Ermittlung der Freigaberechte:

Verweigern setzt alle positiven Berechtigungen außer Kraft.

Das bedeutet in unserem Beispiel:

- Mitgliedschaft in der Gruppe
    „Domänenadministratoren":

    Vollzugriff
- Mitgliedschaft in der Gruppe
    „Datenbank Zugriff Lesen":

    Vollzugriff verweigert

    Addiertes Recht = effektives Freigaberecht:
    Vollzugriff verweigert

ACHTUNG!
Verwenden Sie das Verweigern von Rechten äußerst sparsam. Verweigern ist immer das stärkste Recht, und setzt immer die positiven Rechte außer Kraft.

Versteckte Freigaben

Um Freigaben zu verstecken, können Sie an den Namen der Freigabe ein „$" anhängen.

In diesem Fall erscheint die Freigabe nicht in der Browsingliste. Nur Personen, die den Namen der Freigabe kennen, können auf diese Freigabe zugreifen!

Erstellen von Freigaben mit PowerShell

Natürlich können auch alle Freigaben mit PowerShell Cmdlets gemacht und bearbeitet werden.

Für die meisten Befehle werden administrative Rechte benötigt.

Cmdlet	Bedeutung
Get-SmbShare	Anzeigen der Freigaben
New-SmbShare Parameter: FullAccess NoAccess ReadAccess …ChangeAccess	Erstellen der Freigabe
Remove-SmbShare	Freigabe aufheben

2.4.2 NTFS

Bisher haben wir uns mit den Freigaberechten beschäftigt. Eine Freigabe ist bekanntlich die elementare Voraussetzung für Zugriff über das Netzwerk.

Leider haben die Freigaberechte auch Grenzen:

* Es können nur Rechte auf Ordner vergeben werden, alle Daten, die in diesem Ordner sind, bekommen die gleichen Rechte wie der Ordner. Eine Differenzierung ist somit nicht möglich. Auch können keine Rechte auf einzelne Dateien gegeben werden

* Es gibt nur drei Stufen der Rechte

* Ressourcen können nur bei Zugriff über das Netzwerk geschützt werden, nicht aber wenn ein Benutzer direkt am Computer sitzt. Freigaberechte gelten nur bei Netzwerkzugriff

Dies sind Probleme, die das betagte Freigaberecht nicht lösen kann.

Datei- und Ordnerberechtigungen

NTFS hat die Möglichkeit, zusätzliche Informationen zu den Daten im Dateisystem mitzuspeichern.

Das ermöglicht uns, zusätzlich zu den Freigaberechten eine zweite Schiene an Berechtigungen zu definieren: Die NTFS-Rechte.

Mit NTFS-Rechten ist es möglich, die lokale Maschine vor unberechtigtem Zugriff zu schützen. Freigaberechte können ja nur Netzwerkfreigaben schützen, die lokale Maschine ist aber völlig ungeschützt.

Ein Beispiel:

Ein Fileserver hat eine Freigabe mit dem Namen „Daten". Diese Freigabe ist mit Freigaberechten geschützt, so dass die Benutzer diese Daten nur mit lesendem Zugriff benutzen können.

Wenn es nun ein Mitarbeiter schafft, sich lokal an den Fileserver zu setzen, und sich dort anzumelden, umgeht er damit die Freigaberechte. Diese gelten nur bei Zugriff über das Netzwerk. Der lokale Benutzer greift jedoch auf die Ressource nun direkt zu.

Um alle Daten vor lokalem Zugriff zu schützen, wird ein Schutz benötigt, der lokal verfügbar ist: Die NTFS-Rechte.

NTFS-Rechte sind natürlich nur auf Datenträgern verfügbar, die mit dem Dateisystem NTFS formatiert sind. Auch hier gibt es Standardberechtigungen, die direkt nach der Erstellung einer Ressource vorhanden sind.

NTFS-Rechte können, im Gegensatz zu den Freigaberechten, auch auf jede einzelne Datei angewendet werden. Es ist möglich, einen Ordner mit der Berechtigung „Lesen" zu versehen, einer einzelnen Datei in diesem Ordner aber das Recht „Vollzugriff" zuzuweisen.

Betrachten wir einmal die Standardrechte bei NTFS. Um die NTFS-Rechte sehen zu können, öffnen Sie den Explorer.

- Rechte Maustaste auf die Ressource, deren NTFS-Rechte Sie sehen möchten
- Eigenschaften
- Karteikarte Sicherheit

Diese Karteikarte ist nur vorhanden, wenn dies eine Partition ist, die mit dem Dateisystem NTFS formatiert ist.

Hier sehen Sie nun die Standardberechtigungen.

Was auffällt, ist die Vielfalt der Berechtigungsstufen. Im Gegensatz zu den Freigaberechten, bei denen es nur drei verschiedene Berechtigungen gibt, findet man hier mehrere Berechtigungen:

- Vollzugriff

- Ändern

- Lesen / Ausführen

- Ordnerinhalte auflisten

- Lesen

- Schreiben

- Spezielle Berechtigungen

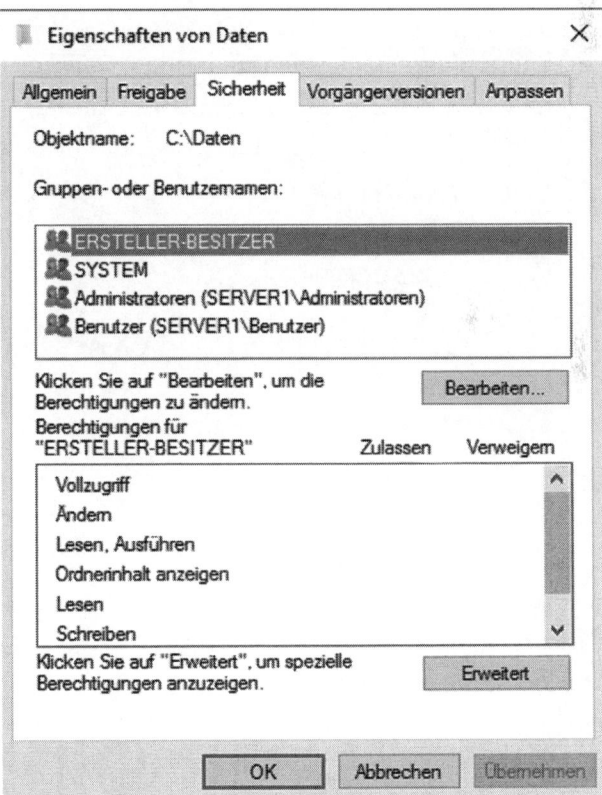

Abbildung 2.36: NTFS-Standardberechtigungen

Interessant sind die Doppelbezeichnungen, wie zum Beispiel Lesen, Ausführen. Einen Ordner kann man nicht ausführen, was ist also die Bedeutung dieser Bezeichnungen?

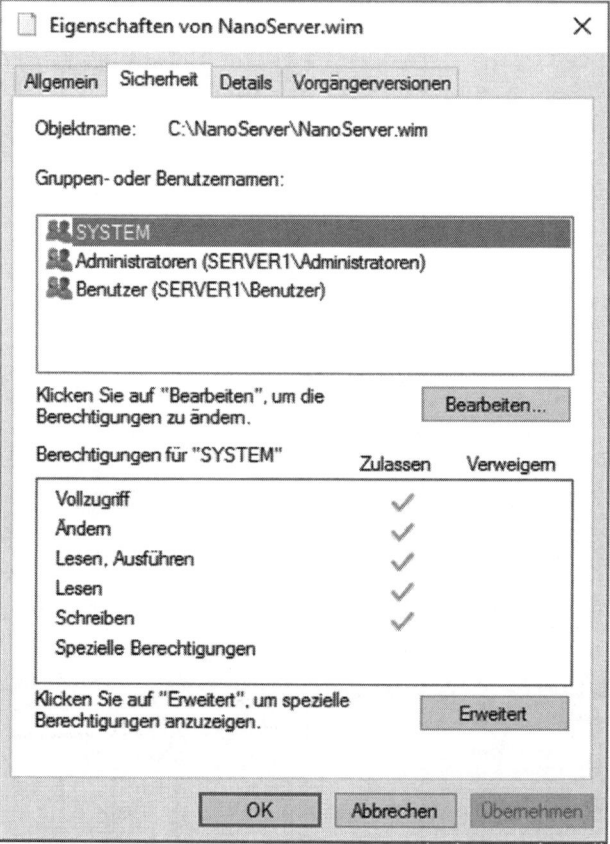

Abbildung 2.37: NTFS-Rechte einer Datei

NTFS-Rechte können, wie bereits erwähnt, sowohl auf Ordner als auch auf Dateien angewendet werden. Daraus ergibt sich diese Doppelbezeichnung.

Wenn Sie die NTFS-Rechte einer Datei betrachten, entfällt das Recht „Ordnerinhalte auflisten" komplett.

Aber kehren wir zurück zu den NTFS-Rechten eines Ordners.

Wenn Sie auf die Schaltfläche „Erweitert" klicken, erhalten Sie detailliertere Informationen zur Rechtestruktur.

Abbildung 2.38: Die Rechte in genauerer Aufschlüsselung

Um die einzelnen Rechte anzeigen zu lassen, klicken Sie auf die Schaltfläche „Anzeigen".

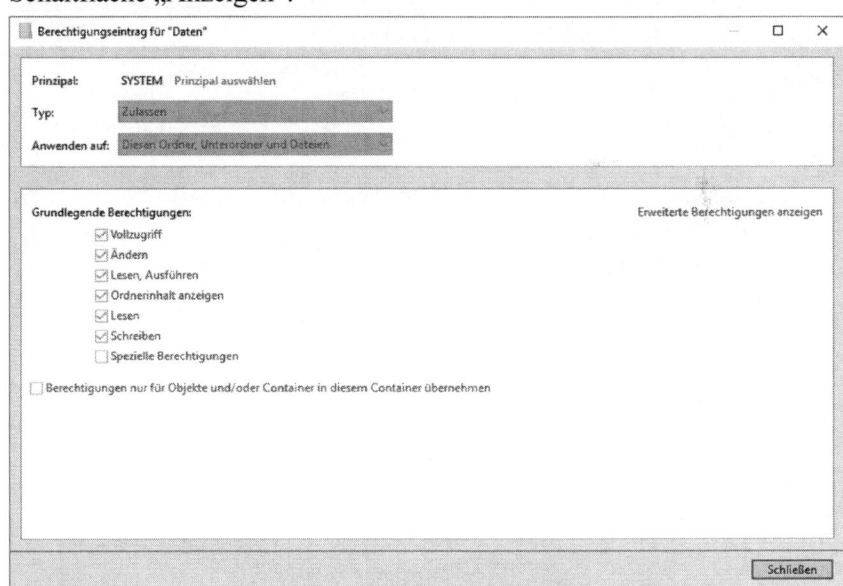

Abbildung 2.39: Die NTFS-Rechte

Die NTFS-Rechte sind eine Zusammenstellung von Einzelrechten, die dann eine sinnvolle Kombination ergeben.

Um die Einzelrechte zu sehen, klicken Sie auf „Erweiterte Berechtigungen anzeigen".

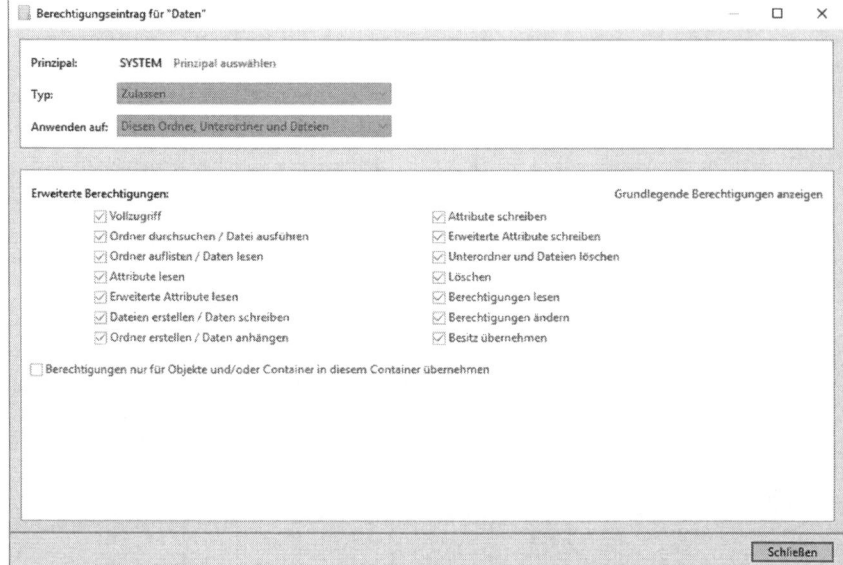

Abbildung 2.40: NTFS-Einzelrechte

Nun sehen Sie die einzelnen Rechte, aus denen sich die oben erwähnten NTFS-Rechte zusammensetzen.

Was bedeuten nun die „Speziellen Berechtigungen"?

Die Zusammenstellung der Einzelrechte zu den NTFS-Rechten ist genau definiert. Wenn Sie von dieser Definition abweichen, und es ergibt sich aus ihrer Einzelrechtkombination kein NTFS-Recht, dann wird diese Kombination als „Spezielle Berechtigungen" geführt.

Der Besitz

Eine weitere Einstellungsmöglichkeit ist „Besitz".

Derjenige, der eine Datei oder einen Ordner erstellt, ist auch der Besitzer. Dies ist von großer Bedeutung, denn der Besitzer hat immer das Recht, sich die Berechtigungen an einer Ressource zu betrachten. Dies kann bei einem Rechteproblem große Bedeutung haben.

Abbildung 2.41: Der Besitzer

Ein Beispiel:

Ein Benutzer mit Namen Peter Pan erstellt einen Ordner und ist damit auch der Besitzer dieses Ordners.

Sie, als Administrator, haben die NTFS-Rechte dieses Ordners so geändert, dass niemand mehr Zugriff hat (zum Ändern der Rechte muss die Vererbung ausgeschaltet werden, mehr dazu später).

Dies war aber ein Fehler, und Sie möchten der Gruppe der Administratoren wieder Vollzugriff geben.

Wenn Sie aber versuchen, sich die aktuellen NTFS-Rechte anzeigen zu lassen, bekommen Sie eine Sicherheitswarnung, die besagt, dass Sie keinerlei Rechte haben.

Sie können also die Berechtigungen nicht ändern. Nur der Besitzer der Ressource kann sich die Berechtigungen anzeigen lassen.

Sie sind also gezwungen, sich selber zum Besitzer zu machen, sich also die Ressource „auszuleihen".

Mit der Karteikarte „Besitzer" können Sie das tun.

Standardmäßig können Sie wählen zwischen Ihrem administrativen Account und der Gruppe der Administratoren. Wählen Sie eine der Möglichkeiten aus, und klicken Sie auf „OK."

155

Nun sind Sie in der Lage, die aktuellen Berechtigungen anzeigen zu können, und sie dann auch ändern zu können.

Peter Pan wird aber merken, dass Sie sich seinen Ordner „ausgeliehen" haben.

ACHTUNG!
Sie können ab Windows Server 2003 und Windows Vista den Besitz wieder an die ursprüngliche Person zurückgeben.

Das Bestimmen der effektiven Berechtigungen

Es ist nicht ganz einfach, die effektiven NTFS-Berechtigungen zu erkennen. Auch hier kann der Benutzer Mitglied in mehreren Gruppen sein, und es kann eine Verweigerung eines Rechtes bestehen.

Wie bei den Freigaberechten gibt es auch hier die zwei bekannten Regeln:

1. Lehrsatz der Ermittlung der NTFS-Rechte:

Das effektive NTFS-Recht ist kumulativ, ergibt sich also aus der Addition der Einzelrechte.

Zum Beispiel:

* Mitgliedschaft in der Gruppe „Domänenadministratoren":
  Vollzugriff
* Mitgliedschaft in der Gruppe „Datenbank Zugriff Lesen":   Lesen
  Addiertes Recht = effektives Freigaberecht:
  Vollzugriff

2. Lehrsatz der Ermittlung der NTFS-Rechte:

Verweigern setzt alle positiven Berechtigungen außer Kraft.

Das bedeutet in unserem Beispiel:

* Mitgliedschaft in der Gruppe „Domänenadministratoren":
  Vollzugriff
* Mitgliedschaft in der Gruppe „Datenbank Zugriff Lesen":
  Vollzugriff
  verweigert

Addiertes Recht = effektives NTFS-Recht: **Vollzugriff**
verweigert

ACHTUNG!

Verwenden Sie das Verweigern von Rechten äußerst sparsam.
Verweigern ist immer das stärkste Recht, und setzt immer die positiven
Rechte außer Kraft.

Zur Bestimmung der effektiven NTFS-Rechte gibt es aber zum Glück
eine sehr komfortable Möglichkeit.

Die Karteikarte „Effektiver Zugriff" gibt uns die Möglichkeit, die NTFS-
Rechte aller Benutzer oder Gruppen anzeigen zu lassen.

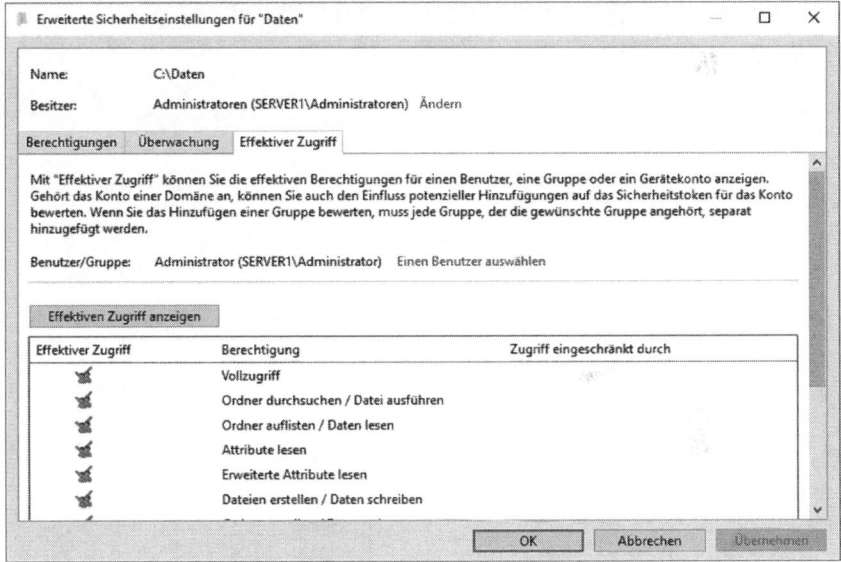

Abbildung 2.42: Die effektiven NTFS-Rechte

ACHTUNG!

Es werden hier nur die NTFS-Rechte berücksichtigt, nicht die
Freigaberechte!

Die Vererbung

Bei Betrachtung der NTFS-Rechte ist Ihnen sicherlich aufgefallen, dass
die Kästchen zum Ankreuzen grau unterlegt sind, und dass Sie diese
Berechtigungen nicht ändern können.

Abbildung 2.43: NTFS-Rechte sind vererbt

Dies liegt an der Vererbung.

In allen Windows Betriebssystemen ist die NTFS-Rechtevergabe so gelöst, dass im Stammlaufwerk bestimmte Rechte definiert werden, und diese Standardrechte dann an alle untergeordneten Ordner und Dateien vererbt werden.

Wenn wir die NTFS-Rechte des Laufwerk C:\ betrachten, sehen wir, dass diese Kästchen weiß hinterlegt sind, und wir auch die Berechtigungen verändern können.

Wenn wir nun mit den ererbten Rechten nicht einverstanden sind, weil wir beispielsweise nur Lesezugriff auf einen Unterordner möchten, müssen wir die Vererbung ausschalten.

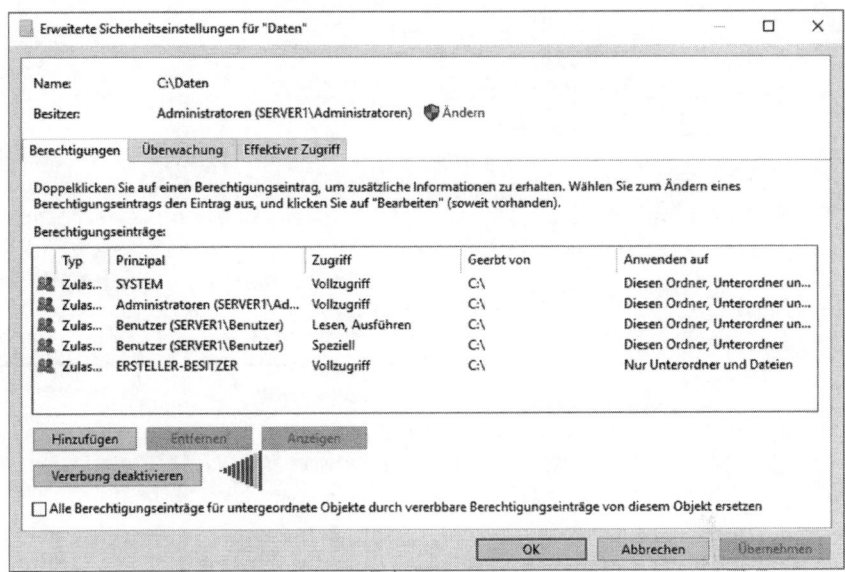

Abbildung 2.44: Vererbung ausschalten

Hier klicken wir auf „Vererbung deaktivieren". Wir erhalten folgende Abfrage.

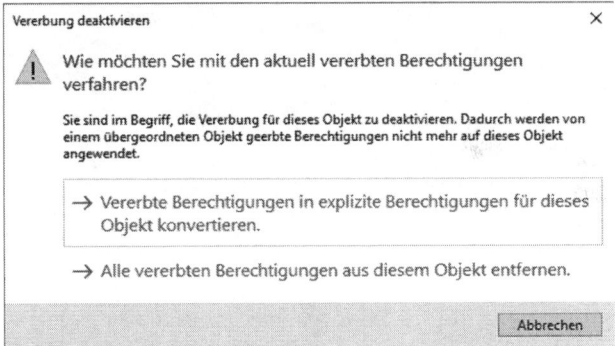

Abbildung 2.45: Sicherheitsabfrage beim Ausschalten der Vererbung

Wir können nun wählen, ob wir die Berechtigungen, die wir bis zu diesem Moment von oben erhalten haben,

- Kopieren oder
- Entfernen

möchten. Wenn die Berechtigungen kopiert werden, bleiben sie gleich, mit dem Unterschied, dass sie nun geändert werden können. Bei „Entfernen" werden alle Berechtigungen entfernt, und es müssen neue Berechtigungen definiert werden.

ACHTUNG!

Das Ausschalten der Vererbung bedeutet, dass die Verbindung nach oben durchtrennt wird. Alle Berechtigungen, die in der Ressource neu gesetzt werden, vererben sich aber sofort wieder an alle untergeordneten Ordner und Dateien. Wenn das nicht der Fall sein soll, müssen diese ebenfalls die Vererbung ausschalten.

Zuletzt gibt es noch **„Bestehende vererbbare Berechtigungen aller untergeordneten Objekte durch vererbbare Berechtigungen dieses Objekts ersetzen"**.

Hier ist normalerweise kein Haken gesetzt. Diese Option sollten Sie dann verwenden, wenn Sie eine Änderung an den Berechtigungen durchgeführt haben, und Sie möchten, dass diese Änderungen an alle bereits bestehenden untergeordneten Ressourcen weitervererbt werden.

ACHTUNG!

Nur neu erstellte Objekte erben die Berechtigungen, die die übergeordnete Instanz für sie hat. Wenn später Berechtigungen geändert werden, hat das keine Auswirkungen auf existierende Objekte. Um hier eine Änderung der Berechtigungen zu erzwingen, muss der Haken bei „Berechtigungen für alle untergeordneten Objekte durch die angezeigten Einträge, sofern anwendbar, ersetzen" gesetzt werden.

NTFS-Rechte mit der PowerShell

Die beiden wichtigsten PowerShell Cmdlets für NTFS-Rechte sind

Cmdlet	Bedeutung
Get-Acl	Anzeigen der NTFS-Berechtigungen
Set-Acl	Setzen der NTFS-Berechtigungen

2.4.3   Dateiserver Ressourcen Manager (FSRM)

Der Vollständigkeit halber sollte in diesem Themengebiet der Ressourcen-Manager für Dateiserver erwähnt werden.

Er ist ein Bestandteil der Rolle „Dateiserver" und wird als Rollendienst installiert.

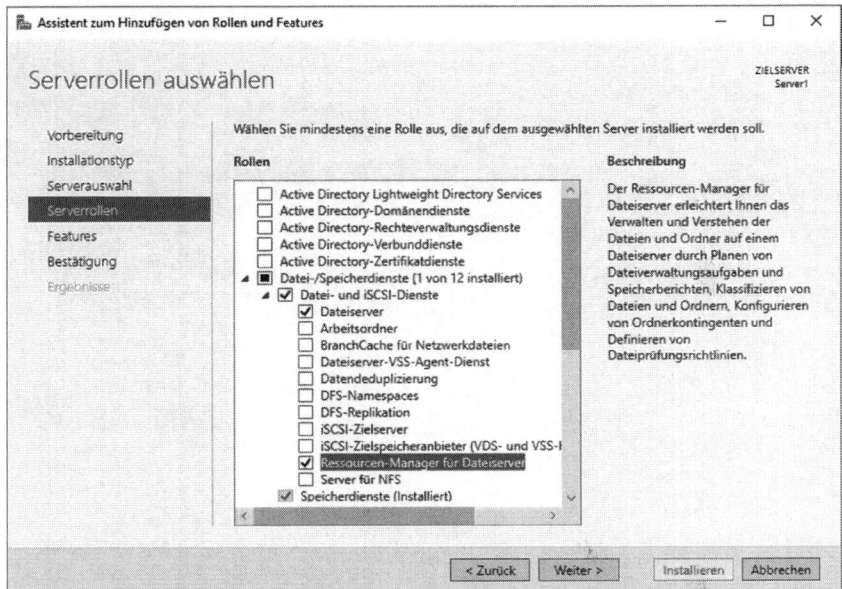

Abbildung 2.46: Ressourcen-Manager für Dateiserver

Konfiguration des Ressourcen - Managers für Dateiserver

Im Ressourcen – Manager für Dateiserver finden wir folgende Aufgabenfelder:

- Kontingentverwaltung
- Dateiprüfungsverwaltung
- Speicherberichteverwaltung
- Klassifizierungsverwaltung
- Dateiverwaltungsaufgaben

Mit der Kontingentverwaltung befassen wir uns später in diesem Kapitel.
Betrachten wir zunächst die Dateiprüfungsverwaltung.

Dateiprüfungsverwaltung

An dieser Stelle haben wir die Möglichkeit, gezielt den Festplattenspeicher auf dem Fileserver einzuschränken und zu überwachen.

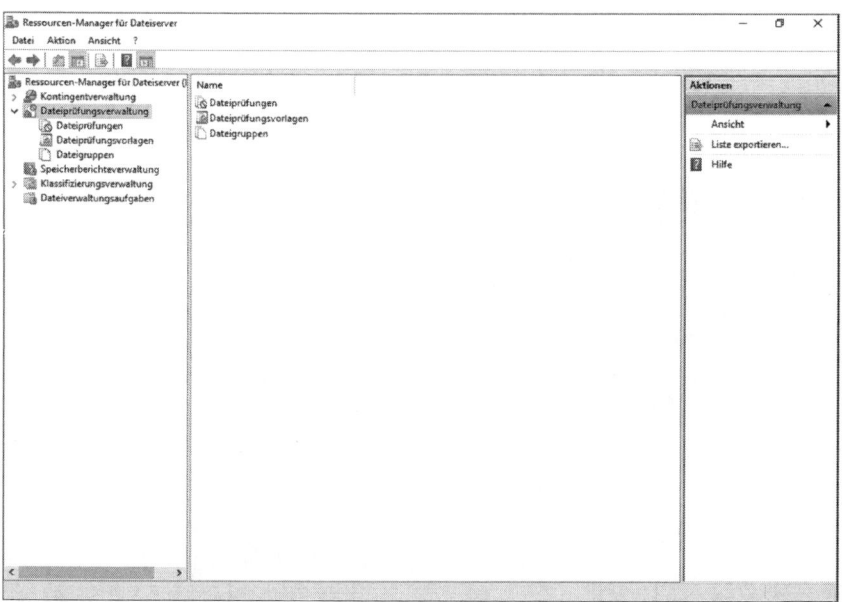

Abbildung 2.47: Dateiprüfungsverwaltung

So können wir beispielsweise festlegen, dass bestimmte Dateien nicht gespeichert werden dürfen.

Dazu wechseln wir zum Knotenpunkt „Dateigruppen".

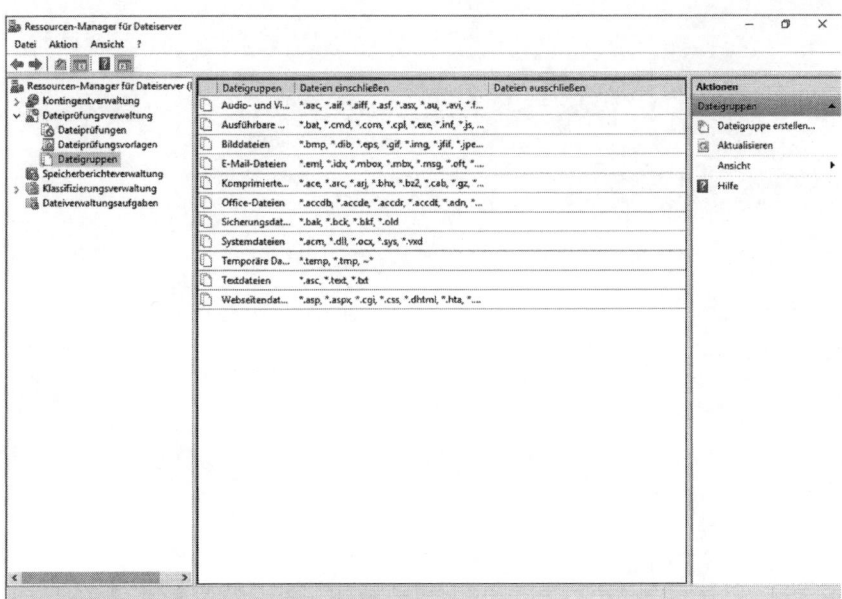

Abbildung 2.48: Dateigruppen

Sie sehen, hier sind bereits einige Gruppen von Dateiarten festgelegt worden, mit den entsprechenden Endungen.

Diese Gruppen können wir nach Belieben bearbeiten, und zum Beispiel Ausschlüsse hinzufügen.

Ein Beispiel:

Sie möchten, dass Ihre Kollegen keine *mp3 Dateien auf dem Server speichern, und auch alle anderen Musik- und Filmdateien sollen nicht mehr die Ressourcen belasten.

Um dies zu erreichen, gehen Sie in drei Schritten vor:

1. Sie bearbeiten eine vorhandene Dateigruppe oder erstellen eine neue

Öffnen Sie den Knotenpunkt „Dateigruppen". Sie werden erkennen, dass hier bereits eine große Menge an Dateigruppen definiert ist, unter anderem auch eine Gruppe „Audio- und Videodateien".

Deswegen müssen Sie keine neue Gruppe erstellen, was aber auch problemlos möglich wäre.

Öffnen Sie die gewählte Gruppe, um die Konfiguration zu überprüfen.

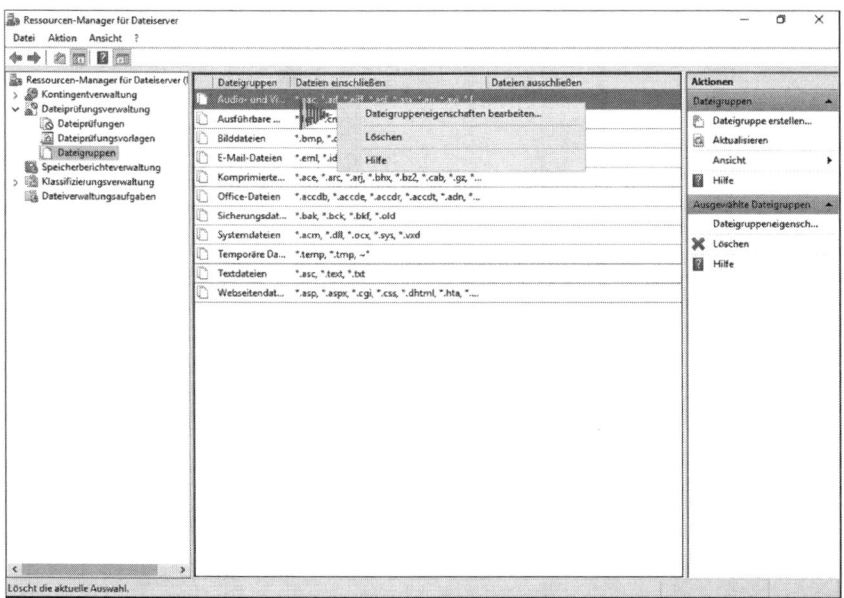

Abbildung 2.49: Dateigruppe „Audio- und Videodateien"

Hier sehen Sie, welche Endungen in dieser Gruppe eingeschlossen sind. Achten Sie darauf, dass Sie alle Endungen, die Sie verbieten möchten, hinzufügen.

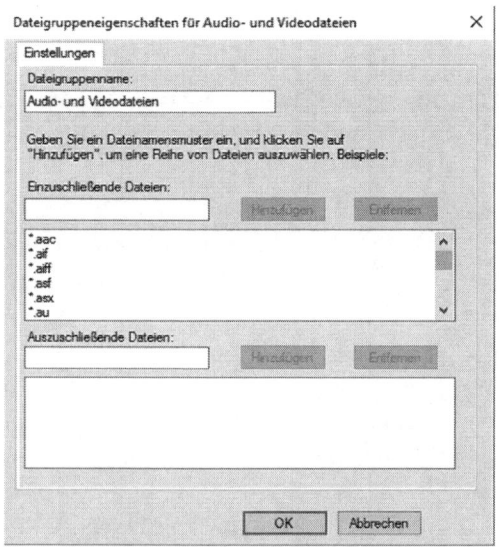

Abbildung 2.50: Dateiendungen

Sie können auch Ausnahmen definieren.

ACHTUNG!

Wenn Sie an dieser Stelle Ausnahmen definieren, dürfen die Dateien mit diesen Endungen später gespeichert werden! Ausnahmen sind also Ausnahmen vom Verbot!

Gut.

Nun kommt der zweite Schritt.

2.   **Sie bearbeiten eine vorhandene Dateiprüfungsvorlage oder erstellen eine neue**

Dateiprüfungsvorlagen sind vordefinierte Sätze, in denen Sie die Parameter definieren können, nach denen das Speichern in der Freigabe geprüft werden soll.

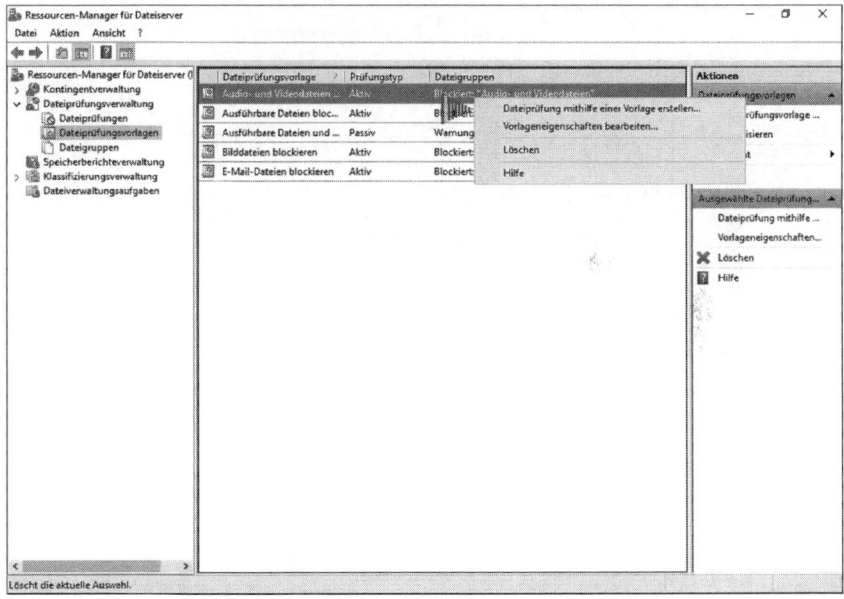

Abbildung 2.51: Dateiprüfungsvorlage

Auch hier existiert bereits eine geeignete Vorlage, die wir bearbeiten können.

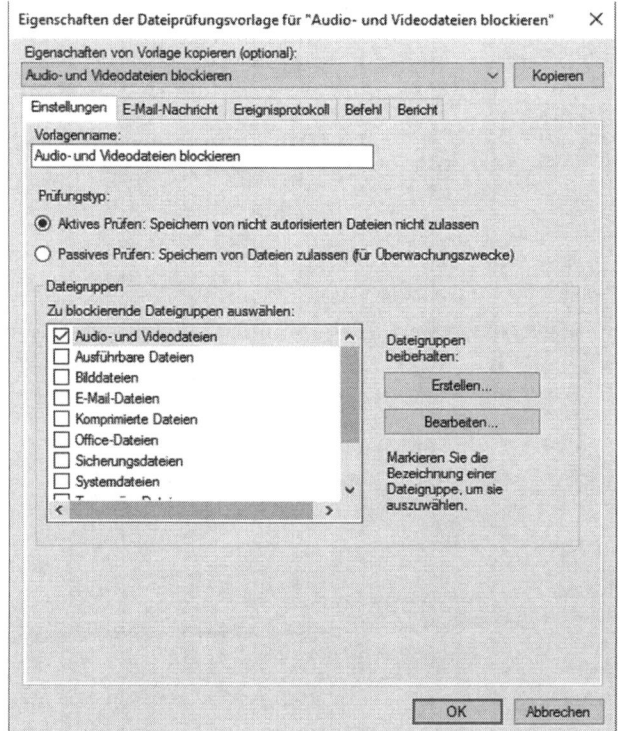

Abbildung 2.52: Vorlage „Audio- und Videodateien blockieren"

Auf der ersten Karteikarte wählen Sie die Dateigruppen aus, die Sie blockieren möchten.

Entscheiden Sie sich auch für

- Aktives Prüfen (Speichern verboten)

  oder

- Passives Prüfen (Speichern erlaubt, nur zur Überwachung)

Auf den weiteren Karteikarten können Sie noch zusätzliche Parameter festlegen, wie das Schicken einer E-Mail, einen Eintrag im Ereignisprotokoll und ähnliches.

ACHTUNG!

Noch ist das Blockieren nicht aktiv, denn Sie haben bisher nur die Vorarbeit geleistet!

Es folgt jetzt erst das Aktivieren.

3. Dateiprüfung generieren

Im letzten Schritt erstellen Sie eine neue „Dateiprüfung", die sich natürlich auf eine Freigabe beziehen muss.

Diese Freigabe wird in Zukunft überprüft und mit den Anweisungen in der gewählten Vorlage verglichen.

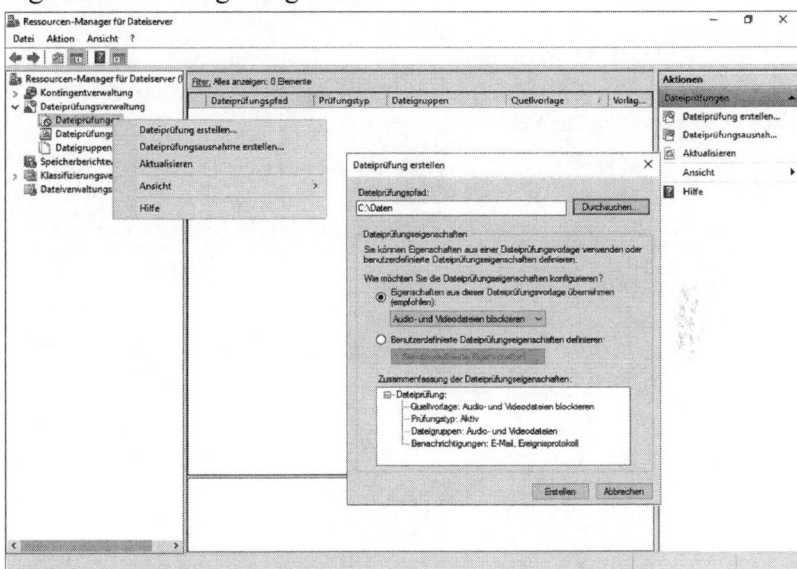

Abbildung 2.53: Dateiprüfungen

Nach Abschluss der Einrichtung ist die Dateiprüfung im Fenster erkennbar und sofort aktiv.

Sollte jetzt jemand versuchen, eine Datei mit einer verbotenen Endung, beispielsweise *mp3, in der geschützten Freigabe zu speichern, erhält er folgende Fehlermeldung:

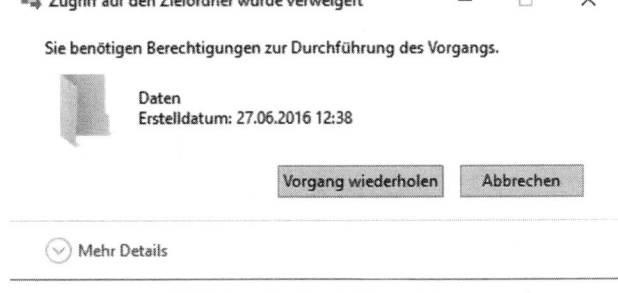

Abbildung 2.54: Fehlermeldung

Leider ist diese Fehlermeldung nicht besonders aussagekräftig.

Speicherberichteverwaltung

Um einen Dateiserver richtig verwalten zu können, sollte man sich regelmäßig ein Bild über die Speicherbelegung und andere Parameter machen.

So gibt es einige Informationen, die nur sehr schwierig zu erhalten sind, oder ist es für Sie einfach, herauszufinden, welche Dateien schon seit längerer Zeit nicht mehr verwendet worden sind?

Um Ihnen diese Arbeit zu erleichtern, gibt es die Speicherberichterstattung, mit der Sie regelmäßige Berichte generieren lassen können.

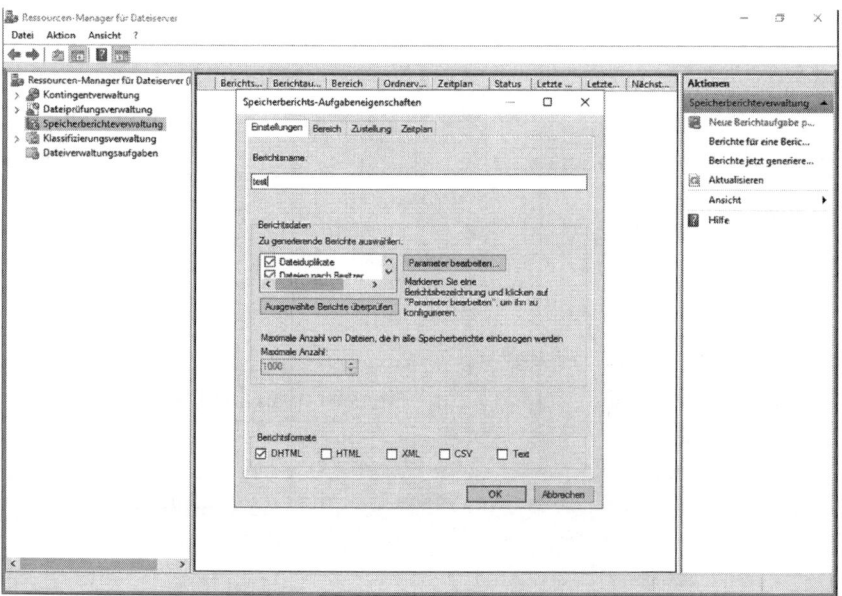

Abbildung 2.55: Speicherberichterstattung

Sie legen fest, welche Berichte erstellt werden sollen, und welche Ordner dafür herangezogen werden.

Wieder können Sie den Bericht per E-Mail schicken lassen.

Zuletzt legen Sie noch den Zeitplan fest, und das war auch schon alles.

Nun können Sie regelmäßig die gewünschten Berichte auswerten.

Kontingentverwaltung

Die Kontingentverwaltung ist die Möglichkeit, den Festplattenspeicher nicht nur nach zu speichernden Daten einzuschränken, sondern eine Größe für den Speicher festzulegen.

Festplattenspeicher ist teuer, zwar nicht primär in der Anschaffung, aber zumindest in der Verwaltung.

Aus diesem Grund macht es auf jeden Fall Sinn, die Verwendung auf bestimmte Höchstgrenzen einzuschränken.

Dafür öffnen Sie wieder den Ressourcen-Manager für Dateiserver, und wechseln zur Kontingentverwaltung.

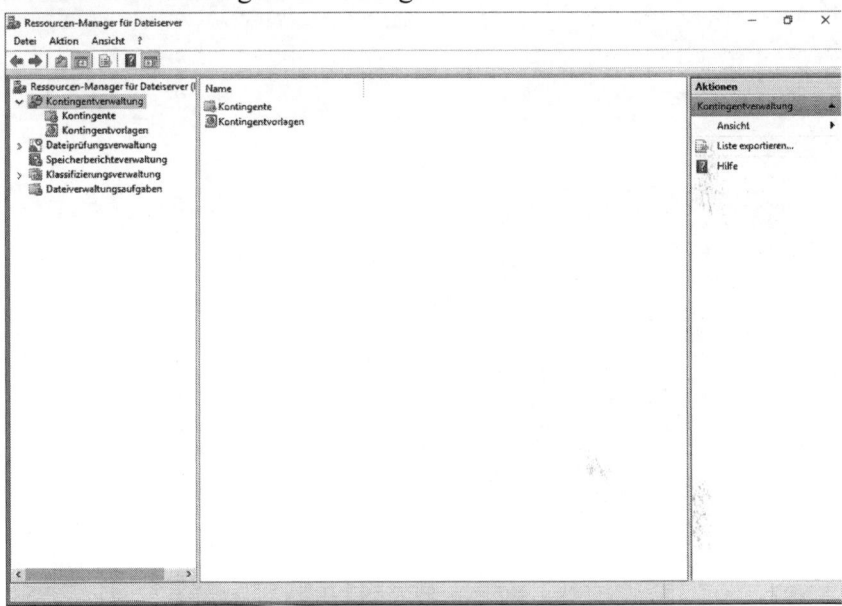

Abbildung 2.56: Kontingentverwaltung

Hier erstellen Sie auch zuerst einmal eine Vorlage, im Knotenpunkt „Kontingentvorlagen".

Eine Vorlage zu erstellen ist sehr sinnvoll, denn die Kontingentverwaltung wird auf Ebene der freigegebenen Ordner angewendet, und möglicherweise möchten Sie die gleichen Kontingentbeschränkungen auf mehrere Freigaben anwenden.

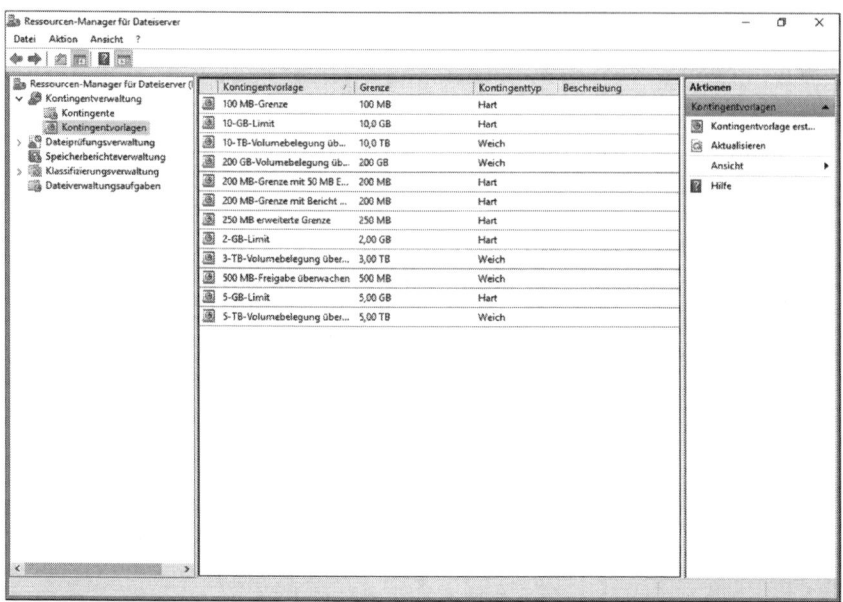

Abbildung 2.57: Kontingentvorlagen

Sie können eine vorhandene Vorlage bearbeiten, oder eine völlig neue Vorlage erstellen.

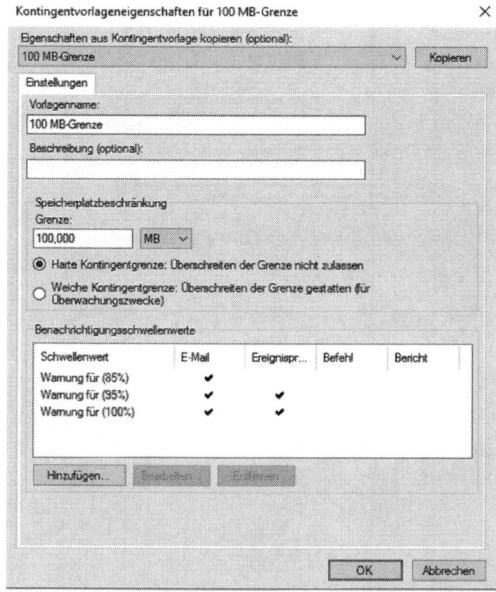

Abbildung 2.58: Vorhandene Vorlage

In jedem Fall legen Sie hier die Speichergrenze fest, und ob Sie eine harte Kontingentgrenze wollen, bei der beim Überschreiten eine Speicherung nicht mehr möglich ist, oder eine weiche, die sich aber nur für Überwachungszwecke eignet.

Nun können Sie mit dieser Vorlage ein neues Kontingent für eine bestimmte Freigabe erstellen.

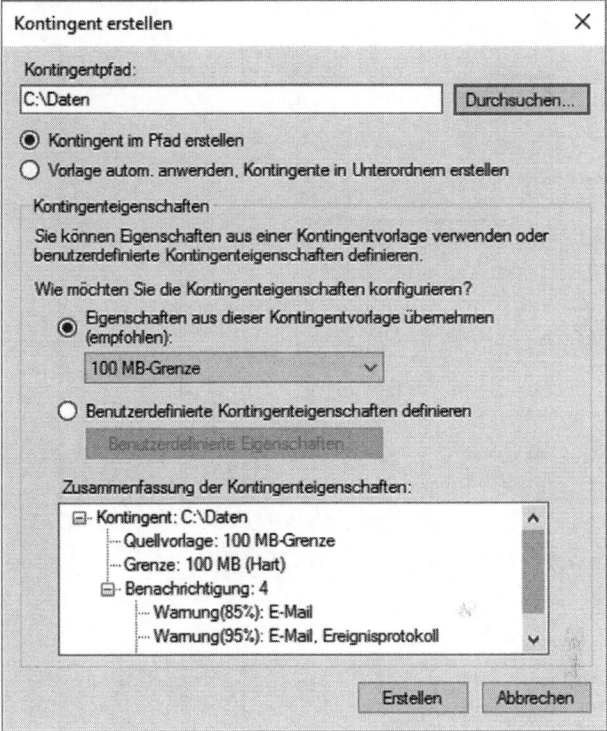

Abbildung 2.59: Kontingent

Sobald dieses Kontingent angewendet ist, erhalten alle Personen, die in dieser Freigabe etwas speichern möchten, das die Kontingentgrenze sprengt, folgende Fehlermeldung:

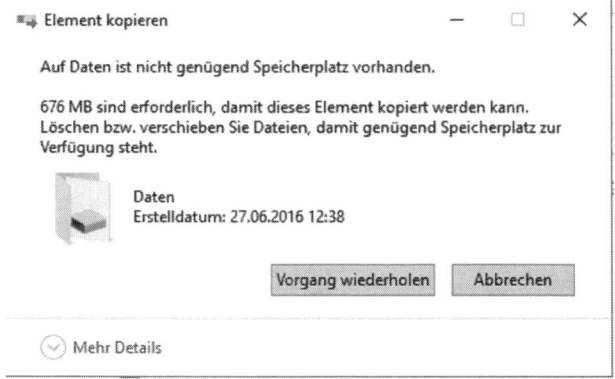

Abbildung 2.60: Fehlermeldung

Übrigens: Die Nutzung des Speichers können Sie natürlich wieder mit einem Speicherbericht überprüfen!

Kontingentverwaltung über die Befehlszeile

Für die Verwaltung der Kontingente über die Befehlszeile gibt es das Tool

DIRQUOTA

Damit können Sie die Kontingente auflisten, ändern, löschen und konfigurieren.

Die Klassifizierungsverwaltung

Mit der Klassifizierungsverwaltung können Sie Dateien zusätzliche Eigenschaften zuweisen, wie „vertraulich".

Wenn Dateien auf diese Art klassifiziert sind, können Tasks generiert werden, die diese Klassifikationen betreffen, wie beispielsweise „alle Dateien an einen bestimmten Ort verschieben".

Wir beginnen mit den Klassifizierungseigenschaften.

Klassifizierungseigenschaften erstellen

Im ersten Schritt müssen Klassifizierungseigenschaften definiert werden.

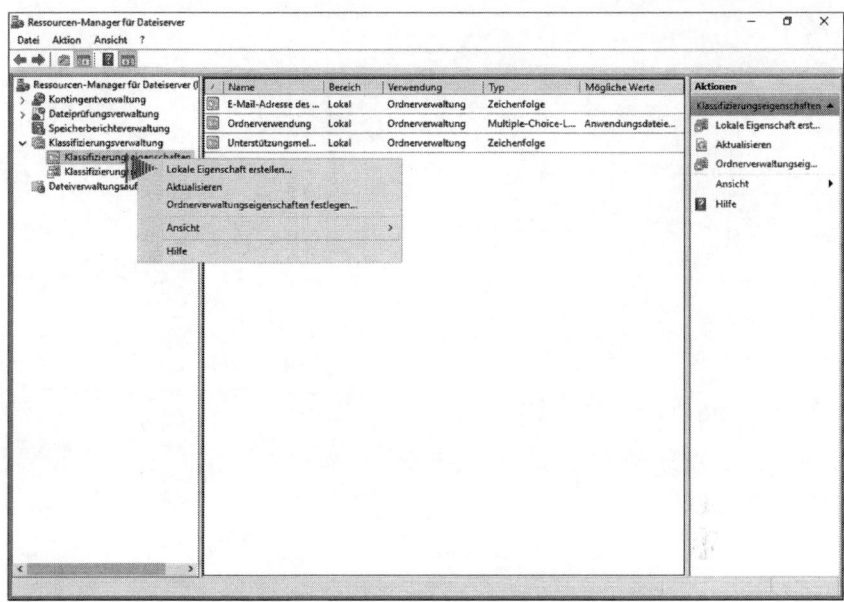

Abbildung 2.61: Klassifizierungseigenschaften

Geben Sie der neuen Eigenschaft einen Namen und wählen Sie einen Typ
aus.

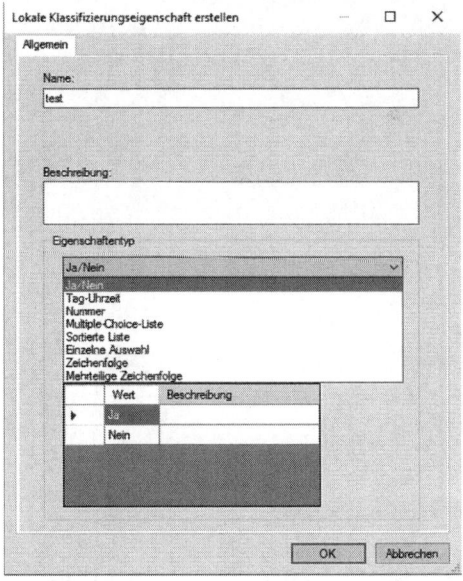

Abbildung 2.62: Typ

Klassifizierungsregeln erstellen

Das Definieren der Regeln für die Eigenschaften bedeutet noch nicht, dass Dateien bereits diese Eigenschaften haben.

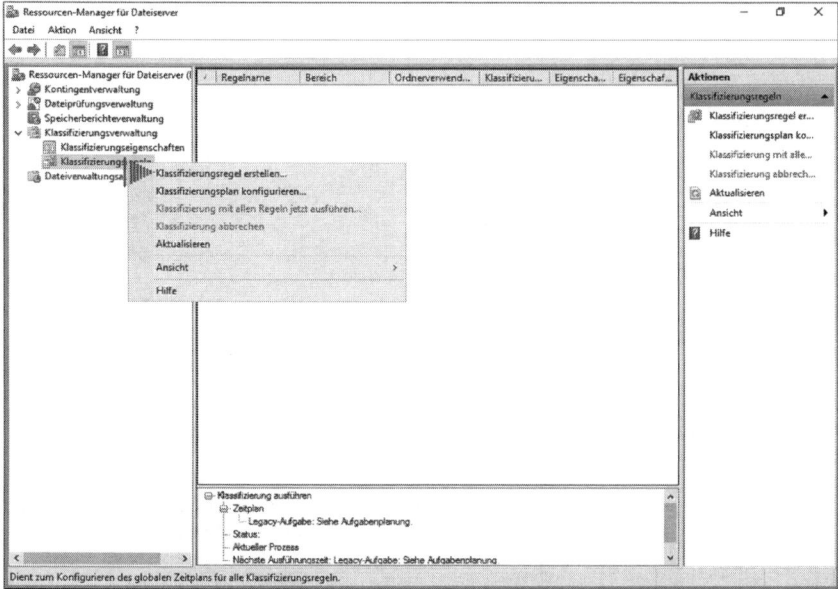

Abbildung 2.63: Klassifizierungsregeln erstellen

Die wichtigste Einstellung nehmen wir auf der Karteikarte „Klassifizierung" vor.

Hier legen wir die Klassifizierungseigenschaft und den Wert fest.

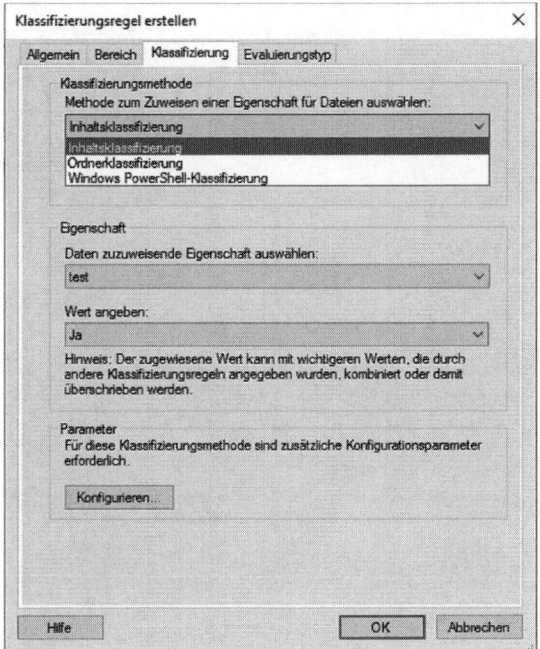

Abbildung 2.64: Klassifizierung

In diesem Beispiel nehmen wir eine „Inhaltsklassifizierung" vor. Das bedeutet, dass die Dateien nach bestimmten Inhalten durchsucht werden, die im nächsten Schritt festgelegt werden.

Es gibt noch weitere Möglichkeiten.

Ordnerklassifizierung

Hier werden die Ordner klassifiziert.

Windows PowerShell-Klassifizierung

Hier werden Daten im gewählten Bereich nach einem PowerShell Skript klassifiziert.

Wenn wir auf „Konfigurieren" klicken, erhalten wir ein weiteres Fenster.

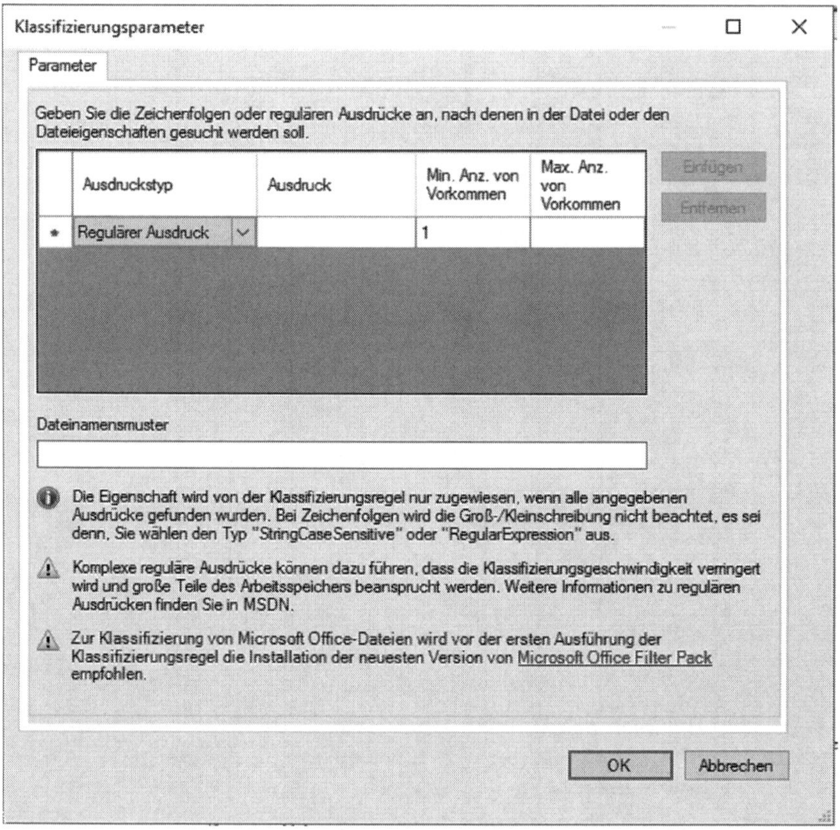

Abbildung 2.65: Parameter

Hier legen wir die Parameter für die Auswahl fest.

Nun kann die Klassifizierung angewendet werden.

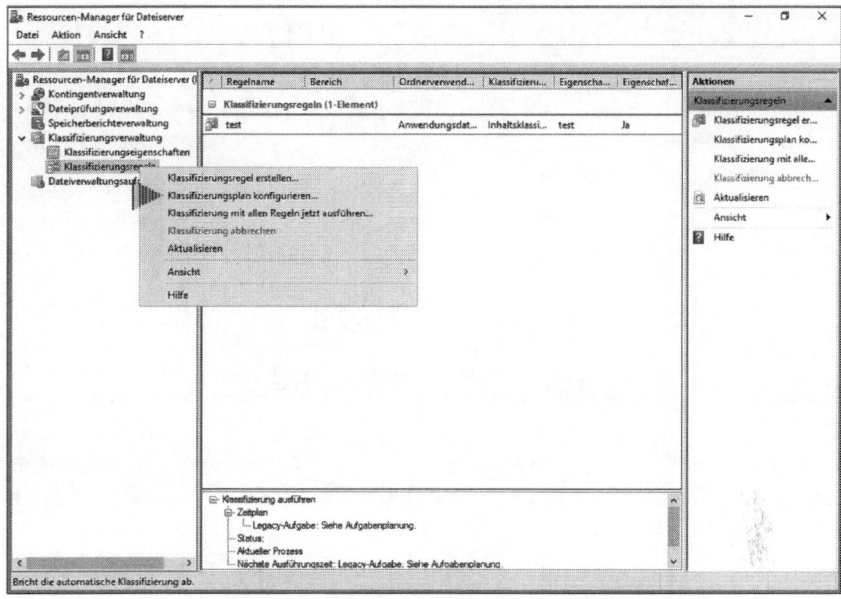

Abbildung 2.66: Anwenden der Klassifizierung

Dateiserver Ressourcen Manager mit der PowerShell

Die wichtigsten Cmdlets teilen sich auf in

Cmdlet	Bedeutung
Get-Fsrm******	Informationen lesen
New-Fsrm*****	Neue Objekte anlegen
Remove-Fsrm*******	Objekte löschen
Set-Fsrm******	Parameter einstellen

Für die Sterne müssen die entsprechenden Bezeichnungen eingesetzt werden.

Ein Beispiel:

Sie möchten Einstellungen für Kontingentvorlagen ändern:

Set-FsrmQuotaTemplate

2.5 Einrichten der Serverspeicherung

Die Serverspeicherung besteht aus Storage Spaces. Dies ist eine Speichervirtualisierung, die den Einsatz von großen SAN oder NAS Einheiten vermeiden kann. Die benutzten Festplatten können lokale Festplatten eines Servers sein.

Diese Storage Spaces sind fehlertolerant, und führen automatisch alle nötigen Aktionen aus, um Daten wiederherzustellen, wenn Festplatten ausgefallen sind.

Die Voraussetzungen für ein „Storage Space" ist ein Speicherpool.

2.5.1 Anlegen eines Speicherpools

Um einen Speicherpool anzulegen, dürfen die Festplatten noch nicht benutzt oder formatiert sein. Die Platten müssen auch nicht online geschaltet oder partitioniert sein, es reicht aus, wenn sie mit dem Server verbunden sind und in der Datenträgerverwaltung angezeigt werden.

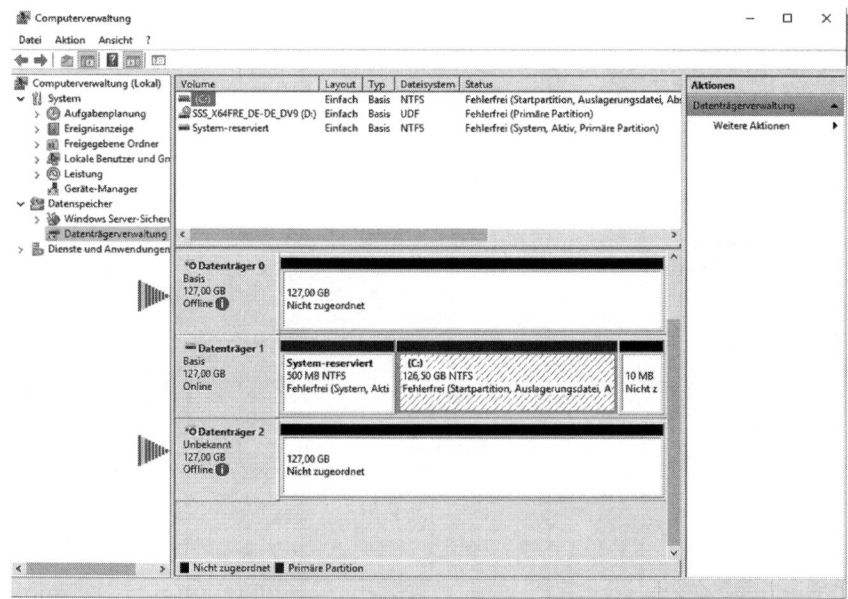

Abbildung 2.67: Festplatten für einen Speicherpool

Wenn Sie diese Voraussetzungen erfüllt haben, klicken Sie im Server-Manager auf „Datei- /Speicherdienste".

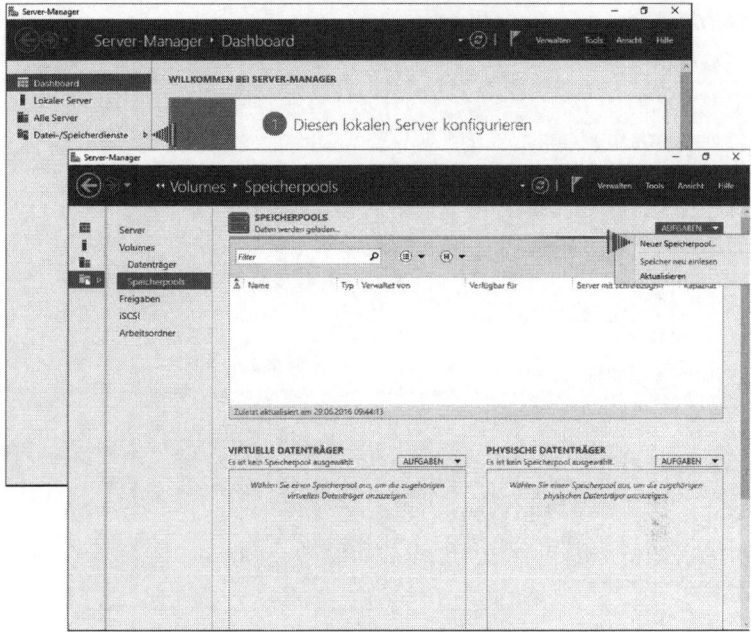

Abbildung 2.68: Speicherpools

Dort wählen Sie „Speicherpools" aus.

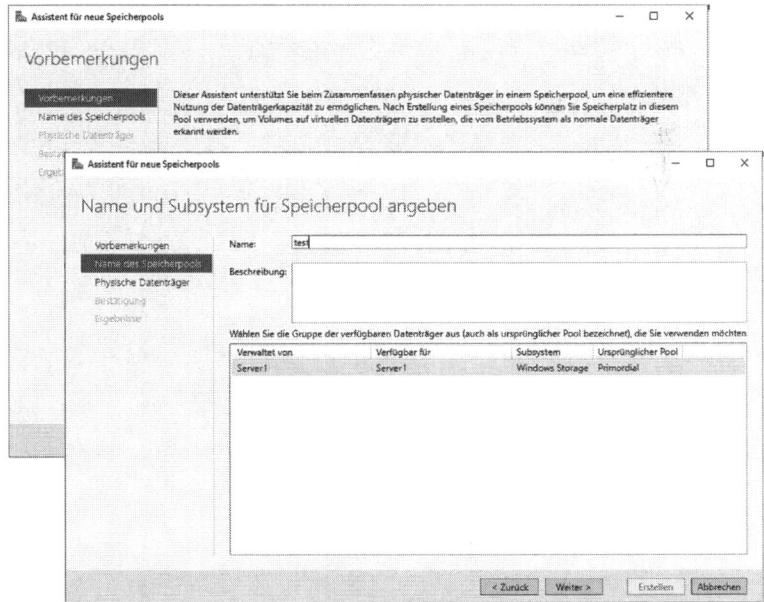

Abbildung 2.69: Name

Geben Sie dem Speicherpool einen Namen.

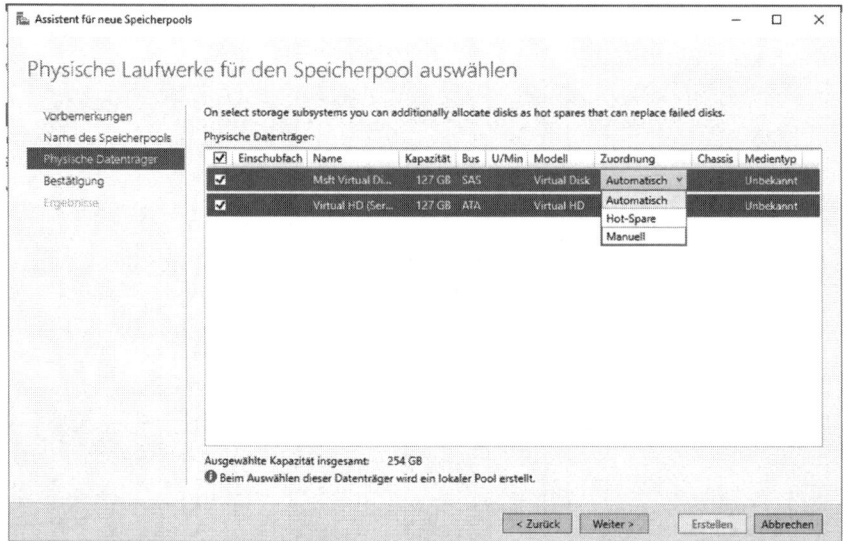

Abbildung 2.70: Festplatte hinzufügen

Fügen Sie alle gewünschten Festplatten hinzu.

Hier können Sie die Zuordnung der Festplatte wählen, das bedeutet:

Automatisch

Windows wählt selber, wie die Festplatte verwendet wird

Hot Spare

Diese Platten würden bei einem Fehler sofort als Ersatz im laufenden Betrieb einspringen.

Manuell

Manuelle Auswahl

Damit ist der Speicherpool erstellt.

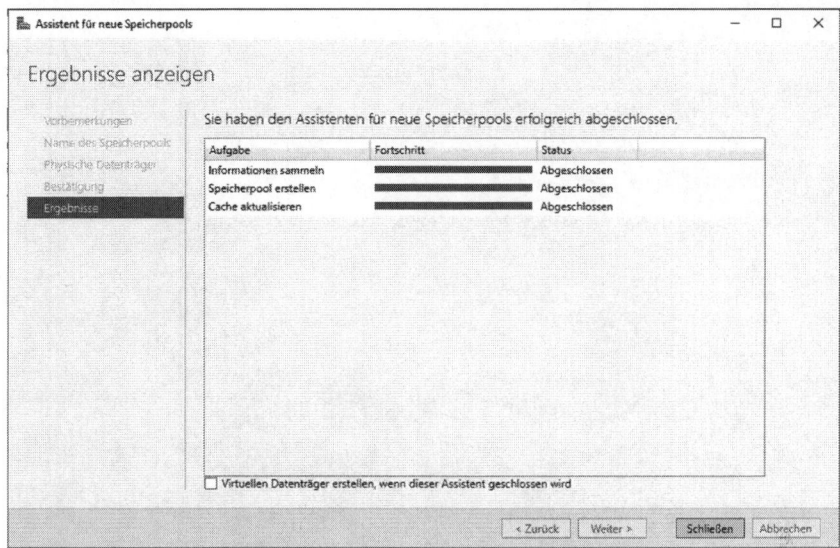

Abbildung 2.71: Speicherpool ist erstellt

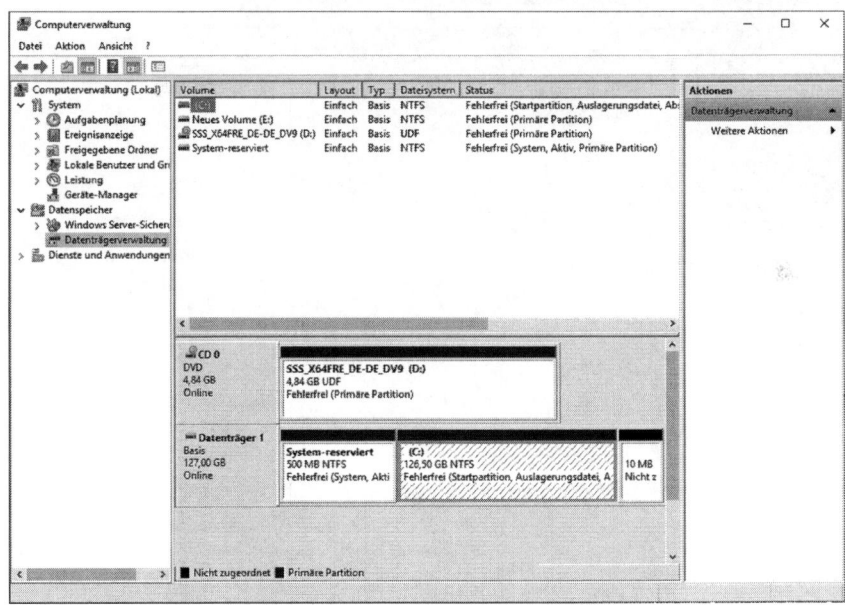

Abbildung 2.72: Datenträgerverwaltung

Interessant ist, dass die Festplatte aus dem Speicherpool nicht mehr in der Datenträgerverwaltung ist!

Sie wird nun ausschließlich über den Server-Manager verwaltet.

Verwaltung mit der PowerShell

Speicherpools und virtuelle Festplatten lassen sich auch in der PowerShell verwalten.

Geben Sie an der PowerShell den Befehl

Get-command *storage*

ein. Sie erhalten alle Befehle für die Speicherverwaltung.

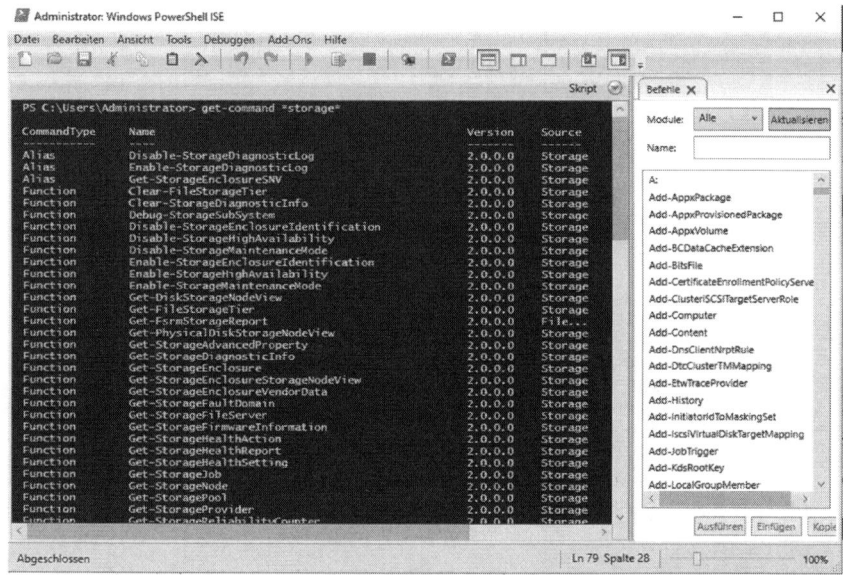

Abbildung 2.73: PowerShell Befehle

Hier finden Sie alle relevanten PowerShell Cmdlets.

Ein Beispiel:

Zum Erstellen eines neuen Speicherpools geben Sie ein:

New-StoragePool

2.5.2   Verwaltung des Speicherpools

Wie gesagt, die Verwaltung des Speicherpools findet im Server-Manager statt.

Hier können nun virtuelle Festplatten erstellt werden.

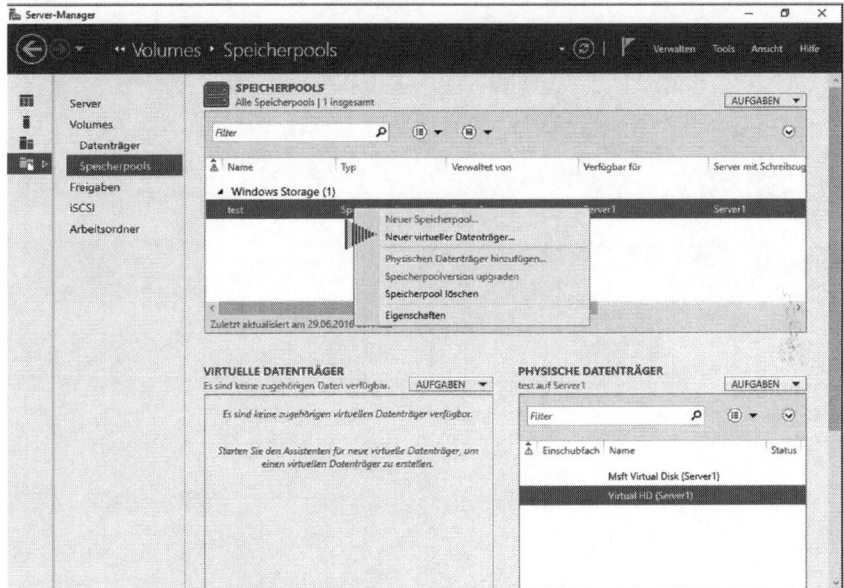

Abbildung 2.74: Virtuelle Festplatten

In einem Pool können auch mehrere virtuelle Festplatten angelegt werden, diese werden dann „Speicherplätze" oder „Storage Spaces" genannt.

Klicken Sie mit der rechten Maustaste auf den Speicherpool, in dem Sie neue virtuelle Festplatten erzeugen wollen. Wählen Sie „Neuer virtueller Datenträger".

Ein Assistent startet.

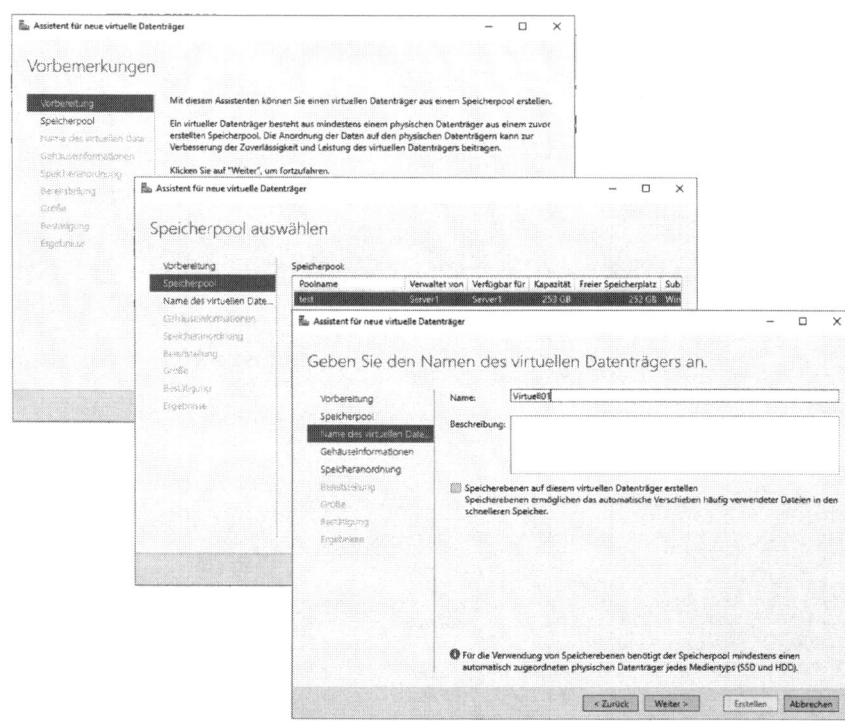

Abbildung 2.75: Assistent

Im ersten Schritt geben Sie an, ob die Platten in getrennten Gehäusen gespeichert werden.

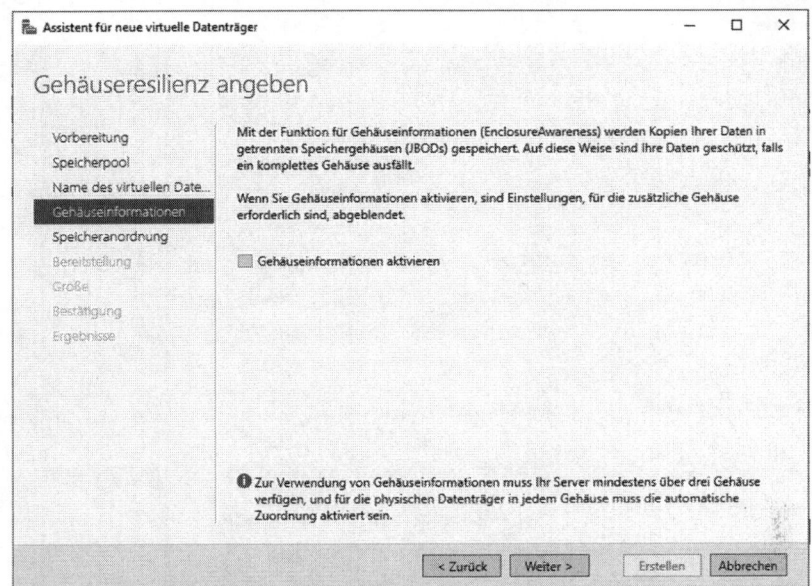

Abbildung 2.76:Gehäuseresilienz

Nun wählen Sie den entsprechenden Speicherpool aus und geben der neuen virtuellen Festplatte einen Namen.

Abbildung 2.77: Speicheranordnung

Simple

Keine Fehlertoleranz, die Daten werden über alle Festplatten verteilt, ähnlich dem Stripeset

Mirror

Gespiegelt

Parity

Das entspricht einem Stripeset mit Parität

Nun kommen wir zum wichtigsten Konfigurationsschritt. Hier kann die Datensicherheit für die virtuelle Festplatte festgelegt werden.

Dünn:

„Dünn" bedeutet „Thin Provisioning".

In diesem Fall können Sie mehr Platz verwenden, als durch die physischen Festplatten verfügbar ist.

Sollte der Speicherplatz aufgebraucht sein, erhalten Sie eine Meldung und können mehr Speicherplatz zur Verfügung stellen.

Fest:

Das ist die normale Bereitstellung, in der die Größe angegeben ist und nicht überschritten werden kann.

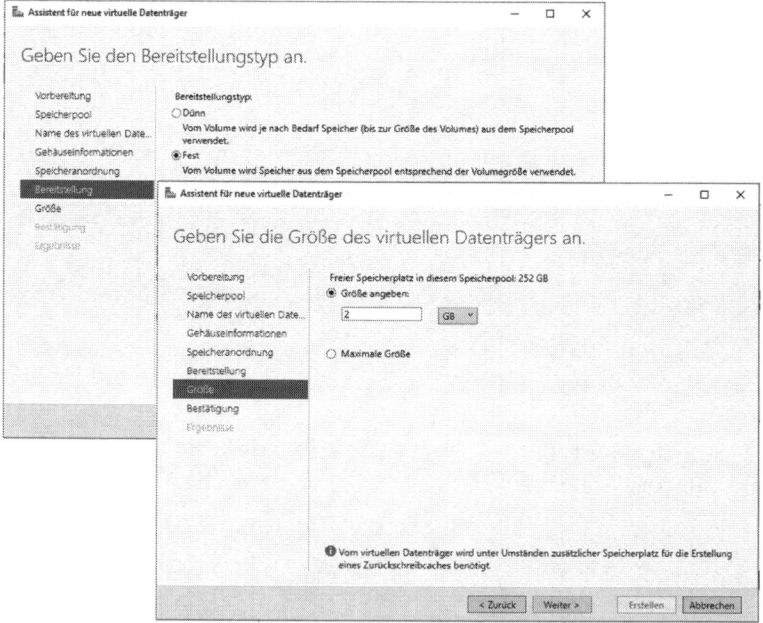

Abbildung 2.78: Weitere Konfiguration

Im nächsten Schritt können Sie noch festlegen, ob die Größe des virtuellen Volumes dynamisch wachsen soll, oder ob der Speicherplatz fest zugeteilt werden soll.

Auch können Sie die maximale Größe der virtuellen Festplatte festlegen.

Nun wird der virtuelle Datenträger erstellt.

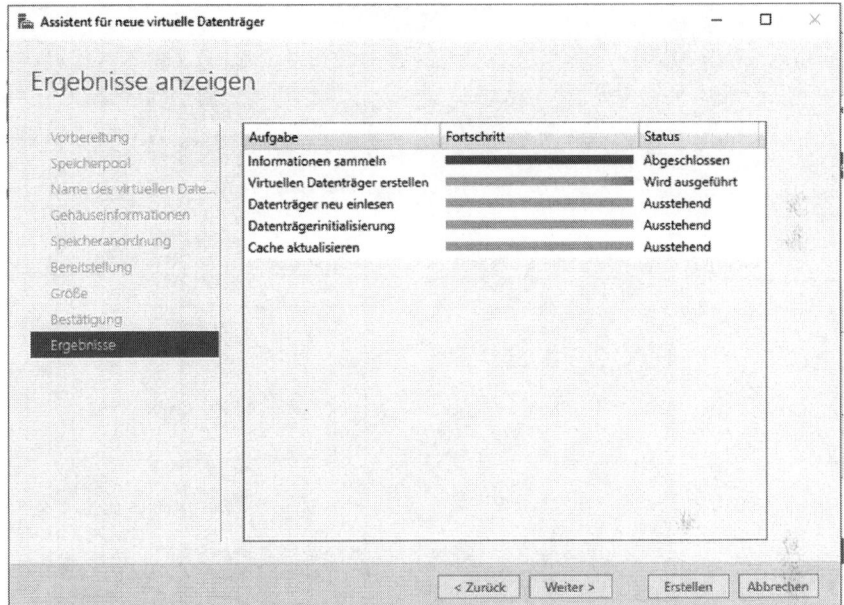

Abbildung 2.79: virtueller Datenträger wird erstellt

Was haben wir bisher gemacht?

Wir haben eine oder mehrere Festplatten zu einem gemeinsamen Speicherpool zusammengefügt und dann haben wir innerhalb des Speicherpools einen Virtuellen Datenträger erstellt.

Mit der PowerShell machen Sie dies folgendermaßen:

New-VirtualDisk

Was fehlt noch?

Ganz einfach: Wir haben noch kein Volume erstellt!

Aus diesem Grund startet nach dem Erstellen des virtuellen Datenträgers automatisch ein weiterer Assistent, der uns genau durch diese Schritte führt.

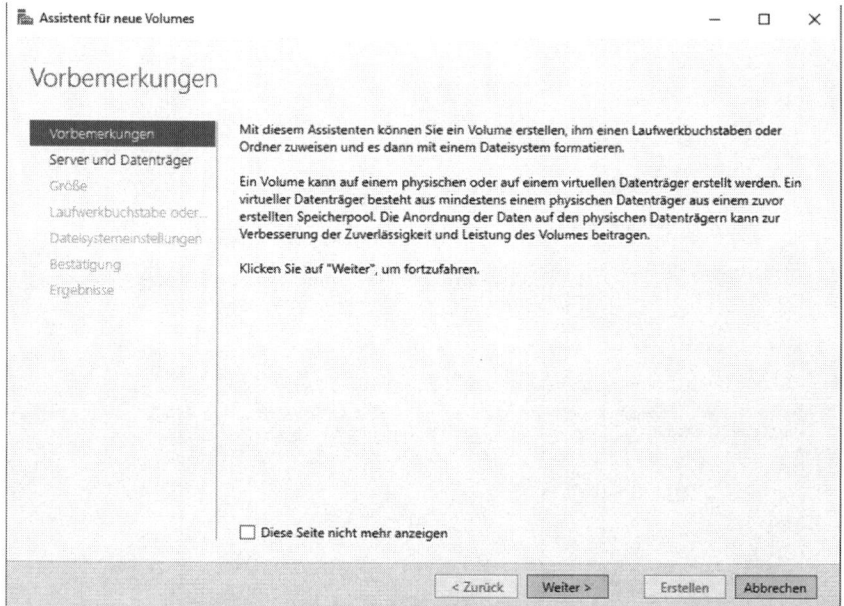

Abbildung 2.80: Assistent für neue Volumes

Zunächst suchen Sie den Server und den Datenträger aus, auf dem Sie ein Volume erstellen möchten.

Abbildung 2.81: Auswahl Server und Datenträger

Danach legen Sie Größe und Laufwerksbuchstaben fest.

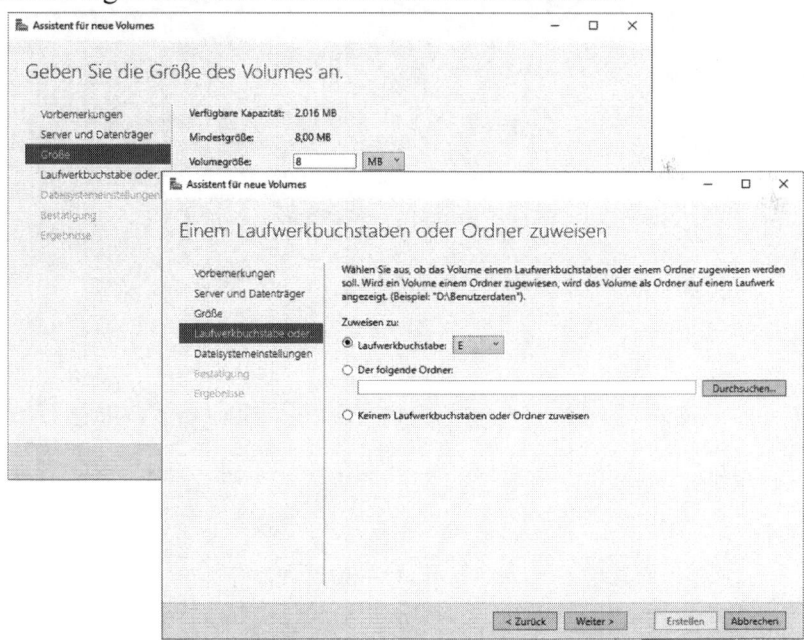

Abbildung 2.82: Auswahl Größe und Laufwerksbuchstabe

Danach wird das Volume erstellt.
PowerShell Cmdlets:

Initialize-Disk
New-Partition
Format-Volume

2.5.3 Erweitern von Speicherpools und virtuellen Festplatten

Ein großer Vorteil der Speicherpools ist, dass sie jederzeit erweiterbar sind.

Sie können eine weitere Festplatte physikalisch hinzufügen und dann im Servermanager den Speicherpool um diese Festplatte erweitern:

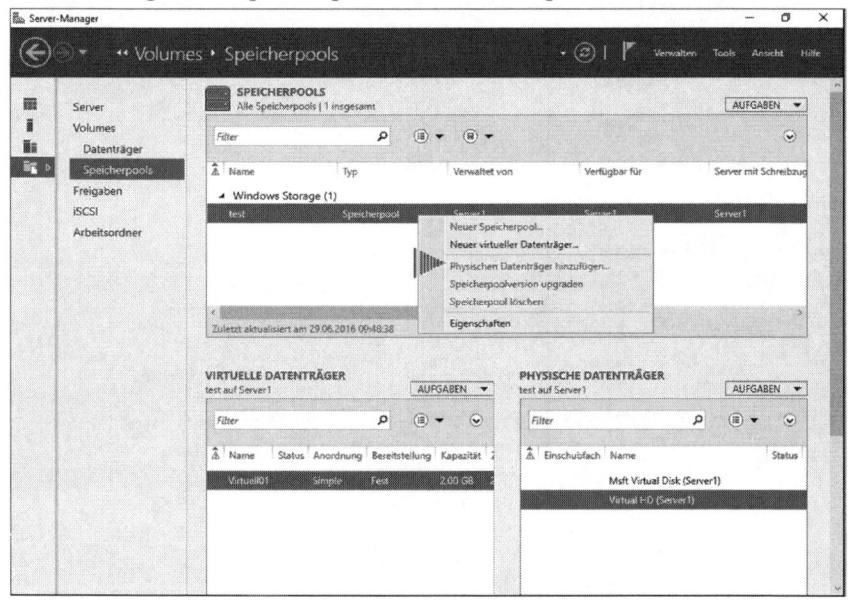

Abbildung 2.83: Speicherpool erweitern

Genauso einfach lässt sich auch ein virtueller Datenträger vergrößern:

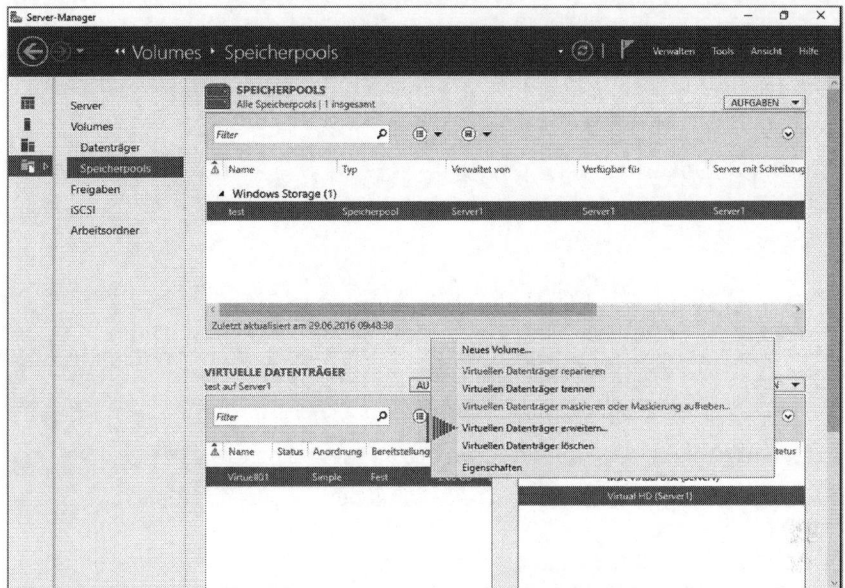

Abbildung 2.84: Erweitern eines virtuellen Datenträgers

Wenn eine Festplatte ausfällt, benötigen Sie zwei PowerShell Cmdlets:

Reset-PhysicalDisk

Remove-PhysicalDisk

2.6   Optimieren der Speicherverwaltung

Bei der Speicherverwaltung stellt sich die Frage, wie man auf Daten zugreifen kann, die nicht lokal, sondern auf einem SAN (Storage-Area-Network) gespeichert sind.

Eine Möglichkeit ist iSCSI (Internet Small Computer System Interface). Mit iSCSI benutzen Sie das Protokoll TCP, um auf die Remote-Daten zuzugreifen.

2.6.1   iSCSI

Mit iSCSI können SCSI-Daten über eine vorhandene Ethernet-Schnittstelle übertragen werden.

SCSI ist das Protokoll, mit dem Daten von und zu vielen SANs transportiert werden.

Mit iSCSI haben Sie nun die Möglichkeit, diese Daten direkt über die Ethernet-Schnittstelle zu übertragen, ohne zusätzliche Schnittstellen zu benötigen.

Sie benötigen folgende Komponenten für eine Datenübertragung über iSCSI:

- Ein TCP/IP Netzwerk
- iSCSI Ziele (iSCSI Targets), dies sind die Endpunkte der Datenkommunikation
- iSCSI-Initiator, dies ist der Endpunkt des Clients, der auf die Daten zugreifen möchte
- IQN (iSCSI Qualified Name), dies ist eine eindeutige ID, über die der iSCSI Datenverkehr stattfindet

Windows Server 2016 bietet die Möglichkeit, eine Kommunikation über iSCSI einzurichten.

Einrichten eines iSCSI-Zielservers

Auf einem Windows Server 2016 kann der iSCSI-Zielserver als Rolle installiert werden.

Diese Rolle finden Sie unter

- Datei- und Speicherdienste
- Datei- und iSCSI-Dienste
- iSCSI-Zielserver

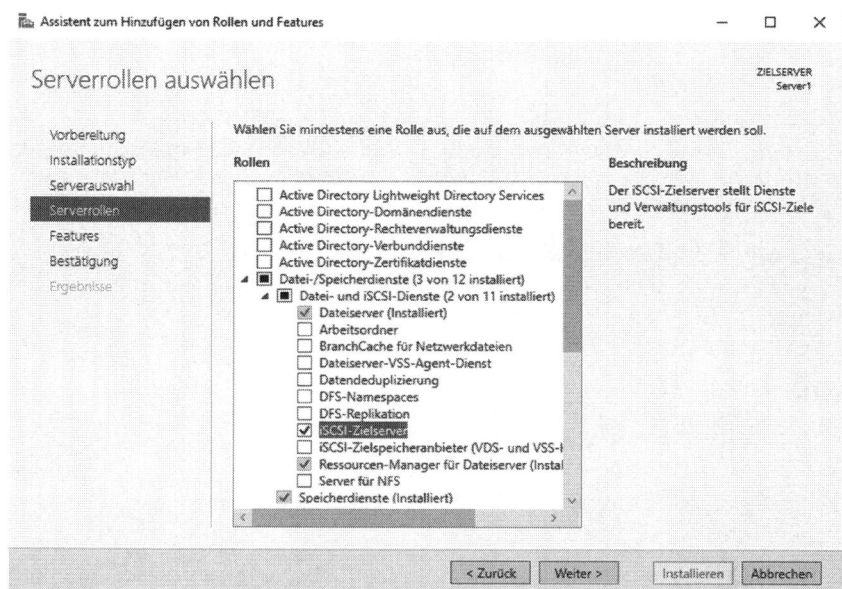

Abbildung 2.85: Installation der Rolle

Mit der Installation der Rolle können Sie iSCSI-Ziele erstellen, also sich mit SANs verbinden und sogar auch eigene virtuelle iSCSI Festplatten erstellen.

Erstellen von virtuellen iSCSI-Datenträgern

Da wir in der Schulungsumgebung kein SAN zur Verfügung haben, werden wir eigene virtuelle iSCSI Festplatten erstellen.

Dazu wechseln wir im Server, auf dem der iSCSI-Zielserver installiert ist, im Servermanager zu

- Datei / Speicherdienste
- iSCSI

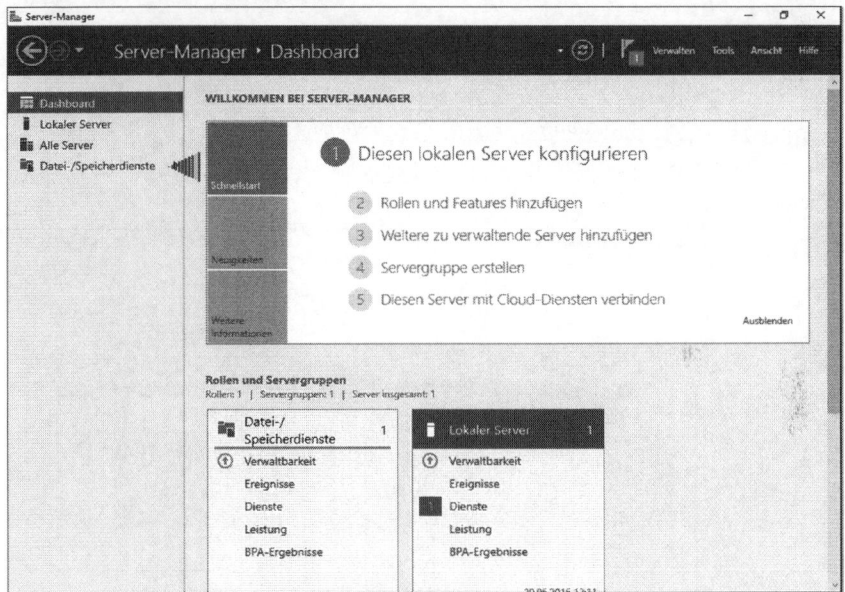

Abbildung 2.86: iSCSI

Hier wählen wir bei den „Aufgaben" „Neuer virtueller iSCSI-Datenträger...".

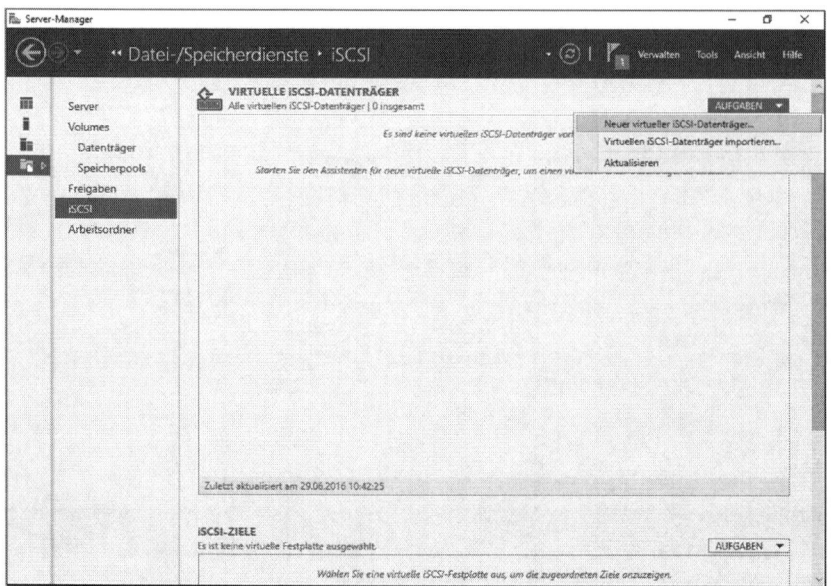

Abbildung 2.87: iSCSI-Datenträger erstellen

Als Speicherort für den virtuellen iSCSI-Datenträger wählen wir den Server „Server1" aus mit der Festplatte „C:\".

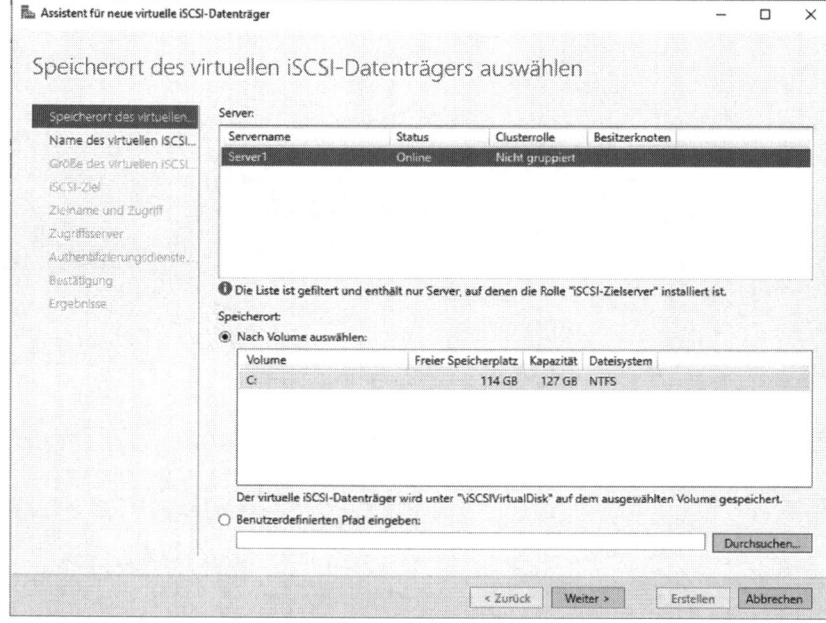

Abbildung 2.88: Speicherort

Nun geben wir dem iSCSI-Datenträger einen Namen und wählen die Größe.

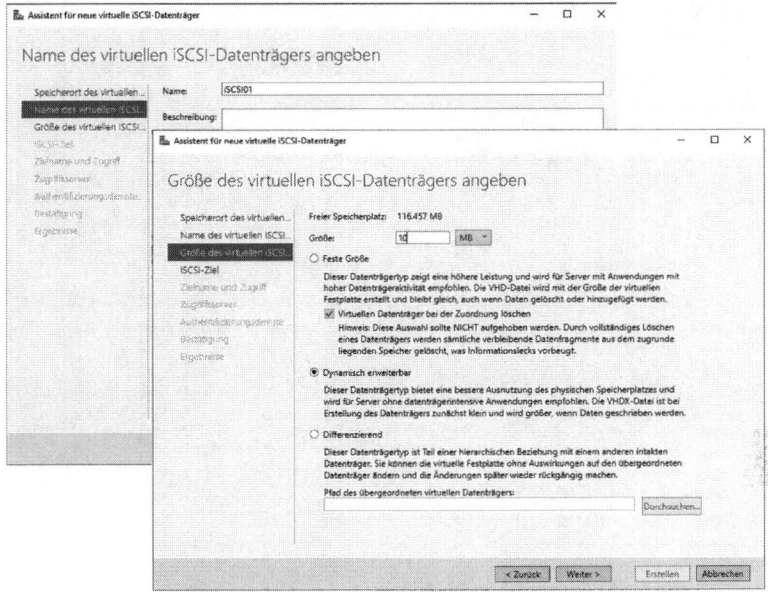

Abbildung 2.89: Name und Größe

Nun wählen wir das iSCSI-Ziel.

Da wir kein vorhandenes Ziel haben (das wäre ein SAN), erstellen wir ein neues Ziel und geben diesem einen Namen.

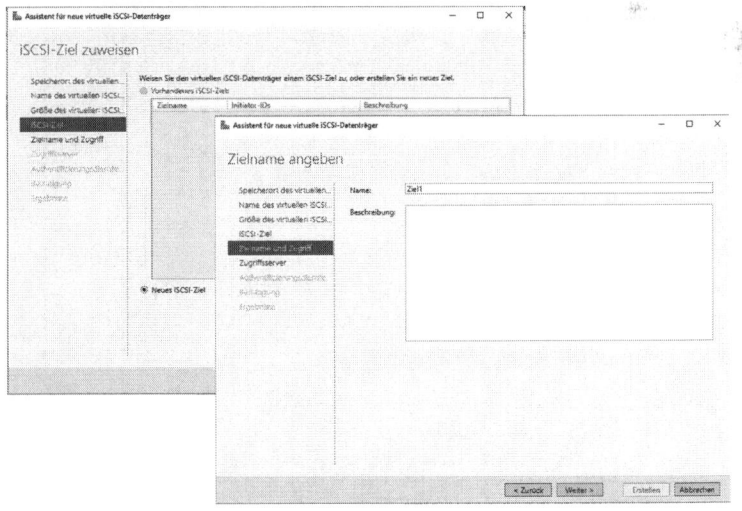

Abbildung 2.90: Ziel

Im nächsten Schritt definieren wir den Zugriffsserver, also den Server, der später auf das iSCSI-Ziel zugreifen soll.

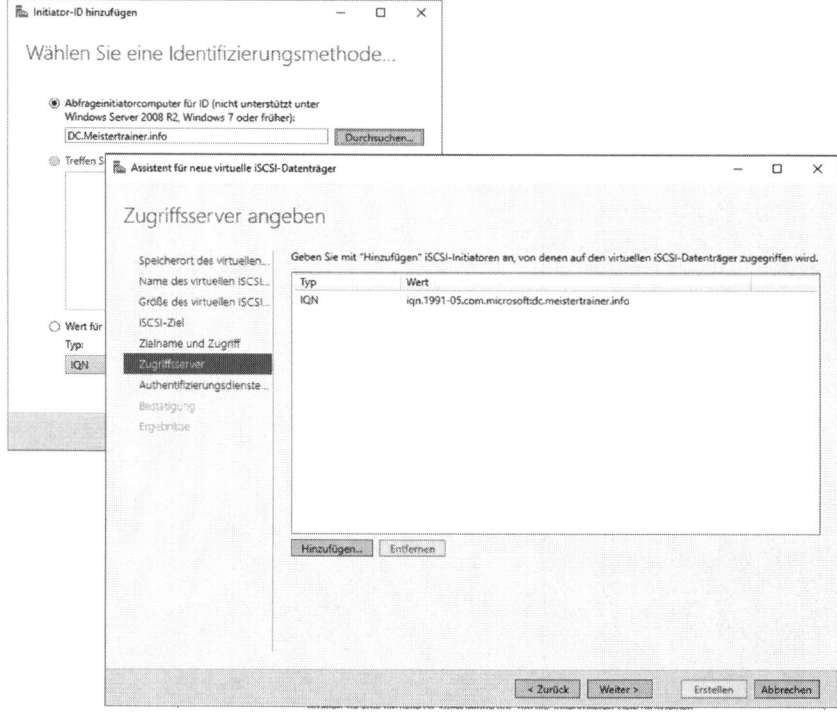

Abbildung 2.91: Auswahl Zugriffsserver

Wie Sie sehen wird für den Server, der eigentlich „DC.Meistertrainer.info" heißt, ein IQN erstellt.

Nach der optionalen Wahl der Authentifizierungsdienste wird der virtuelle iSCSI-Datenträger erstellt.

Verbinden mit dem iSCSI-Speicher

Nun kann vom Zugriffsserver aus eine Verbindung mit dem iSCSI-Speicher hergestellt werden.

Auf dem Zugriffsserver wird die Komponente „iSCSI-Initiator" benötigt, dies ist in Windows Server 2016 ein Dienst.

Wählen Sie bei „Tools" „iSCSI-Initiator".

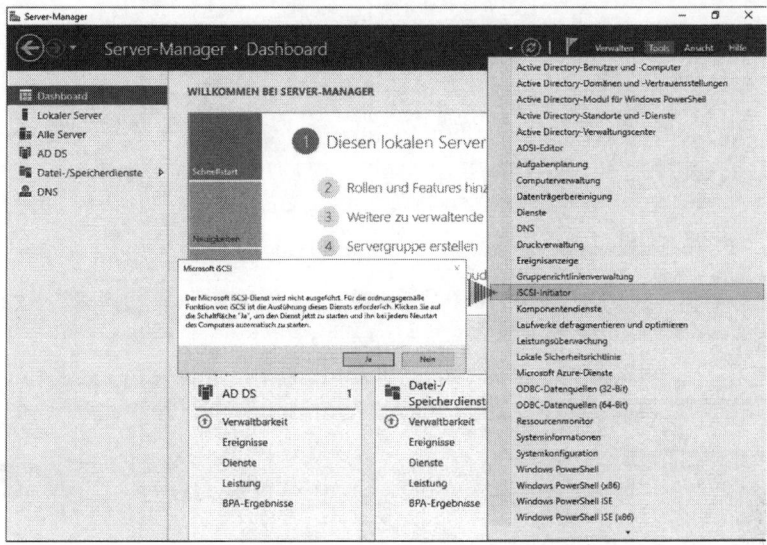

Abbildung 2.92: iSCSI-Initiator

Sie erhalten eine Meldung, dass die Startart des Dienstes geändert wird.

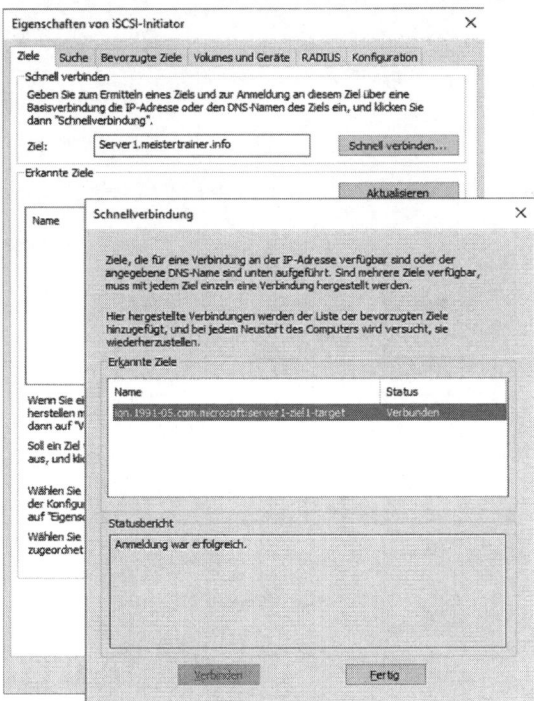

Abbildung 2.93: iSCSI-Ziel wählen

Nun können Sie den Server wählen, der das iSCSI-Ziel verwaltet. Klicken Sie dann auf „Schnell verbinden...".

Sie erhalten nun eine Aufstellung aller IQN, die auf dem Zielserver verfügbar sind. Wählen Sie ein Ziel aus und verbinden Sie sich.

Nun ist der Datenträger auch erkennbar und kann benutzt werden.

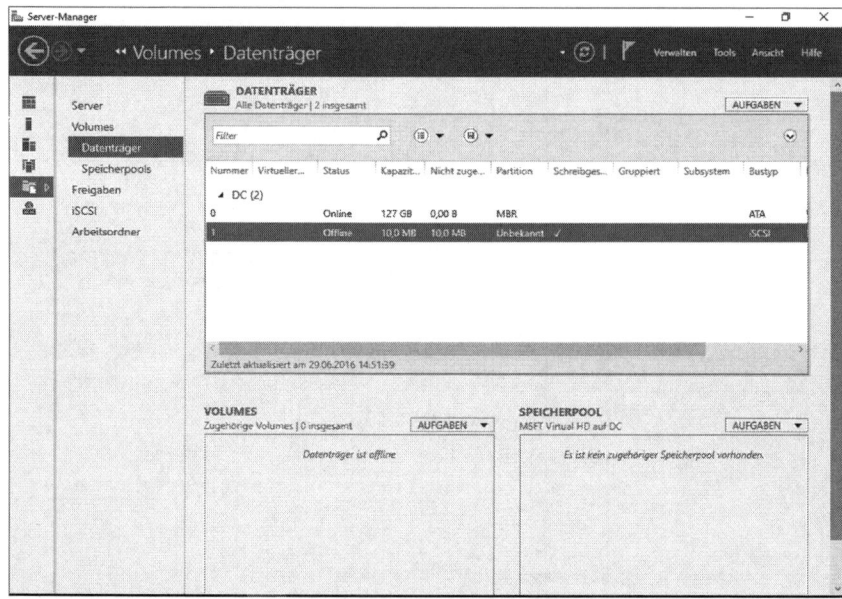

Abbildung 2.94: Datenträger

Allerdings ist der Speicherplatz noch unformatiert.

iSCSI mit der PowerShell

Die PowerShell bietet einige iSCSI Cmdlets für die Verwaltung. Die wichtigsten finden Sie hier:

Cmdlet	Bedeutung
Connect-IscsiTarget	Erstellt eine Verbindung zwischen dem iSCSI Initiator und dem iSCSI-Ziel
Disconnect-IscsiTarget	Entfernt die Verbindung zwischen dem iSCSI Initiator und dem iSCSI-Ziel

Get-IscsiConnection	Zeigt Informationen an
Get-IscsiSession	
Get-IscsiTarget	
Get-IscsiTargetPortal	
New-IscsiTargetPortal	Erstellt ein neues iSCI Ziel

2.6.2   Multipath IO (MPIO)

An dieser Stelle müssen wir kurz über die Bündelung von Netzwerkadaptern reden.

In einem SAN gibt es oft mehrere Netzwerkkarten, die auf den Speicherplatz zugreifen.

Für iSCSI- oder Fibre-Channel-Initiators gibt es das Feature „Multipath IO", das die Anforderungen auf mehrere Pfade verteilen kann.

Installiert wird Multipath I/O als Feature.

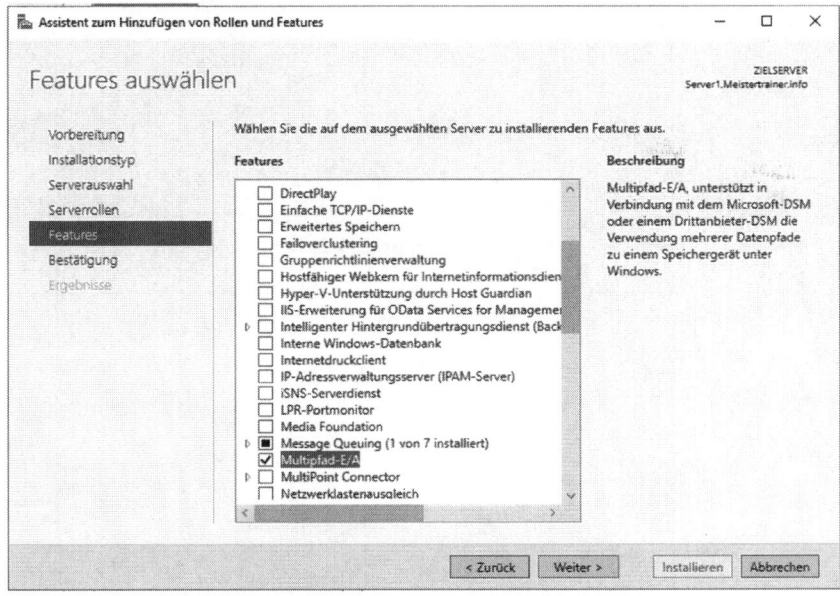

Abbildung 2.95: Installation Multipath I/O

Die deutsche Übersetzung ist „Multipfad E/A". Allerdings wird fast immer der englische Begriff benutzt, so werden wir es hier auch halten.

Nun kann das Feature konfiguriert werden.

Zunächst einmal sollten wir einen Begriff klären, nämlich „DSM".

DSM sind „Device-specific Modules", also Module, die in der Regel vom Hersteller der Speichersysteme mitgeliefert werden.

MPIO benötigt diese DSMs, um die Netzwerkkarten mit dem Speicher zu verbinden.

Zum Konfigurieren öffnen Sie das Tool „MPIO".

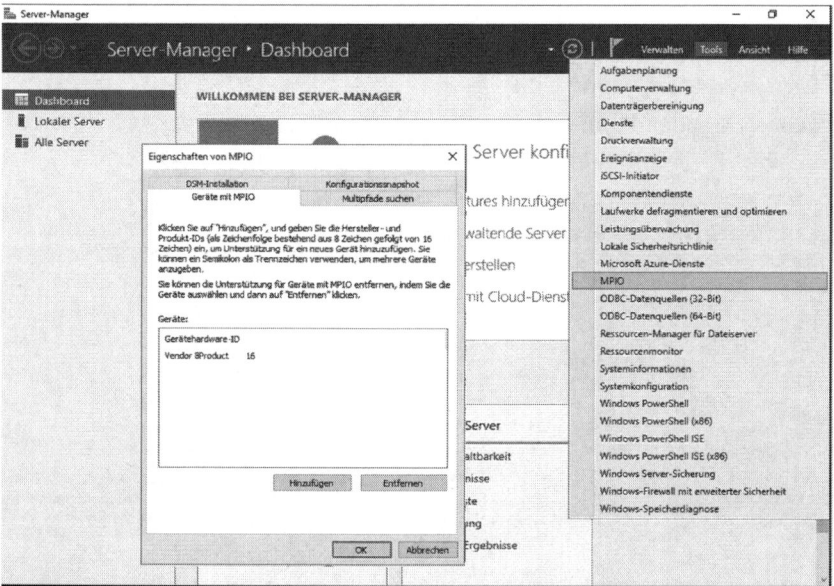

Abbildung 2.96: MPIO

Hier können Sie alle Geräte mit MPIO-Verwaltung sehen.

Wenn Sie DSMs hinzufügen möchten, wechseln Sie dafür auf die Karteikarte „DSM-Installation".

Abbildung 2.97: DSM-Installation

MPIO für iSCSI einrichten

Es ist auch möglich, MPIO für iSCSI einzurichten.

Dafür öffnen Sie den iSCSI-Initiator.

Falls schon ein Ziel definiert ist, können Sie dieses gleich für MPIO konfigurieren.

Dafür klicken Sie auf „Eigenschaften".

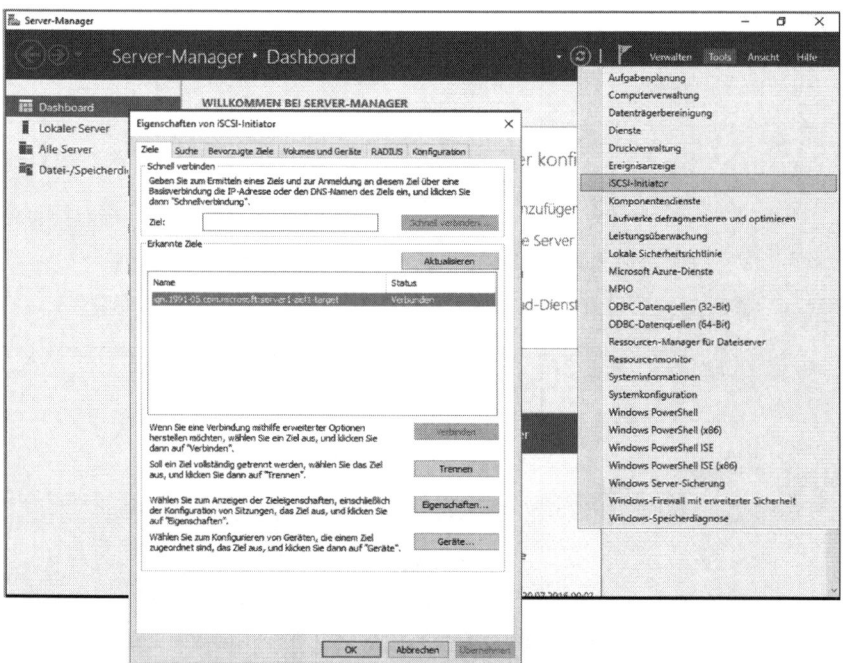

Abbildung 2.98: MPIO für iSCSI

Hier wählen Sie „Sitzung hinzufügen" und aktivieren dann MPIO.

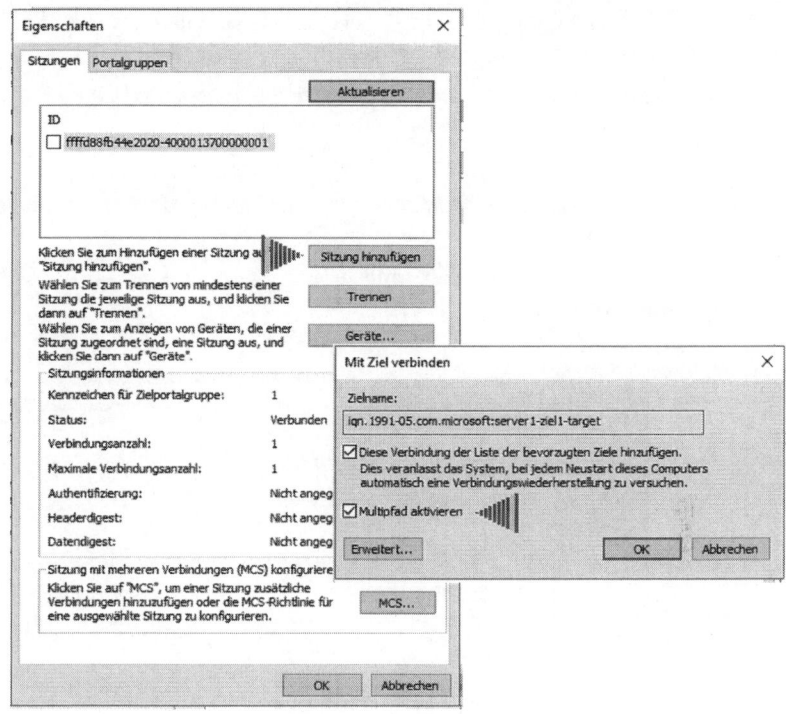

Abbildung 2.99: MPIO aktivieren

Die wichtigsten PowerShell Cmdlets lauten:

Cmdlet	Bedeutung
Get-MPIOAvailableHW	Zeigt alle für MPIO verfügbaren Geräte
Get-MPIOSetting	Zeigt die MPIO Einstellungen
Set-MPIOSetting	Ändert die MPIO Einstellungen

2.6.3 iSNS (Internet iStorage Name Service-Server)

Wir haben eben gesehen, dass der iSCSI-Initiator das iSCSI-Ziel über den

IQN erkennt, und wir haben ebenfalls gesehen, dass wir dazu den iSCSI-Zielserver eingegeben haben.

Was passiert aber, wenn es in einem Netzwerk sehr viele iSCSI-Ziele und Initiatoren gibt?

Dann ist die Erkennung nicht mehr so einfach.

Aus diesem Grund gibt es ein Feature mit Namen iSNS (Internet iStorage Name Service-Server).

Dieses Feature ist vergleichbar mit einem DNS-Server, allerdings verwaltet es nur die IQN im Netzwerk.

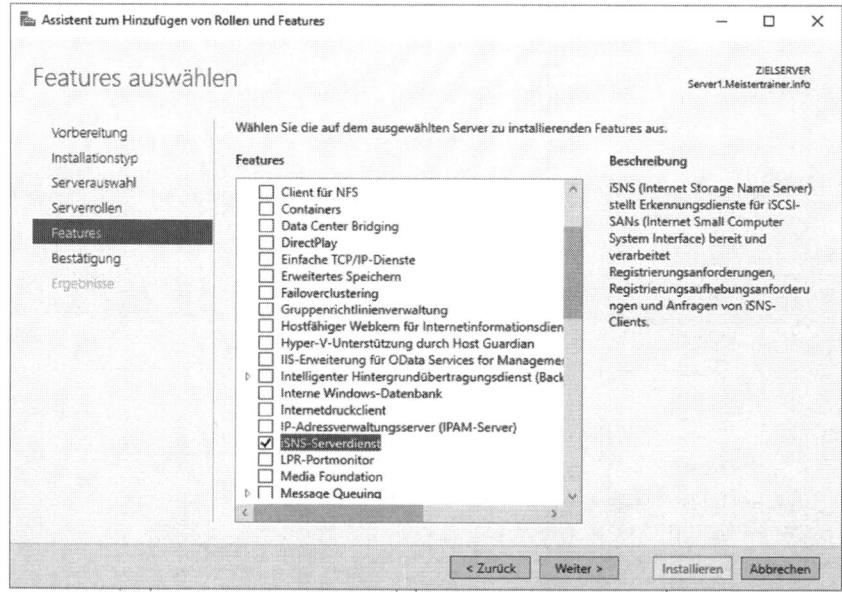

Abbildung 2.100: Installation des Features

ACHTUNG!

Von der Definition her erlaubt der iSNS Server die automatisierte Erkennung, Management und Konfiguration von iSCSI- und Fibre-Channel-Systemen.

Der Microsoft iSNS-Server unterstützt nur das Suchen von iSCSI-Geräten, nicht jedoch von Fibre Channel-Geräten!

2.6.4 Speicherreplikation

Mit Windows Server 2016 hat Microsoft eine neue Technologie eingeführt, um eine weitere Fehlertoleranz für Festplattenspeicher zu garantieren.

Mit der Speicherreplikation ist es möglich, komplette Festplatten auf einen anderen Server zu replizieren, diese können auch in einem Speicherpool sein. Die Speicherreplikation benutzt das SMB3 Protokoll, die Übertragung findet blockweise statt.

Die Voraussetzungen für eine Speicherreplikation sind gering:

- Zwei Windows Server 2016, die beide Mitglied derselben Domäne sind

- Zwei Netzwerkkarten

In unsere Schulungsumgebung werden wir auf „Server1" und „DC" das Feature „Speicherreplikat" installieren.

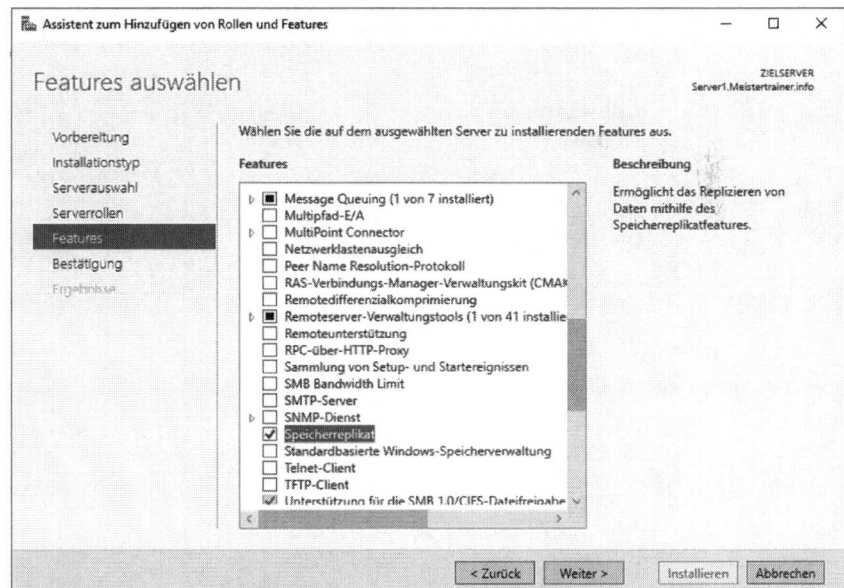

Abbildung 2.101: Feature Speicherreplikat

Das geht natürlich auch mit dem PowerShell Befehl

Install-WindowsFeature -Name Storage-Replica

Diesen Befehl müssen Sie als Administrator ausführen.

In jedem Fall werden die Server nach der Installation des Features neu gestartet.

Nun müssen folgende Dinge beachtet werden:
- Wir benötigen auf jedem Server zwei Laufwerke, eins für Daten und eins für Log-Dateien
- Diese Festplatten müssen GPT-Datenträger sein, MBR geht nicht!
- Die Datenlaufwerke müssen gleich groß sein
- Die Log-Dateien Laufwerke sollten gleich groß sein, dies ist aber nicht unbedingt nötig
- Die Sektorengröße muss auf allen Festplatten gleich sein
- Das Datenlaufwerk sollte maximal 10TB groß sein
- Das Log-Dateien Laufwerk muss mindestens 8 GB groß sein
- Falls wir einen PowerShell Test machen wollen (später mehr dazu) sollte die Dateiserverrolle auf beiden Servern installiert sein

Aus diesem Grund überprüfen wir, ob auf beiden Servern die Rolle „Dateiserver" installiert ist und installieren sie gegebenenfalls nach.

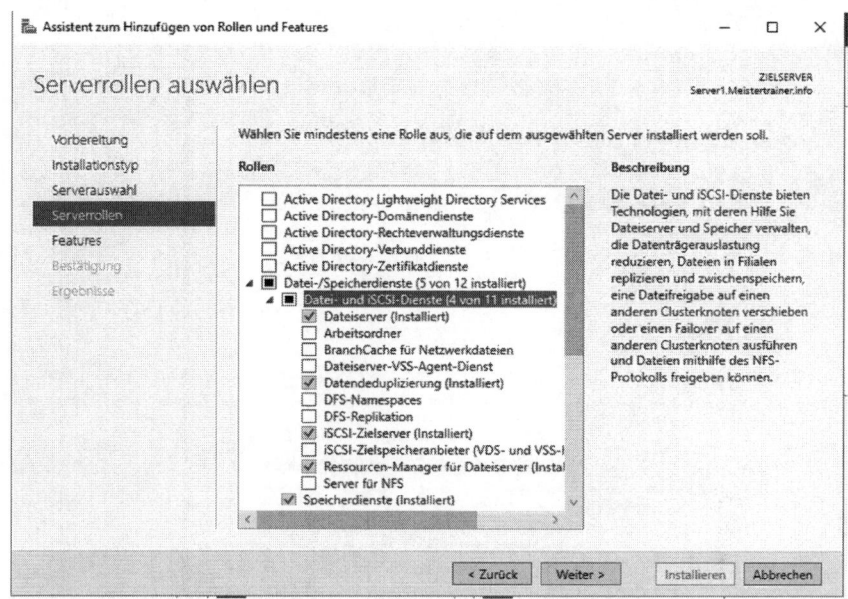

Abbildung 2.102: Überprüfung Dateiserver

Im nächsten Schritt fügen wir beiden Servern 2 zusätzliche Festplatten hinzu.

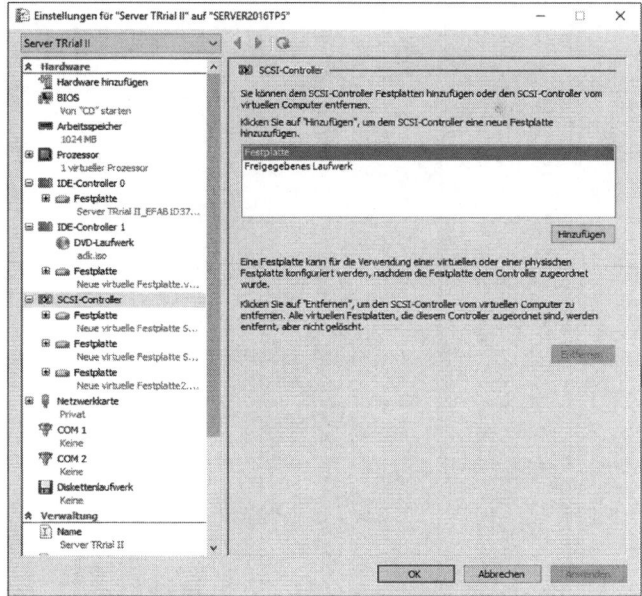

Abbildung 2.103: Festplatten hinzufügen

Nun erstellen wir auf beiden Servern zwei GPT-Laufwerke mit den Buchstaben „R" und „S", die jeweils 20 GB groß sind.

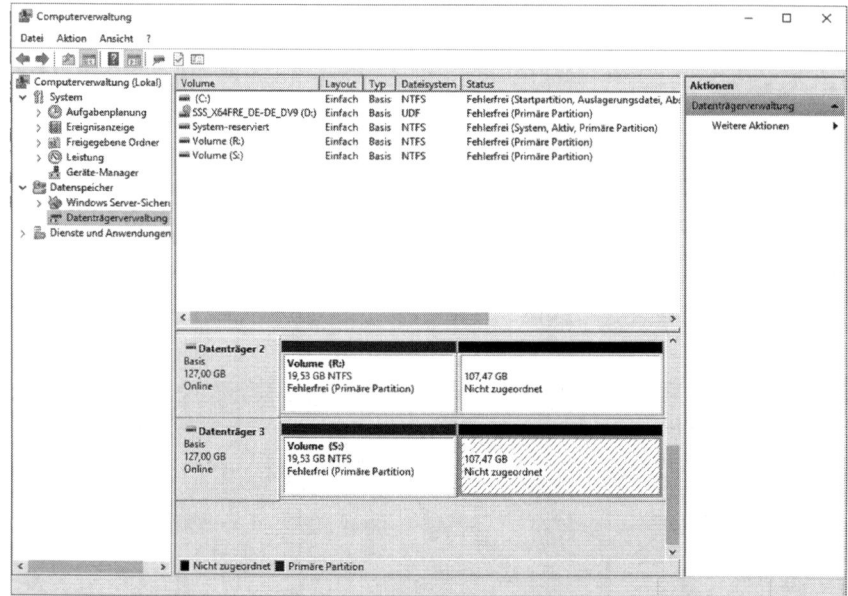

Abbildung 2.104: Festplatten erstellt

Überprüfen der Konfiguration

Zum Überprüfen, ob die Voraussetzungen für die Speicherreplikation erfüllt sind, starten wir auf Server1 die PowerShell als Administrator und geben folgendes Cmdlet ein:

MD c:\temp

Test-SRTopology -SourceComputerName Server1 -SourceVolumeName R: -SourceLogVolumeName S: -DestinationComputerName DC - DestinationVolumeName R: -DestinationLogVolumeName S: - DurationInMinutes 1 -ResultPath c:\temp

Hier können Sie natürlich auch eine längere Testzeit als nur eine Minute angeben.

Nach dem Ausführen können Sie den Bericht betrachten.

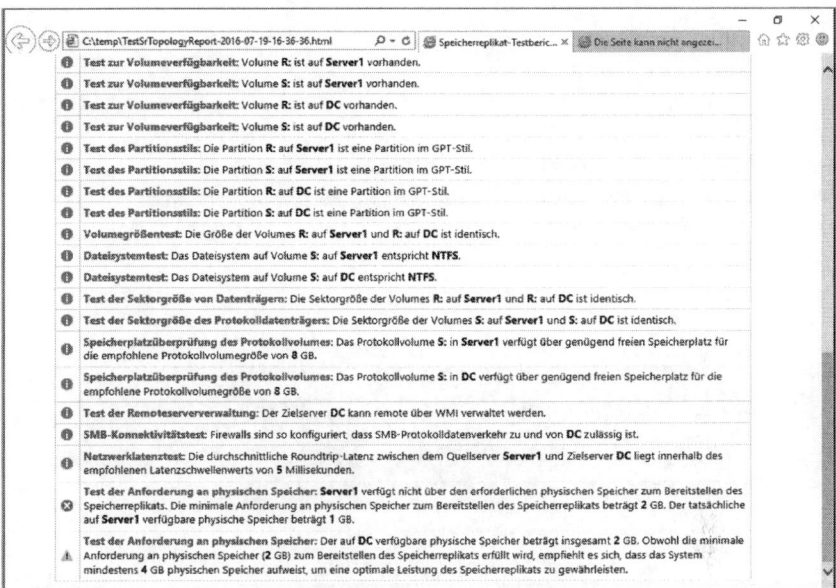

Abbildung 2.105: Bericht

ACHTUNG!

In unserem Fall erhalten wir eine Fehlermeldung, dass der Arbeitsspeicher nicht ausreicht.

Für den Fall, dass in den virtuellen Maschinen dynamischer Speicher konfiguriert ist, kann die weitere Einrichtung der Speicherreplikation trotzdem durchgeführt werden. Dies ist natürlich nur in einer Testumgebung sinnvoll!

Implementieren der Replikation

Nun haben wir auf beiden Servern zwei Festplatten, deren Daten wir replizieren möchten.

In unserem Fall soll Server1 der Quellserver sein, DC dagegen soll der Zielserver sein, auf den repliziert wird.

Die Daten sind auf Server1 gespeichert, im Laufwerk „R".

Laufwerk „S" wird für die Logdateien benutzt.

Nun öffnen Sie auf Server1 die PowerShell als Administrator.

Geben Sie folgendes Cmdlet ein:

New- SRPartnership -SourceComputerName Server1 -SourceRGName rg01 -SourceVolumeName R: -SourceLogVolumeName S: - DestinationComputerName DC -DestinationRGName rg02 - DestinationVolumeName R: -DestinationLogVolumeName S:

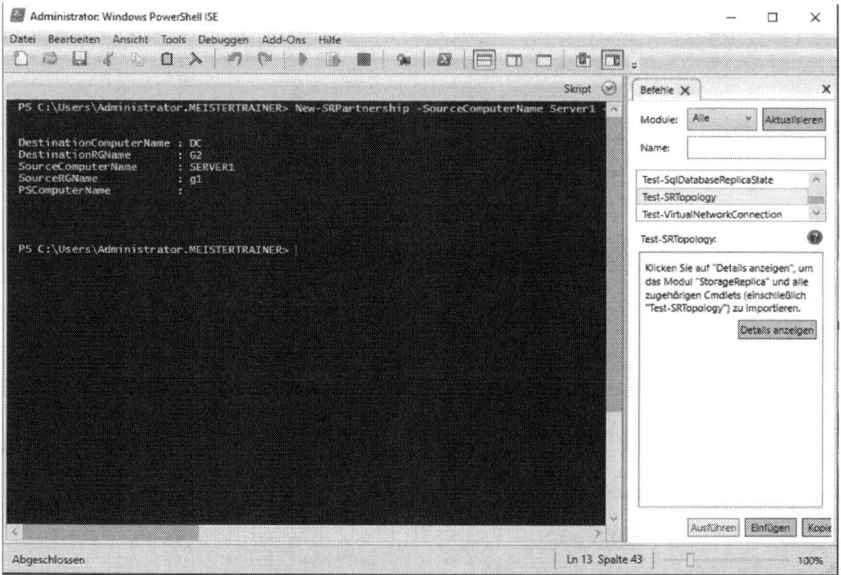

Abbildung 2.106: Einrichten der Replikation

Sie sehen nun die eingerichtete Replikation.

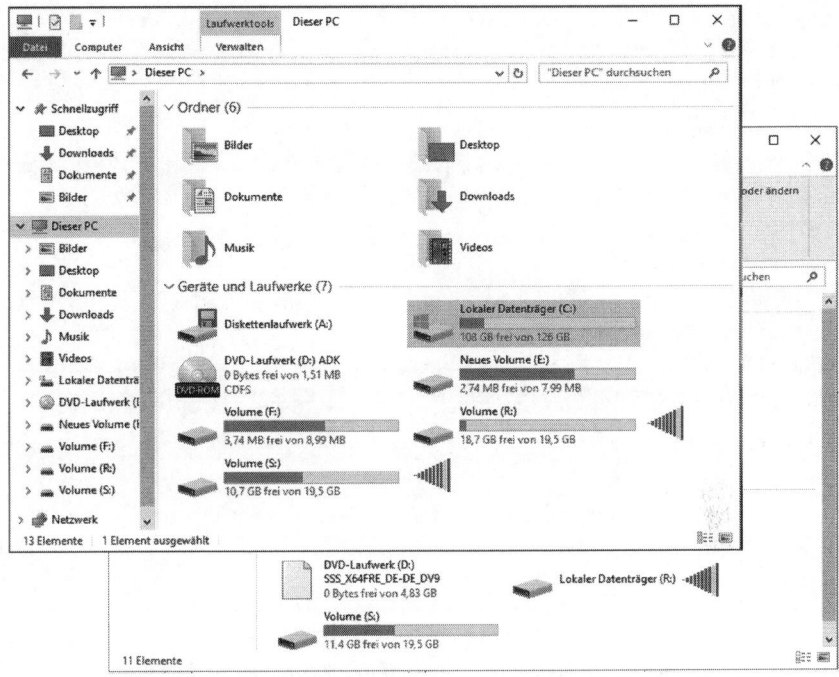

Abbildung 2.107: Die Replikation ist eingerichtet

Auf dem Quellserver erscheint das Laufwerk „R:\" beschreibbar, auf dem Zielserver dagegen nicht.

2.7 Einrichten der Datendeduplizierung

Mit Windows Server 2012 wurde die Datendeduplizierung eingeführt.

Mit dieser Funktion wird verhindert, dass identische Daten mehrfach gespeichert werden. Damit kann der Speicherplatz effektiver genutzt werden.

Hierbei werden nicht nur ganze Dateien betrachtet. Daten werden in Blöcke mit variabler Größe unterteilt werden (32 KB bis 128 KB). Doppelte Daten werden nun anhand der Blöcke identifiziert.

Ein Beispiel:

Sie speichern ein Word-Dokument mit dem Protokoll des letzten Seminars.

Ein Kollege kopiert diese Datei, ändert nur den Namen des Teilnehmers und speichert die Datei in seinem Speicherlaufwerk.

Hierbei sind die Daten zum allergrößten Teil identisch, da die Datei ja in

Blöcke aufgeteilt wird. Also können 99% der zweiten Datei beseitigt werden, es muss lediglich ein Verweis auf die ursprünglichen Datenblöcke bestehen bleiben.

Windows Server 2016 erweitert die Funktionalität auch auf die virtuellen Systeme, in denen ja häufig doppelte Daten zu finden sind. Jetzt können sowohl physische, als auch virtuelle Festplatten mit diesem Feature bereinigt werden.

Allerdings müssen die Datenträger mit NTFS formatiert sein, ReFS wird nicht unterstützt.

Eine weitere Verbesserung in Windows Server 2016 ist die Tatsache, dass nun tatsächlich Volumes mit einer Größe bis zu 64 TB optimiert werden können.

Die Voraussetzungen für die Datendeduplizierung bezüglich der Laufwerke sind folgende:

- Sie dürfen kein System- oder Startvolume sein
- Sie müssen mit dem NTFS-Dateisystem formatiert sein
- Sie können als Master Boot Record (MBR) oder GUID-Partitionstabelle (GPT) partitioniert sein
- Sie können sich in Speicherfreigaben befinden, z. B. Speicher mit einem Fibre Channel- oder SAS-Array oder einem iSCSI-SAN, wenn das Windows-Failoverclustering vollständig unterstützt wird
- Sie dürfen nicht vom Microsoft Resilient File System (ReFS) abhängig sein
- Sie dürfen nicht größer als 64 TB sein
- Sie müssen für das Betriebssystem als nicht austauschbare Laufwerke verfügbar gemacht werden. Remote zugeordnete Laufwerke werden nicht unterstützt

Die Datendeduplizierung ist sehr einfach einzurichten, sie wird zunächst als Rollendienst der „Datei-/Speicherdienste" installiert.

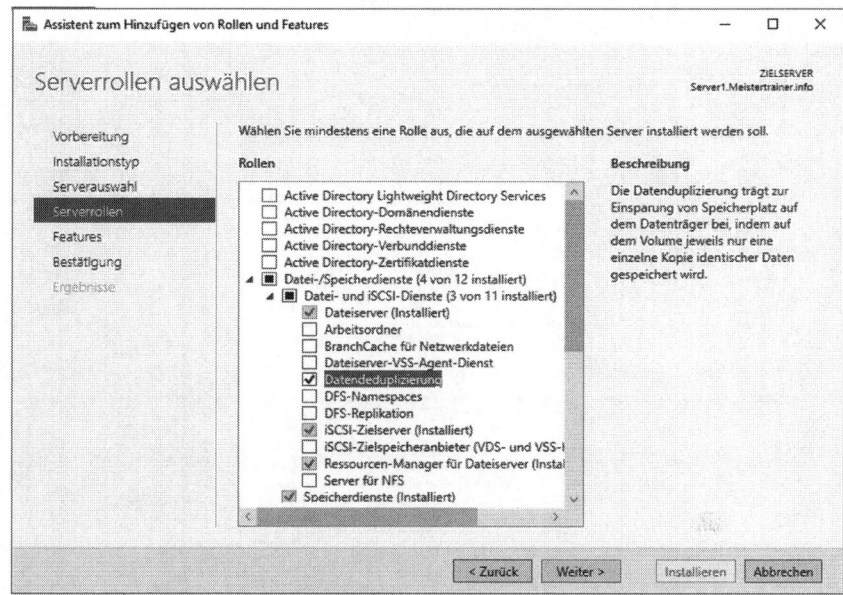

Abbildung 2.108: Installation

Nun kann sie im Servermanager konfiguriert werden.

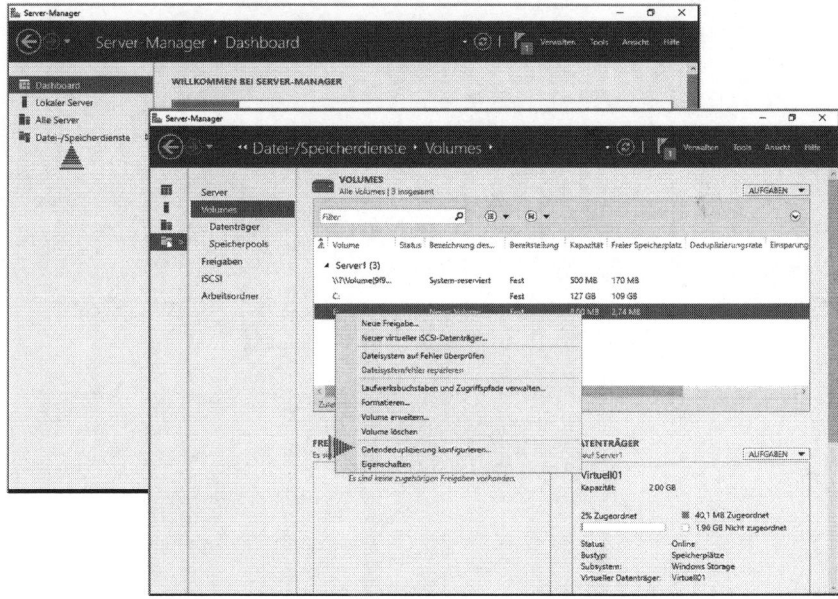

Abbildung 2.109: Konfiguration

Dazu wählen Sie „Datei- /Speicherdienste" und klicken auf „Volumes".

Im Kontextmenü können Sie nun „Datendeduplizierung konfigurieren" wählen.

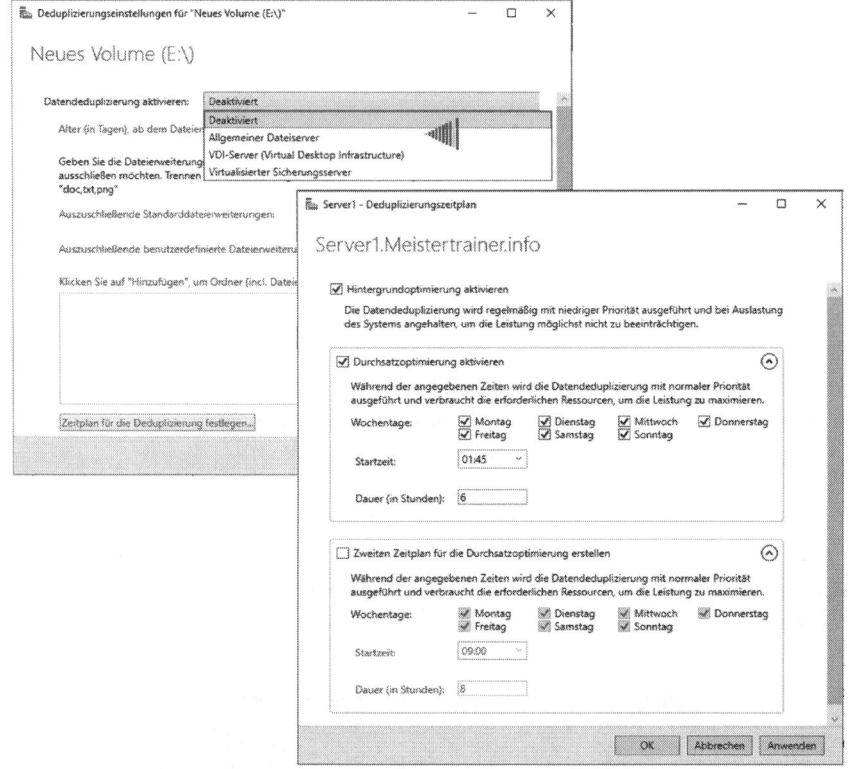

Abbildung 2.110: Datendeduplizierung

Hier wählen Sie die Art des Dateiservers aus und konfigurieren den Zeitplan.

Hier können Sie auch den Punkt „Virtualisierter Sicherungsserver" wählen.

Durch die neue, verbesserte Datendeduplizierung in Windows Server 2016 eignet sich das System nun auch als Speicherplatz für Backups, da nun eine Größe bis zu 64 TB unterstützt wird.

Überwachung der Datendeduplizierung

Zum Überwachen der Datendeduplizierung stehen einige PowerShell

Cmdlets zur Verfügung.

Get-DedupStatus

Gibt den Status für Laufwerke mit Metadaten für die Datendeduplizierung an.

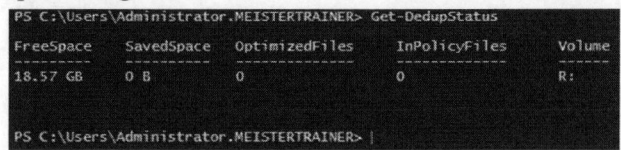

Abbildung 2.111: Get-DedupStatus

Get-DedupVolume

Gibt Laufwerke aus mit Metadaten für die Datendeduplizierung

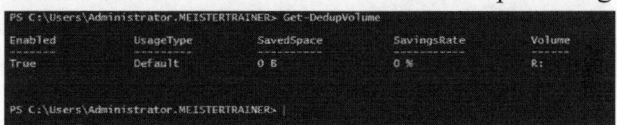

Abbildung 2.112:Get-DedupVolume

Get-DedupMetadata

Gibt die Metadaten für Laufwerke mit Datendeduplizierung aus

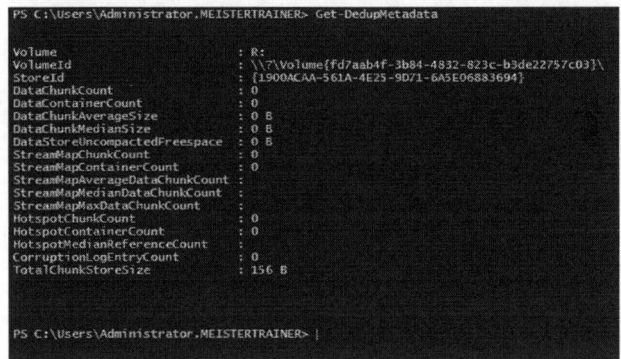

Abbildung 2.113: Get-DedupMetadata

Get-DedupSchedule

Gibt die geplanten Jobs für die Datendeduplizierung aus.

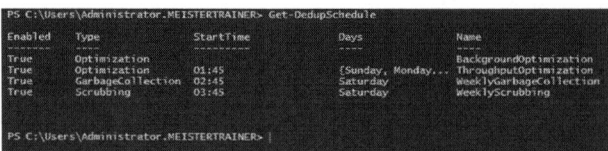

Abbildung 2.114: Get-DedupSchedule

2.8 BitLocker

BitLocker ist eine Möglichkeit, ganze Laufwerke komplett zu verschlüsseln, so dass beim Systemstart immer ein Verschlüsselungscode abgefragt wird. Da diese Funktion in den meisten Fällen eher auf dem Client als auf dem Server benutzt werden wird, zeigen wir hier die Einrichtung auf einem Windows 10 Client.

Damit wird sichergestellt, dass das Betriebssystem und die lokalen Festplatten sicher sind. Dies kann auf zwei verschiedene Arten erreicht werden:

Computer hat TPM (Trusted Platform Module) Chip 1.2

Die Computer der neuen Generation haben einen TPM Chip 1.2 oder höher. In diesem Fall kann die Verschlüsselung auf diesem Chip gespeichert werden.

Computer hat kein TPM (Trusted Platform Module) Chip 1.2

Alle anderen Computer, die den TPM Chip nicht haben, können BitLocker trotzdem verwenden, indem die Verschlüsselung auf einem USB Memory Stick gespeichert wird.

ACHTUNG!

Die Speicherung des Schlüssels auf einem USB-Stick kann natürlich nur ein Notbehelf sein. Ein USB-Stick ist ein Medium, das nicht die Zuverlässigkeit hat, wie ein Hardwarechip!

Sie sehen, bei einer BitLocker Verschlüsselung wird die Festplatte verschlüsselt und die Verschlüsselungsinformation wird auf der Hardware gespeichert.

Dadurch ergeben sich folgende Schutzszenarien, die durch BitLocker abgedeckt sind:

- Falls die Festplatte aus dem System ausgebaut wird und in ein anderes System eingebaut wird, ist die Entschlüsselungssequenz nicht verfügbar und das System kann nicht gestartet werden.

Dies kann natürlich nur funktionieren, wenn der Schlüssel entweder auf dem TPM-Chip gespeichert worden ist, oder der USB-Stick nicht verfügbar ist, deswegen sollten Sie den USB-Stick immer abziehen, wenn Sie das System nicht benutzen!

- Falls Änderungen an den Startdateien, (die natürlich nicht verschlüsselt werden können) oder am BIOS vorgenommen worden sind, stimmt der Schlüssel nicht mehr und das System kann ebenfalls nicht mehr gestartet werden.

ACHTUNG!

Natürlich gibt es für diese Fälle auch ein Wiederherstellungskennwort, denn es ist ja möglich, dass Startdateien geändert werden müssen, oder dass Sie eine Festplatte in ein anderes System übernehmen müssen.

Dieses Kennwort sollten Sie sehr gut verwahren!

Wenn Sie den BitLocker aktivieren wollen, gehen Sie folgendermaßen vor:

- Systemsteuerung
- System und Sicherheit
- BitLocker-Laufwerksverschlüsselung

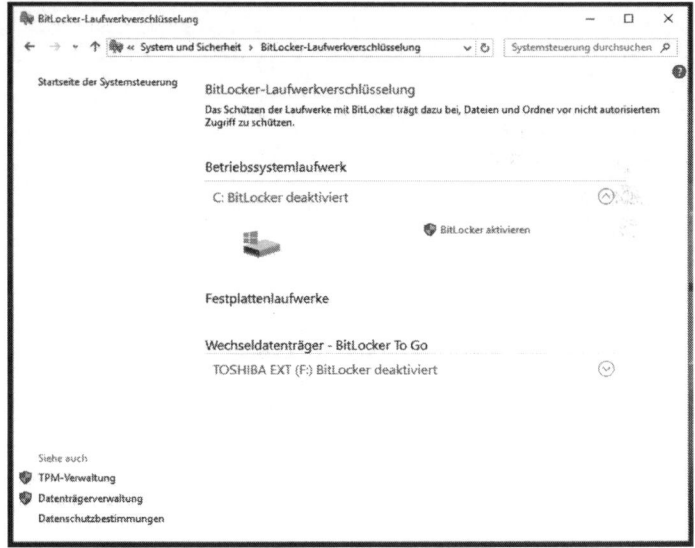

Abbildung 2.115: BitLocker Laufwerksverschlüsselung

Sie klicken hier auf „BitLocker aktivieren".

Nun überprüft Windows die Hardware. Wenn ein TPM-Chip gefunden wird, erhalten Sie folgende Meldung:

Abbildung 2.116: TPM-Chip gefunden

Nach einem Neustart wird BitLocker gestartet.

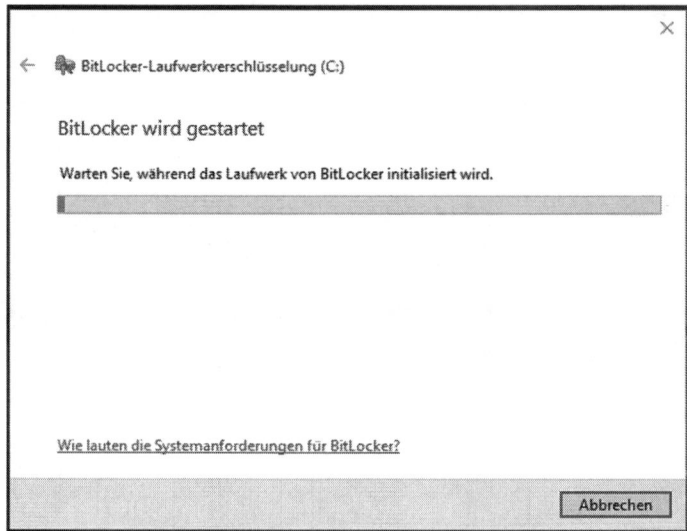

Abbildung 2.117: BitLocker wird gestartet

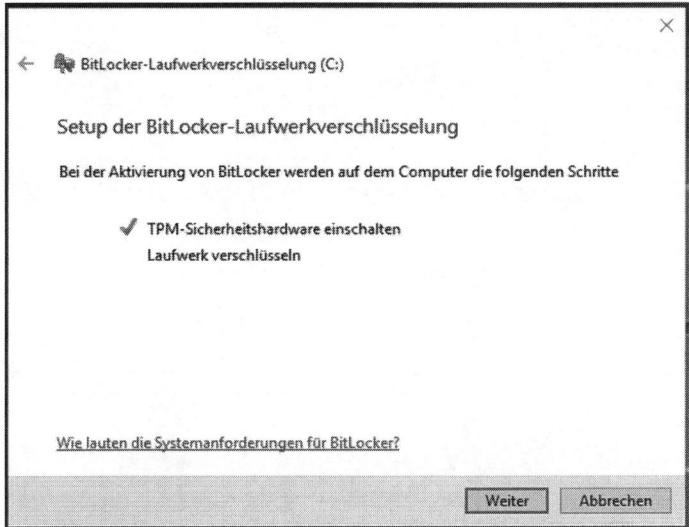

Abbildung 2.118: Verschlüsselung

Nun wählen Sie aus, wo das komplexe Wiederherstellungskennwort gespeichert wird, das Sie benutzen müssen, wenn der Start von BitLocker verhindert wird.

Dies kann immer dann passieren, wenn Sie die Festplatte in ein anderes Gerät einbauen, oder wenn Sie beispielsweise die Startdateien geändert haben.

Dieses Kennwort wird in einer Datei oder im Microsoft-Konto gespeichert und kann auch ausgedruckt werden.

ACHTUNG!

Sie können das Kennwort auf Diskette, auf dem USB-Stick oder auf der Festplatte speichern, nicht aber auf der verschlüsselten Partition!

Bedenken Sie auch, dass es auf dem USB-Stick vielleicht nicht so gut aufgehoben ist, denn gerade bei einem Ausfall des Sticks brauchen Sie das Kennwort!

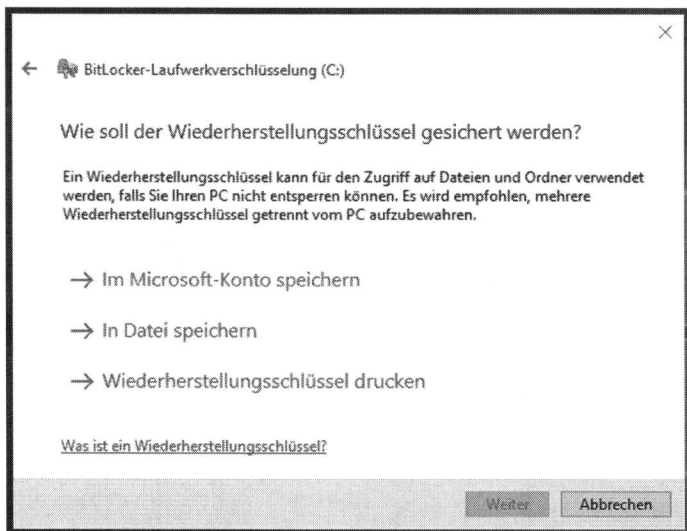

Abbildung 2.119: Wiederherstellungsschlüssel

Allerdings kann es auch passieren, dass der Computer, den Sie verschlüsseln möchten, keinen TPM-Chip hat.

In diesem Fall erhalten Sie eine Fehlermeldung, wenn Sie BitLocker aktivieren möchten.

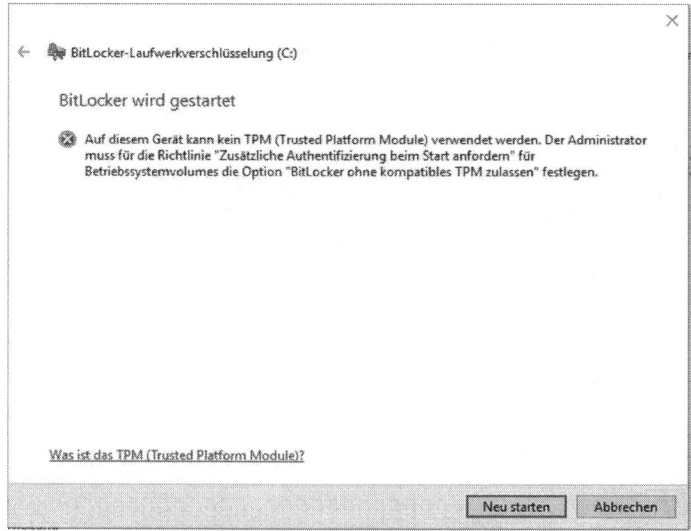

Abbildung 2.120: Kein TPM-Chip

In diesem Fall müssen wir BitLocker für USB-Stick konfigurieren.

BitLocker mit USB-Stick

Wenn Sie allerdings, wie wir in diesem Beispiel, keine TPM-Hardware haben, müssen Sie Windows 10 nun so konfigurieren, dass der BitLocker-Schlüssel nicht auf einem TPM-Chip gespeichert wird, sondern auf einem USB-Stick.

Dies können Sie wieder in der lokalen Gruppenrichtlinie konfigurieren.

Dafür erstellen Sie wieder eine MMC und fügen das Snap-In „Gruppenrichtlinienobjekt – Lokaler Computer" ein.

Nun gehen Sie folgenden Weg:

- Computerkonfiguration
- Administrative Vorlagen
- Windows Komponenten
- BitLocker-Laufwerksverschlüsselung

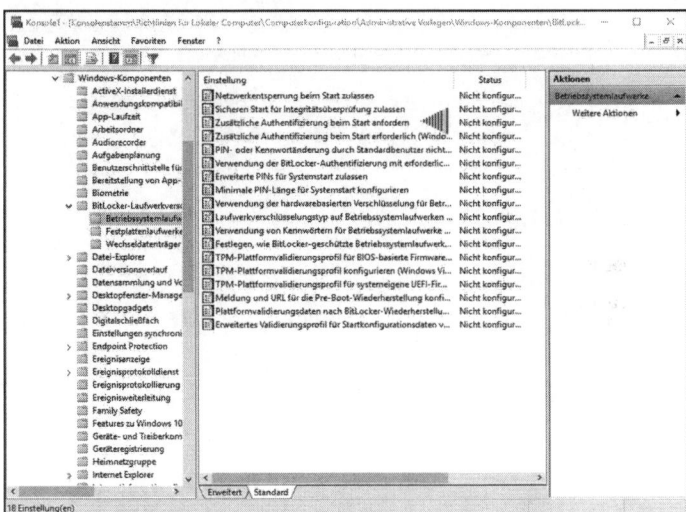

Abbildung 2.121: Gruppenrichtlinieneinstellung

Dort wechseln Sie ins Untermenü „Betriebssystemlaufwerk" und wählen die Einstellung: „Zusätzliche Authentifizierung beim Start anfordern" aus.

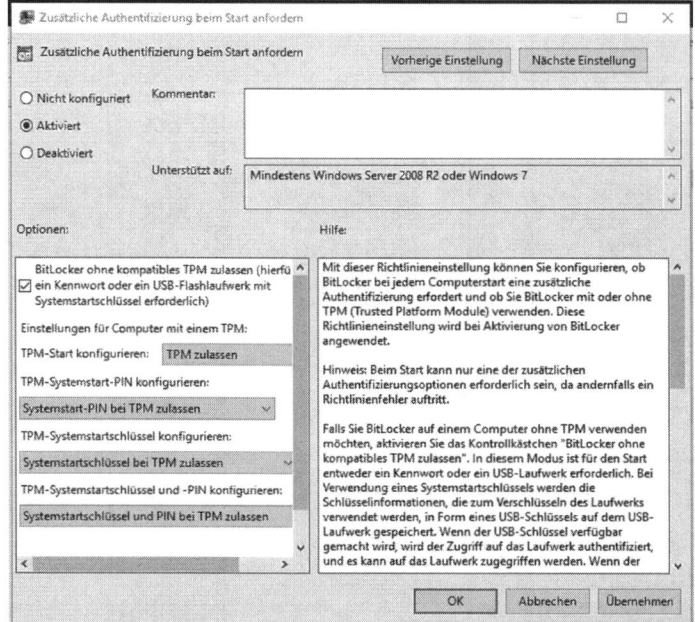

Abbildung 2.122: Zusätzliche Authentifizierung

Hier können Sie den Haken setzen vor „BitLocker ohne kompatibles TPM zulassen". Dann wird für den Systemstart ein USB-Stick vorausgesetzt, der TPM ersetzt.

Nun können Sie BitLocker aktivieren.

2.8.1 BitLocker To Go

BitLocker To Go ist für Wechselmedien gedacht. Es werden folgende Dateisysteme unterstützt:

- exFat
- FAT 16
- FAT 32
- NTFS

In der Standardkonfiguration wird mit 128 Bit AES verschlüsselt, dies können Sie aber in einer Gruppenrichtlinie anpassen.

Wenn ein Wechseldatenträger, wie ein USB-Stick, einmal mit BitLocker To Go verschlüsselt worden ist, kann er an jedem Windows Rechner ab Windows XP gelesen werden.

Der Zugriff auf die verschlüsselten Dateien wird durch ein Passwort oder eine Smart Card geschützt.

Konfiguration von BitLocker To Go

BitLocker To Go wird an der gleichen Stelle wie BitLocker konfiguriert.

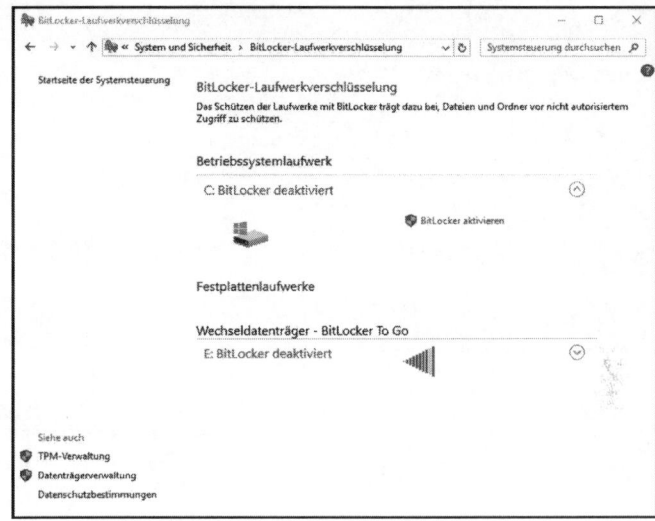

Abbildung 2.123: BitLocker To Go

Sie starten die Verschlüsselung des USB-Sticks, indem Sie auf „BitLocker deaktiviert" klicken.

Nun wird BitLocker gestartet.

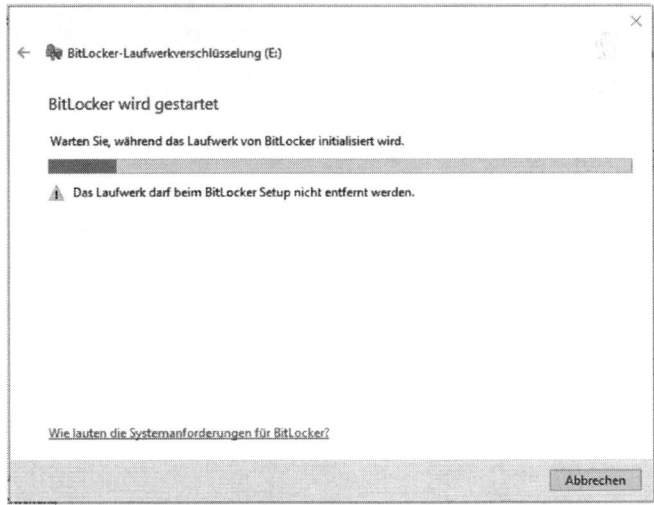

Abbildung 2.124: BitLocker wird gestartet

Nun legen Sie fest, ob der Stick mit einem Kennwort oder mit einer Smartcard entschlüsselt werden soll.

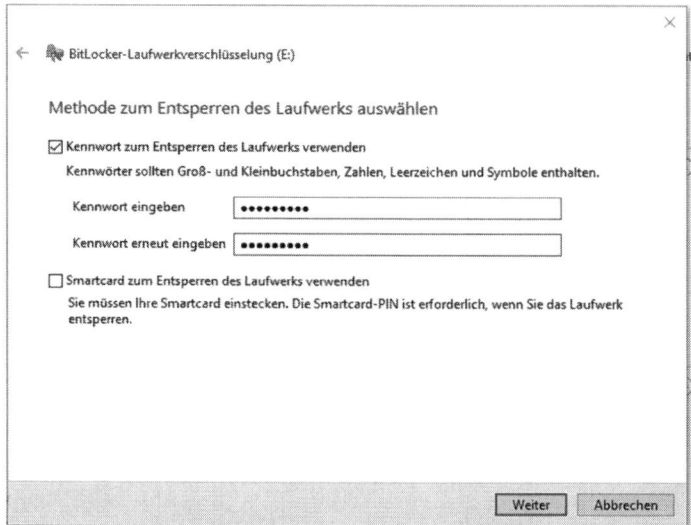

Abbildung 2.125: Kennwort oder Smartcard

Der Wiederherstellungsschlüssel wird nun generiert und Sie können wählen, ob Sie ihn ausdrucken wollen, oder in einer Datei speichern wollen. Sie können es auch in Ihrem Microsoft-Konto speichern!

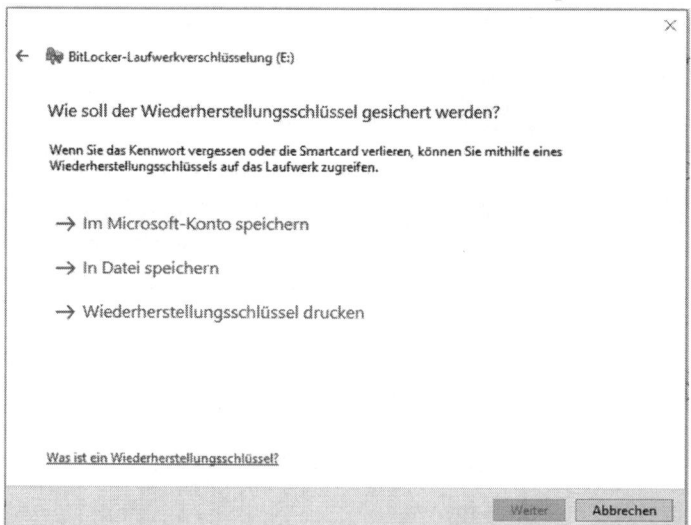

Abbildung 2.126: Wiederherstellungsschlüssel

Die nächste Frage ist, ob Sie den gesamten USB-Stick oder nur die bereits vorhandenen Daten schützen wollen.

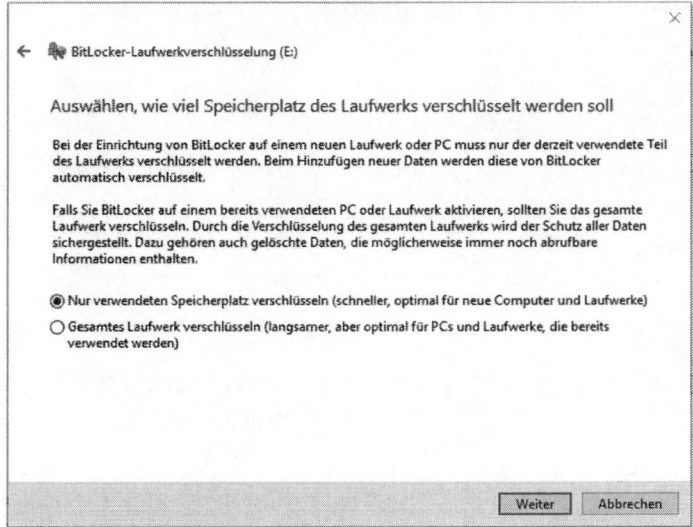

Abbildung 2.127: Was soll geschützt werden?

Nun wird das Laufwerk verschlüsselt.

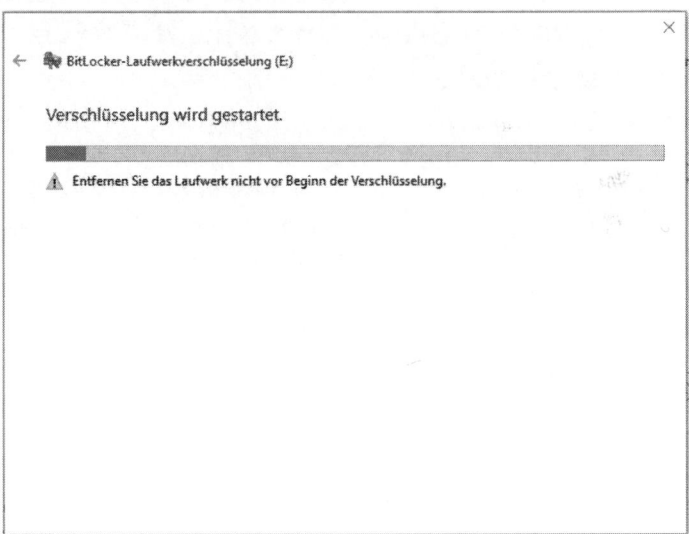

Abbildung 2.128: Verschlüsselung läuft

Nach Abschluss der Verschlüsselung erkennen Sie dies in der Konsole.

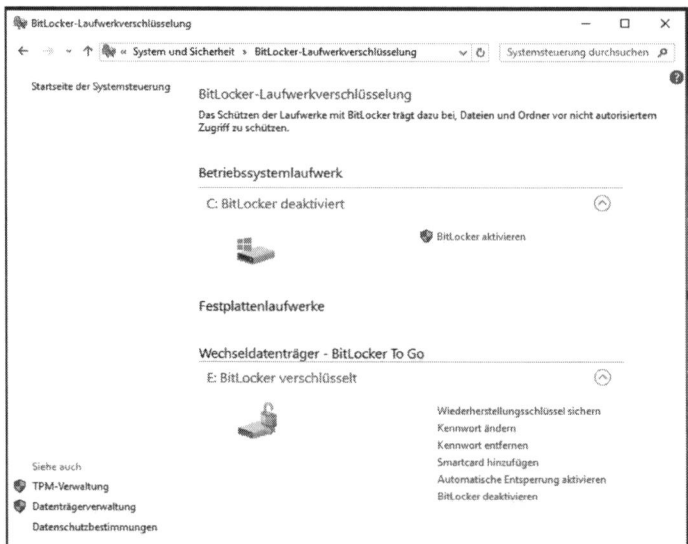

Abbildung 2.129: Verschlüsselung war erfolgreich

Sie können natürlich BitLocker To Go hier wieder deaktivieren, oder Konfigurationseinstellungen vornehmen.

2.8.2   Wiederherstellung durch Active Directory

Falls Sie die mit BitLocker geschützten Daten wiederherstellen müssen, haben Sie ja für diesen Fall den Wiederherstellungsschlüssel, den Sie in einer Datei gespeichert haben und ihn eventuell auch ausgedruckt haben.

Wenn Sie BitLocker in einer Domäne einsetzen, besteht auch die Möglichkeit, die Informationen für die Wiederherstellung im Active Directory zu speichern.

Diese Konfiguration nehmen Sie in einer Gruppenrichtlinie vor.

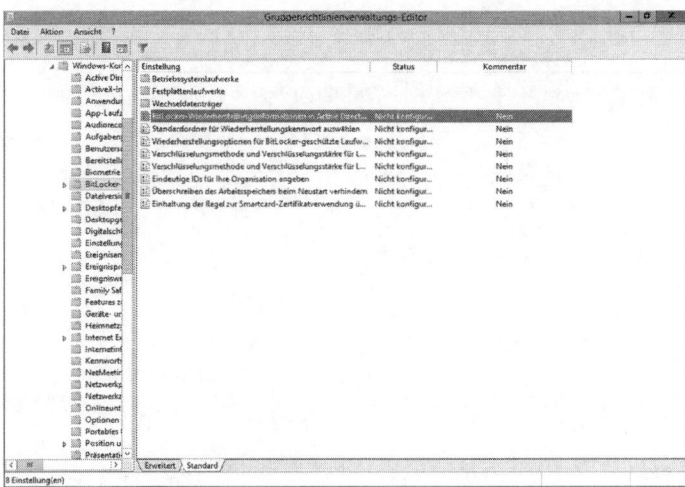

Abbildung 2.130: Gruppenrichtlinie

Bitte beachten Sie, dass Sie hierfür mindestens eine Windows Server 2008 Domäne benötigen!

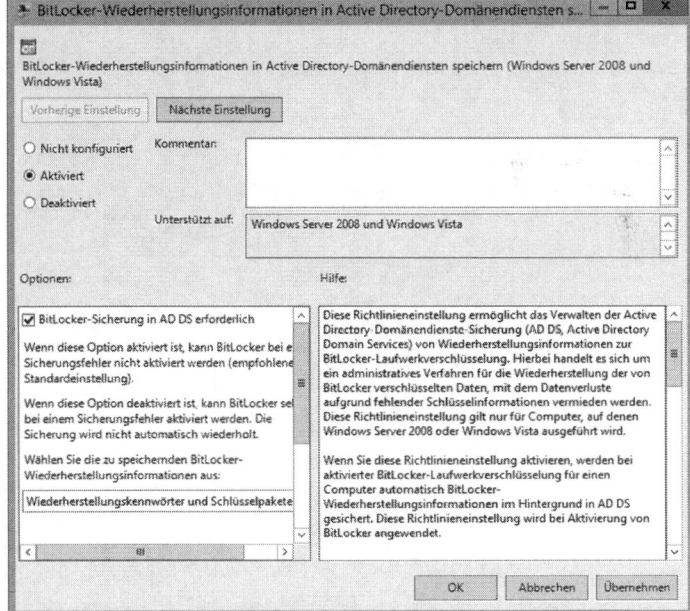

Abbildung 2.131: Konfigurationseinstellungen

BitLocker mit der PowerShell

Die wichtigsten Befehle für BitLocker finden Sie hier:

Cmdlet	Bedeutung
Add-BitLockerKeyProtector	Fügte einen Schlüssel hinzu
Backup-BitLockerKeyProtector	Sichert den Schlüssel im Active Directory
Clear-BitLockerAutoUnlock	Entfernt die automatischen Entsperrschlüssel
Disable-BitLocker	Deaktiviert BitLocker auf einem Laufwerk
Enable-BitLocker	Aktiviert BitLocker
Get-BitLockerVolume	Zeigt Informationen
Import-TpmOwnerAuth	Importiert einen Schlüssel in die Registry (Änderung möglich)
Get-TpmSupportedFeature	Überprüft die Eigenschaften des TPM-Chips

2.9 Zusammenfassung, Übungen / Aufgaben

2.9.1 Zusammenfassung

Ein Bestandteil des Betreibens eines Servers ist die Festplattenverwaltung. Dies ist zwar keine Aufgabe, die täglich durchgeführt werden muss, aber dennoch eine wichtige Arbeit, um Daten zu organisieren.

Windows Server 2016 kann zwei Arten von Festplatten verwalten: Basisfestplatten und dynamische Festplatten.

Nach der Installation sind alle Festplatten Basisfestplatten, das Konvertieren zu einer dynamischen Festplatte muss von Hand gemacht werden, wenn gewünscht.

Der Begriff „Basisfestplatte" sollte zunächst einmal definiert werden.

Eine Basisfestplatte wird in Partitionen eingeteilt. Es können maximal vier primäre Partitionen erstellt werden, oder bis zu drei primäre Partitionen und eine erweiterte Partition. Die erweiterte Partition wiederum kann in logische Laufwerke unterteilt werden.

Nur primäre Partitionen sind startfähig, das bedeutet, dass die Startdateien zwingend auf einer primären Partition liegen müssen.

Beim Erstellen einer neuen Partition wird normalerweise der neuen Partition ein Laufwerksbuchstabe zugewiesen. Irgendwann ist der Vorrat an Buchstaben erschöpft, dann könnten keine neuen Partitionen mehr erstellt werden. Bei der Größe der modernen Festplatten kann diese Grenze erreicht werden.

Vielleicht ist es aber auch nicht erwünscht, der neuen Partition einen eigenen Laufwerksbuchstaben zu geben, da die Partition nicht als solche in Erscheinung treten soll.

Für alle diese Anforderungen gibt es die Möglichkeit, die neue Partition in einen leeren Ordner auf einer bestehenden NTFS - Partition zu mounten.

Windows Server 2016 bietet beide Funktionen auch auf einer Basisfestplatte an. Sie können jede Partition vergrößern (solange noch freier Speicherbereich vorhanden ist) oder verkleinern (solange die Partition dann nicht zu klein wird).

Das Vergrößern oder Erweitern einer Partition funktioniert nach dem gleichen Prinzip.

Alle Betriebssysteme ab Windows 2000 unterstützen auch einen zweiten Festplattentyp, die dynamische Festplatte.

Dynamische Festplatten sind die Antwort auf einige Probleme, die es mit den Basisfestplatten immer wieder gegeben hat.

Probleme der Basisfestplatten:

1. Single Point of Failure: Wenn der MBR (Master Boot Record), auf dem alle Partitionseinträge der Festplatte stehen, beschädigt wird, gibt es mit bordeigenen Mitteln keine Möglichkeit, ihn wieder herzustellen.

2. Wenn an Basisfestplatten Änderungen durchgeführt werden, ist häufig ein Neustart erforderlich. Dies liegt daran, dass die Festplattendaten in der Registry eingetragen sind, die nur bei einem Neustart aktualisiert wird.

3. Keine Informationen über andere Festplatten im System. Basisfestplatten verwalten nur die eigenen Daten, Informationen

anderer Festplatten im gleichen System sind ihnen unbekannt.

4. Einschränkung durch primäre und erweiterte Partition. Falls Sie den Fehler machen, vier primäre Partitionen angelegt zu haben, können Sie keine weitere Partition mehr anlegen. Diese Einteilung ist zu starr.

5. Keine Fehlertoleranz, keine übergreifenden Laufwerke.

Alle diese Probleme werden beseitigt, wenn die Festplatte zu einer dynamischen Festplatte umgewandelt worden ist.

Um eine Basisfestplatte in eine dynamische Festplatte umwandeln zu können, wird ein freier, unpartitionierter Speicherbereich von 1 MB benötigt.

Dies liegt daran, dass bei dynamischen Festplatten eine Datenbank angelegt wird, die maximal 1 MB Platz benötigt. In dieser Datenbank werden die Informationen der Festplatte gespeichert, also unter anderem auch die Partitionstabelle.

Zusätzlich werden hier auch noch die Informationen aller anderen, im System vorhandenen dynamischen Festplatten gespeichert. Dies sorgt für eine hohe Fehlertoleranz bei den Festplattendaten.

Außerdem sorgt die Speicherung der Daten auf der Festplatte dafür, dass das System bei Änderungen an der Festplatte nicht mehr neu gestartet werden muss. Dadurch wird „Hot Plugging" unterstützt, allerdings natürlich nur, wenn der Festplattencontroller dafür geeignet ist.

Nach der Konvertierung existieren außerdem keine „Partitionen" mehr, es gibt nur noch völlig gleichberechtigte „Datenträger". Oftmals werden sie auch „Volumes" genannt, wie wir bereits bei den Basisfestplatten gesehen haben.

Auch die anderen Probleme der Basisfestplatten beseitigt die dynamische Festplatte:

• Übergreifende Laufwerke können eingerichtet werden

• Fehlertolerante Laufwerke können eingerichtet werden

Auf einer dynamischen Festplatte stehen uns folgende Volumes zur Verfügung:

• Übergreifendes Volume

• Stripeset

• Gespiegeltes Volume

• RAID-5

Virtuelle Festplatten kennen wir alle. Dies sind Festplatten, die für die Virtualisierungssysteme, wie Virtual PC, Virtual Server oder Hyper-V benötigt werden, und im Format .vhd oder .vhdx (neu mit Windows Server 2016) vorliegen.

Der große Vorteil von virtuellen Festplatten ist, dass sich alle Daten in einer einzigen Datei verstecken. So ist auch ein komplettes Betriebssystem in einer einzigen Datei untergebracht.

Das neue *.vhdx-Format hat eine Metadatenstruktur, die für bessere Datenintegrität sorgt. Auch werden in diesem Format maximal 64 TB unterstützt, beim älteren *.vhd-Format dagegen nur 2 TB.

Windows Server 2016 kann eine solche Datei als Festplatte in das System einbinden.

Eine Freigabe zu erstellen ist sehr einfach.

- Explorer
- Rechte Maustaste auf den Ordner, den Sie freigeben möchten
- Freigeben für
- Bestimmte Personen

Sie fügen die Personen hinzu, die auf den Ordner zugreifen sollen und wählen die Berechtigungsstufe aus.

Es gibt drei verschiedene Arten der Berechtigungsstufen:

- Lesen
- Lesen/Schreiben
- Besitzer

Diese drei Stufen stellen die Berechtigungen dar, die ein Benutzer auf diesen Ordner hat, wenn er sich über das Netzwerk mit der Freigabe verbindet.

1. Lehrsatz der Ermittlung der Freigaberechte:

Das effektive Freigaberecht ist kumulativ, ergibt sich also aus der Addition der Einzelrechte.

2. Lehrsatz der Ermittlung der Freigaberechte:

Verweigern setzt alle positiven Berechtigungen außer Kraft.

Natürlich können auch alle Freigaben mit PowerShell Cmdlets gemacht und bearbeitet werden.

Mit NTFS-Rechten ist es möglich, die lokale Maschine vor

unberechtigtem Zugriff zu schützen. Freigaberechte können ja nur Netzwerkfreigaben schützen, die lokale Maschine ist aber völlig ungeschützt.

Eine weitere Einstellungsmöglichkeit ist „Besitz".

Derjenige, der eine Datei oder einen Ordner erstellt, ist auch der Besitzer. Dies ist von großer Bedeutung, denn der Besitzer hat immer das Recht, sich die Berechtigungen an einer Ressource zu betrachten. Dies kann bei einem Rechteproblem große Bedeutung haben.

1. Lehrsatz der Ermittlung der NTFS-Rechte:

Das effektive NTFS-Recht ist kumulativ, ergibt sich also aus der Addition der Einzelrechte.

2. Lehrsatz der Ermittlung der NTFS-Rechte:

Verweigern setzt alle positiven Berechtigungen außer Kraft.

In allen Windows Betriebssystemen ist die NTFS-Rechtevergabe so gelöst, dass im Stammlaufwerk bestimmte Rechte definiert werden, und diese Standardrechte dann an alle untergeordneten Ordner und Dateien vererbt werden.

Wenn wir die NTFS-Rechte des Laufwerk C:\ betrachten, sehen wir, dass diese Kästchen weiß hinterlegt sind, und wir auch die Berechtigungen verändern können.

Wenn wir nun mit den ererbten Rechten nicht einverstanden sind, weil wir beispielsweise nur Lesezugriff auf einen Unterordner möchten, müssen wir die Vererbung ausschalten.

Der Ressourcen-Manager für Dateiserver ist ein Bestandteil der Rolle „Dateiserver" und wird als Rollendienst installiert.

Im Ressourcen – Manager für Dateiserver finden wir folgende Aufgabenfelder:

- Kontingentverwaltung
- Dateiprüfungsverwaltung
- Speicherberichteverwaltung
- Klassifizierungsverwaltung
- Dateiverwaltungsaufgaben

Die Serverspeicherung besteht aus Storage Spaces. Dies ist eine Speichervirtualisierung, die den Einsatz von großen SAN oder NAS Einheiten vermeiden kann. Die benutzten Festplatten können lokale

Festplatten eines Servers sein.

Diese Storage Spaces sind fehlertolerant, und führen automatisch alle nötigen Aktionen aus, um Daten wiederherzustellen, wenn Festplatten ausgefallen sind.

Die Voraussetzungen für ein „Storage Space" ist ein Speicherpool.

Die Verwaltung des Speicherpools findet im Server-Manager statt. Hier können nun virtuelle Festplatten erstellt werden.

Ein großer Vorteil des Speicherpools ist, dass sie jederzeit erweiterbar sind.

Mit iSCSI können SCSI-Daten über eine vorhandene Ethernet-Schnittstelle übertragen werden.

SCSI ist das Protokoll, mit dem Daten von und zu vielen SANs transportiert werden.

Mit iSCSI haben Sie nun die Möglichkeit, diese Daten direkt über die Ethernet-Schnittstelle zu übertragen, ohne zusätzliche Schnittstellen zu benötigen.

Sie benötigen folgende Komponenten für eine Datenübertragung über iSCSI:

- Ein TCP/IP Netzwerk
- iSCSI Ziele (iSCSI Targets), dies sind die Endpunkte der Datenkommunikation
- iSCSI-Initiator, dies ist der Endpunkt des Clients, der auf die Daten zugreifen möchte
- IQN (iSCSI Qualified Name), dies ist eine eindeutige ID, über die der iSCSI Datenverkehr stattfindet

Windows Server 2016 bietet die Möglichkeit, eine Kommunikation über iSCSI einzurichten.

In einem SAN gibt es oft mehrere Netzwerkkarten, die auf den Speicherplatz zugreifen.

Für iSCSI- oder Fibre-Channel-Initiators gibt es das Feature „Multipath IO", das die Anforderungen auf mehrere Pfade verteilen kann.

ISNS (Internet iStorage Name Service-Server) ist vergleichbar mit einem DNS-Server, allerdings verwaltet es nur die IQN im Netzwerk.

Mit Windows Server 2016 hat Microsoft eine neue Technologie eingeführt, um eine weitere Fehlertoleranz für Festplattenspeicher zu garantieren.

Mit der Speicherreplikation ist es möglich, komplette Festplatten auf einen anderen Server zu replizieren, diese können auch in einem Speicherpool sein.

Die Speicherreplikation benutzt das SMB3 Protokoll, die Übertragung findet blockweise statt.

Die Voraussetzungen für eine Speicherreplikation sind gering:

- Zwei Windows Server 2016, die beide Mitglied derselben Domäne sind

- Zwei Netzwerkkarten

Mit Windows Server 2012 wurde die Datendeduplizierung eingeführt.

Mit dieser Funktion wird verhindert, dass identische Daten mehrfach gespeichert werden. Damit kann der Speicherplatz effektiver genutzt werden.

Windows Server 2016 erweitert die Funktionalität auch auf die virtuellen Systeme, in denen ja häufig doppelte Daten zu finden sind. Jetzt können sowohl physische, als auch virtuelle Festplatten mit diesem Feature bereinigt werden.

Allerdings müssen die Datenträger mit NTFS formatiert sein, ReFS wird nicht unterstützt.

Eine weitere Verbesserung in Windows Server 2016 ist die Tatsache, dass nun tatsächlich Volumes mit einer Größe bis zu 64 TB optimiert werden können.

BitLocker ist eine Möglichkeit, ganze Laufwerke komplett zu verschlüsseln, so dass beim Systemstart immer ein Verschlüsselungscode abgefragt wird. Da diese Funktion in den meisten Fällen eher auf dem Client als auf dem Server benutzt werden wird, zeigen wir hier die Einrichtung auf einem Windows 10 Client.

2.9.2 Übungen

1. Fahren Sie die virtuelle Maschine „DC" herunter. Fügen Sie zwei weitere Festplatten ein. Starten Sie die Maschine wieder.
2. Fahren Sie die virtuelle Maschine „Server1" herunter. Fügen Sie fünf weitere Festplatten ein. Starten Sie die Maschine wieder.

3. Öffnen Sie die Datenträgerverwaltung auf „Server1".
4. Bringen Sie „Datenträger 1" online und initialisieren Sie ihn als GPT-Datenträger.
5. Erstellen Sie auf „Server1" einfache Volumes auf „Datenträger 1".
6. Erstellen Sie ein einfaches Volume auf der gleichen Festplatte, das Sie in einen NTFS-Ordner mounten.
7. Verkleinern Sie eine beliebige Partition.
8. Vergrößern Sie eine beliebige Partition.
9. Wandeln Sie „Datenträger 1" in eine dynamische Festplatte um.
10. Betrachten Sie, welche Möglichkeiten der Volumes Ihnen nun zur Verfügung stehen.
11. Erstellen Sie eine virtuelle Festplatte und initialisieren Sie sie.
12. Erstellen Sie ein Laufwerk auf dieser Festplatte.
13. Erstellen Sie Ordner auf der virtuellen Maschine „DC" und vergeben Sie Freigabe- und NTFS-Rechte.
14. Greifen Sie von „Server1" aus auf diese Freigaben zu und testen Sie die Berechtigungen.
15. Installieren Sie den „Ressourcen-Manager für Dateiserver" auf „Server1".
16. Erstellen Sie ein beliebiges Kontingent.
17. Erstellen Sie auf „Server1" mit Datenträger 2 und 3 einen neuen Speicherpool.
18. Nennen Sie den Speicherpool „Test".
19. Belassen Sie die Zuordnung auf „Automatisch".
20. Fügen Sie dem Speicherpool einen virtuellen Datenträger hinzu mit Namen „Daten1".
21. Wählen Sie „Mirror" als Speicheranordnung aus.
22. Wählen Sie als Bereitstellungstyp „Fest" aus.
23. Wählen Sie als Größe 10 GB.
24. Formatieren Sie den Datenträger mithilfe des Assistenten.
25. Erweitern Sie den virtuellen Datenträger um weitere 10 GB.
26. Installieren Sie den iSCSI-Zielserver auf „Server1".
27. Erstellen Sie auf „Server1" auf Volume C:\ einen iSCSI Datenträger.
28. Definieren Sie als Zugriffsserver „DC".
29. Aktivieren und konfigurieren Sie auf „DC" den iSCSI-Initiator.
30. Installieren und konfigurieren Sie auf „DC" „Multipfad E/A" für iSCSI.
31. Installieren Sie auf „DC" und „Server1" jeweils das Feature „Speicherreplikat".
32. Überprüfen Sie, ob auf beiden Servern die Rolle „Dateiserver"

installiert ist und installieren Sie sie gegebenenfalls nach.

33. Erstellen Sie auf beiden Servern zwei GPT-Laufwerke mit den Buchstaben „R" und „S", die jeweils 20 GB groß sind. Bei „DC" benutzen Sie „Datenträger 1 und 2", bei Server1 „Datenträger 4 und 5".

Erklärung:

- In unserem Fall soll Server1 der Quellserver sein, DC dagegen soll der Zielserver sein, auf den repliziert wird.

- Die Daten sind auf Server1 gespeichert, im Laufwerk „R".

- Laufwerk „S" wird für die Logdateien benutzt.

34. Überprüfen Sie die Voraussetzungen für die Installation von Speicherreplikaten.
35. Richten Sie von „Server1" aus die Replikation ein.
36. Installieren Sie auf „Server1" die Datendeduplizierung.
37. Konfigurieren Sie die Datendeduplizierung für Laufwerk „R:\".
38. Aktivieren Sie die Durchsatzoptimierung nicht.
39. Überwachen Sie die Datendeduplizierung mit einigen Cmdlets.
40. Setzen Sie die virtuellen Maschinen „DC" und „Server1" auf den Prüfpunkt „Installation" zurück.

2.9.3   Aufgaben

1. Sie betreiben eine Windows Server 2016 Domäne.

   Auf einem Server möchten Sie drei Festplatten zur Datenspeicherung verwenden und sicherstellen, dass die Daten auch noch sicher sind, wenn eine Festplatte ausfällt.

   Was sind die ersten drei Schritte, die Sie machen?

2. Sie betreiben eine Windows Server 2016 Domäne.

   Sie haben einen Speicherpool auf einem Windows Server 2016 Server, der aus mehreren Disks besteht. Eine dieser Disks fällt aus.

   Welche Cmdlets benutzen Sie, um die Disk zu entfernen?

3. Sie betreiben eine Windows Server 2016 Domäne.

    Welches Cmdlet benutzen Sie, um bei aktivierten BitLocker das Kennwort für den TPM-Chip zu ändern?

4. Sie betreiben eine Windows Server 2016 Domäne.

    Sie möchten zwischen zwei Windows Server 2016 eine asynchrone Speicherreplikation einrichten.

    Welches Cmdlet benutzen Sie?

5. Sie betreiben eine Windows Server 2016 Domäne.

    Welche Voraussetzungen müssen die Laufwerke erfüllen, damit die Datendeduplizierung aktiviert werden kann?

3 Einrichten von Hyper-V

Prüfungsanforderungen von Microsoft:

o   Install and configure Hyper-V

o   Configure virtual machine settings

o   Configure Hyper-V storage

o   Configure Hyper-V Networking

Quelle: Microsoft

Lernziele:

*   Installation und Konfiguration
*   Der Hyper-V-Manager
*   Hyper-V-Einstellungen
*   Erstellen eines virtuellen Computers
*   Konfiguration der virtuellen Maschine
*   Nested Virtualization
*   Verwaltung von Hyper-V

3.1   Einführung

Vielen ist Hyper-V ja schon von den früheren Versionen her bekannt. In Windows Server 2016 hat Microsoft die bekannte Virtualisierungsplattform noch einmal erheblich verbessert. So können nun viele Verwaltungstasks, wie das Hinzufügen von virtuellen Switches, im laufenden Betrieb vorgenommen werden. Auch der Arbeitsspeicher kann nun angepasst werden, ohne dass die virtuelle Maschine heruntergefahren werden muss.

Hyper-V benötigt einen SLAT-Prozessor (Second-Level Address Translation). Das kann für ältere Hardware zum Problem werden, denn ohne diesen Prozessor lässt sich Hyper-V nicht mehr aktivieren.

Eine weitere Änderung ist das Format der Konfigurationsdateien. Bisher waren diese Dateien im XML-Format gespeichert, was auch bearbeitet werden konnte. Windows Server 2016 benutzt nun Binärdateien.

3.2 Installation und Konfiguration

Hyper-V ist eine Rolle und muss deswegen im Server Manager installiert werden.

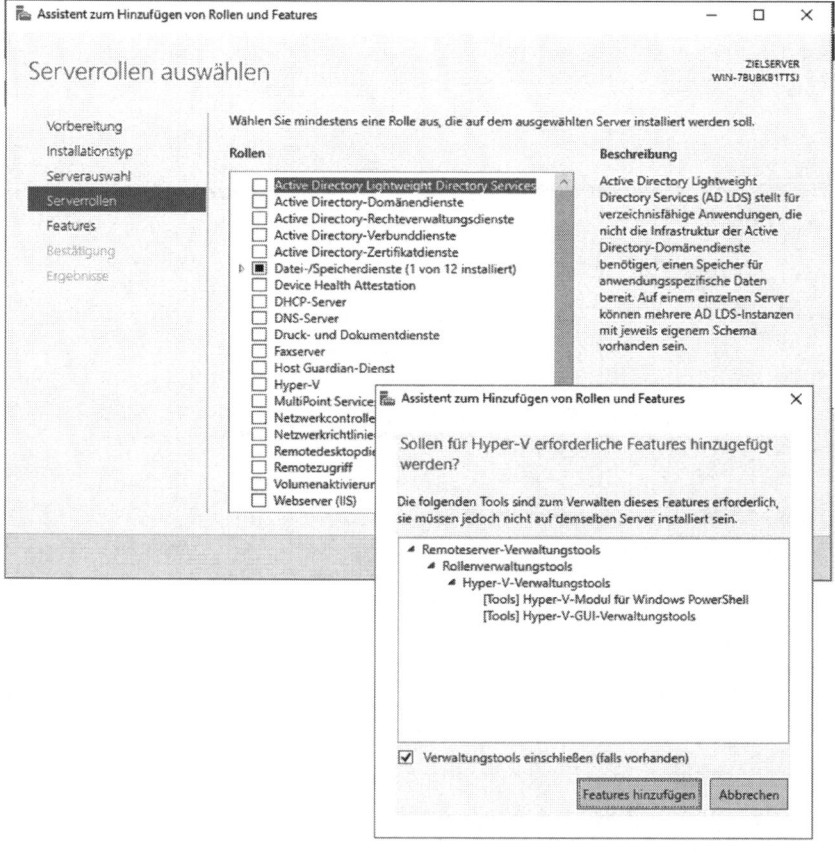

Abbildung 3.1: Installation Hyper-V

Wenn Sie die Rolle auswählen, werden automatisch die benötigten Features für die Installation angeboten.

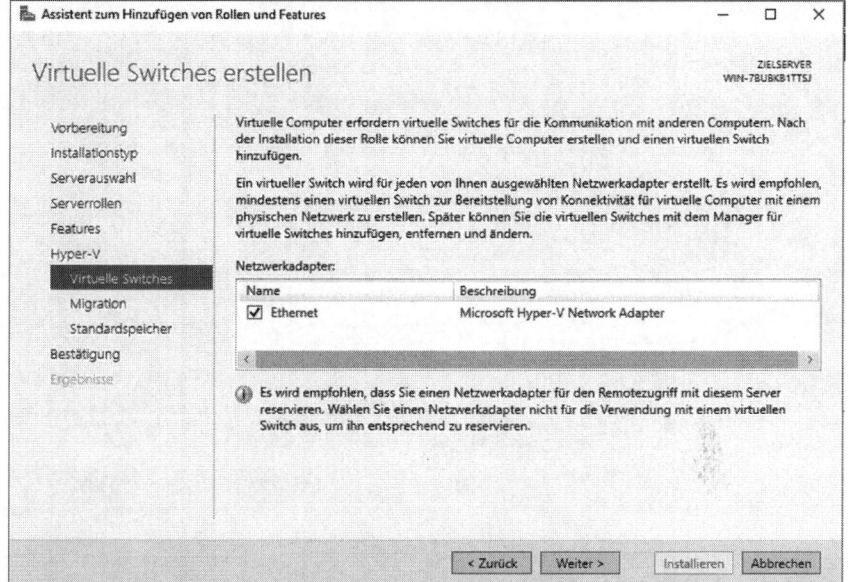

Abbildung 3.2: Virtuelle Switche

Im nächsten Schritt wählen Sie die Netzwerkkarten aus, die zum Einrichten virtueller Switche benutzt werden sollen.

Was ist ein virtueller Switch?

Hyper-V verwaltet virtuelle Maschinen über die sogenannten virtuellen Switche, die mit der realen, physikalischen Netzwerkkarte kommunizieren.

Daraus ergibt sich, dass die virtuellen Maschinen niemals direkten Zugriff auf die Netzwerkkarten des Hosts haben, sondern immer nur über eine virtuelle Komponente, dem virtuellen Switch, kommunizieren.

Damit später überhaupt auf das reale Netzwerk zugegriffen werden kann, müssen also virtuelle Switche erstellt werden. Dies kann bereits bei der Installation vorgenommen werden oder auch jederzeit später.

Der nächste Schritt ist die Konfiguration der Migration eines virtuellen Computers.

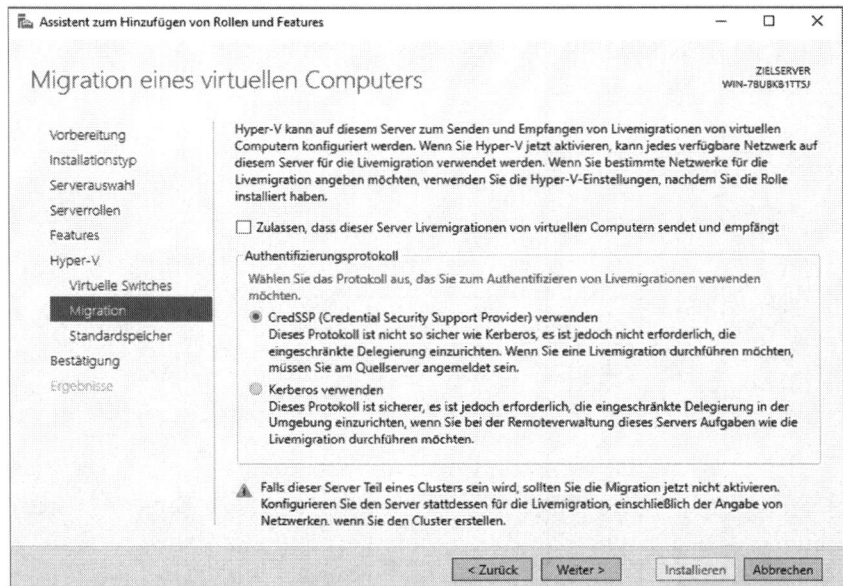

Abbildung 3.3: Migration

Die Livemigration ist das Verschieben von virtuellen Computern auf eine andere Maschine ohne Ausfallzeit.

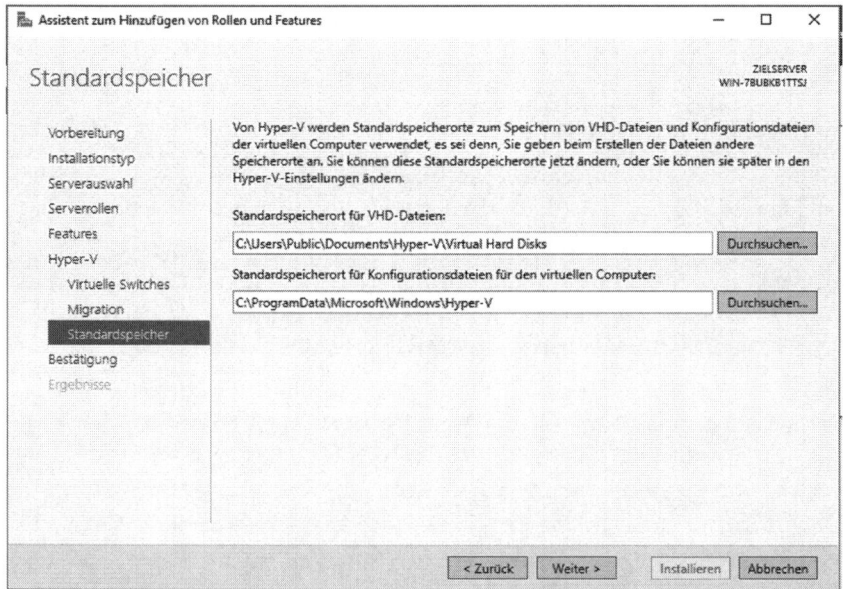

Abbildung 3.4: Standardspeicherplatz

Nachdem die Rolle nun erfolgreich installiert wurde, ist es an der Zeit, einen Blick in die Verwaltungskonsole zu werfen und die ersten virtuellen Maschinen anzulegen.

3.3   Der Hyper-V-Manager

Der Hyper-V-Manager ist das primäre Verwaltungstool für Hyper-V. Mit der Installation der Hyper-V-Rolle wird die Verwaltungskonsole automatisch installiert.

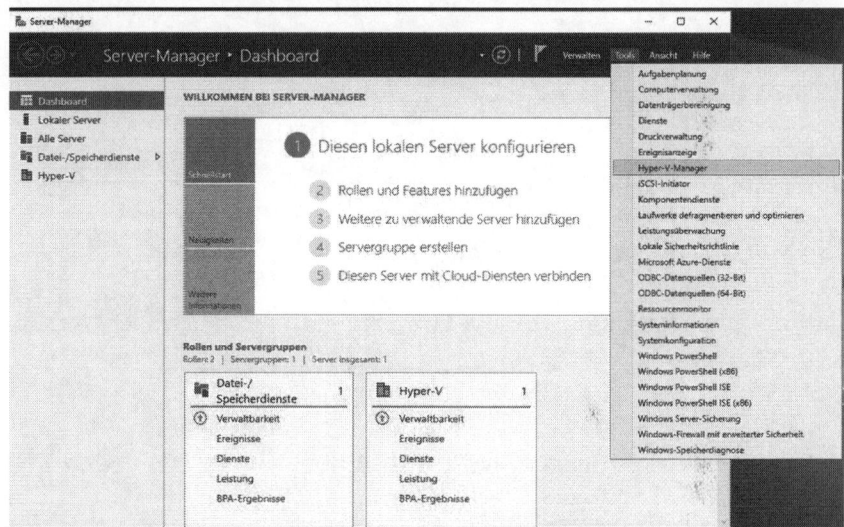

Abbildung 3.5: Hyper-V-Manager

Sie starten den Hyper-V Manager unter dem Menüpunkt „Tools".

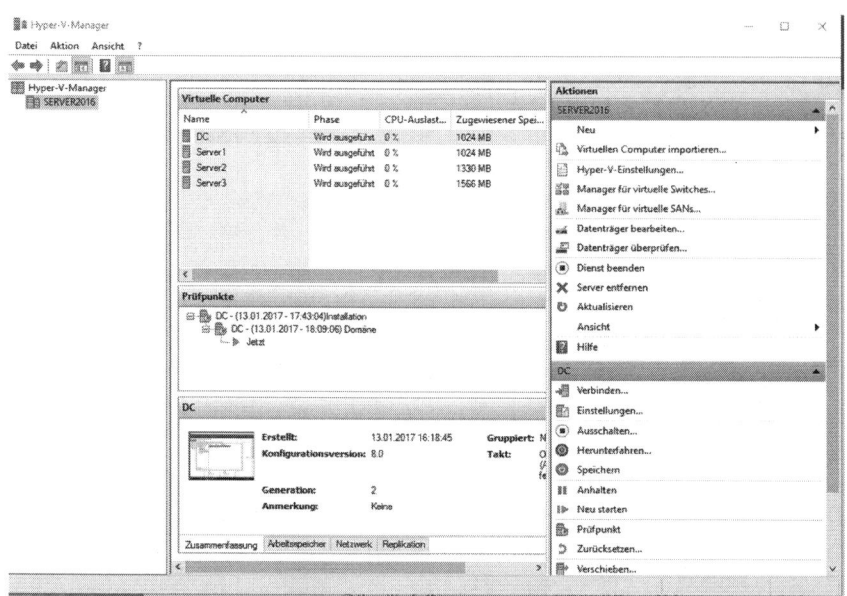

Abbildung 3.6: Managerkonsole

Die Konsole wirkt aufgeräumt und logisch.

Auf der linken Seite der Konsole findet man eine Liste der Server, mit denen eine Verbindung hergestellt wurde. Hier können auch weitere Server hinzugefügt werden.

Im mittleren Fenster findet man die virtuellen Computer, die auf dem ausgewählten Server vorhanden sind. Zusätzlich findet man hier Statusinformationen und die angelegten Prüfpunkte für die ausgewählte virtuelle Maschine.

Im rechten – dem Aktionen-Fenster – kann man die entsprechenden Operationen ausführen. Alternativ können die im Aktionen-Fenster zur Verfügung stehenden Optionen durch einen Rechtsklick auf dem entsprechenden Objekt im mittleren Fenster aufgerufen werden.

3.3.1   Anlegen einer virtuellen Festplatte

Einige Konfigurationsschritte können wir bereits machen, bevor auch nur eine virtuelle Maschine angelegt ist.

Dazu gehört auch das Anlegen einer virtuellen Festplatte.

Abbildung 3.7: Anlegen einer virtuellen Festplatte

Um eine virtuelle Festplatte anzulegen, klicken Sie im rechten Fenster auf „Neu – Festplatte".

Virtuelle Festplatten können mit dem Assistenten zum Erstellen von virtuellen Computern erstellt werden, oder aber die Festplatte kann vor dem Anlegen eines virtuellen Computers manuell erstellt werden. Beim manuellen Anlegen eines Datenträgers stehen mehr Optionen zur Verfügung.

Wenn Sie den Assistenten starten, müssen Sie sich sehr schnell entscheiden, ob Sie eine VHD, eine VHDX Datei oder einen VHD-Satz anlegen möchten.

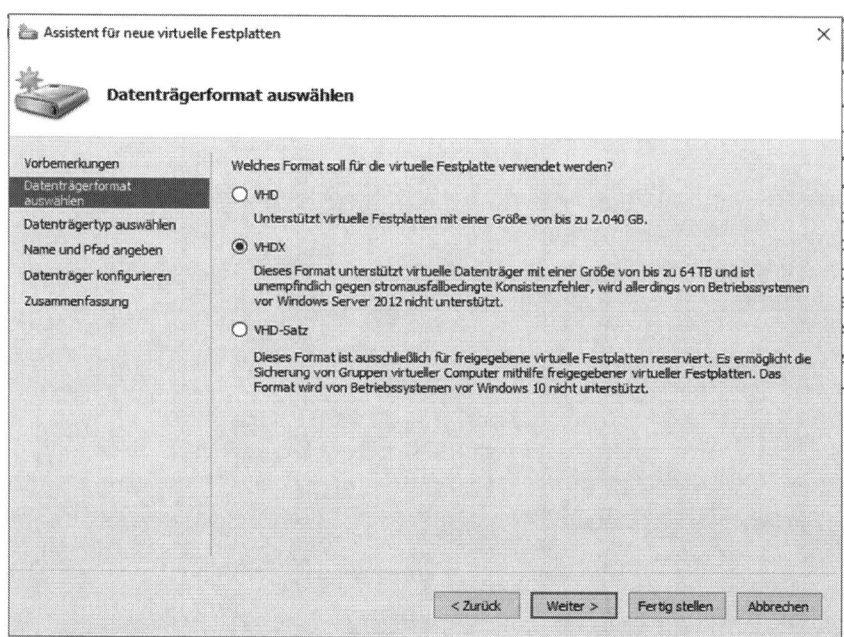

Abbildung 3.8: VHD , VHDX oder VHD-Satz

Das *.vhdx-Format hat eine Metadatenstruktur, die für bessere Datenintegrität sorgt. Auch werden in diesem Format maximal 64 TB unterstützt, beim älteren *.vhd-Format dagegen nur 2 TB.

Aus diesem Grund sollten Sie sich bevorzugt für das VHDX-Format entscheiden.

VHD-Satz ist eine Funktion, die erst ab Windows 10 unterstützt wird. Hierbei handelt es sich um freigegebene virtuelle Festplatten.

Nun wählen Sie den Datenträgertyp aus.

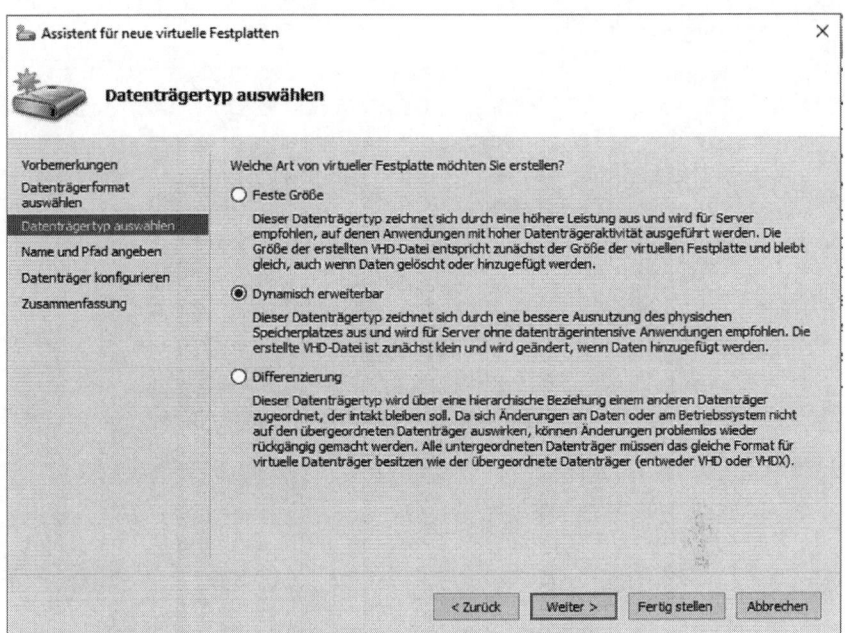

Abbildung 3.9: Datenträgertyp

Feste Größe

Ein Datenträger mit fester Größe belegt bei der Erstellung bereits die maximale Größe auf dem physischen Datenträger. Das bedeutet, dass eine 127 GB große VHD-Datei bei der Erstellung bereits 127 GB Speicherplatz belegt. Im Gegensatz zu dynamisch erweiterbaren Festplatten werden die Datenträger mit fester Größe aber „am Stück" geschrieben.

Dynamisch erweiterbar

Dynamisch erweiterbare Datenträger belegen nicht von Anfang an den gesamten Festplattenplatz auf dem physischen Datenträger. Diese VHD- oder VHDX-Datei belegt Anfangs einen Speicherplatz von 1 MB und wird bei Bedarf bis zur maximalen Größe anwachsen.

Der Vorteil von dynamisch erweiterbaren Festplatten ist der geringe Platzbedarf zu Beginn. Ein Nachteil ist allerdings, dass die Dateien im Laufe der Zeit fragmentiert – also „nicht am Stück" auf der physischen Festplatte gespeichert werden, wodurch der Zugriff erheblich langsamer werden kann.

Differenzierend

Differenzierende Festplatten bieten eine einfache Möglichkeit, Speicherplatz zu sparen, wenn mehrere „ähnliche" virtuelle Maschinen installiert werden sollen. Dabei wird eine Basisfestplatte erstellt, die das gewünschte Betriebssystem und die notwendigen Anwendungen enthält, die alle Computer erhalten sollen.

Man erstellt also einen Datenträger und installiert darauf das gewünschte Betriebssystem. Danach erstellt man einen neuen differenzierenden (differencing) Datenträger, der auf diesen Basisdatenträger verweist. Nun erstellt man einen neuen Computer, der die differenzierende Festplatte verwendet.

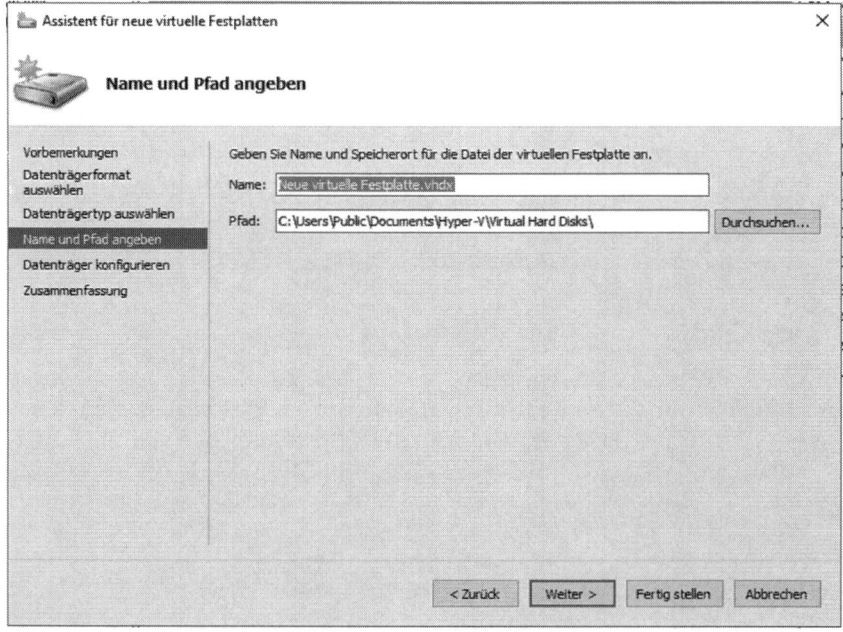

Abbildung 3.10: Name und Pfade

Der nächste Schritt besteht aus der Angabe des Speicherpfades für die virtuelle Festplatte und der Bestätigung der Erstellung.

Natürlich kann auch eine virtuelle Festplatte mithilfe der PowerShell erstellt werden. Das Cmdlet dafür lautet

New-vhd

Bei einer differenzierenden Festplatte muss noch der Parameter

-parentPath

angegeben werden.

Exkurs: Festplatten im Storage ansprechen

Bei Hyper-V können auch Pass-Through Disks konfiguriert werden. Diese bieten die Möglichkeit, dass eine virtuelle Maschine ein LUN direkt vom Storage zugewiesen bekommt. Das Storage kann dabei eine lokal an den Hyper-V angeschlossene Disk, oder ein Logical Unit (LUN) von einem Storage Area Network (SAN) sein.

Damit eine virtuelle Maschine eine solche Pass-Through Disk ansprechen kann, muss diese zunächst auf dem Host initialisiert werden. Dies kann wie gehabt im Festplattenmanager durchgeführt werden.

Sobald die Disk initialisiert wurde, muss sichergestellt werden dass diese danach wieder im „Offline" Status ist. Dies stellt sicher, dass die VM exklusiven Zugriff auf diese Disk hat.

In den Einstellungen der VM kann nun einfach eine weitere Festplatte hinzugefügt werden. Anstelle einer vhd oder vhdx-Datei wird im Drop-Down die gewünschte Pass-Through Disk gewählt.

> **ACHTUNG!**
> Wenn Sie virtuelle Maschinen der Generation 1 haben, muss der Pass-Through-Datenträger an einen IDE-Controller angeschlossen sein, bei einer VM der Generation 2 ist auch ein SCSI-Controller möglich.

Datenträger bearbeiten

Einen einmal erstellten Datenträger können Sie auch im Nachhinein bearbeiten.

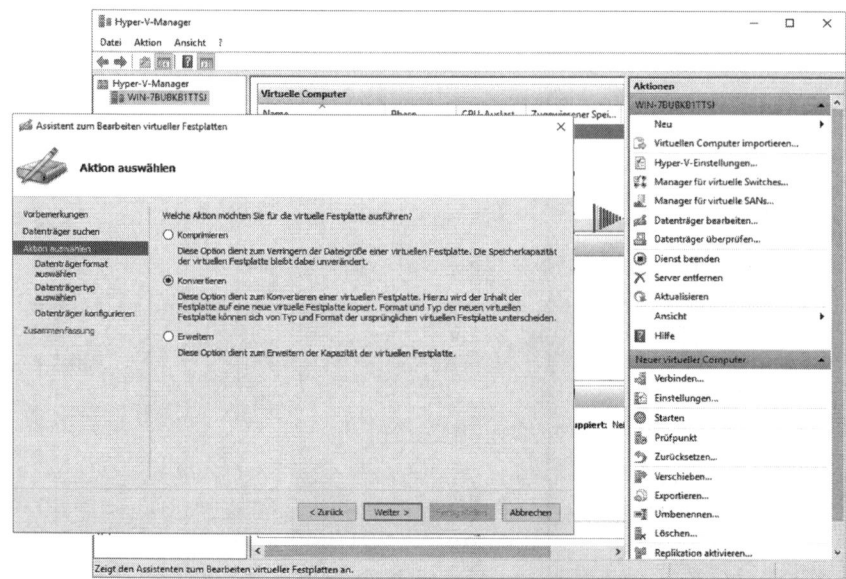

Abbildung 3.11: Bearbeiten

Sie können ihn in ein anderes Format konvertieren, die Größe ändern und vieles anderes.

Das entsprechende PowerShell Cmdlet ist

Optimize-VHD

Fehlerbehebung: Größendiskrepanz

In seltenen Fällen kann es vorkommen, dass die physische Sektorgröße einer virtuellen Festplatte nicht der der physischen Sektorgröße des Speichers entspricht, auf dem die VHD-Datei gespeichert ist. Sie erhalten in diesem Fall eine diesbezügliche Fehlermeldung.

In diesem Fall kann es zu Problemen mit den gespeicherten virtuellen Maschinen kommen.

In diesem Fall sollten Sie die virtuelle Festplatte ins .vhdx-Format umwandeln und danach die Sektorengröße anpassen.

Dies können Sie sehr einfach mit dem Cmdlet

Set-VHD

und dem Parameter

PhysicalSectorSizeBytes

vornehmen

3.3.2   Virtuelle Switche

Virtuelle Switche sind ja schon bei der Installation besprochen worden. Sie sind die Verbindung zwischen der virtuellen Maschine und der realen Netzwerkkarte.

Abbildung 3.12: Manager für virtuelle Switche

Hier können Sie neue virtuelle Switche anlegen oder vorhandene verwalten.

Es gibt drei verschiedene Arten von virtuellen Switchen.

Extern

Ein externer Switch ist an einen physischen Netzwerkadapter gebunden. Damit haben die virtuellen Computer eine Verbindung zum physischen Netzwerk und können mit Computern kommunizieren, die mit dem gleichen Netzwerk verbunden sind.

Externe Switche erstellen auf dem physischen Server eine neue Netzwerkverbindung. Auf der Verbindung der physischen Karte werden alle Protokolle, außer dem „Protokoll für Microsoft virtueller Netzwerk-Switch", deaktiviert. Auf der neuen LAN-Verbindung werden alle Konfigurationen, wie IP-Adresse, festgelegt.

Eine weitere Einstellung ist Single-Root I/O Virtualization. Hierbei handelt es sich um physikalische Funktionen von Netzwerkkarten die auch in Hyper-V zur Verfügung stehen. Netzwerkkarten, die diese

Funktion unterstützen, stellen für virtualisierte Umgebungen implementierte I/O-Kanäle zur Verfügung, mit denen sich die Karte gegenüber virtualisierten Servern wie mehrere Netzwerkkarten verhält. SR-IOV ist vor allem bei I/O-intensiven Anwendungen interessant.

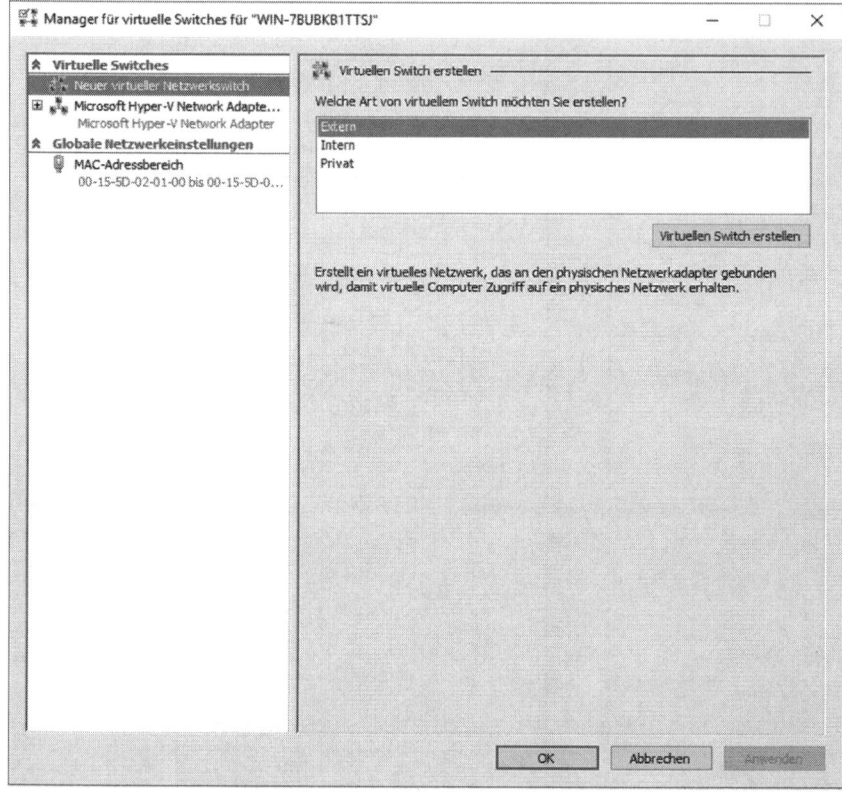

Abbildung 3.13: Virtuelle Switche verwalten

Intern

Ein interner Switch ermöglicht eine Kommunikation zwischen den virtuellen Maschinen und der sogenannten „Parent-Partition", also dem Hyper-V-Server. Eine Netzwerkkarte, die an einen internen Switch angeschlossen ist, kann keine Kommunikation „außerhalb" des physischen Hyper-V Servers durchführen.

Privat

Ein privater Switch bietet eine Kommunikation der virtuellen Maschinen untereinander. Es ist keine Kommunikation zur physischen Maschine oder mit dem physischen Netzwerk möglich. Damit kann ein komplett isoliertes Netzwerk realisiert werden.

Ein Netzwerk, das als „Privat" definiert worden ist, legt auf der physischen Maschine keine Netzwerkverbindung an. Die Kommunikation findet ausschließlich zwischen den virtuellen Computern statt.

Wenn Sie die Art des virtuellen Switches ausgewählt haben, können Sie die Eigenschaften konfigurieren.

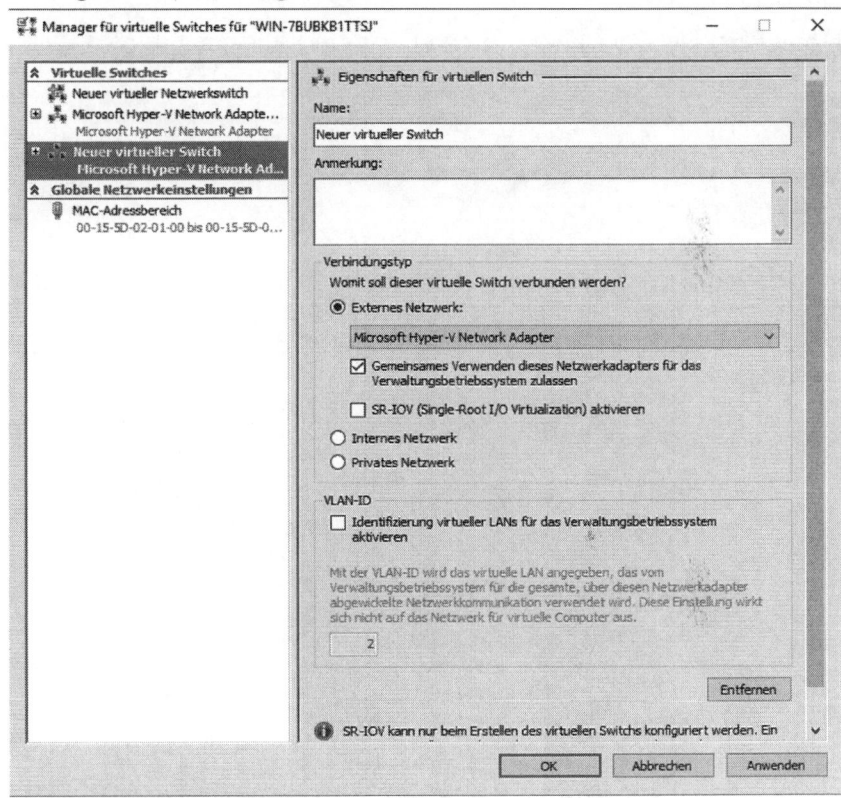

Abbildung 3.14: Eigenschaften der virtuellen Switche

Folgende Optionen sind beim Anlegen des virtuellen Netzwerkes verfügbar:

Name

Hier sollte ein aussagekräftiger Name für den virtuellen Switch verwendet werden. Zusätzlich sollte der später angelegte „Switch" in den Netzwerkverbindungen umbenannt werden, um ihn später leichter zu identifizieren.

Anmerkung

Hier kann eine detaillierte Beschreibung des Netzwerkes hinterlegt werden.

Verbindungstyp

Dies ist die Definition des Netzwerktyps: Extern, Intern oder Privat.

Identifizierung virtueller LANs für das Verwaltungsbetriebssystem aktivieren

Damit kann die Unterstützung für virtuelle LANs aktiviert werden, damit Computer basierend auf der Zugehörigkeit zu einem VLAN in bestimmte (physische) Netzwerke weitergeleitet werden und nur mit Computern in diesem VLAN „reden" können.

Die beim Anlegen definierte Option kann nachträglich natürlich wieder geändert werden.

Werden neue Netzwerke angelegt, oder vorhandene bearbeitet, kann es vorkommen, dass die Kommunikation zu den virtuellen Computern, aber auch die Kommunikation zu der physischen Maschine kurz unterbrochen wird, wenn die Netzwerkverbindungen geändert, erstellt oder gelöscht werden.

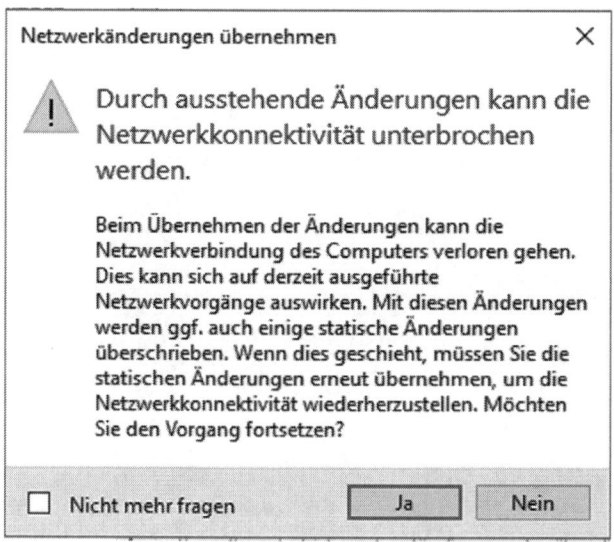

Abbildung 3.15: Warnmeldung

Nach Bestätigung steht die Verbindung zur Verfügung.

Sie können die Eigenschaften des Switches auch mit einem Cmdlet ändern:

Set-VMSwitch

3.3.3 Virtuelle SANs

Virtuelle SANs definieren eine Gruppe von Fibre Channel Ports, die mit einem physischen SAN verbunden sind.

Ein Beispiel:

Der Hyper-V Host ist mit zwei SANs verbunden, einem produktiven SAN und einem Test-SAN.

Die Verbindung erfolgt mit jedem SAN durch zwei physische Fibre Channel Ports.

In diesem Beispiel könnten Sie zwei virtuelle SANs konfigurieren, ein „Produktions SAN", der zwei physische Fibre Channel Ports hat, die mit der Produktion SAN verbunden sind, und einen „Test SAN", der zwei Fibre Channel Ports hat, die mit dem Test SAN verbunden sind.

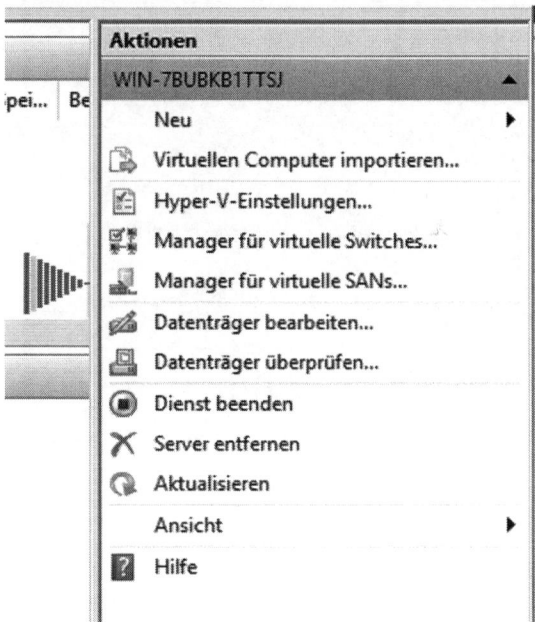

Abbildung 3.16: Manager für virtuelle SANs

Die SANs können Sie hier einrichten.

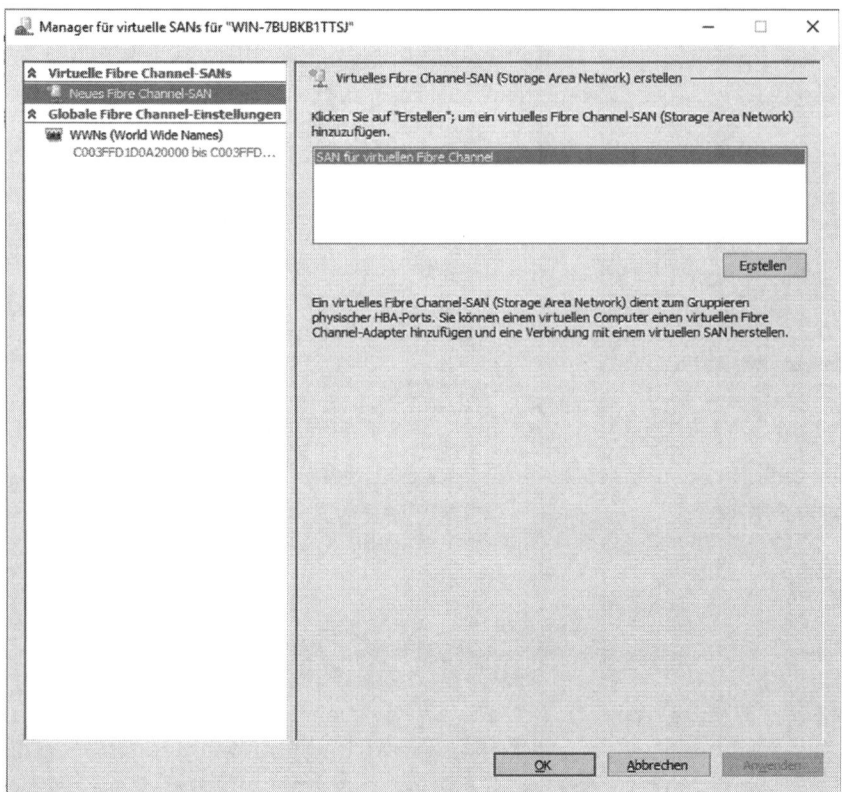

Abbildung 3.17: Einrichten von SANs

3.4 Hyper-V-Einstellungen

Natürlich können auch globale Einstellungen für die gesamte Maschine gemacht werden, dies sind die Hyper-V-Einstellungen.

Abbildung 3.18: Hyper-V-Einstellungen

Sie sehen eine Konsole für die Konfiguration.

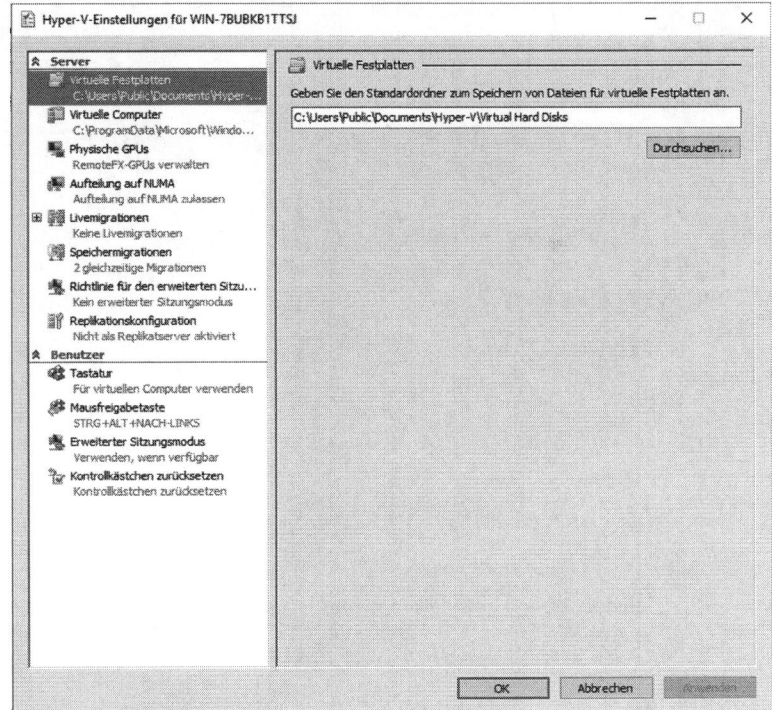

Abbildung 3.19: Konsole

Virtuelle Festplatten

Hier legen Sie den Standardpfad für die Speicherung der virtuellen Festplatten fest.

Virtuelle Computer

Dies ist der Speicherort für die Konfigurationsdateien der virtuellen Maschinen.

Physische GPUs

Wenn Sie die Desktopvirtualisierung benutzen, können Sie hier die Einstellungen für RemoteFX und die GPU-Verwaltung vornehmen.

Aufteilung auf Numa

Numa (Non Uniform Memory Access) ist eine Speicherarchitektur speziell für Multiprozessorsysteme.

Jeder Prozessor verwaltet einen Speicherbereich, mit dem er direkt verbunden ist. Über einen Bus und einen gemeinsamen Adressraum haben auch andere Prozessoren darauf Zugriff.

Daraus ergibt sich die Konsequenz, dass der Zugriff auf die Informationen sehr schnell ist, wenn sich die Daten im eigenen Speicherbereich befinden, aber relativ langsam, wenn die Daten erst über den Bus angesprochen werden müssen.

Wenn Sie nun den Haken hier setzen, werden die virtuellen Maschinen ebenfalls auf Numa-Knoten verteilt.

Dadurch sind sie dazu in der Lage, auf Speicher in jedem NUMA-Knoten zuzugreifen und diesen auch zu nutzen. Das ist die flexibelste Einstellung, kann aber leider zu Einbußen bei der Performance der virtuellen Maschinen führen.

Livemigration

Hier können Sie die Livemigration aktivieren und konfigurieren.

Speichermigration

Hier legen Sie die Anzahl der gleichzeitigen Speichermigration fest.

Richtlinie für erweiterten Sitzungsmodus

Mit dieser Funktion lassen sich aus dem Hyper-V Manager RDP-Verbindungen aufbauen. Dies hat den Vorteil, dass man einige Remotedesktopfeatures benutzen kann, unter anderem die Umleitung lokaler Ressourcen. Hier wird die Richtlinie eingeschaltet.

Replikationskonfiguration

Hier legen Sie die Replikation fest.

Hyper-V ermöglicht es, eine VM auf einen anderen Host zu replizieren.

Somit ist es möglich die gesamten VMs per Replizierung in ein Ausfall-Datencenter zu übertragen und im Falle eines Ausfalles dieses online zu schalten. Die Replikation erfolgt asynchron durch Prüfpunkte.

Tastatur

Dies sind die Einstellungen für die Benutzer.

Der Knoten „Tastatur" legt fest, wie die speziellen Windows-Tastenkombinationen von Hyper-V gehandhabt werden.

Es gibt die Optionen „für physischen Computer verwenden", „für virtuellen Computer verwenden" und die Option „für virtuellen Computer verwenden (nur bei Vollbild)". Die erste Option gibt die Tastenkombinationen nicht an die virtuellen Maschinen weiter.

Die Option „nur bei Vollbild" ist die Standardeinstellung und ist dann aktiv, wenn sich die Verbindung zur virtuellen Maschine im Vollbild befindet.

Mausfreigabe

Wenn eine virtuelle Maschine gestartet wird, ist die Maus in der virtuellen Maschine „gefangen" und kann nicht mehr auf der physikalischen Maschine verwendet werden.

Hier kann nun die Tastenkombination festgelegt werden, mit der die Maus befreit wird. Die Standard-Tastenkombination ist STRG+ALT+NACH-LINKS.

Erweiterter Sitzungsmodus

An dieser Stelle aktivieren Sie den erweiterten Sitzungsmodus.

Kontrollkästchen zurücksetzen

Der letzte Punkt in den Hyper-V-Einstellungen setzt alle Kontrollkästchen zurück. Damit werden alle Meldungen, die mit „diese Meldung nicht noch einmal anzeigen" deaktiviert worden sind, erneut beim nächsten Mal angezeigt.

3.5 Erstellen eines virtuellen Computers

Nun können wir einen virtuellen Computer erstellen.

Abbildung 3.20: Virtuellen Computer erstellen

Dazu klicken Sie auf „Neu – Virtueller Computer".
Ein Assistent startet.

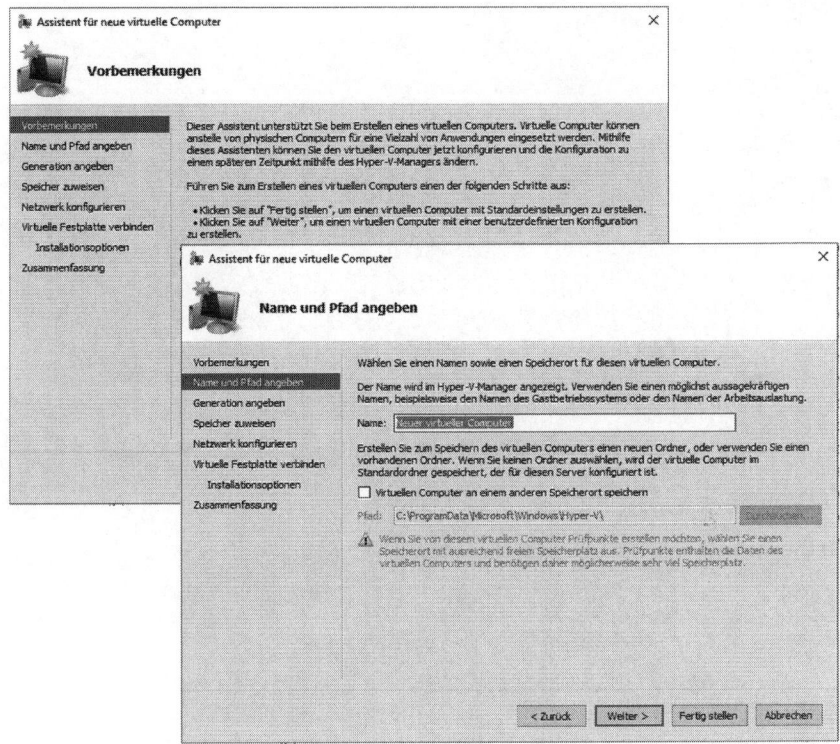

Abbildung 3.21: Name und Pfad

Zunächst legen Sie den Namen des virtuellen Computers fest. Auch den Speicherort können Sie hier ändern.

Nun legen Sie die Generation des neuen virtuellen Computers fest.

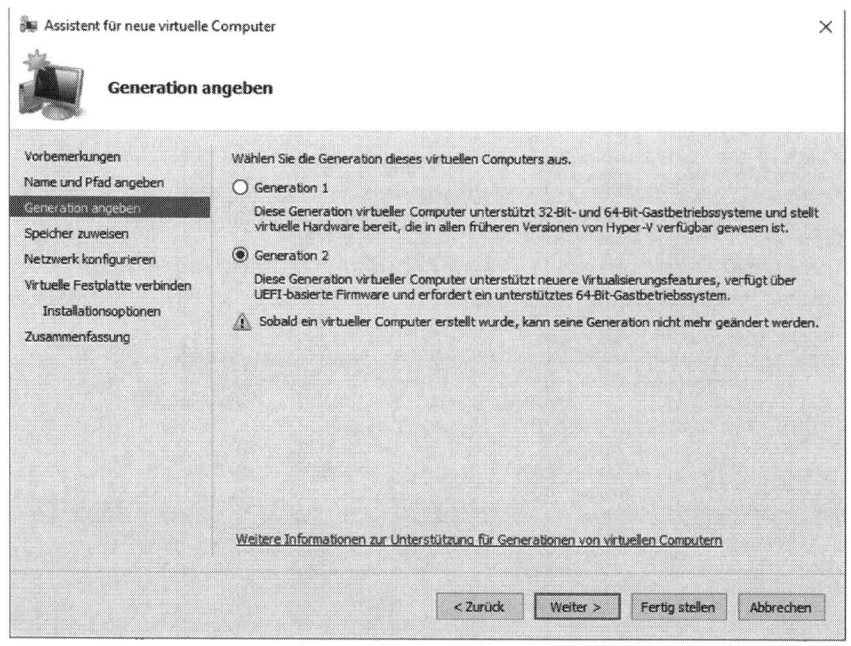

Abbildung 3.22: Generation

Generation 1:

Das ist die alte Variante, hier wird der virtuelle Computer genauso wie in früheren Hyper-V Versionen dargestellt.

Hierbei ist ein PXE-Start nur möglich, wenn eine „Ältere Netzwerkkarte" hinzugefügt wird.

Generation 2:

Hier sind folgende Änderungen:

- UEFI-Firmwareunterstützung
- PXE-Start mithilfe einer standardmäßigen Netzwerkkarte
- Starten von einer virtuellen SCSI-Festplatte
- Starten von einer virtuellen SCSI-DVD
- Sicherer Start (standardmäßig aktiviert)

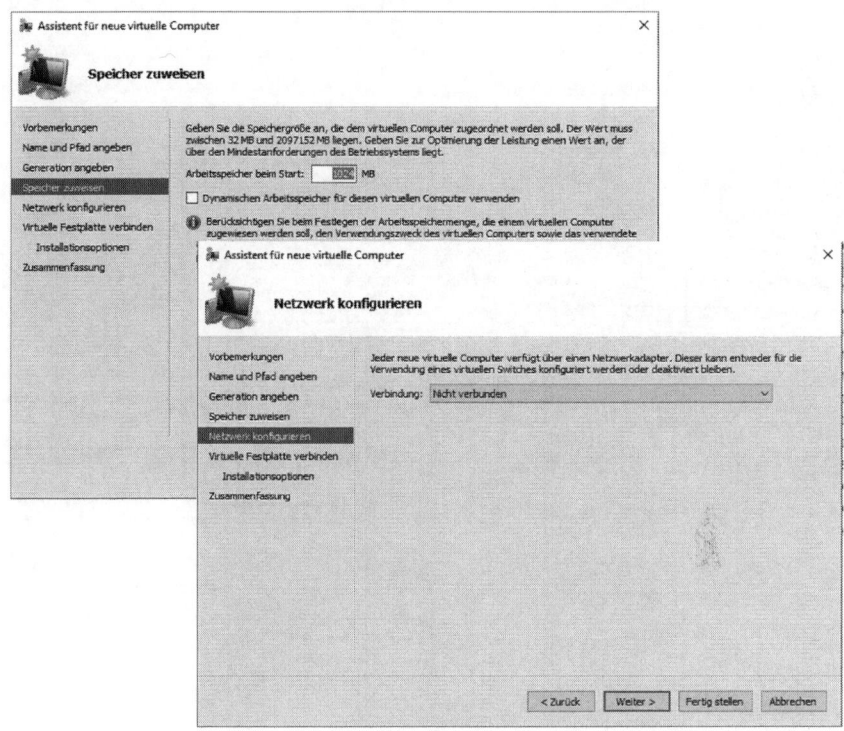

Abbildung 3.23: Arbeitsspeicher und virtueller Switch

Das Fenster „Speicher zuweisen" legt fest, wie viel Arbeitsspeicher der virtuellen Maschine zugewiesen wird. Pro virtuelle Maschine können maximal 64 GB RAM zugeordnet werden. Die hier festgelegten Werte können nachträglich wieder geändert werden. Dazu muss man allerdings die virtuelle Maschine ausschalten bzw. herunterfahren.

Die Karteikarte „Netzwerk konfigurieren" lässt Ihnen die Auswahl des zuvor angelegten virtuellen Switches.

„Nicht verbunden" legt fest, dass die virtuelle Maschine nicht mit einem Netzwerk verbunden ist.

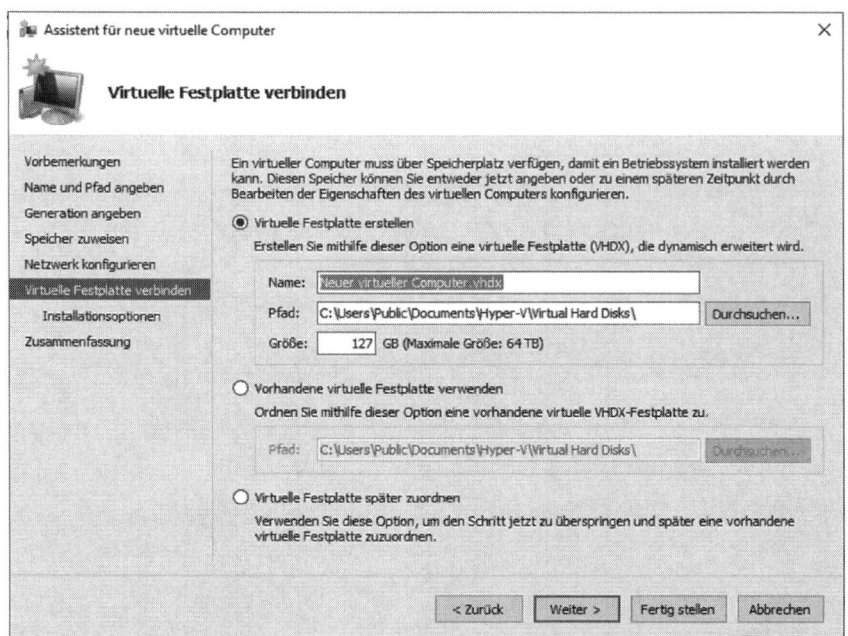

Abbildung 3.24: Virtuelle Festplatte

Im nächsten Fenster des Assistenten wird die virtuelle Festplatte zugewiesen. Standardmäßig schlägt der Assistent vor, eine neue Festplatte mit dem Namen der virtuellen Maschine anzulegen. Dies ist eine VHDX-Datei.

Die Option „vorhandene virtuelle Festplatte verwenden" bietet die Option, eine existierende .VHD- oder VHDX-Datei zu verwenden.

Die Option „virtuelle Festplatte später zuordnen" weist der virtuellen Maschine keine .VHD-Datei zu.

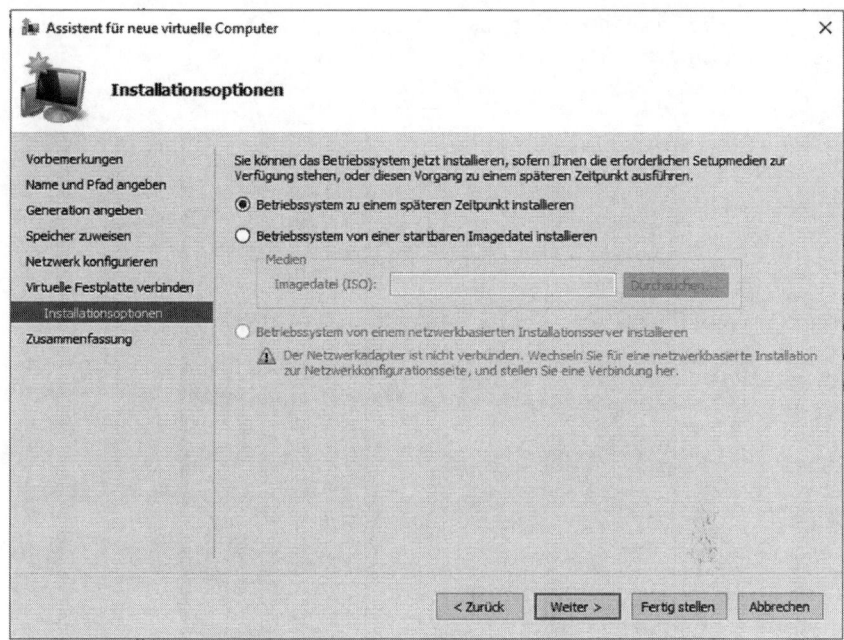

Abbildung 3.25: Installationsoptionen

Das Fenster „Installationsoptionen" bietet eine Möglichkeit, festzulegen, von wo das Betriebssystem installiert werden soll.

Folgende Optionen stehen zur Verfügung:

Betriebssystem zu einem späteren Zeitpunkt installieren

Es wird keine Konfiguration zum Installieren eines Betriebssystems vorgenommen.

Betriebssystem von startfähiger CD/DVD-ROM installieren

Man kann entscheiden, ob ein „physikalisches" Laufwerk des Hyper-V-Servers verwendet wird, oder ob eine Abbilddatei (ISO) verwendet werden soll. ISO-Dateien können nicht gleichzeitig von mehreren virtuellen Maschinen verwendet werden.

Betriebssystem von startfähiger Diskette installieren

Diese Option legt fest, dass das System von einer virtuellen Floppy-Disk (VFD) gestartet wird.

Betriebssystem von einem netzwerkbasierten Installationsserver installieren

Diese Option ermöglicht die Installation von einem Installationsserver (Windows Deployment Services – WDS). Dabei wird die komplette Installation über das Netzwerk ausgeführt.

Damit ist die virtuelle Maschine erstellt und kann im nächsten Schritt weiter konfiguriert werden.

Danach kann das Betriebssystem installiert werden. Natürlich können Sie auch Linux und FreeBSD VMs erstellen.

Das PowerShell Cmdlet für die Erstellung einer neuen virtuellen Maschine lautet

New-VM

Ohne weitere Parameter wird hiermit eine VM der Generation 1 erstellt!

3.6 Konfiguration der virtuellen Maschine

Die Einstellungen einer virtuellen Maschine können Sie jederzeit ändern, zumindest immer dann, wenn der Computer nicht läuft. Einige Einstellungen können Sie sogar bei laufender Maschine ändern, wie die Zuordnung der virtuellen Switche.

Zum Konfigurieren klicken Sie mit der rechten Maustaste auf die gewünschte virtuelle Maschine und wählen „Einstellungen".

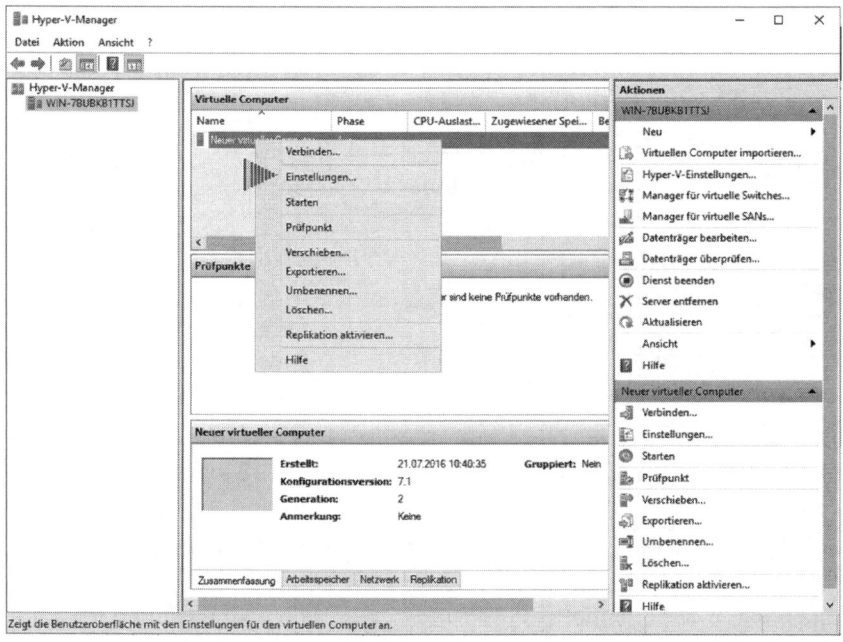

Abbildung 3.26: Einstellungen

Nun sehen Sie alle Einstellungsmöglichkeiten.

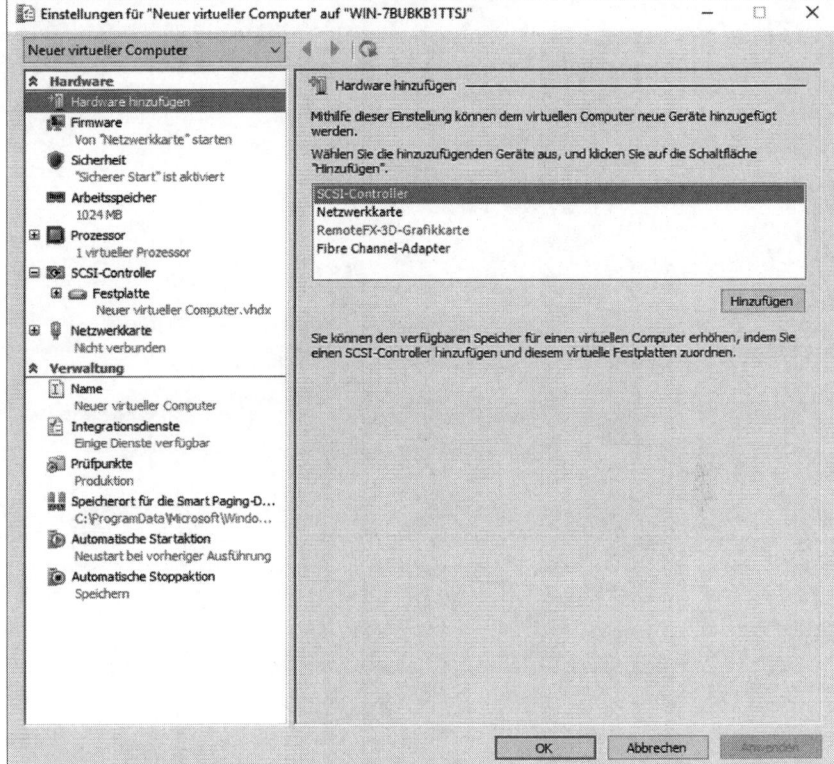

Abbildung 3.27: Alle Einstellungen

Einige der wichtigen Einstellungen betrachten wir an dieser Stelle genauer.

3.6.1   Hardware hinzufügen

Sollten Sie neue virtuelle Hardwarekomponenten benötigen, können Sie diese an dieser Stelle definieren.

Wenn Sie eine virtuelle Maschine der Version 1 betreiben, haben Sie hier noch eine zusätzliche Auswahl: „ältere Netzwerkkarte".

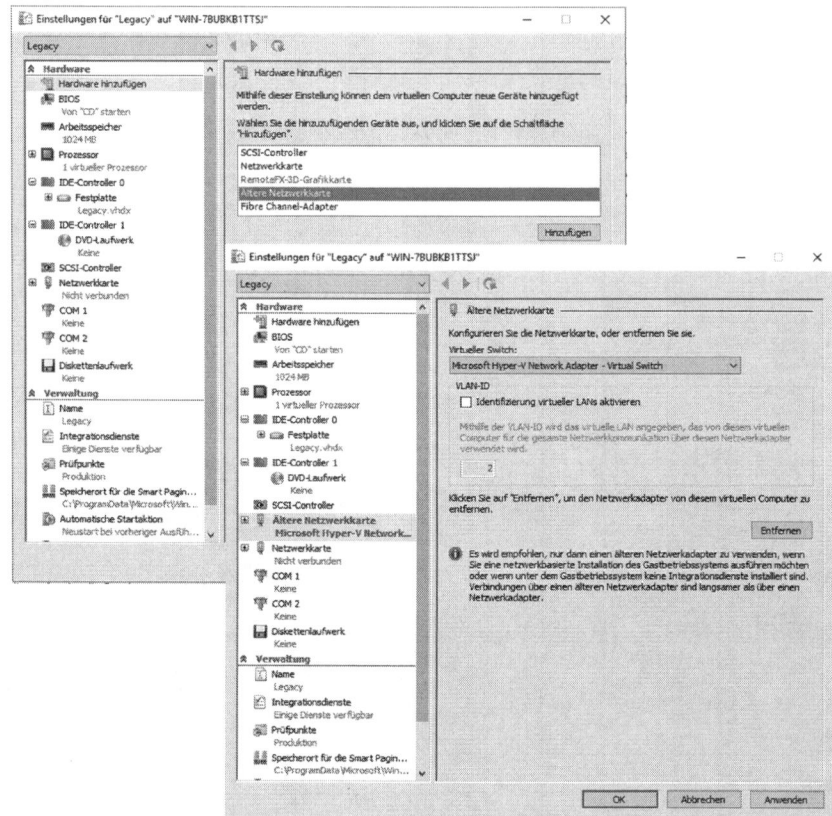

Abbildung 3.28: Ältere Netzwerkkarte

Bei einer älteren Netzwerkkarte wird die Rechenleistung vom Gastbetriebssystem übernommen, was bei einer normalen virtuellen Netzwerkkarte nicht erforderlich ist. Deswegen sind diese Karten auch um einiges langsamer.

Die „ältere Netzwerkkarte" sollte nur verwendet werden, wenn es keine Alternative gibt, also, wenn der virtuelle Server die normale Netzwerkkarte nicht unterstützt oder eventuell ein PXE-Start benötigt wird, der mit einer neuen Netzwerkkarte nicht funktioniert.

3.6.2   Firmware

Hier legen Sie die Startreihenfolge fest.

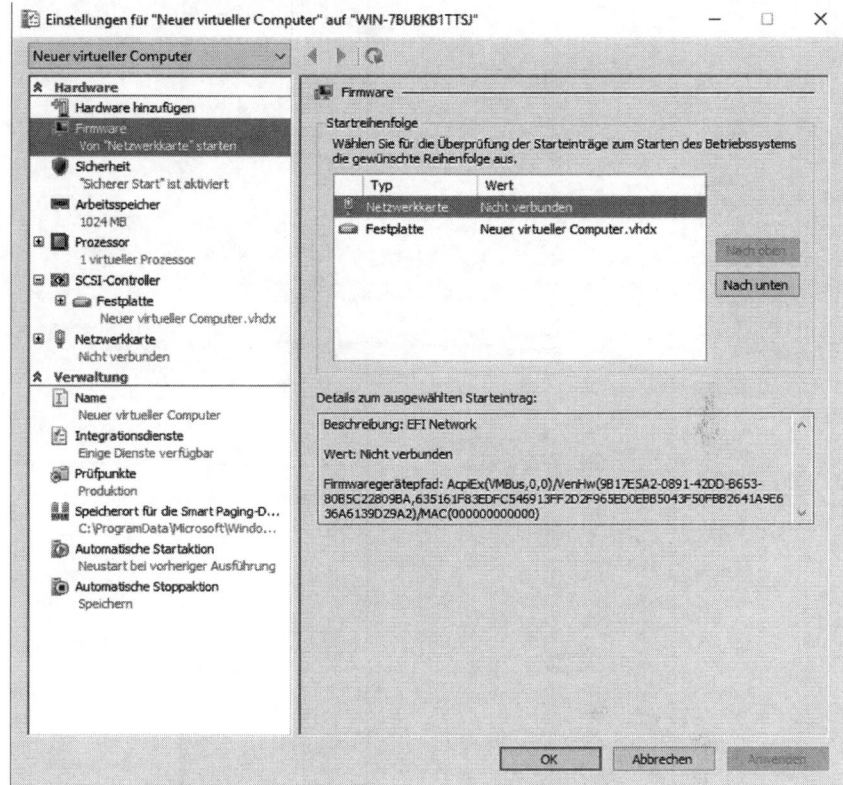

Abbildung 3.29: Firmware

3.6.3   Sicherheit

Hier legen Sie den sicheren Start fest.

Auch können Sie hier TPM für die virtuelle Maschine einrichten. Dies ist eine neue Funktion von Windows Server 2016 und bietet nun endlich auch die Möglichkeit, virtuelle Maschinen zu verschlüsseln.

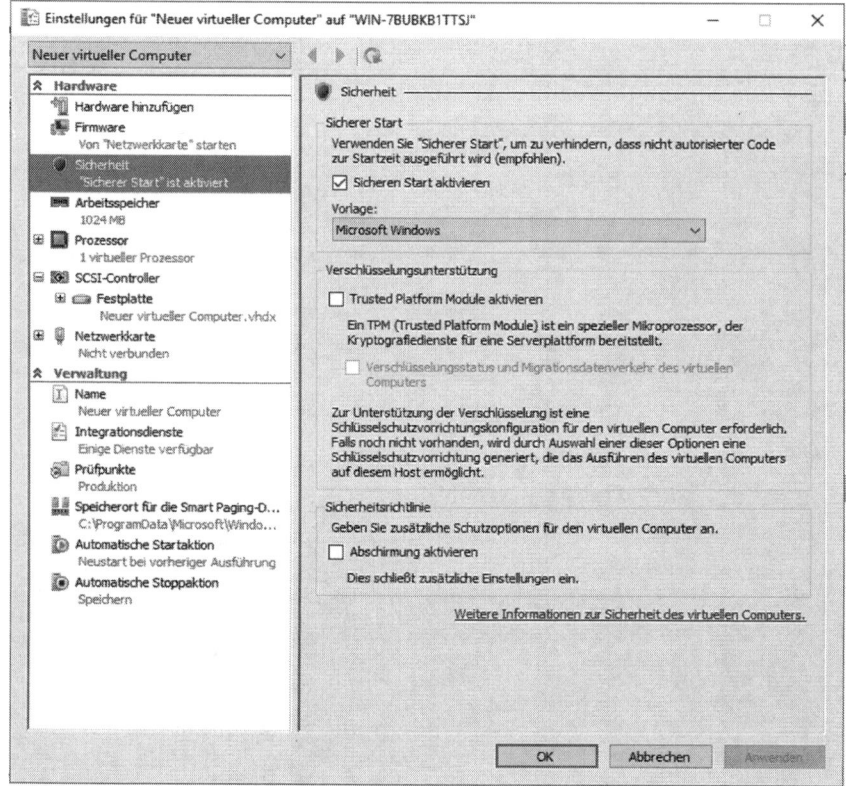

Abbildung 3.30: Sicherheit

Im letzten Schritt ist es möglich, die Abschirmung zu aktivieren.

Abschirmung bedeutet, dass die virtuelle Maschine von allen externen Zugriffen geschützt ist.

Dafür muss die Rolle Host Guardian-Dienst installiert werden.

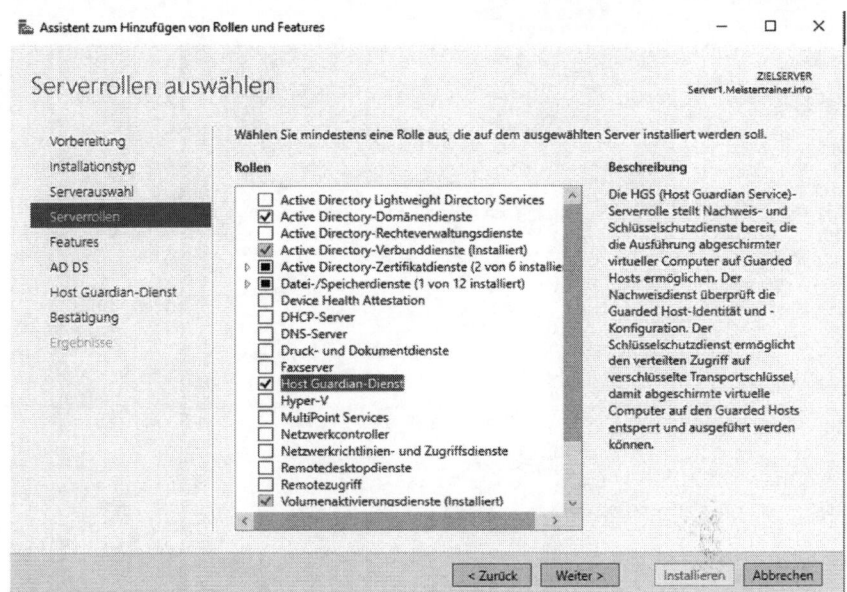

Abbildung 3.31: Host Guardian-Dienst

Die Konfiguration ist sehr komplex, an dieser Stelle gehen wir nicht weiter darauf ein.

Host Guardian basiert auf BitLocker, deswegen muss die virtuelle Maschine, die geschützt werden soll, auch für BitLocker konfiguriert werden.

Da BitLocker eine weitere Partition benötigt, muss eben diese Partition mit „Diskpart" zunächst erstellt werden.

3.6.4 Arbeitsspeicher

Sie können jeder Maschine hier dynamischen Arbeitsspeicher zuweisen. Dazu geben Sie einen Startwert an, und einen Maximalwert, bis zu dem er ansteigen kann.

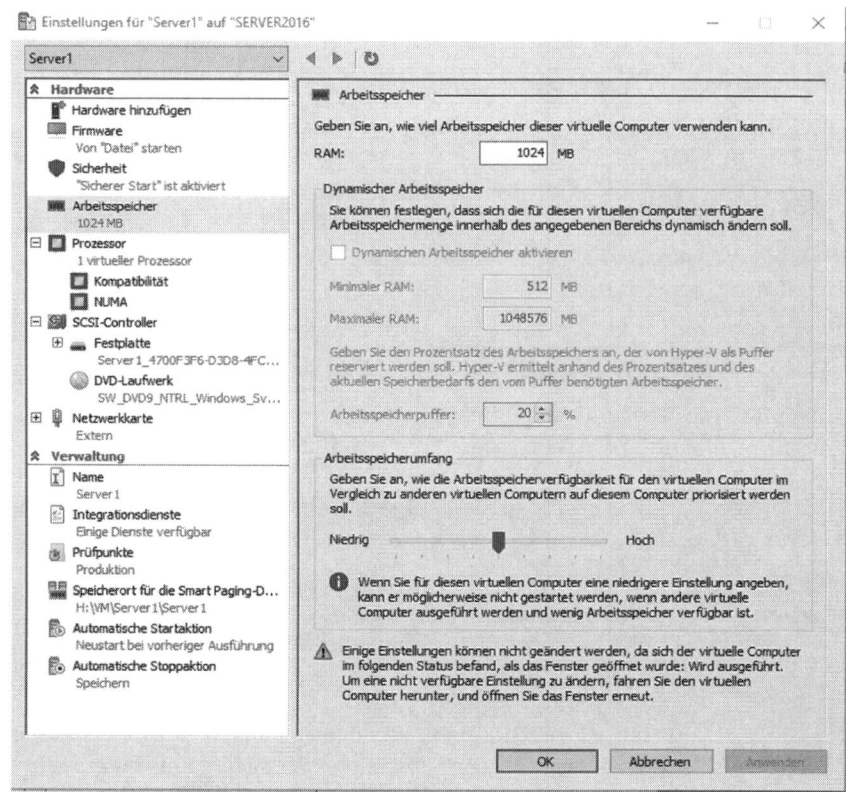

Abbildung 3.32: Arbeitsspeicher

An dieser Stelle können Sie auch jederzeit den Arbeitsspeicher ändern, auch wenn die virtuelle Maschine läuft!

3.6.5 Prozessor

Bei der Konfiguration des Prozessors ist besonders die Ressourcensteuerung interessant.

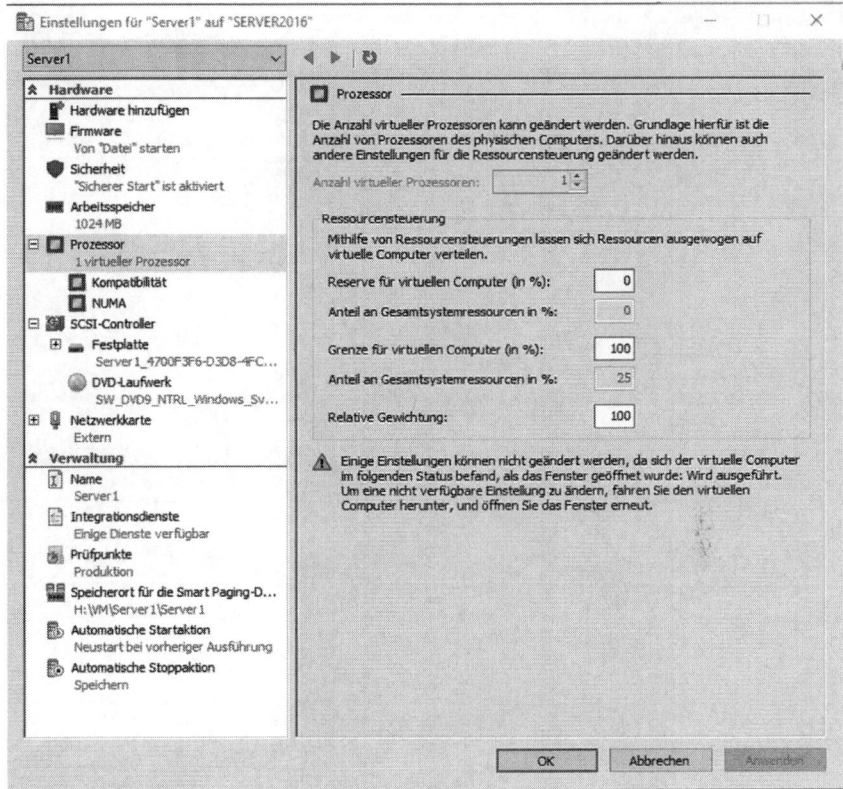

Abbildung 3.33: Prozessor

Hier können Sie die Prozessorzeit zuordnen.

Der Unterpunkt „Kompatibilität" hat nur eine Bedeutung für die Livemigration, bei der ein virtueller Computer auf einen anderen Host verschoben wird.

Wenn die Hardware nicht 100% identisch ist, läuft die virtuelle Maschine eventuell nicht.

Deswegen sollte der Haken hier gesetzt sein.

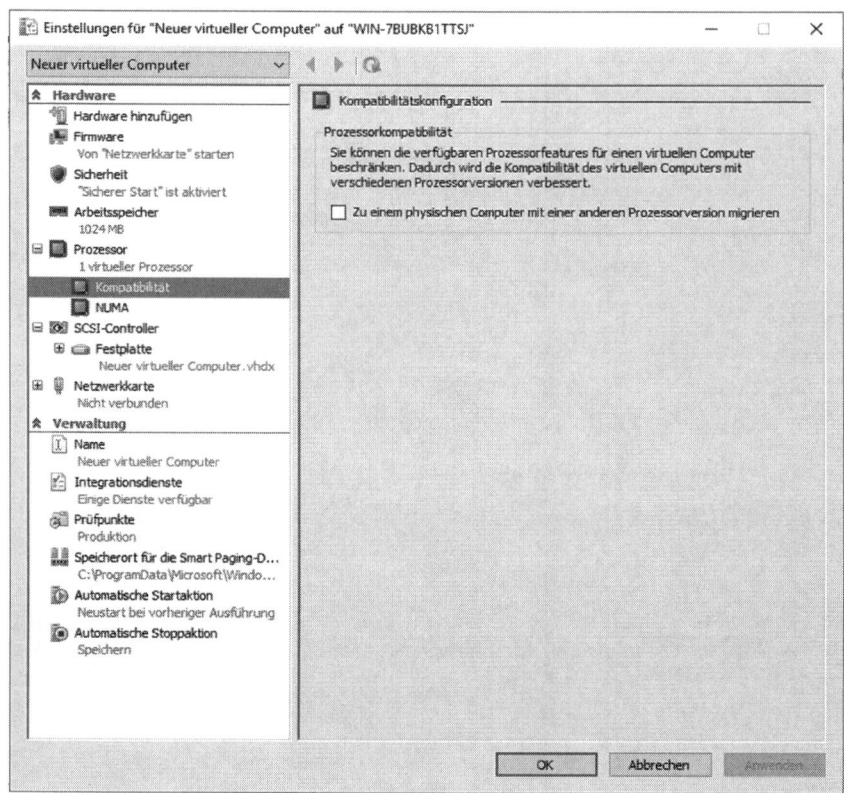

Abbildung 3.34: Kompatibilität

Bleibt noch der Unterpunkt „NUMA".

Aufteilung auf NUMA

Bei der Konfiguration der Hostmaschine haben wir gesehen, dass NUMA (Non Uniform Memory Access) aktiviert werden kann.

Hier wird nun die Einteilung für die entsprechende virtuelle Maschine festgelegt.

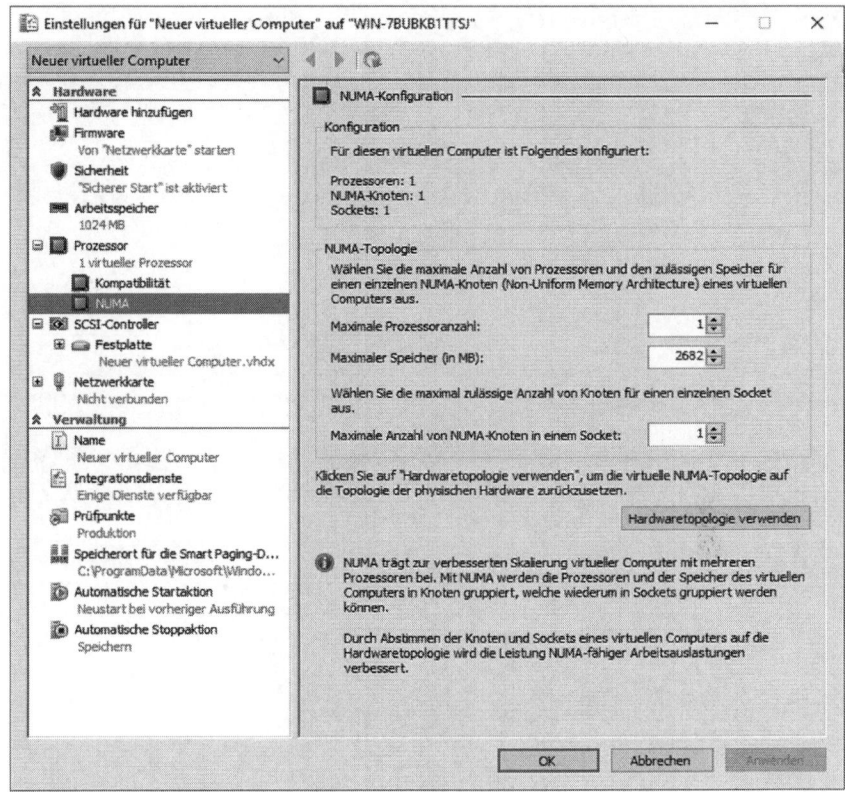

Abbildung 3.35: NUMA

Exkurs: Receive Side Scaling (RSS)

Receive Side Scaling ist eine Technologie, mit der es möglich ist, die Netzwerkverarbeitungslast über mehrere Prozessorkerne zu verteilen, wenn der Computer mehrere Kerne hat.

Dadurch ist der Datendurchsatz deutlich höher.

Diese Technologie ist bereits bekannt, seit Windows Server 2012 werden sogar mehr als 64 Prozessoren unterstützt.

Mit Windows Server 2016 wird RSS auch für virtuelle Maschinen eingeführt. Damit können auch virtuelle Netzwerkadapter die Last über die Prozessorkerne verteilen und damit eine deutliche Performancesteigerung erreichen. Diese Funktion wird „Virtual Receive Side Scaling (vRSS)" genannt.

RSS und vRSS aktivieren Sie, indem Sie innerhalb der virtuellen Maschine den Geräte-Manager öffnen und die Eigenschaften der gewünschten Netzwerkkarte bearbeiten.

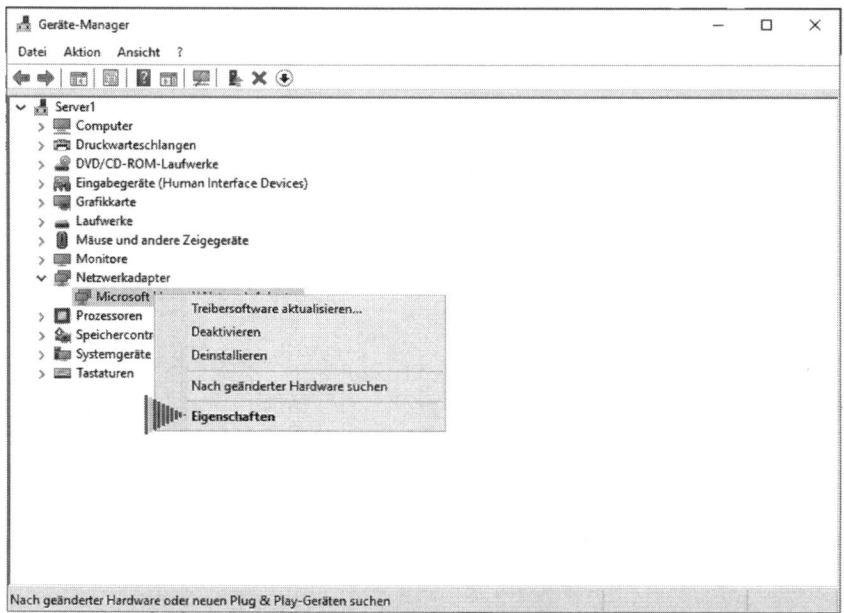

Abbildung 3.36: Eigenschaften der virtuellen Netzwerkkarte

Hier wechseln Sie auf die Karteikarte „Erweitert".

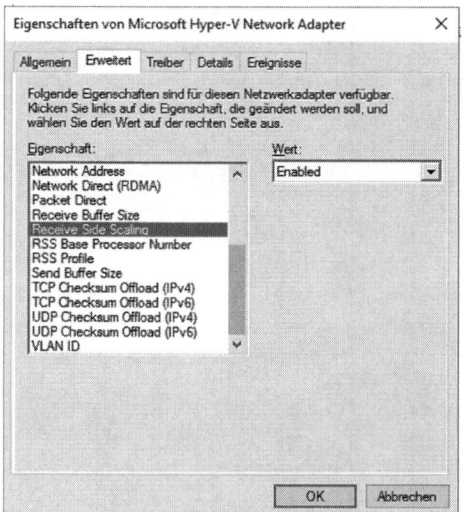

Abbildung 3.37: Erweitert

Suchen Sie die Eigenschaft „Receive Side Scaling" und setzen Sie den Wert auf „Enabled".

Natürlich können Sie die Konfiguration auch in der PowerShell vornehmen, mit folgendem Befehl:

Enable-NetAdapterRSS –Name „NameDesAdapters"

Abbildung 3.38: PowerShell Befehl

Auch folgender Befehl führt zum Ziel:

Set-NetAdapterRSS -Name "NameDesAdapters" -Enabled $True

3.6.6   SCSI-Controller

Hier können Sie weitere Laufwerke hinzufügen.

Eine sehr interessante Einstellungsmöglichkeit finden Sie unterhalb der Festplatten: QoS.

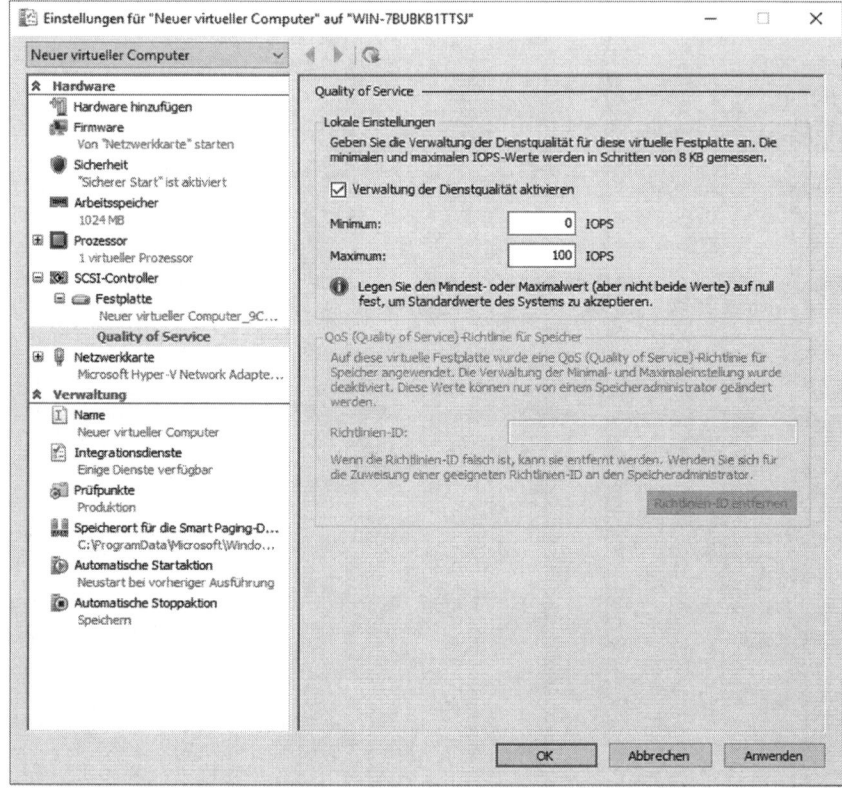

Abbildung 3.39: QOS

QoS, Quality of Service, ist die Kontrolle der Zugriffe auf die Festplatten. Hierbei wird eine Untergrenze und eine Obergrenze für IOPS (Input/Output operations per Second) festgelegt.

Diese Grenzen werden für jedes Laufwerk festgelegt, damit sind Sie sehr flexibel.

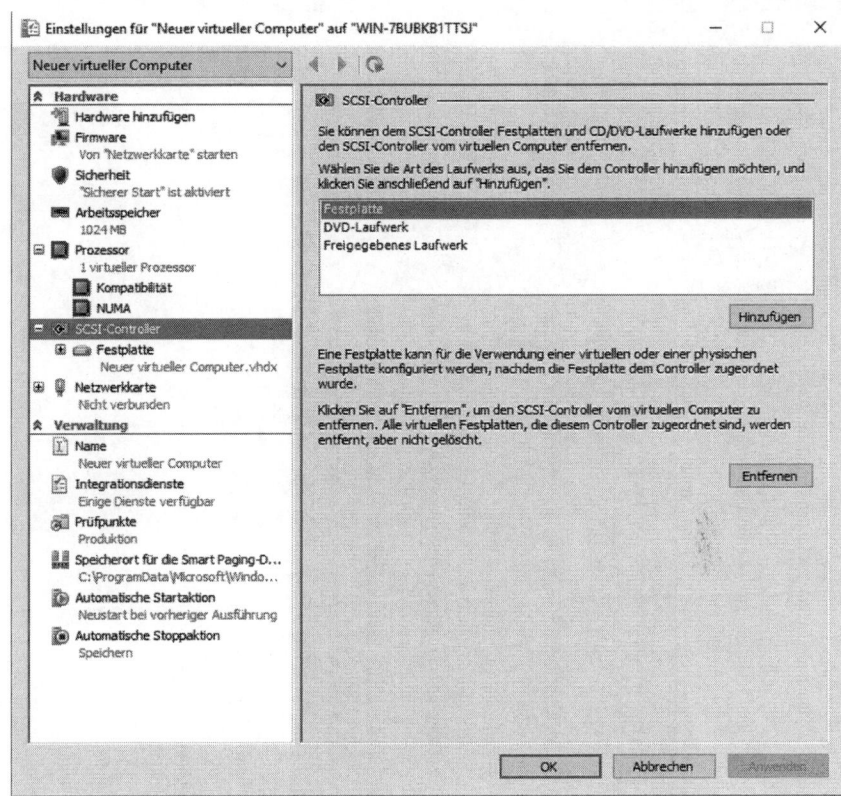

Abbildung 3.40: SCSI-Controller

3.6.7   Netzwerkkarte

Bei den Netzwerkkarten gibt es sehr viele wichtige Einstellungsmöglichkeiten.

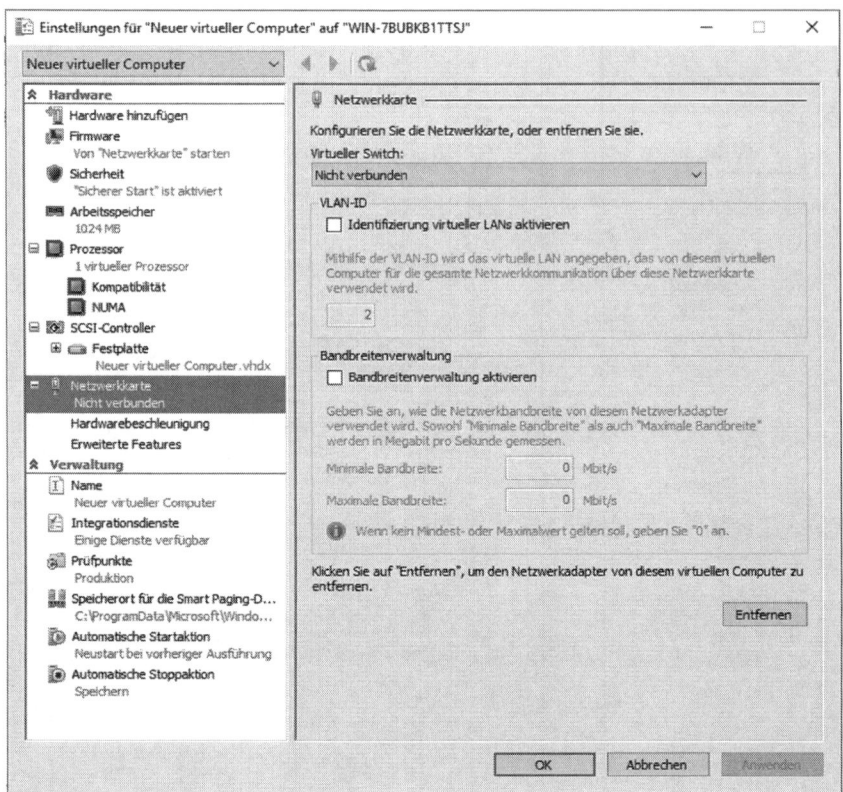

Abbildung 3.41: Netzwerkkarte

Zunächst können wir hier den virtuellen Switch wählen, mit dem wir arbeiten wollen.

VLAN-ID

Hier legen Sie fest, welches virtuelle LAN benutzt werden soll.

Sie legen eine eindeutige Identifikationsnummer fest, die den Datenverkehr isoliert.

Die Bandbreitenverwaltung ist ebenfalls eine interessante Konfigurationsmöglichkeit. Sie können sowohl die minimale als auch die maximale Bandbreite für die gewählte Netzwerkkarte festlegen.

Hardwarebeschleunigung

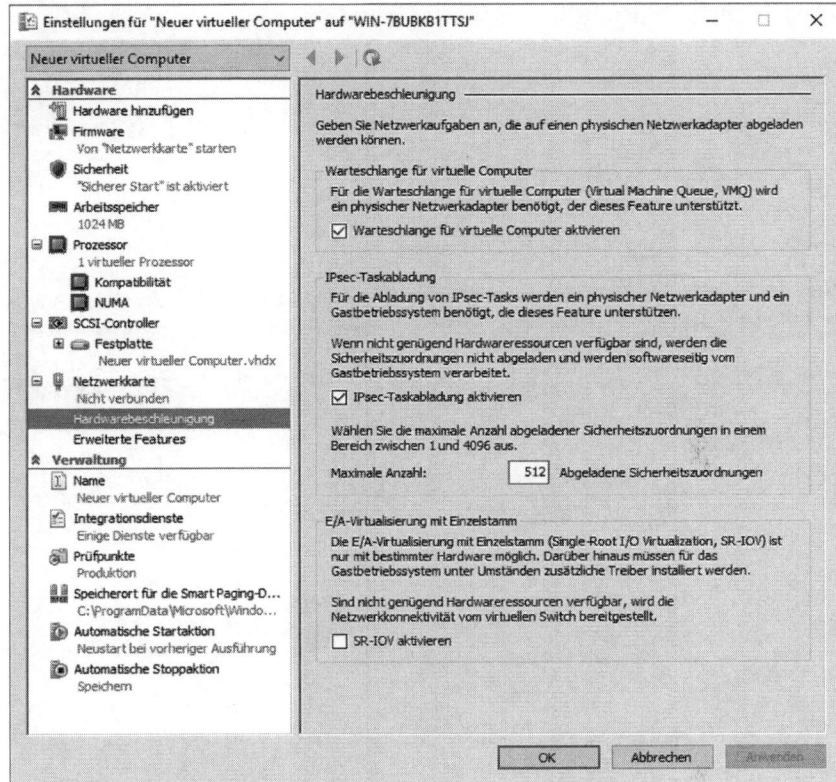

Abbildung 3.42: Hardwarebeschleunigung

Hier dreht sich alles um die Performance der Netzwerkkarte.

Die Warteschlange für virtuelle Computer sollte immer aktiviert sein, damit alle Anfragen bereits in einer Warteschlange stehen. Alle modernen Netzwerkkarten unterstützen diese Funktion.

IPSec-Taskabladung

Hier werden die Ressourcen der Netzwerkkarte verwendet, um IPSec Verschlüsselung zu benutzen. Das beschleunigt den Datenverkehr, da der Prozessor entlastet ist.

E/A-Virtualisierung mit Einzelstamm

Im Englischen heißt diese Funktion „Single-Root I/O Virtualization (SR-IOV)", die etwas aussagekräftiger ist.

Moderne Netzwerkkarten unterstützen eine Funktion, die bildlich gesprochen, die Netzwerkkarte in mehrere Karten aufteilt, diese „virtuellen Netzwerkkarten" nennen sich „Virtual Functions (VF)". Diese VF können direkt als Netzwerkkarte angesprochen werden, um eine direkte Kommunikation zu erreichen.

Erweiterte Features

Hier sehen Sie noch einige weitere Funktionen der Netzwerkkarte.

Zunächst können Sie wählen, ob die MAC-Adresse dynamisch oder statisch gehandhabt werden soll.

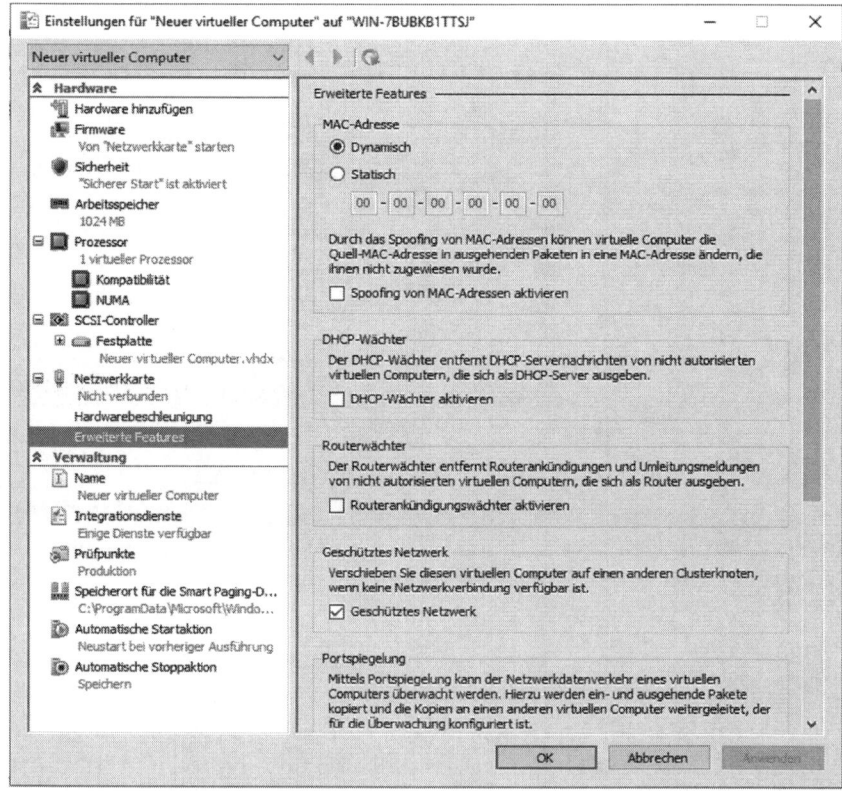

Abbildung 3.43: Erweiterte Features

Das „Spoofing" von MAC Adressen bedeutet, dass das Hostsystem der virtuellen Maschine eine alternative MAC –Adresse zur Verfügung stellen kann.

DHCP-Wächter

Der DHCP-Wächter stellt sicher, dass ein DHCP-Server in der virtuellen Maschine keine IP-Adressen über bestimmte virtuelle Netzwerke verteilt.

Routerwächter

Mit aktiviertem Routerwächter werden bestimmte IP-Pakete verworfen, so dass der virtuelle Computer nicht als Router arbeiten kann.

Geschütztes Netzwerk

Diese Einstellung hat nur dann Bedeutung, wenn wir Hyper-V Clustering benutzen, das an anderer Stelle besprochen wird.

NIC-Teaming

NIC-Teaming können Sie natürlich auch in einer virtuellen Maschine einsetzen. Die einzige Voraussetzung ist, dass die virtuellen Netzwerkkarten mit verschiedenen externen virtuellen Switches verbunden sind.

ACHTUNG!
NIC-Teaming in einer virtuellen Maschine funktioniert nur, wenn die Netzwerkkarten mit dem externen virtuellen Switch verbunden sind. Mit internen oder privaten Switches funktioniert NIC-Teaming nicht!

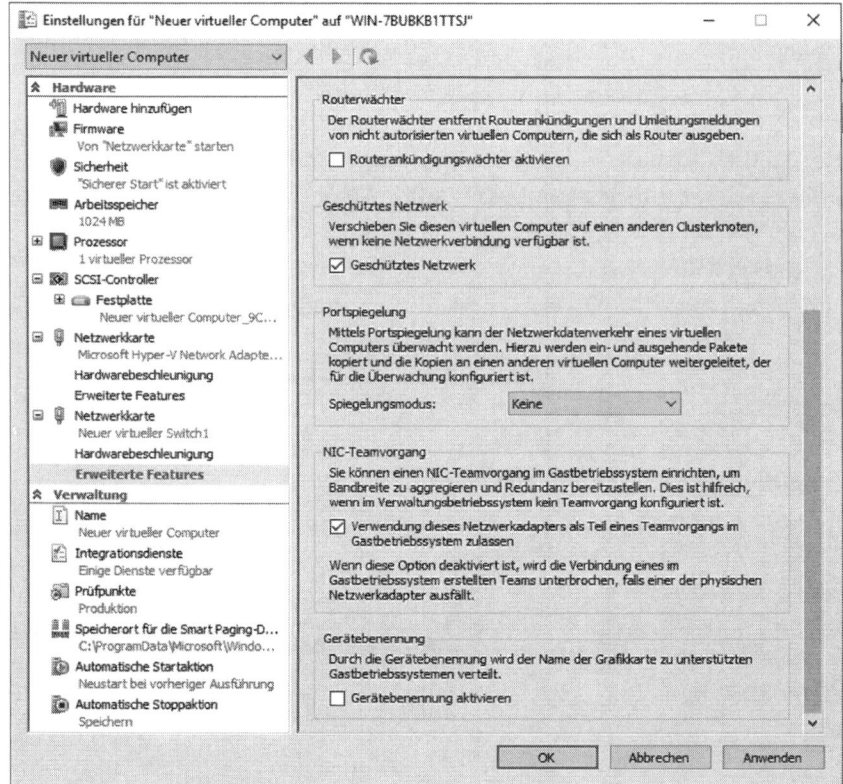

Abbildung 3.44: NIC-Teaming

Um NIC-Teaming in einer VM einzurichten, muss der physikalische Host mit mehreren Netzwerkkarten eingerichtet sein, die mit verschiedenen physikalischen Switches verbunden sind.

Der IP-Adressbereich der beiden Adapter muss identisch sein.

Die Vorgehensweise ist relativ einfach

1. Sie erstellen im Hyper-V Manager im „Manager für virtuelle Switches" für jede physikalische Netzwerkkarte einen eigenen externen Switch.

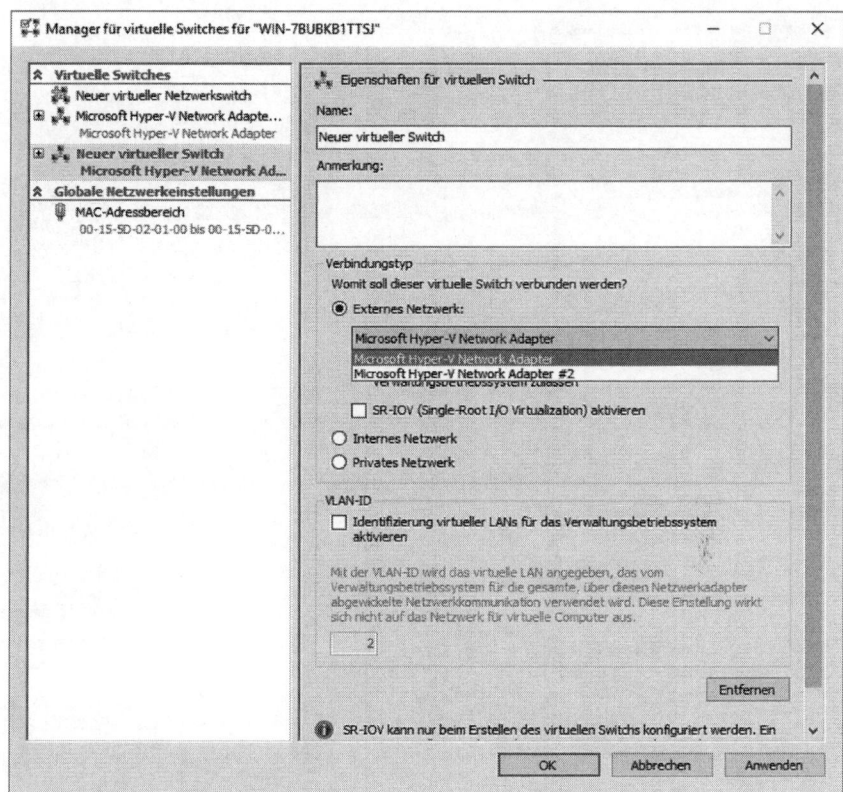

Abbildung 3.45: virtuelle Switches

2. Nun wählen Sie die virtuelle Maschine, in der Sie die beiden Netzwerkkarten benutzen wollen.

   Hier fügen Sie unter „Hardware hinzufügen" für jeden virtuellen Switch eine Netzwerkkarte hinzu.

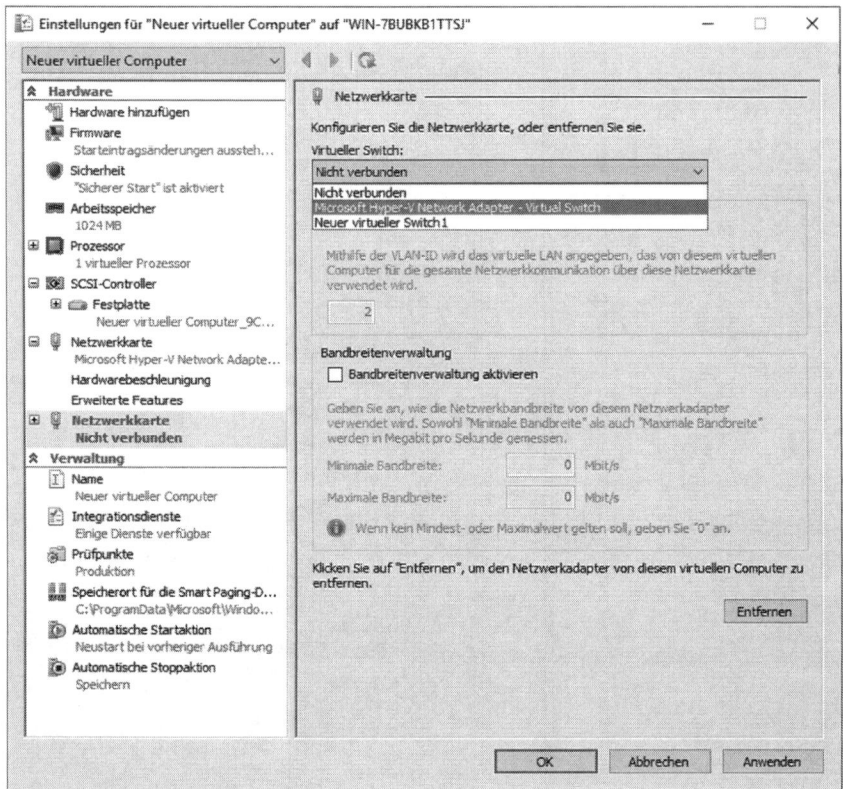

Abbildung 3.46: Netzwerkkarte hinzufügen

3. Nun können Sie das NIC-Teaming für jede der beiden Netzwerkkarten auswählen.

4. Nach dem Starten der virtuellen Maschine können Sie dort die beiden Netzwerkkarten „teamen".

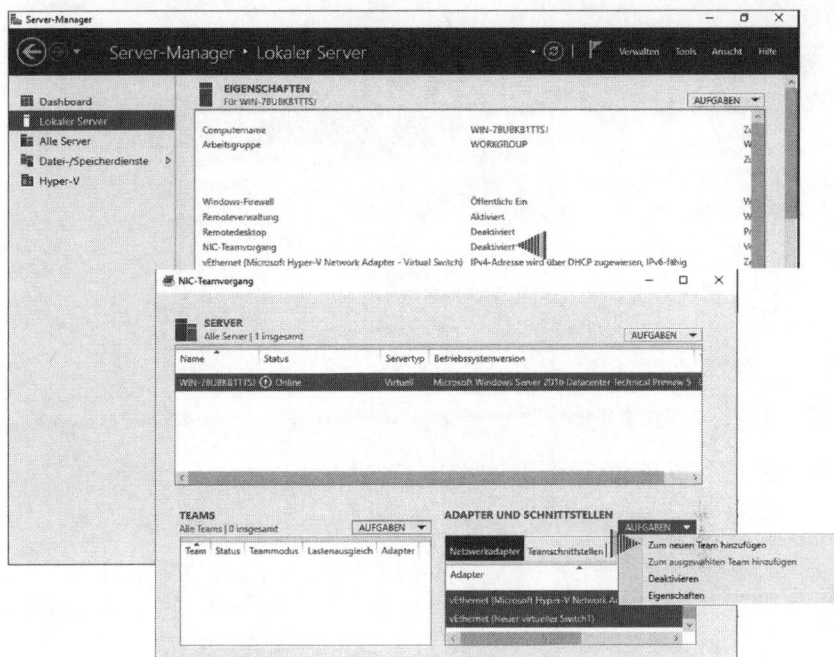

Abbildung 3.47: Teaming der Netzwerkkarten

3.6.8   Name

Hier kann der Name der virtuellen Maschine geändert werden.

3.6.9   Integrationsdienste

Die Integrationsdienste sind die Schnittstelle der virtuellen Maschine zur realen Maschine.

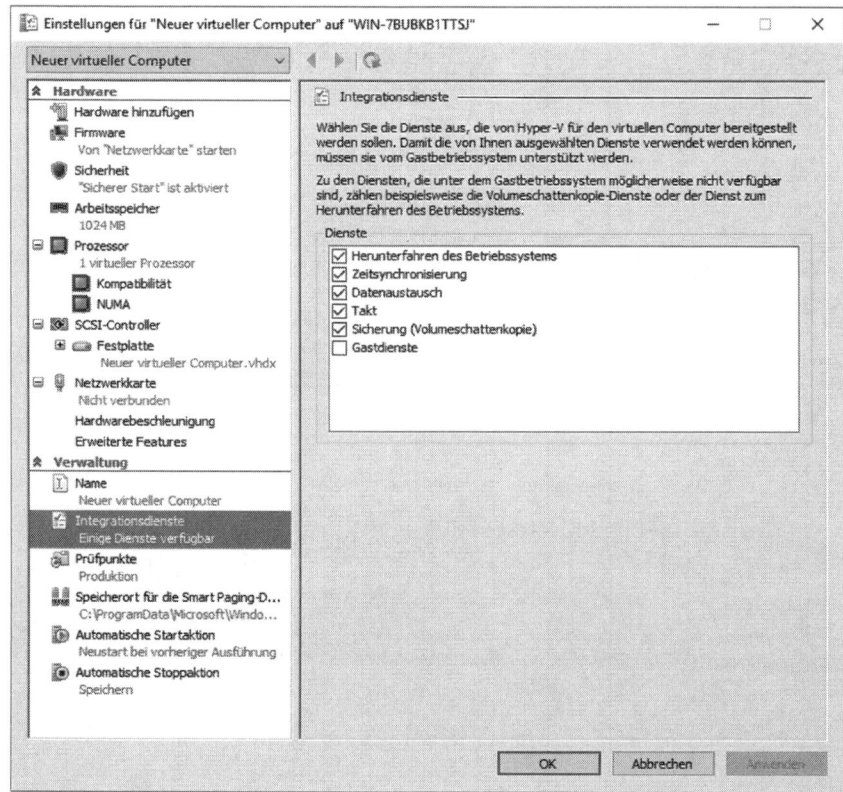

Abbildung 3.48: Integrationsdienste

Hier legen Sie fest, welcher Informationsaustausch zwischen den beiden Maschinen erlaubt sein soll.

3.6.10   Prüfpunkte

Prüfpunkte kennen wir noch von den vorherigen Versionen, in denen sie „Schnappschüsse" genannt wurden.

Es sind Momentaufnahmen vom derzeitigen Zustand eines Betriebssystems.

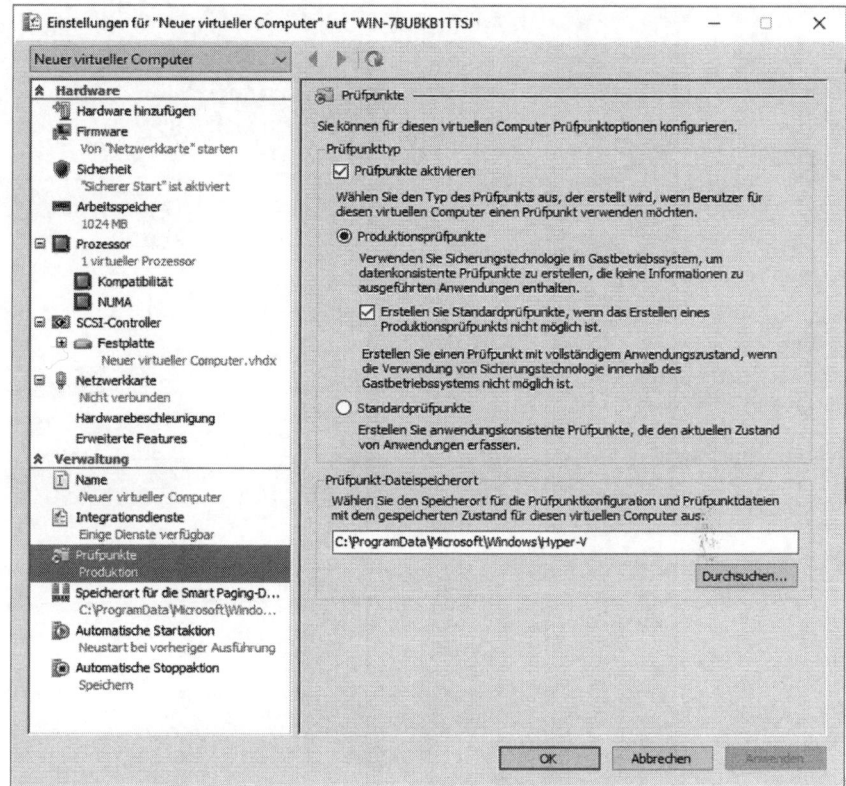

Abbildung 3.49: Prüfpunkte

Hier können Sie wählen, ob Sie Prüfpunkte aktivieren möchten oder nicht.

Es gibt zwei verschiedene Arten von Prüfpunkten:

Standardprüfpunkte

Standardprüfpunkte sind die bekannte Technologie, bei der eine Momentaufnahme vom derzeitigen Zustand vom virtuellen Computer und seinem Arbeitsspeicher gemacht wird.

Produktionsprüfpunkte

Dies ist eine neue Technologie, die in Windows 10 und Windows Server 2016 zu finden ist.

Hierbei wird der Volumenschattenkopie-Dienst (VSS Volume SnapShot Service) benutzt. Hierbei wird der Status des Arbeitsspeichers nicht gesichert.

Wenn sie Produktionsprüfpunkte auf virtuellen Maschinen benutzen wollen, die auf einer vorherigen Version vom Windows Server erstellt worden sind, müssen Sie die virtuelle Maschine zunächst herunterfahren, und dann auf die aktuelle Version 8.0 upgraden.

Dies machen Sie mit 2 Cmdlets

Stop-VM

Upgrade-VMVersion

Danach können Sie Produktionsprüfpunkte für die virtuelle Maschine aktivieren

Set-VM –CheckpointType

Erstellen von Prüfpunkten

Egal, welche Art von Prüfpunkten Sie gewählt haben, sie sind schnell erstellt.

Sie klicken mit der rechten Maustaste auf die virtuelle Maschine, bei der Sie einen Prüfpunkt erstellen wollen, und wählen „Prüfpunkt".

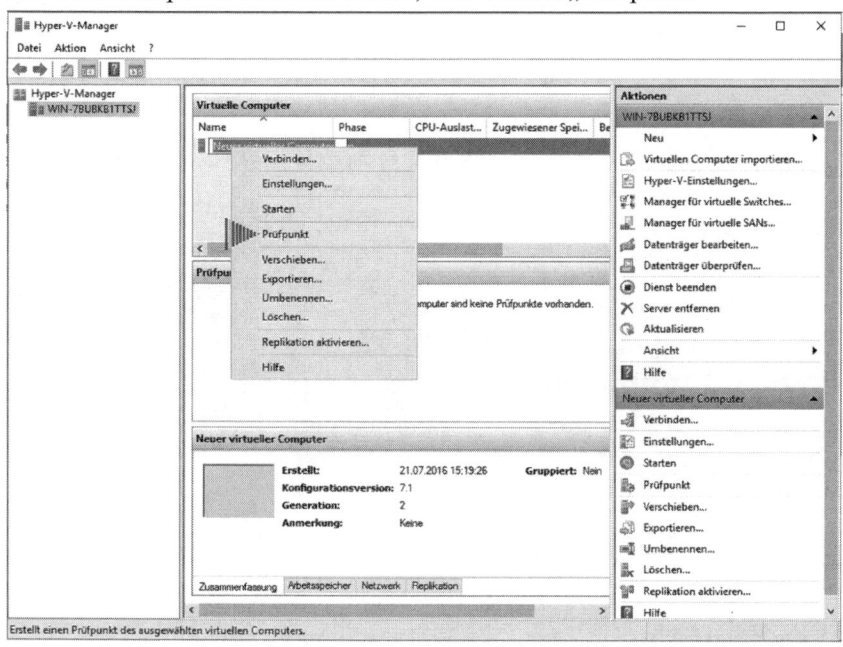

Abbildung 3.50: Prüfpunkt erstellen

Nun wird die Momentaufnahme gespeichert.

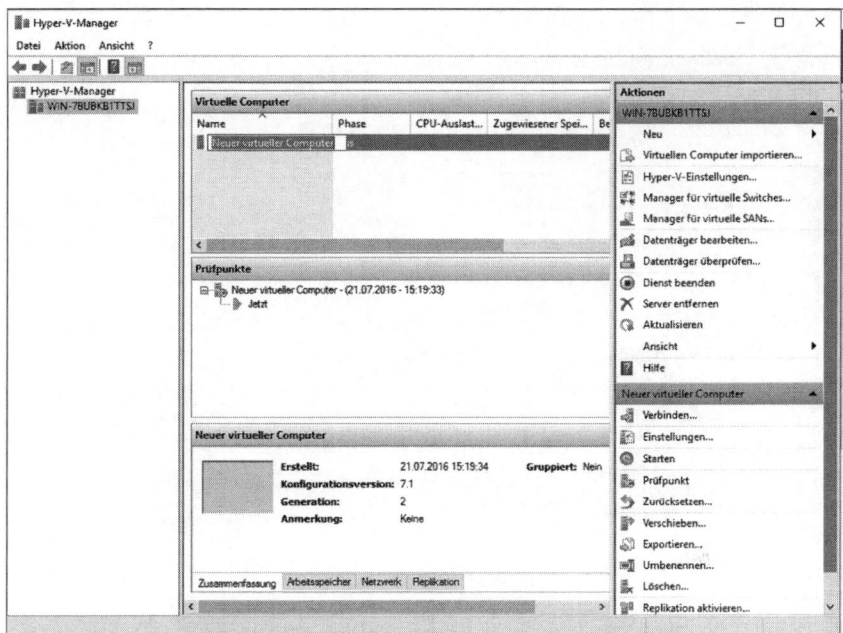

Abbildung 3.51: Prüfpunkt ist erstellt

Das Cmdlet dazu heißt

Checkpoint-VM

Sie sehen den Prüfpunkt mit Namen, Datum und Uhrzeit.

Das System läuft weiter, das erkennen Sie an dem untergeordneten „Jetzt", das nichts anderes bedeutet, als dass das System weiter ausgeführt wird.

Sie können jederzeit zu einem Prüfpunkt zurückkehren.

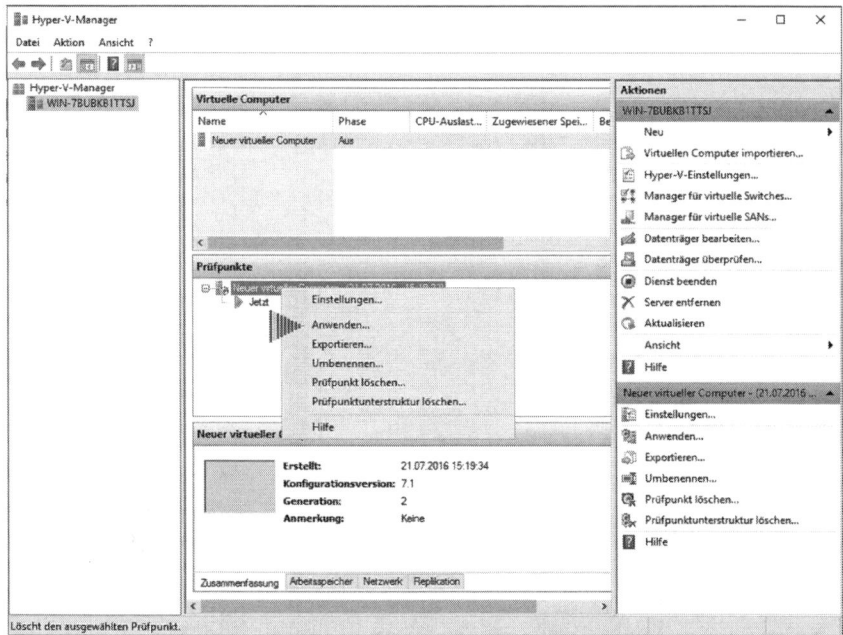

Abbildung 3.52: Anwenden eines Prüfpunktes

3.6.11   Smart Paging

Smart Paging ist die Verwendung von Festplattenspeicher als zusätzlichen Arbeitsspeicher.

Hier legen Sie fest, an welcher Stelle die Dateien für Smart Paging gespeichert werden sollen.

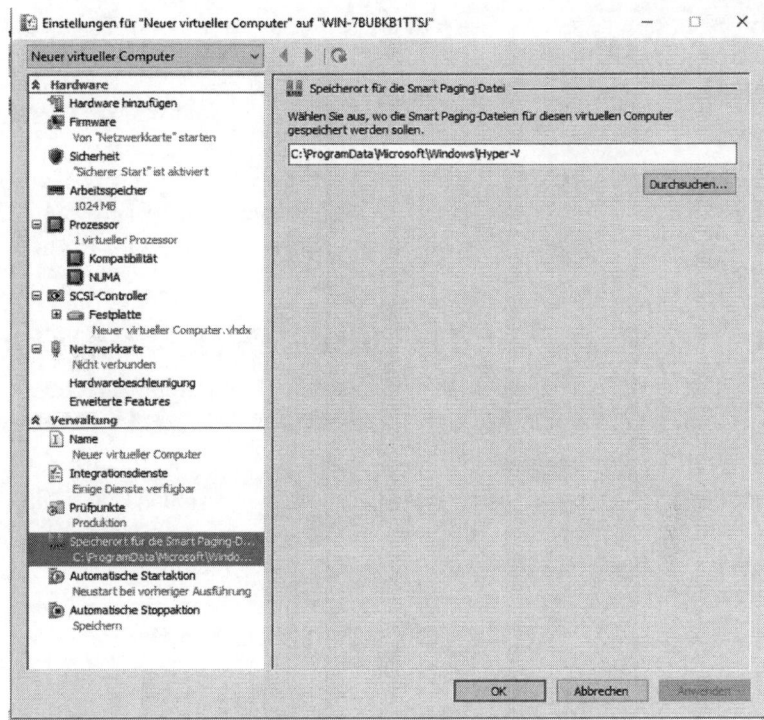

Abbildung 3.53: Smart Paging

3.7 Nested Virtualization

Eine große Neuerung in Windows Server 2016 ist die „Nested Virtualization".

Bisher war es nicht möglich, innerhalb einer virtuellen Maschine eine weitere virtuelle Maschine zu erstellen.

Das ist nun möglich.

Einige Einschränkungen gibt es allerdings, wenn man die „Verschachtelte Virtualisierung" einsetzen möchte:

- Dies funktioniert nur mit Windows Server 2016
- Der Arbeitsspeicher der virtuellen Hostmaschine muss statisch sein, dynamischer RAM funktioniert nicht
- Die Größe des Arbeitsspeichers der virtuellen Hostmaschine kann nicht während der Laufzeit geändert werden
- Checkpoints der virtuellen Hostmaschine sind nicht möglich

- Bei der virtuellen Hostmaschine muss „Mac-Spoofing" aktiviert sein

- Save and Restore funktioniert nicht

Ein sehr großer Arbeitsspeicher ist für „Nested Virtualization" absolut unabdingbar. Das Minimum wird mit 4 GB angegeben, aber in jedem Fall sollten Sie mit mehr RAM arbeiten, um anständige Laufzeiten zu erhalten.

3.7.1   Erstellen der virtuellen Hostmaschine

Der erste Schritt ist natürlich, auf der realen Hostmaschine Hyper-V zu installieren, darauf gehen wir hier nicht weiter ein.

Innerhalb von Hyper-V der realen Maschine erstellen Sie nun die Maschine, die später die virtuelle Hostmaschine sein soll, also die Maschine, die später weitere virtuelle Maschinen enthalten wird.

3.7.2   Konfigurieren der virtuellen Hostmaschine

Nun kommt der entscheidende Schritt.

Die virtuelle Hostmaschine muss für ihren geplanten Einsatz konfiguriert werden, also muss statischer RAM und alle anderen Dinge konfiguriert werden.

Sie können diese Einstellungen natürlich manuell machen.

Hierfür benutzen Sie folgende PowerShell Cmdlets:

Set-VMProcessor   -VMName   <NameDerVM>   -ExposeVirtualizationExtensions 1

Get-VMNetworkAdapter   -VMName   <NameDerVM> | Set-VMNetworkAdapter -MacAddressSpoofing On

Set-VMMemory <NameDerVM> -DynamicMemoryEnables $false

Allerdings gibt es auch ein Skript zum Download, in dem die Schritte zusammengefasst sind.

Sie finden es unter:

https://raw.githubusercontent.com/Microsoft/Virtualization-
Documentation/master/hyperv-tools/Nested/Enable-NestedVm.ps1

Laden Sie dieses Script herunter und führen Sie es auf der Host-Maschine aus.

Die Syntax lautet

./Enable-Nested-Vm.ps1 –VmName <Name der VM>

Exkurs

PowerShell ist so konfiguriert, dass in der Standardeinstellung Scripte nicht ausgeführt werden.

Dies müssen wir zunächst ändern.

Das Cmdlet dafür lautet:

Set-ExecutionPolicy

Es gibt mehrere Stufen der Script-Freigabe, zwischen denen wir uns entscheiden müssen:

Restricted:

Dies ist die Standardeinstellung. Damit ist eine Scriptausführung nicht möglich.

Allsigned:

Mit dieser Einstellung werden nur Scripte ausgeführt, die digital signiert sind. Unbekannte Signaturen werden abgefragt und benötigen eine Bestätigung.

Remotesigned:

Hierbei werden Scripte aus dem Internet ausgeführt, wenn die Signatur von einem vertrauenswürdigen Autor kommt. Lokale Scripte werden ausgeführt, bei unbekannten Signaturen wird aber nachgefragt.

Unrestricted:

Hier sind Signaturen unnötig, Scripte werden ausgeführt. Nur bei Scripten aus dem Internet wird nachgefragt.

Für unser Beispiel setzen wir den Ausführungsmodus auf „Unrestricted".

Damit heißt der komplette Befehl:

Set-ExecutionPolicy Unrestricted

Abbildung 3.54: Ausführung von Scripten erlauben

Aber nun zurück zum Ausführen des Konfigurationsscripts auf der realen Maschine.

Kopieren Sie das Script auf die reale Maschine und öffnen Sie Powershell. Das Ausführen von Scripten muss erlaubt sein.

Wenn Sie eine virtuelle Maschine mit dem Namen „Test" erstellt haben, lautet die Syntax:

./Enable-NestedVm.ps1 –VmName test

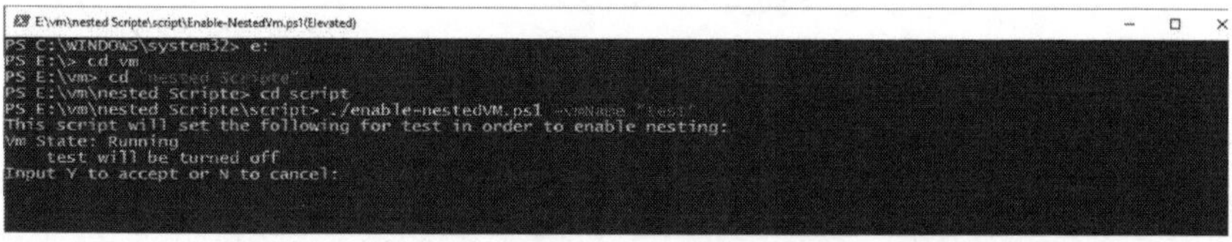

Abbildung 3.55: Ausführen des Konfigurationsscriptes

Nun wird die virtuelle Maschine konfiguriert und dann heruntergefahren.

Das war alles.

Nun kann innerhalb der virtuellen Maschine Hyper-V installiert werden und verschachtelte virtuelle Maschinen erzeugt werden.

3.8 Verwaltung von Hyper-V

Die Hyper-V Maschinen können auf mehrere Arten verwaltet werden.

3.8.1 Fernverwaltung

Ein Hyper-V Server wird normalerweise fernverwaltet.

Eine Möglichkeit ist, eine Remotedesktopverbindung auf den Hyper-V Server zu machen.

RSAT

Eine andere Möglichkeit ist, auf einem Windows 10 Client die Remote Server Administration Tools (RSAT) zu installieren.

Diese können bei Microsoft kostenlos heruntergeladen werden. Achten Sie darauf, dass Sie immer die neueste Version haben!

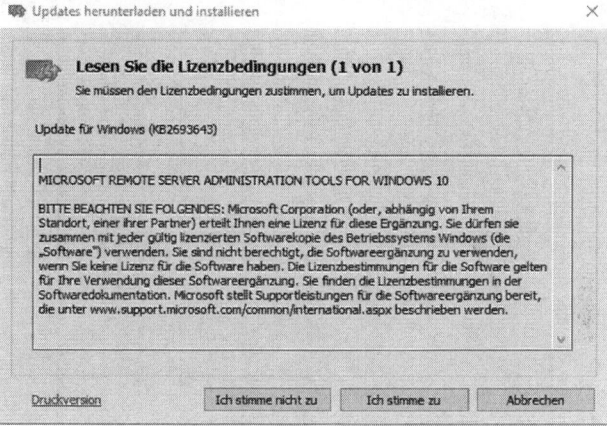

Abbildung 3.56: Installation RSAT

Nun können Sie in der Systemsteuerung unter

- Programme
- Windows-Features aktivieren oder deaktivieren

Die gewünschten Verwaltungstools, in unserem Fall die „Hyper-V-Verwaltungstools" aktivieren.

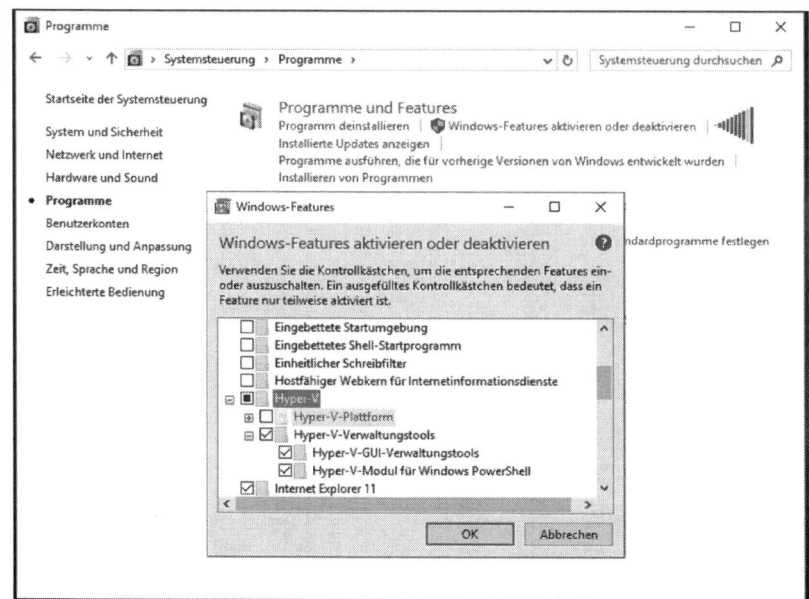

Abbildung 3.57: Features aktivieren

Ab sofort können Sie auf dem Client eine Hyper-V Konsole öffnen und sich mit Hyper-V Servern verbinden.

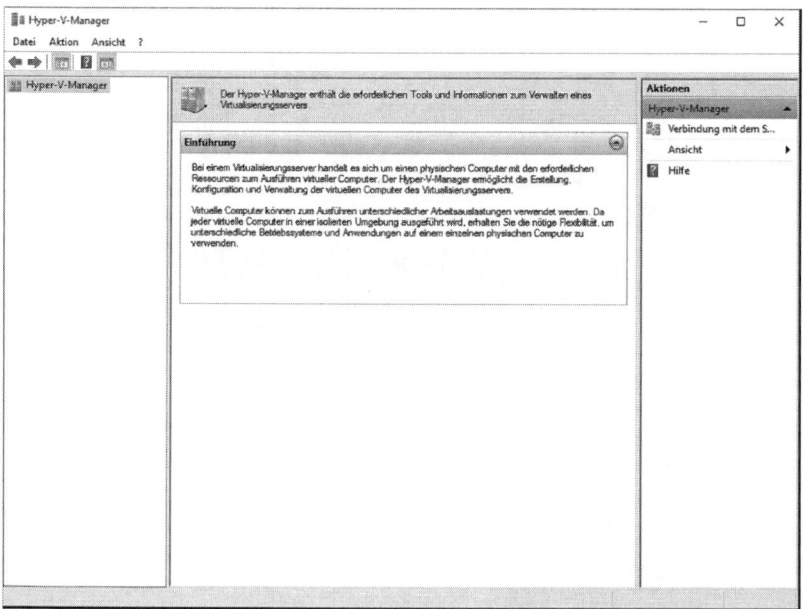

Abbildung 3.58: Hyper-V Konsole

3.8.2 PowerShell Direct

Eine weitere Möglichkeit, Verbindung mit der virtuellen Maschine aufzunehmen, ist PowerShell Direct.

Hierzu öffnen Sie eine PowerShell Sitzung auf dem Hostcomputer und können Befehle direkt auf einer virtuellen Maschine ausführen. Diese Maschine muss lediglich auf dem Host betrieben werden, eine direkte Netzwerkverbindung ist nicht nötig.

Um eine PowerShell Direct Verbindung aufzubauen, benötigen Sie

- Windows 10 oder
- Windows Server 2016

als Mindestanforderung für das Host- und das Gastsystem.

Voraussetzungen für eine Verbindung:

- Der virtuelle Computer wird lokal auf dem Host ausgeführt
- Der virtuelle Computer ist gestartet und ein Benutzer wurde angemeldet
- Die Anmeldung am Hostcomputer erfolgt mit administrativen Rechten für die Hyper-V Verwaltung

Die interaktive Sitzung

Wenn Sie mit

Enter-PSSession –VMName <NameDerVM>

eine interaktive Sitzung starten, können Sie alle gewünschten Befehle ausführen.

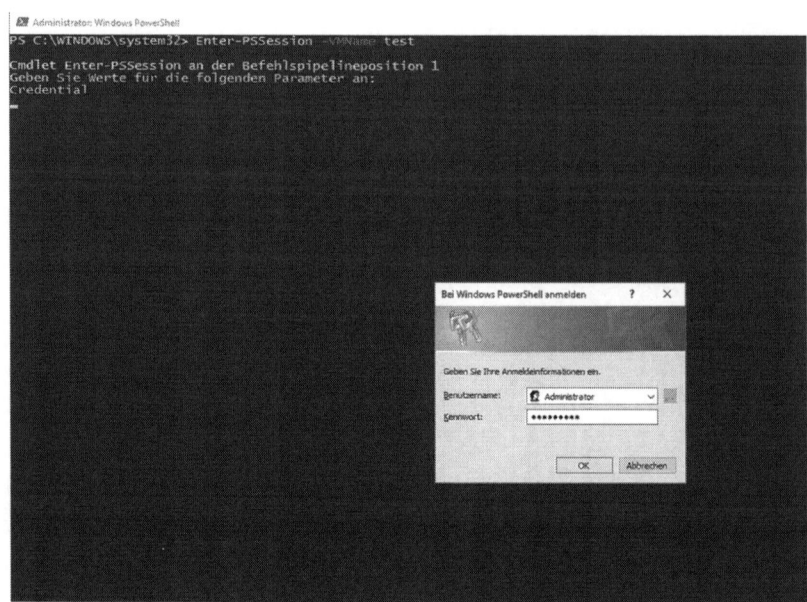

Abbildung 3.59: Öffnen einer Sitzung

Nun können Sie Befehle eingeben, die auf der virtuellen Maschine ausgeführt werden.

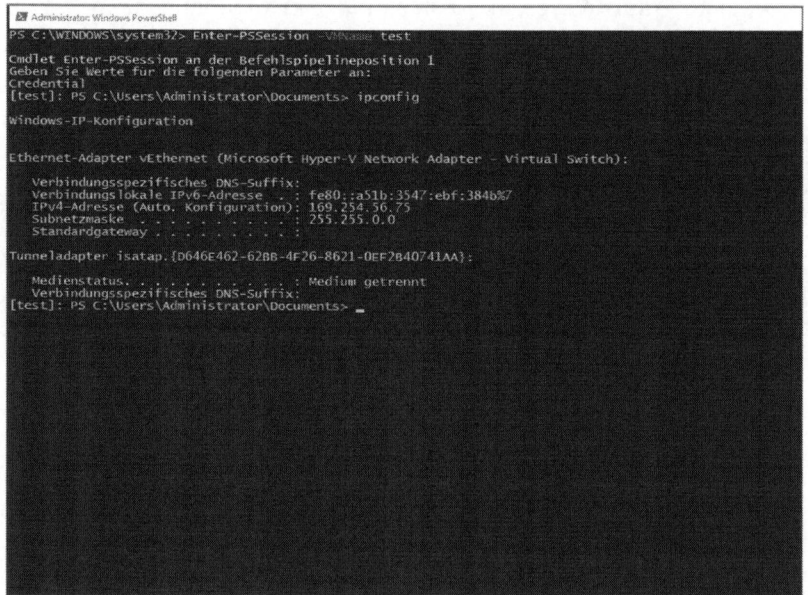

Abbildung 3.60: ipconfig

Zum Schluss beenden Sie die Sitzung mit dem Befehl

Exit-PSSession

Abbildung 3.61: Exit

Kopieren von Dateien

Oft ist es nötig, Dateien vom virtuellen System auf die Hostmaschine zu kopieren oder umgekehrt.

Auch dies können Sie mit PowerShell Direct bewerkstelligen.

Sie öffnen auf der Hostmaschine mit

$s = New-PSSession –VMName <NameDerVirtuellenMaschine> - Credential (Get-Credential)

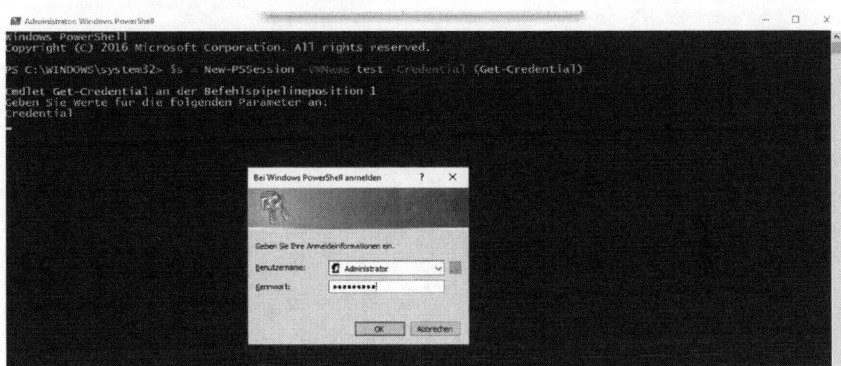

Abbildung 3.62: Eingabe der Anmeldeinformationen

Um beispielsweise eine Datei vom virtuellen Computer C:\Guest\Guest.txt auf die Hostmaschine in den Ordner C:\Host zu kopieren, geben Sie folgenden Befehl ein:

Copy-Item -FromSession $s -Path C:\Guest\Guest.txt -Destination C:\Host

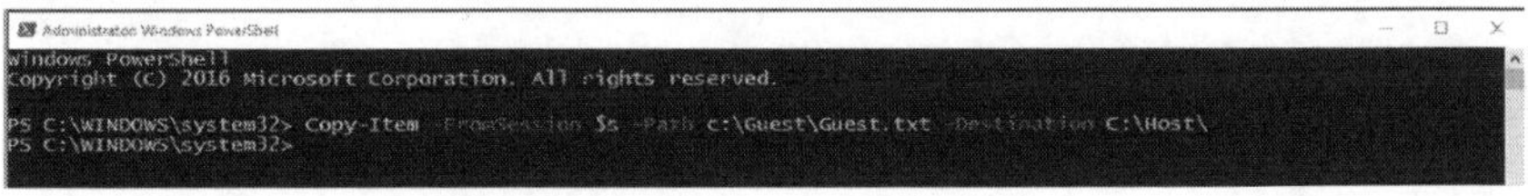

Abbildung 3.63: Kopieren einer Datei

Beenden Sie die Sitzung mit

Remove-PSSession $s

Abbildung 3.64: Beenden der Sitzung

3.8.3 Upgrade von älteren Hyper-V-Versionen

Wie schon erwähnt, enthält Windows Server 2016 einige neue Funktionen. Um alle diese Funktionen nutzen zu können, wird eine neue virtuelle Maschine der Generation 2 und mit der aktuellen Version benötigt.

Ältere virtuelle Maschinen können problemlos eingebunden werden, sie behalten aber ihre alte Versionsnummer und unterstützen nicht alle Funktionen.

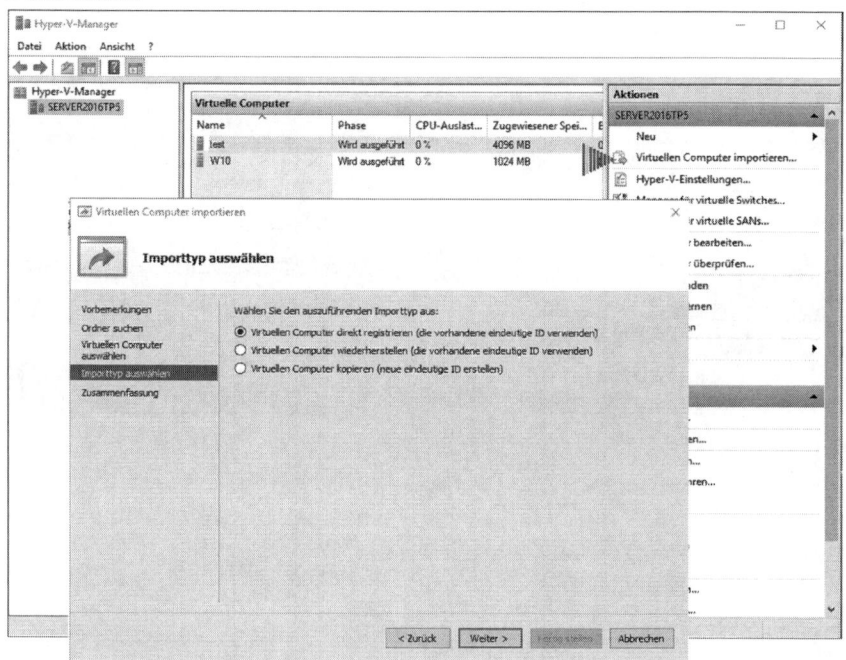

Abbildung 3.65: Importieren einer virtuellen Maschine

Das hat den Vorteil, dass Sie diese virtuelle Maschine auch noch auf älteren Hyper-V Hosts benutzen können.

Wenn Sie eine ältere VM auf die aktuelle Version bringen möchten, wählen Sie im Kontextmenü „Konfigurationsversion upgraden".

Abbildung 3.66: Konfigurationsversion upgraden

Sie erhalten noch eine Warnmeldung, dass diese virtuelle Maschine nach dem Upgrade nicht mehr von älteren Hyper- V Hosts ausgeführt werden kann.

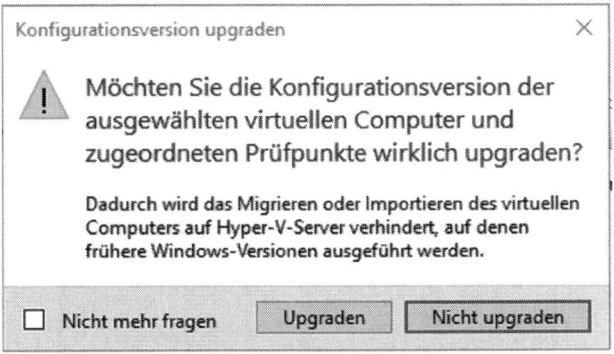

Abbildung 3.67: Warnung

Danach ist die Maschine auf dem neuesten Stand.

HINWEIS:
Im gleichen Kontextmenü kann eine virtuelle Maschine auch exportiert werden!

3.8.4   Discrete Device Assignment (DDA)

Eine wichtige Neuerung in Windows Server 2016 ist „Discrete Device Assignment". Damit können PCI-Geräte direkt mit einer virtuellen Maschine verbunden werden.

Der Prozessor der Hostmaschine muss entweder Extended Page Table (EPT, Intel) oder Nested Page Table (NPT, AMD) unterstützen.

Momentan werden zwei PCI-Geräte unterstützt:

- Grafikkarten (graphics processing unit – GPU)
- NVMe (Non-volatile Memory Express) SSD Controller

Weitere Geräte werden sicher folgen.

Eine sinnvolle Anwendung für DDA ist beispielsweise, einer virtuellen Maschine einen bestimmten Monitor zuzuweisen. Dafür müssen auf der Hostmaschine mehrere Monitore an mehreren Grafikkarten angeschlossen sein.

Im ersten Schritt muss die Hardware dazu im Geräte-Manager des Hyper-V Hosts deaktiviert werden.

3.9 Zusammenfassung, Übungen / Aufgaben

3.9.1 Zusammenfassung

Vielen ist Hyper-V ja schon von den früheren Versionen her bekannt. In Windows Server 2016 hat Microsoft die bekannte Virtualisierungsplattform noch einmal erheblich verbessert. So können nun viele Verwaltungstasks, wie das Hinzufügen von virtuellen Switches, im laufenden Betrieb vorgenommen werden. Auch der Arbeitsspeicher kann nun angepasst werden, ohne dass die virtuelle Maschine heruntergefahren werden muss.

Hyper-V ist eine Rolle und muss deswegen im Server Manager installiert werden.

Virtuelle Festplatten können auf folgende Arten angelegt werden:

* Feste Größe
* Dynamisch erweiterbar
* Differenzierend
*

Es gibt drei verschiedene Arten von virtuellen Switchen:

* Extern
* Intern
* Privat

Virtuelle SANs definieren eine Gruppe von Fibre Channel Ports, die mit einem physischen SAN verbunden sind.

Beim Anlegen eines virtuellen Computers können Sie wählen zwischen

Generation 1:

Das ist die alte Variante, hier wird der virtuelle Computer genauso wie in früheren Hyper-V Versionen dargestellt.

Generation 2:

Hier sind folgende Änderungen:

- UEFI-Firmwareunterstützung
- PXE-Start mithilfe einer standardmäßigen Netzwerkkarte
- Starten von einer virtuellen SCSI-Festplatte
- Starten von einer virtuellen SCSI-DVD
- Sicherer Start (standardmäßig aktiviert)

Eine große Neuerung in Windows Server 2016 ist die „Nested Virtualization".

Bisher war es nicht möglich, innerhalb einer virtuellen Maschine eine weitere virtuelle Maschine zu erstellen.

Das ist nun möglich.

Die Hyper-V Maschinen können auf mehrere Arten verwaltet werden:

- Fernverwaltung
- RSAT
- PowerShell Direct

3.9.2 Übungen

1. Betrachten Sie den Host, auf dem die Rolle Hyper-V konfiguriert ist.

2. Betrachten Sie alle Einstellungen.

3. Starten Sie die virtuelle Maschine „Nested".

4. Führen Sie das Skript für „Nested Virtualization" für die Maschine „Nested" aus.

5. Befolgen Sie die Anweisungen.

6. Starten Sie „Nested" erneut.

7. Installieren Sie die Rolle „Hyper-V" auf „Nested".

8. Erstellen Sie eine neue virtuelle Maschine auf „Nested".

9. Fahren Sie „Nested" herunter.

3.9.3   Aufgaben

1. Sie betreiben eine Windows Server 2016 Domäne.

    Auf einem Server 2016 betreiben Sie Hyper-V. Auf dem physikalischen Host haben Sie mehrere Netzwerkkarten zu einem Team zusammengefasst.

    Wie stellen Sie sicher, dass die virtuellen Maschinen auf diesem Host auch kommunizieren können, wenn ein Adapter aus dem Team ausfällt?

2. Sie betreiben eine Windows Server 2016 Domäne.

    Sie betreiben einen Server 2016 Hyper-V Host mit einer virtuellen Maschine.

    Sie möchten der virtuellen Maschine der V1 einen Datenträger als Pass-Through-Datenträger hinzufügen.

    Was müssen Sie beachten?

3. Sie betreiben eine Windows Server 2016 Domäne.

    Sie betreiben einen Server 2016 Hyper-V Host mit zwei virtuellen Maschinen.

    Wie können Sie festlegen, dass die beiden virtuellen Maschinen nur noch untereinander kommunizieren können und nicht mehr mit dem Hostsystem? Benutzen Sie ein Cmdlet.

4. Sie betreiben eine Windows Server 2016 Domäne.

    Wie können Sie sicherstellen, dass Sie die verschachtelte Virtualisierung auf einer virtuellen Maschine benutzen können? Benutzen Sie die PowerShell.

5. Sie betreiben eine Windows Server 2016 Domäne.

    Wie können Sie den benötigten Speicherplatz einer virtuellen Festplatte einer virtuellen Maschine komprimieren und verkleinern? Benutzen Sie die PowerShell.

6. Sie betreiben eine Windows Server 2016 Domäne.

    Wie können Sie sicherstellen, dass ein Hyper-V Host abgeschirmte Maschinen zur Verfügung stellen kann? Benutzen Sie die PowerShell.

7. Sie betreiben eine Windows Server 2016 Domäne.

    Sie möchten eine virtuelle Maschine für die Verwendung der Abschirmung konfigurieren.

Was tun Sie als erstes?

8. Sie betreiben eine Windows Server 2016 Domäne.

   Mit welchem Cmdlet können Sie differenzierende Festplatten auf Basis einer vorhandenen erstellen?

9. Sie betreiben eine Windows Server 2016 Domäne.

   Wie können Sie sicherstellen, dass ausschließlich ein bestimmter Port für die Kommunikation einer virtuellen Maschine über das Netzwerk benutzt wird? Benutzen Sie die PowerShell.

10. Sie betreiben eine Windows Server 2016 Domäne.

    Mit welchem Cmdlet erstellen Sie neue virtuelle Switche?

11. Sie betreiben eine Windows Server 2016 Domäne.

    Sie möchten die verschachtelte Virtualisierung benutzen.

    Welche Cmdlets müssen Sie ausführen, um Prozessor, Arbeitsspeicher und die MAC-Adresse zu konfigurieren?

12. Sie betreiben eine Windows Server 2016 Domäne.

    Sie haben zwei Hyper-V Host, die beide einen externen virtuellen Switch haben.

    Auf beiden Hyper-V Hosts laufen verschiedene virtuelle Maschinen.

    Sie haben VLANs mit verschiedenen IDs eingerichtet.

    VM 1 hat die VLAN-ID 3.

    Mit welchen anderen VMs kann VM 1 Kontakt aufnehmen?

13. Sie betreiben eine Windows Server 2016 Domäne.

    Sie erstellen auf einem Hyper-V Host eine neue virtuelle Maschine mit dem Cmdlet

    New-VM

    Sie möchten das Betriebssystem auf dieser virtuellen Maschine per WDS installieren.

    Was müssen Sie beachten?

14. Sie betreiben eine Windows Server 2016 Domäne.

    Sie betreiben eine virtuelle Maschine mit Namen „VM1".

    Was müssen Sie tun, damit VM 1 direkt auf die Grafikkarte der Hostmaschine zugreifen kann?

15. Sie betreiben eine Windows Server 2016 Domäne.

Auf einem Hyper-V-Server erhalten Sie eine Meldung, die besagt, dass mindestens eine virtuelle Festplatte eine kleinere Sektorgröße hat, als der physische Speicherplatz.

Mit welchem Cmdlet beheben Sie den Fehler?

16. Sie betreiben eine Windows Server 2016 Domäne.

   Ein Windows Server 2016 Server wird als Hyper-V Host betrieben, auf dem ein virtueller Switch eingerichtet ist. Die Netzwerkkarte unterstützt alle modernen Features, wie Remote Direct Memory Access (RDMA), E/A-Virtualisierung mit Einzelstamm (Single-Root I/O Virtualization, SR-IOV), Quality of Service (QoS), und Receive Side Scaling (RSS).

   Mit welchem Cmdlet können Sie sicherstellen, dass mehrere virtuelle Prozessoren auf einer virtuellen Maschine den Datenverkehr verarbeiten?

17. Sie betreiben eine Windows Server 2016 Domäne.

   Sie möchten einen Produktions-Prüfpunkt für eine virtuelle Maschine erstellen, die ursprünglich auf einem Server 2012 R2 erstellt worden ist.

   Welche Cmdlets benutzen Sie?

4 Einrichten von Windows Containern

Prüfungsanforderungen von Microsoft:

    o   Deploy Windows Containers

    o   Manage Windows Containers

Quelle: Microsoft

Lernziele:

- Bereitstellen von Windows Containern
  - o Einrichten der Container
  - o Einrichten auf einem Nano Server
  - o Einrichten auf einem Windows Server
- Einrichten der Container
- Manuelles Anlegen von Containerimages
- Containerimage manuell anlegen
- Konfigurieren von Docker

4.1 Einführung

Mit Windows Server 2016 hat Microsoft eine große Neuerung eingeführt: Die Container. Zusammen mit Docker bieten Sie völlig neue Möglichkeiten.

4.2 Bereitstellen von Windows Containern

Im letzten Kapitel haben wir viel über virtuelle Maschinen gehört.

Bei allen Vorteilen haben virtuelle Maschinen auch einen großen

Nachteil: Für jede virtuelle Maschine muss eine komplette Betriebssystem-Infrastruktur geschaffen werden, auch wenn nur eine einzige Anwendung laufen soll.

Oft muss eine komplette virtuelle Maschine aufgebaut werden, obwohl die komplette Infrastruktur nicht unbedingt benötigt würde.

Dafür hat Microsoft mit Windows Server 2016 und Windows 10 die Container eingeführt.

4.2.1   Was sind Container?

Container sind Betriebssystemumgebungen, die eigenständig verwaltet werden können. Sie können auch auf andere Maschinen exportiert werden.

Aus Sicht des Containers steht ihm eine komplette Betriebssystemumgebung dediziert zur Verfügung. Jeder Container kann individuell verwaltet werden.

Es gibt zwei Arten von Containern:

Windows Server-Container:

Container werden auf einem Physikalischen Host ausgeführt. Alle Container, die auf diesem Host laufen, teilen sich den Kernel mit dem Host.

Der Namespace und alle Prozesse werden isoliert geführt.

Hyper-V-Container:

Container werden auf einer virtuellen Maschine ausgeführt.

Hier wird der Kernel nicht gemeinsam genutzt.

4.2.2   Schichtaufbau der Container

Wie schon gehört, ist das Containerbetriebssystem-Image der erste Schritt, einen Container nutzbar zu machen.

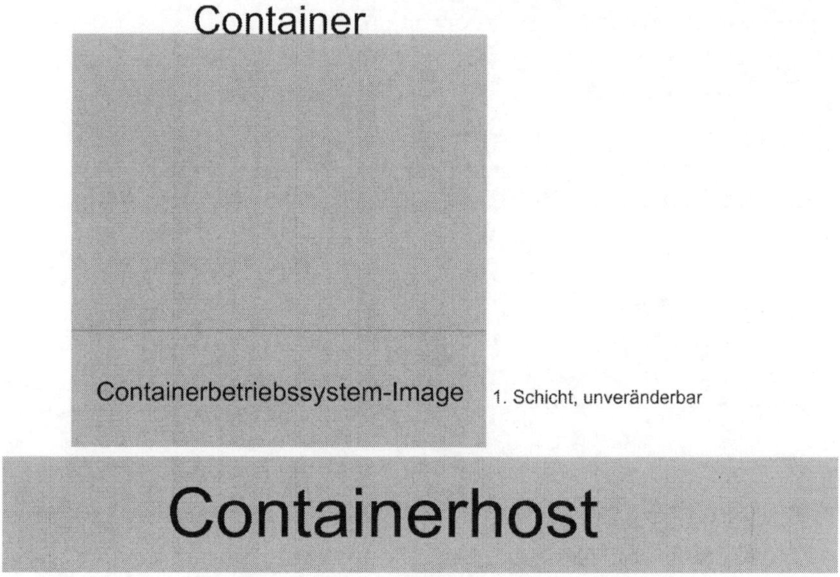

Container

Containerbetriebssystem-Image   1. Schicht, unveränderbar

Containerhost

Abbildung 4.1: Containerbetriebssystem-Image

Dieses Image ist nicht veränderbar, also immer gleich.
Danach wird die Anwendung im Container installiert

Container

Anwendungs-Image   2. Schicht, wird im Container installiert

Containerbetriebssystem-Image   1. Schicht, unveränderbar

Containerhost

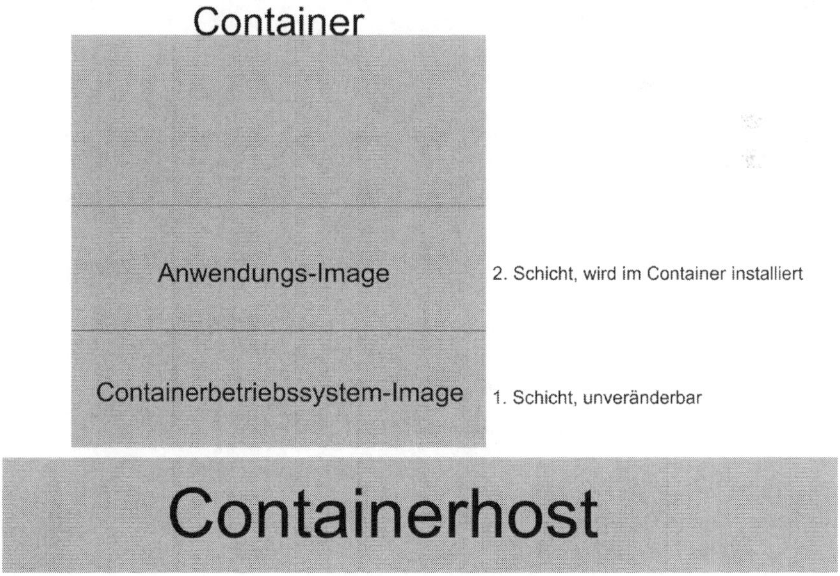

Abbildung 4.2: Anwendung

Diese Anwendung kann verändert werden.

Sandbox (Sandkasten)

Abbildung 4.3: Sandbox

Alle Änderungen werden zunächst in der Sandbox gespeichert.

Wenn der Container beendet wird, können Sie entscheiden, ob ein „Containerimage" erstellt werden soll, das die Anwendung und die Informationen in der Sandbox enthält.

In diesem Fall wird das Containerimage zusammen mit den Abhängigkeiten, z.B. dem dazugehörigen Containerbetriebssystem-Image als „Containerrepository" gespeichert.

Dies gibt Ihnen die Möglichkeit, das Containerrepository auf einen anderen Containerhost zu kopieren und dort zu benutzen.

4.3 Einrichten der Container

Um Container benutzen zu können, muss die Konfiguration in mehreren Schritten vorgenommen werden.

Wir unterscheiden hier die Einrichtung von Windows Server Containern und Hyper-V Containern.

Windows Server Container können auf einem Nano Server oder einer Vollinstallation eingerichtet werden.

4.3.1 Einrichten auf einem Nano Server

In diesem Fall wird das Nano Server vhd-Abbild gleich mit den Parametern

- Compute
- Containers

eingerichtet.

4.3.2 Einrichten auf einem Windows Server

Im ersten Schritt muss das Feature „Container" auf dem Windows-Host installiert werden.

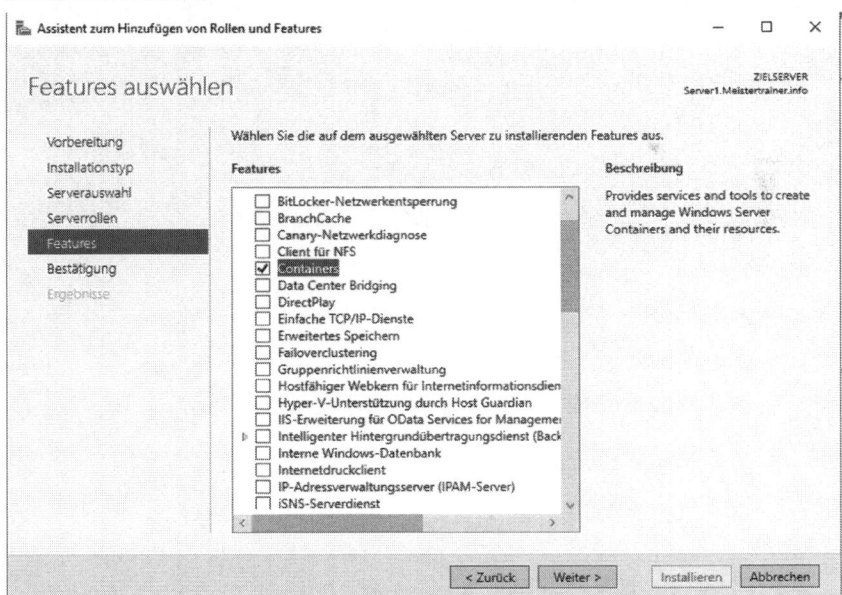

Abbildung 4.4: Installation des Features

Natürlich geht das auch mit der PowerShell:

Install-WindowsFeature Containers

Nach der Installation muss der Server neu gestartet werden.

Hierzu lautet der PowerShell-Befehl:

Restart-Computer -Force

Im nächsten Schritt muss ein virtueller Switch eingerichtet werden. Alle Container benötigen diesen Switch für die Netzwerkkommunikation.

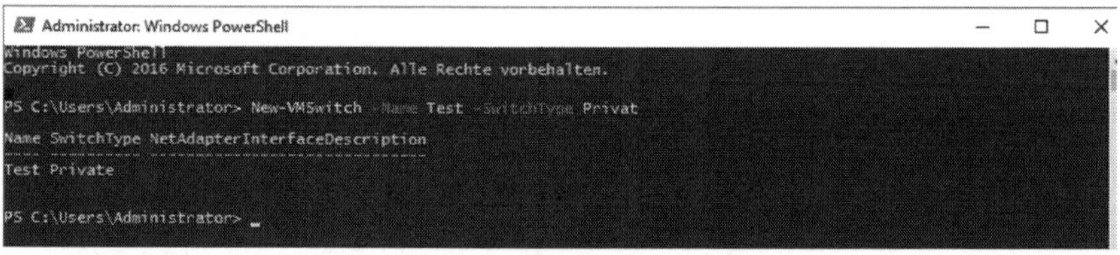

Abbildung 4.5: Switch

ACHTUNG!

Sollten Sie einen Hyper-V Container erstellen wollen, benötigen Sie natürlich auf dem Windows Server noch die Rolle „Hyper-V".

Installation von Docker auf dem Containerhost

Docker ist eine Open-Source-Software. Linux benutzt sie schon lange, um Container zu erstellen, nun kann sie auf Microsoft Servern ebenfalls benutzt werden.

Installieren des Containerbetriebssystem-Images

Im nächsten Schritt muss das Containerbetriebssystem-Image installiert werden. Dieses bleibt unveränderlich, es kann also nicht verändert werden.

4.3.3   Einrichten der Container

Nach der Installation des Features und dem Neustart des Servers sollten

Sie kontrollieren, dass Sie auf jeden Fall alle Updates installiert haben. Die Funktionalität des Container-Features ist nach dem Release noch erheblich verbessert worden, deswegen benötigen Sie auf jeden Fall alle Updates.

Nun wird Docker installiert.

Dazu können Sie das PowerShell Modul von OneGet verwenden. Dieses muss zunächst installiert werden.

Öffnen Sie die PowerShell als Administrator und geben Sie folgendes Cmdlet ein:

Install-Module -Name DockerMsftProvider -Repository PSGallery -Force

Abbildung 4.6: Installation des Moduls

Nun können Sie Docker installieren.

Dazu benutzen Sie folgendes Cmdlet:

Install-Package -Name docker -ProviderName DockerMsftProvider

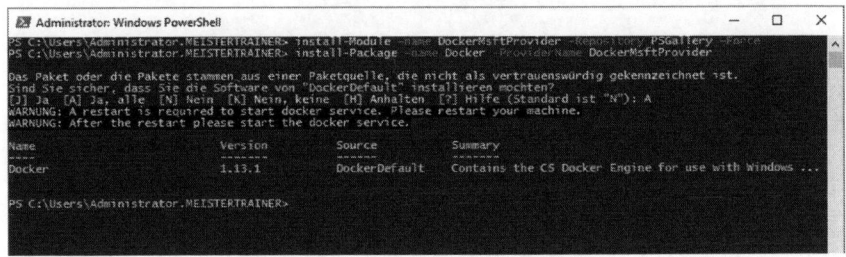

Abbildung 4.7: Installation von Docker

Während der Installation erhalten Sie eine Abfrage, ob Sie das Paket auch von dieser nicht vertrauenswürdigen Quelle installieren möchten.

Antworten Sie mit „A" für „Ja, alle".

Nach der Installation ist ein Neustart nötig. Diesen können Sie direkt in der PowerShell initiieren:

Restart-Computer -Force

Damit ist Docker installiert.

Installieren des Containerbetriebssystem-Images

Der nächste Schritt muss die Installation des Containerbetriebssystem-Images sein.

Es gibt viele Beispielimages, die Sie bereits vorbereitet herunterladen können.

In diesem Fall machen wir zwei Schritte gleichzeitig: Wir laden ein Nanoserver-Image herunter und stellen den Container bereit.

Das Cmdlet dafür ist:

docker run microsoft/dotnet-samples:dotnetapp-nanoserver

Abbildung 4.8: Download des Images

Nach dem Download startet der Container und zeigt uns eine Nachricht.

Abbildung 4.9: Container startet

4.4 Manuelles Anlegen von Containerimages

Natürlich ist es auch möglich, alle Schritte einzeln zu machen.

4.4.1 Containerimage manuell anlegen

Um ein Containerimage manuell anzulegen, öffnen wir eine Eingabeaufforderung als Administrator und geben folgenden Befehl ein:

docker run -d --name myIIS -p 80:80 microsoft/iis

Mit diesem Befehl wird überprüft, ob ein Server-Core Image mit aktiviertem IIS vorhanden ist.

Wenn nicht, wird es heruntergeladen und der Container gestartet.

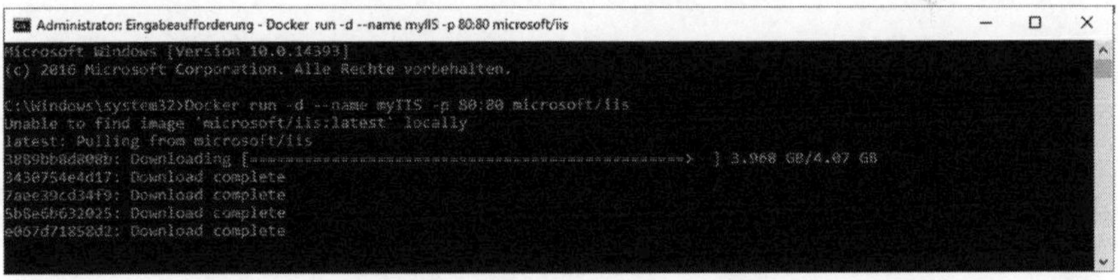

Abbildung 4.10: Download des Images

Leider kann der Download sehr lange dauern.

Wenn der Download und das Einrichten endlich erledigt sind, können Sie beginnen, das Image zu verändern.

Dazu öffnen Sie eine Befehlszeile für den Container mit dem Befehl

docker exec -i myIIS cmd

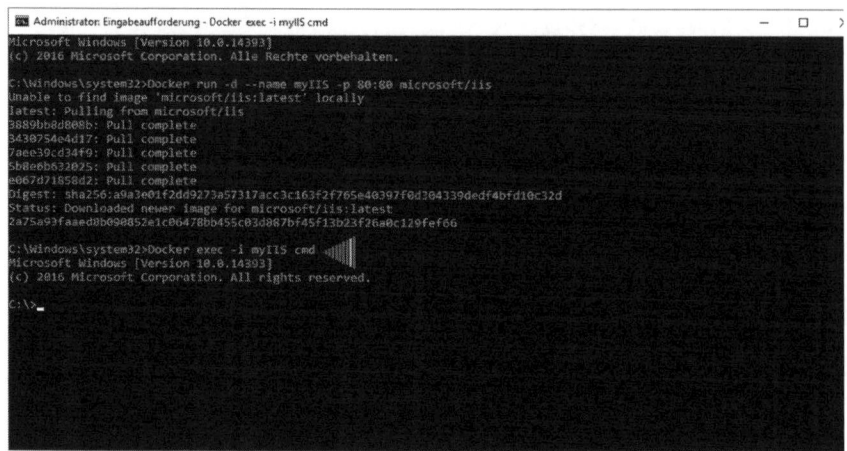

Abbildung 4.11: Befehlszeile für Docker

Nun können Sie Einstellungen im Container ändern mit dem Befehl

Exit

Nun können Sie den abgeänderten Container unter einem anderen Namen speichern.

Während der Laufzeit erhält der Container bereits einen Arbeitsnamen, diesen müssen Sie nun finden.

Dies machen Sie mit folgendem Befehl:

docker ps –a

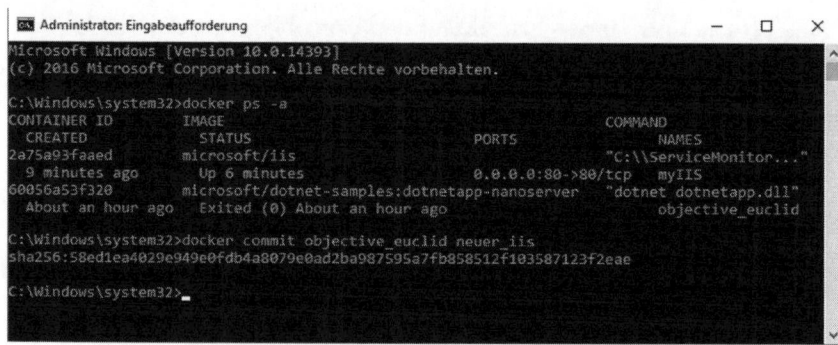

Abbildung 4.12: Name des Containers

In unserem Beispiel hat der Container den wohlklingenden Namen „objective_euclid" erhalten.

Wenn wir diesen Container als „neuer_iis" abspeichern wollen, geben wir folgenden Befehl ein:

docker commit objective_euclid neuer_iis

ACHTUNG!
Der Name des Containers darf nur aus Kleinbuchstaben bestehen!

Sie können noch überprüfen, ob die Erstellung des Containers geklappt hat, mit dem Befehl

docker images

Abbildung 4.13: Container Anzeige

4.4.2   Konfigurieren von Docker

Docker kann mithilfe der Datei „daemon.json" weiter konfiguriert werden. Diese Datei findet man im Ordner C:\ProgramData\docker\config.

Nicht immer ist diese Datei vorhanden, sie kann aber jederzeit angelegt werden.

Nun müssen nur noch die benötigten Parameter in dieser Datei angegeben werden.

Gültige Parameter für Windows sind:

- "authorization-plugins":
- "dns":
- "dns-opts":
- "dns-search":
- "exec-opts":
- "storage-driver":
- "storage-opts":
- "labels":
- "log-driver":
- "mtu": 0,
- "pidfile":
- "graph":
- "cluster-store":
- "cluster-advertise":
- "debug": true,
- "hosts":
- "log-level":
- "tlsverify": true,
- "tlscacert":
- "tlscert":
- "tlskey":
- "group":
- "default-ulimits":
- "bridge":
- "fixed-cidr":
- "raw-logs": false,
- "registry-mirrors":
- "insecure-registries":
- "disable-legacy-registry": false

Sie müssen nur noch der Datei die gewünschten Konfigurationsparameter hinzufügen.

4.5 Zusammenfassung, Übungen / Aufgaben

4.5.1 Zusammenfassung

Container sind Betriebssystemumgebungen, die eigenständig verwaltet werden können. Sie können auch auf andere Maschinen exportiert werden.

Aus Sicht des Containers steht ihm eine komplette Betriebssystemumgebung dediziert zur Verfügung. Jeder Container kann individuell verwaltet werden.

Es gibt zwei Arten von Containern:

* Windows Server-Container
* Hyper-V-Container

Alle Änderungen werden zunächst in der Sandbox gespeichert.

Wenn der Container beendet wird, können Sie entscheiden, ob ein „Containerimage" erstellt werden soll, das die Anwendung und die Informationen in der Sandbox enthält.

In diesem Fall wird das Containerimage zusammen mit den Abhängigkeiten, z.B. dem dazugehörigen Containerbetriebssystem-Image als „Containerrepository" gespeichert.

Dies gibt Ihnen die Möglichkeit, das Containerrepository auf einen anderen Containerhost zu kopieren und dort zu benutzen.

Im ersten Schritt muss das Feature „Container" auf dem Windows-Host installiert werden.

Installation von Docker auf dem Containerhost

Docker ist eine Open-Source-Software. Linux benutzt sie schon lange, um Container zu erstellen, nun kann sie auf Microsoft Servern ebenfalls benutzt werden.

Installieren des Containerbetriebssystem-Images

Im nächsten Schritt muss das Containerbetriebssystem-Image installiert werden. Dieses bleibt unveränderlich, es kann also nicht verändert werden.

Docker kann mithilfe der Datei „daemon.json" weiter konfiguriert werden. Diese Datei findet man im Ordner C:\ProgramData\docker\config.

4.5.2   Übungen

1. Starten Sie die virtuelle Maschine „Server1" und sorgen Sie dafür, dass Sie Internet-Verbindung haben.
2. Installieren Sie das Feature „Container".
3. Installieren Sie Docker.
4. Installieren Sie einen Nano-Server.
5. Betrachten Sie, ob die Datei „daemon.json" vorhanden ist und überlegen Sie Anwendungsmöglichkeiten.
6. Setzen Sie die virtuellen Maschinen „DC" und „Server1" auf den Prüfpunkt „Installation" zurück.

4.5.3　Aufgaben

1. Sie betreiben eine Windows Server 2016 Domäne.

   Sie planen die Bereitstellung eines Containers.
   Welche drei Schritte führen Sie aus?

2. Sie betreiben eine Windows Server 2016 Domäne.

   Auf einem Windows Server 2016 haben Sie den Docker-Deamon installiert.
   Wie können Sie festlegen, dass die Container IP-Adressen über DHCP erhalten?

3. Sie betreiben eine Windows Server 2016 Domäne.

   Auf einem Windows Server 2016 haben Sie den Docker-Deamon installiert.
   Wie können Sie festlegen, dass nur ein bestimmter Port für die Docker Kommunikation benutzt wird?

4. Sie betreiben eine Windows Server 2016 Domäne.

   Auf einem Windows Server 2016 haben Sie den Docker-Deamon installiert.
   Wie können Sie einen Container auf Basis eines bestehenden Images starten?

5 Hochverfügbarkeit

Prüfungsanforderungen von Microsoft:

o   Implement High Availability and Disaster Recovery
    options in Hyper-V

o   Implement Failover Clustering

o   Manage Failover Clustering

o   Implement Storage Spaces Direct

o   Manage Virtual Machine Movement an Clustered Nodes

o   Implementing Network Load Balancing (NLB)

Quelle: Microsoft

Lernziele:
- Fehlertoleranz durch Hyper-V Replica
- Einrichten eines NLB-Clusters
- Failover-Servercluster
- Einrichten von Storage Spaces Direct
- Verwalten von virtuellen Maschinen auf Clusterknoten

5.1   Einführung

Hochverfügbarkeit ist in größeren Unternehmensumgebungen von
Bedeutung.

Windows Server 2016 bietet hier einige Möglichkeiten, sowohl für reale
als auch für virtuelle Maschinen.

5.2 Fehlertoleranz durch Hyper-V Replica

Hyper-V Replica ist eine Funktion, die in Windows Server 2012 eingeführt wurde.

Mit Hyper-V Replica wird eine virtuelle Maschine auf einen zweiten Hyper-V Host repliziert, jedoch nicht gestartet.

Es gibt einen primären Server, auf dem die produktiven virtuellen Maschinen gespeichert sind und einen Replikatserver. Auf ihm sind die Replikate gespeichert.

Konfiguration auf dem Replikatserver

Der Replikatserver ist der Server, auf dem die produktive virtuelle Maschine gespiegelt wird.

Auf ihm müssen Sie Einstellungen für die gesamte Maschine machen, also „Hyper-V Einstellungen".

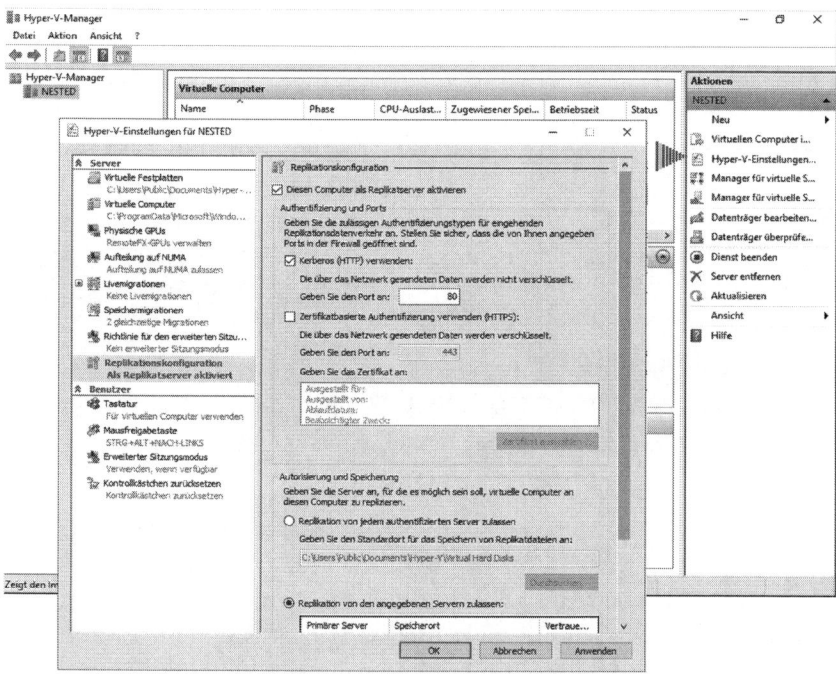

Abbildung 5.1: Hyper-V Einstellungen

Wählen Sie „Replikationskonfiguration" und setzen Sie den Haken vor

„Diesen Computer als Replikatserver aktivieren".

Im mittleren Teil der Konsole können Sie die Authentifizierung und die dazugehörigen Ports definieren.

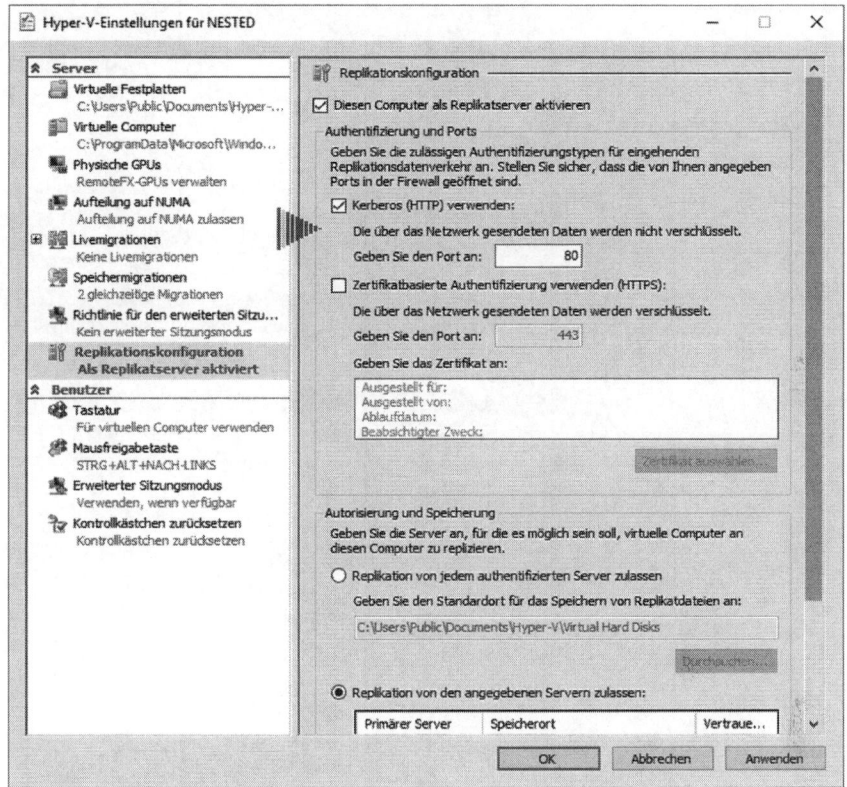

Abbildung 5.2: Authentifizierung und Ports

Wenn Sie die „zertifikatbasierte Authentifizierung" wählen, benötigen Sie Zertifikate für die Client und die Serverauthentifizierung.

Im unteren Teil der Konsole wählen Sie noch, von welchen Hyper-V Servern Sie die Replikation zulassen.

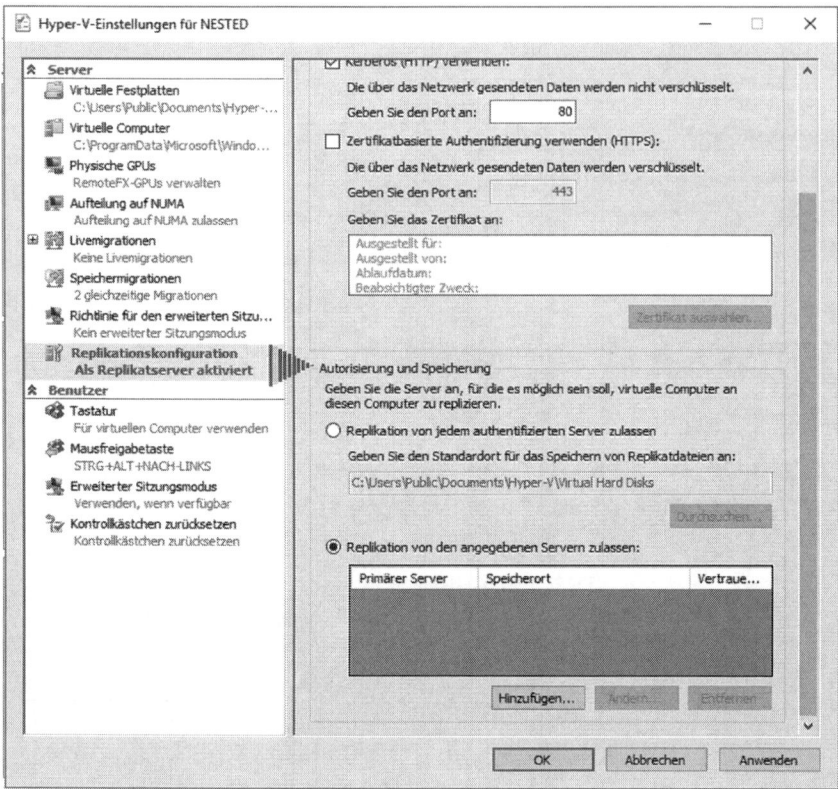

Abbildung 5.3: Replikation

Hier sollten Sie die einzelnen Server genau spezifizieren.

Natürlich müssen Sie gegebenenfalls auch die Firewall anpassen!

Konfiguration auf dem primären Server

Nun müssen Sie noch den primären Server für die Replikation konfigurieren.

Dazu wählen Sie im Kontextmenü der virtuellen Maschine „Replikation aktivieren…".

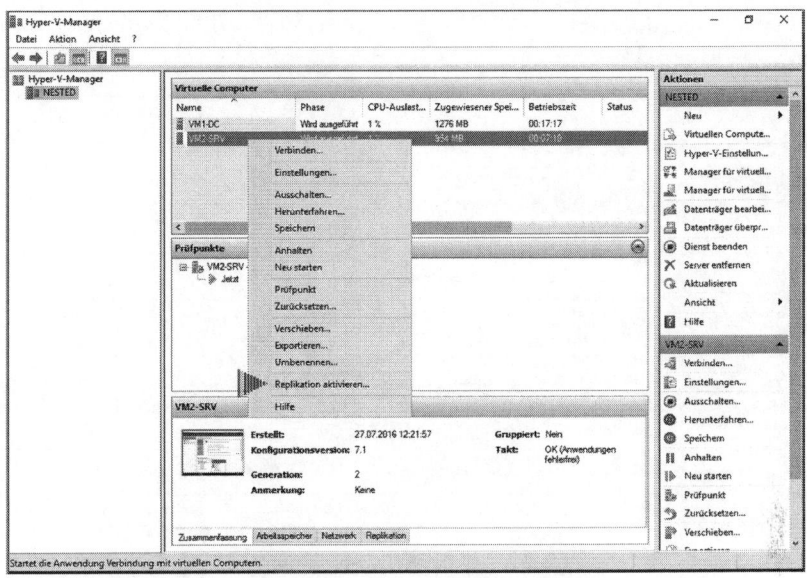

Abbildung 5.4: Replikation aktivieren

Ein Assistent startet.

Zuerst müssen Sie den Replikatserver festlegen.

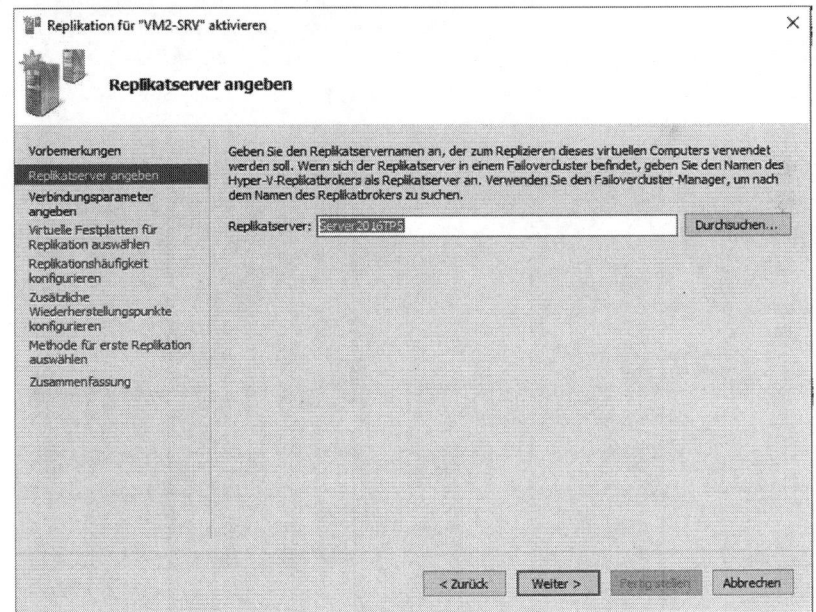

Abbildung 5.5: Auswahl Replikatserver

Danach konfigurieren Sie den Authentifizierungstyp und die dazugehörigen Ports.

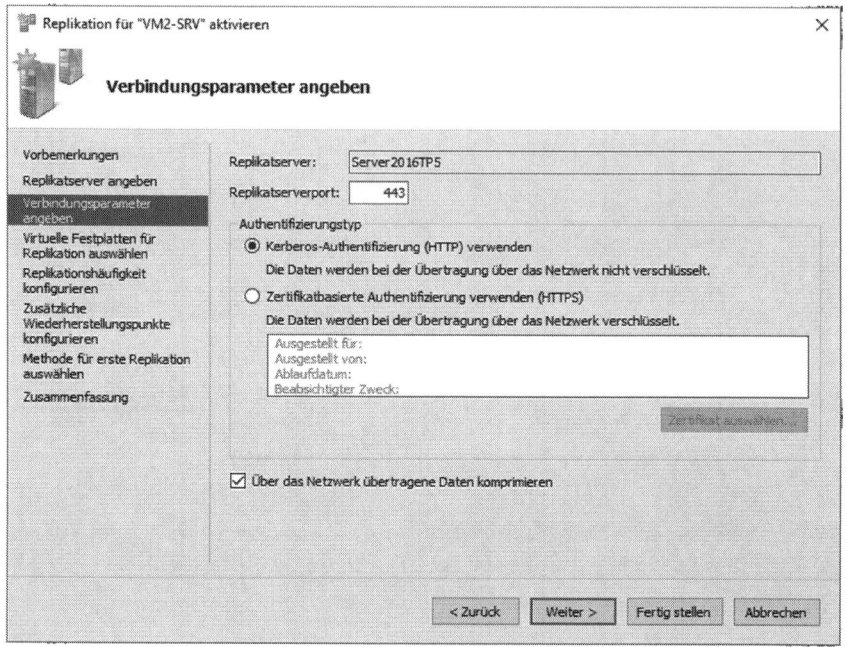

Abbildung 5.6: Authentifizierungstyp und Ports

Hier müssen Sie natürlich die gleichen Einstellungen wie auf dem Replikatserver machen, damit eine Kommunikation stattfinden kann.

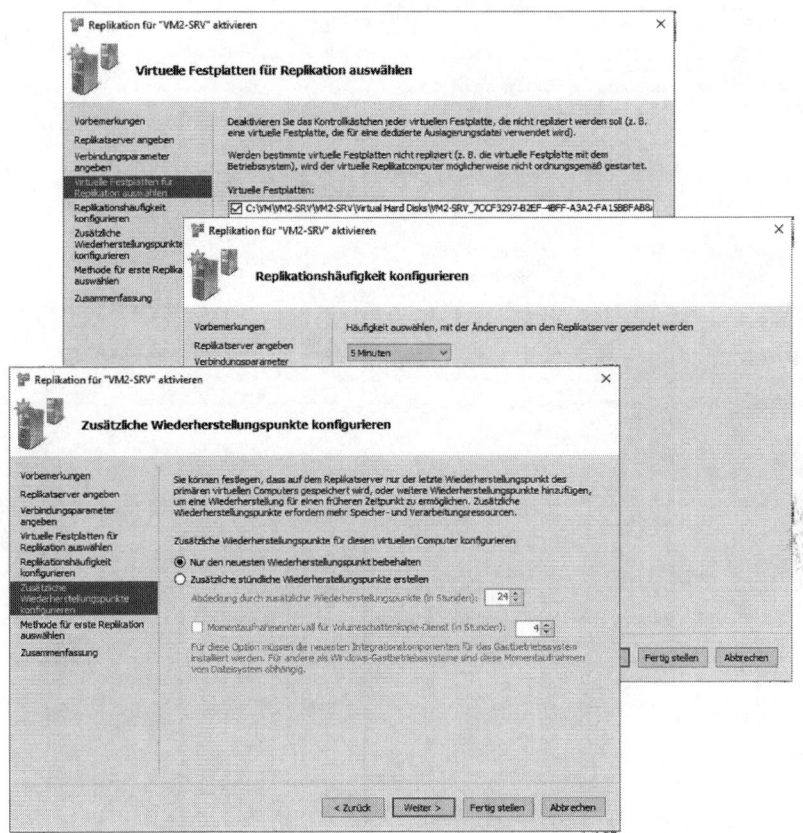

Abbildung 5.7: Festplatte und Wiederherstellungsverlauf

Nun wählen Sie die virtuelle Festplatte aus, definieren die Replikationshäufigkeit und legen den Wiederherstellungsverlauf fest.

Sie können mehrere verschiedene Wiederherstellungspunkte festlegen, was allerdings auf Kosten des Speicherplatzes geht.

Zum Schluss wählen Sie noch, wann die erste Replikation starten soll und ob sie über das Netzwerk gesendet werden soll.

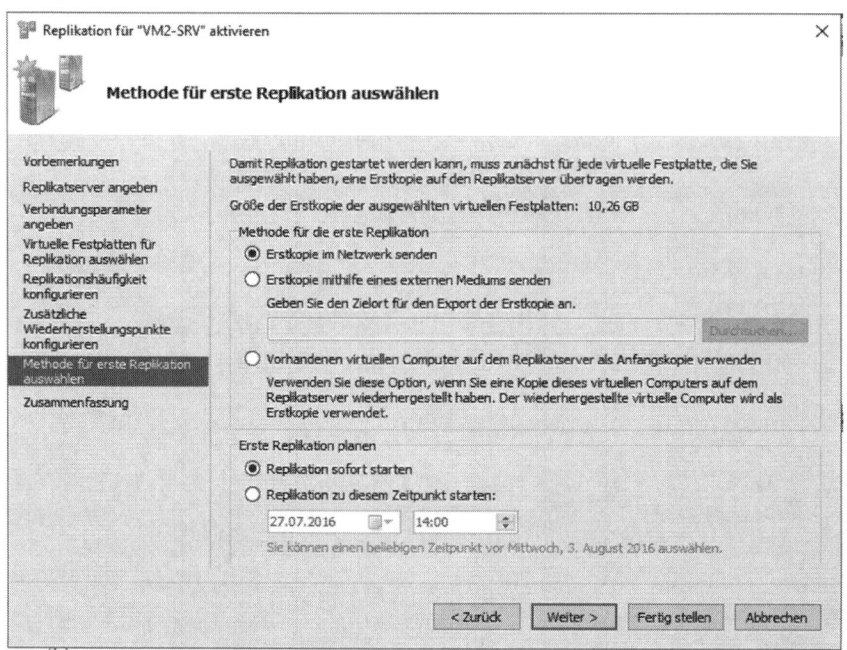

Abbildung 5.8: Methode und Zeit der Erstreplikation

Nun beginnt die Replikation.

5.3 Einrichten eines NLB-Clusters

Der NLB ist die einfachere Form eines Clusters.

Ein einzelner Windows Server 2016 Rechner kann ausfallen, oder hat in Spitzenzeiten zu wenig Leistung. Gerade Webserver sind ein gutes Beispiel für diesen Anwendungszweck.

Eine Lösung ist es nun, mehrere Windows Server 2016 Server zu einem „Verbund" zusammenzufügen, dann können alle Ressourcen gemeinsam genutzt werden.

Damit können Sie sowohl die Zuverlässigkeit, als auch die Leistung erhöhen. Es können zwischen 2 und 32 Rechner einem NLB-Cluster angehören. Diese einzelnen Rechner werden auch „Knoten" genannt.

Das „Load Balancing" findet auf IP-Ebene statt, nicht direkt im

Serververbund. Der NLB-Cluster erhält eine gemeinsame IP-Adresse, mit der er angesprochen werden kann.

ACHTUNG!
Sie können einen Computer nicht gleichzeitig zum Mitglied eines NLB und eines Server-Clusters machen.

Eine ähnliche Funktionalität bietet bereits „Round Robin" bei DNS. Allerdings bietet NLB einige erhebliche Vorteile gegenüber „Round Robin":

- Kein „Single Point of Failure"
- Kein manueller Eingriff bei Ausfall eines Knotens nötig
- Kein zentraler Punkt, dadurch keine Engpässe

Network Load Balancing Cluster

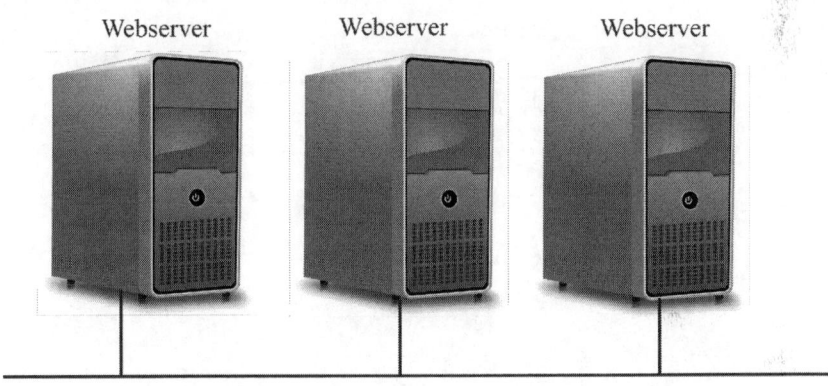

Abbildung 5.9: NLB

Die Anwendung, für die Hochverfügbarkeit erreicht werden soll, wird auf jedem Server ausgeführt, in diesem Fall der IIS.

Eingehende Anfragen werden durch den Netzwerklastenausgleich auf alle Server des NLB-Knotens verteilt.

Für jeden Server kann die maximale Last manuell konfiguriert werden.

Ein großer Vorteil von NLB ist es, dass jederzeit zusätzliche Hosts zum NLB-Cluster hinzugefügt werden können. Auch ist es möglich, alle Anforderungen zu einem bestimmten Rechner im NLB-Cluster zu leiten. Dieser Host wird „Standardhost" genannt.

Jeder Host behält seine eigene IP-Adresse. Zusätzlich wird ein Satz von Cluster-IP-Adressen definiert, über den alle Hosts im NLB-Cluster angesprochen werden können. Die Hosts im Cluster können deswegen auf mehrere Clientanforderungen gleichzeitig antworten.

Die Lastverteilung erfolgt automatisch.

Jeder Host eines NLB-Clusters sendet im Sekundentakt so genannte „Heartbeats (Herzschläge)" an alle anderen Server. Sollte von einem Server der Heartbeat ausbleiben, wird nach 5 Sekunden dieser Server aus dem NLB-Cluster entfernt.

Bei Ausfall eines Hosts im NLB-Cluster werden alle Verbindungen getrennt, die momentan zu diesem Rechner bestehen. Die Sitzungen können jedoch sofort wieder aufgenommen werden, indem man sich mit einem anderen Knoten verbindet. Dieser Vorgang wird normalerweise von Clients ohne Benutzereingriff vorgenommen. Es bleibt nur eine minimale Verzögerung.

5.3.1 Funktionsweise von NLB im IP-Stack

NLB arbeitet auf Ebene des Protokolls IP.

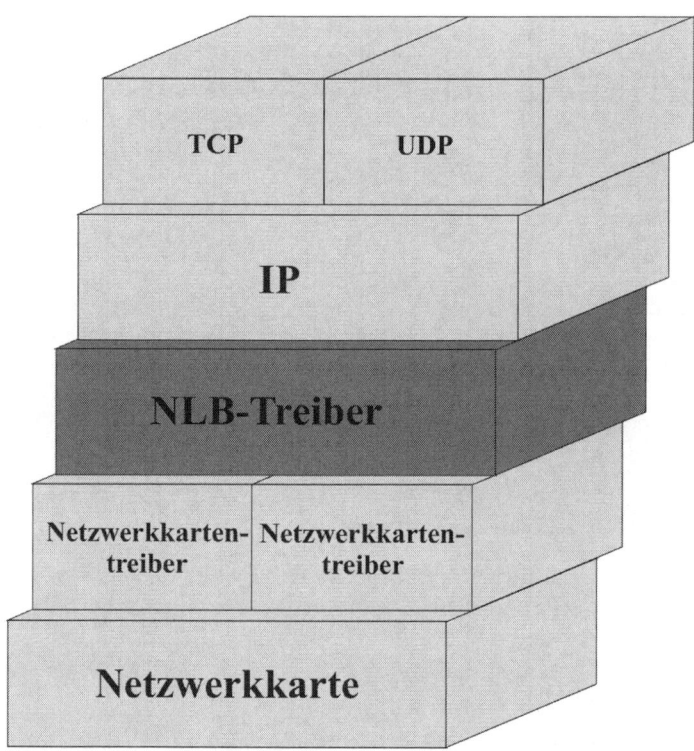

Abbildung 5.10: NLB auf IP

Der Netzwerklastenausgleich wird als Windows-Netzwerktreiber ausgeführt. Aus der Sicht der Clients unterscheidet sich der Cluster nicht von einem einzelnen Server. Es ist nicht ersichtlich, dass die Anwendung nicht auf einem einzelnen Server, sondern auf einem Cluster ausgeführt wird.

Mithilfe des Netzwerklastenausgleichs können alle Clusterhosts eines Subnetzes den eingehenden Netzwerkverkehr für die Cluster-IP-Adressen gleichzeitig erkennen. Auf jedem Clusterhost fungiert der Treiber für den Netzwerklastenausgleich als Filter zwischen dem Treiber für den Clusteradapter und dem TCP/IP-Stapel, so dass der Netzwerkverkehr auf die Hosts verteilt wird.

Der Netzwerklastenausgleich arbeitet mit einem Algorithmus, bei dem die eingehenden Clientanforderungen mithilfe der IP-Adresse und den Ports statisch einem bestimmten Knoten zugeordnet werden. Dadurch gibt es keine Kommunikation zwischen den einzelnen Cluster-Hosts.

Wenn eine Clientanfrage empfangen wird, überprüfen alle Cluster-Hosts ihre Zuordnung, um zu erkennen, welcher Host für diesen Client zuständig ist.

Diese Zuordnung wird erst geändert, wenn ein Cluster-Host hinzugefügt oder weggenommen wird.

Alle Cluster-Hosts müssen regelmäßig ihre Zuordnungen überprüfen. Dazu werden einige Informationen zwischen den Cluster-Hosts ausgetauscht, damit eine stabile Zuordnung erhalten bleibt. Auch wird überprüft, wer der Standardhost ist. Dies ist immer der Host mit der höchsten Priorität. Dieser Vorgang wird „Zusammenführung" genannt.

ACHTUNG!
Für eine optimale Leistung sollten Sie auf jedem Cluster-Host für den Netzwerklastenausgleich eine zweite Netzwerkkarte installieren. In dieser Konfiguration verarbeitet die erste Netzwerkkarte den Netzwerkverkehr zum Server als Clusterbestandteil. Die zweite Netzwerkkarte ist für die Kommunikation zwischen den Hosts zuständig.

5.3.2   Konfiguration von NLB

Überlegen Sie sich zunächst, welche virtuelle IP-Adresse der NLB-Cluster haben soll, und welchen FQDN er bekommen soll. Damit der Cluster von den Clients richtig erreicht werden kann, muss ein DNS-Eintrag gemacht werden. Diese Konfiguration nimmt zwar der Assistent zum Teil selber vor, aber Sie müssen sich trotzdem vorher überlegen, wie die Daten sein sollen.

In unserem Beispiel nehmen wir folgende Konstellation an:

IP-Adresse: 192.168.1.80/24

FQDN: Intranet.Meistertrainer.info

Nun können Sie NLB installieren. Windows Server 2016 behandelt NLB nicht als eine Rolle, sondern als ein Feature.

Öffnen Sie den Servermanager, und fügen Sie das Feature „Netzwerklastenausgleich" hinzu.

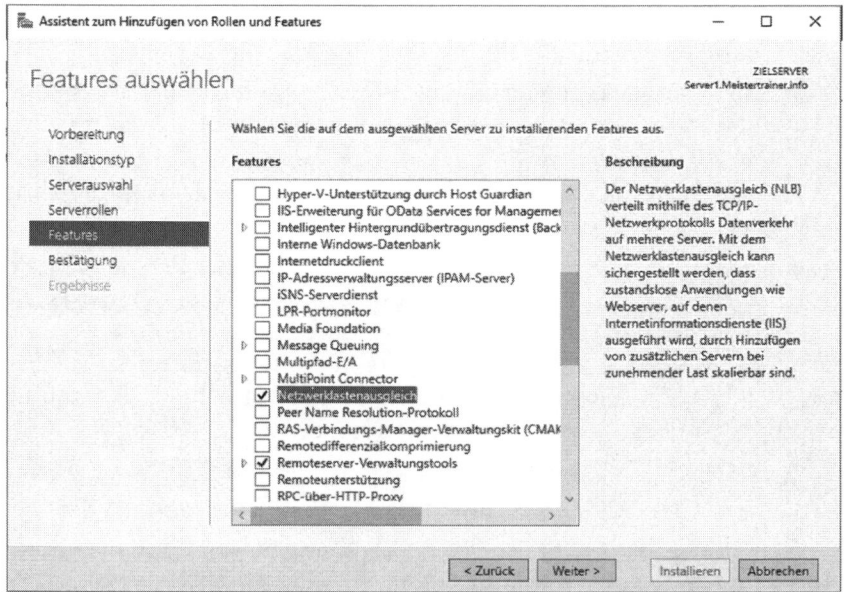

Abbildung 5.11: Das Feature „Netzwerklastenausgleich"

Nach der Installation ist der „Netzwerklastenausgleich-Manager" im Menü „Tools" verfügbar.

Abbildung 5.12: Netzwerklastenausgleich-Manager

Hier wird NLB konfiguriert.

Am Anfang müssen Sie zunächst einen neuen Cluster erstellen, und zwar mit einem einzelnen Rechner beginnend.

Sie klicken mit der rechten Maustaste auf „Netzwerklastenausgleich-Cluster" und wählen „Neuer Cluster".

Sie geben bei „Host" den Namen oder die IP-Adresse des ersten Clustermitglieds ein und klicken auf „Verbinden". Es wird eine Namensauflösung gemacht, und im unteren Teil des Fensters werden die Netzwerkkarten angezeigt, die auf diesem Host zur Verfügung stehen.

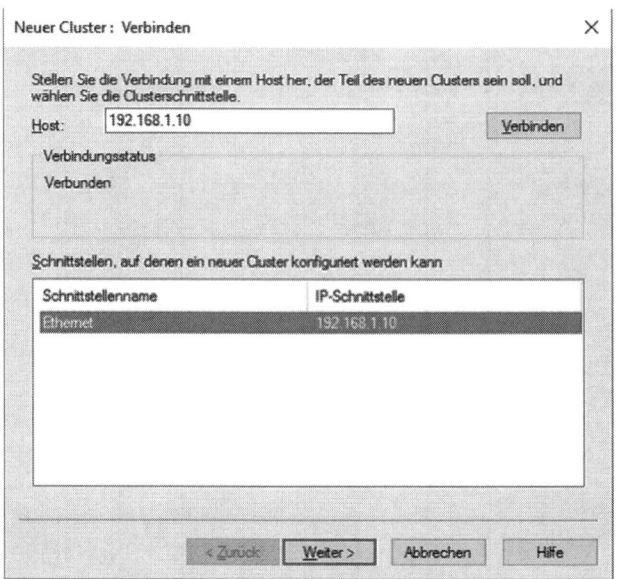

Abbildung 5.13: Auswahl des ersten Hosts

Wählen Sie dort die Netzwerkkarte aus, unter der der Cluster konfiguriert werden soll, und klicken Sie auf „Weiter".

Nun geben Sie die IP-Adresse an, die später für alle Clients die IP-Adresse sein soll, unter der der NLB-Cluster erreicht werden soll, also die virtuelle IP-Adresse.

In unserem Fall haben wir diese Adresse ja bereits festgelegt:

192.168.1.80

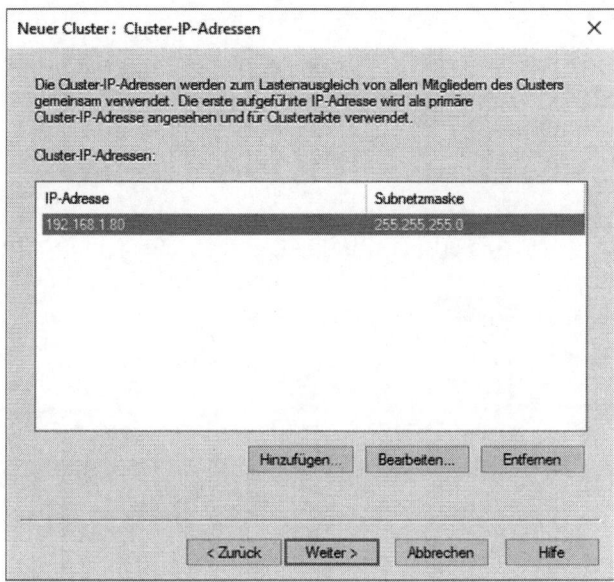

Abbildung 5.14: Cluster IP-Adresse

Klicken Sie auf „Weiter".

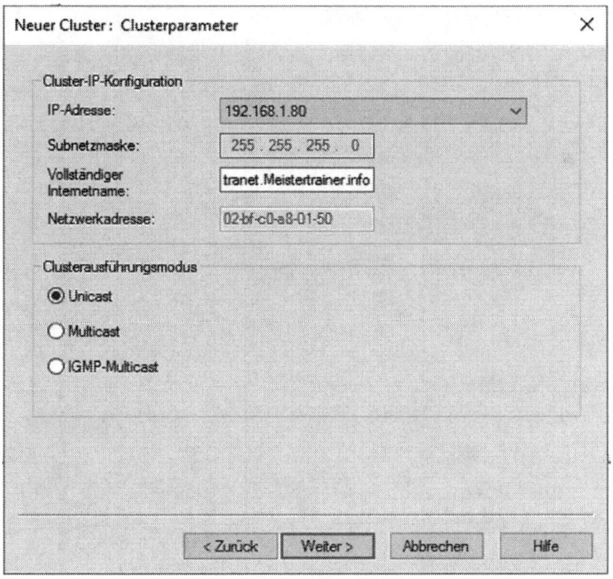

Abbildung 5.15: Clusterparameter

Hier sehen Sie noch einmal die Clusterparameter, nämlich die virtuelle IP-Adresse, die Subnetzmaske, und Sie können hier den FQDN eintragen.

Nun wählen Sie, in welchem Clusterausführungsmodus der Cluster betrieben wird.

Unicast

Bei Unicast wird die MAC-Adresse der Netzwerkkarte verändert, so dass alle Computer im Cluster dieselbe MAC-Adresse haben. Dadurch können ankommende Pakete von allen Rechnern im Cluster empfangen werden.

Vorteil: sehr kompatibel mit allen Routern und Switches.

Nachteil: keine Kommunikation zwischen den Mitgliedern des NLB-Clusters möglich, da alle dieselbe MAC-Adresse haben.

Multicast

Hier wird die MAC-Adresse nicht verändert, sondern es wird dem Rechner eine Layer- 2 - Multicastadresse zugewiesen.

Nachteil: Keine Kommunikation mit CISCO-Routern möglich, da die ARP-Antwort, die von einem Rechner des Clusters als Antwort auf eine ARP-Anfrage geschickt wird, die Unicast IP-Adresse des gesamten Clusters der Multicast-Mac-Adresse des Hosts zuweist.

Dieses Problem können Sie aber lösen, indem Sie auf dem CISCO Router einen statischen ARP-Eintrag machen, in dem die Cluster-IP-Adresse der Cluster-MAC-Adresse zugeordnet wird.

Vorteil: Kommunikation zwischen Hosts ist möglich.

Achtung!

Sie müssen alle Hosts im Cluster im gleichen Clusterausführungsmodus betreiben!

Sie können einen NLB-Cluster mit Hosts betreiben, die nur eine Netzwerkkarte haben, aber Sie sollten Hosts mit zwei Netzwerkkarten verwenden, damit eine clusterinterne Kommunikation über die zweite Netzwerkkarte stattfinden kann.

Wenn Sie nur eine Netzwerkkarte benutzen, sollten Sie den Multicastmodus wählen.

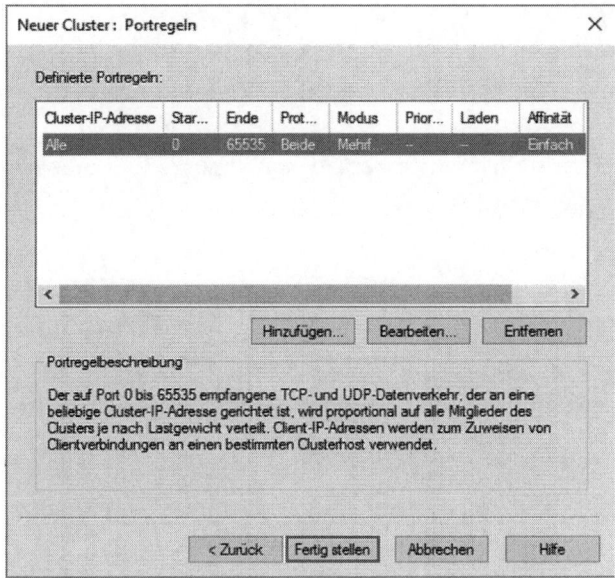

Abbildung 5.16: Portregeln

Die Karteikarte „Portregeln" gibt Ihnen die Möglichkeit, Regeln für den Datenverkehr zu definieren.

Betrachten Sie die definierte Portregel.

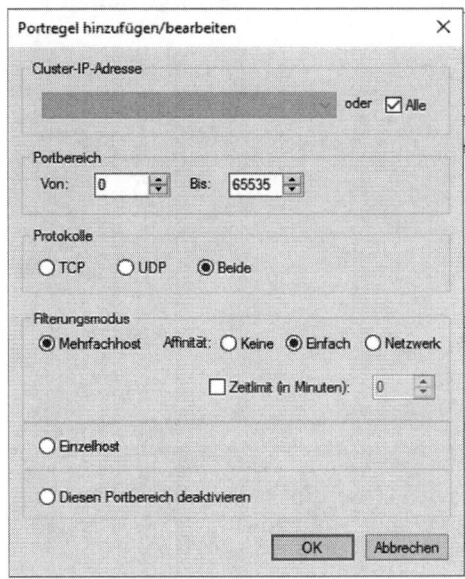

Abbildung 5.17: Portregeln

Hier sind für alle IP-Adressen des Clusters alle Ports (sowohl TCP als auch UDP) aktiviert.

Wenn Sie andere Regeln möchten, können Sie sie hier problemlos definieren.

Interessante Einstellungen verbergen sich hinter „Filterungsmodus".

Die erste Auswahl ist

Mehrfachhost

Alle Server des Clusters antworten auf eingehende Fragen.

Einzelhost

Alle Anfragen werden nur an den Server geleitet, der die niedrigste Priorität hat (konfiguriert bei den Hostparametern).

Diesen Portbereich deaktivieren

Anfragen, die dieser Portregel entsprechen, werden nicht bearbeitet.

In den meisten Fällen werden Sie „Mehrfachhost" wählen, dies ist auch die Standardeinstellung.

Hier gibt es wiederum drei Auswahlmöglichkeiten, und zwar für die „Affinität". Affinität bedeutet, wie Anfragen, die mehrfach hintereinander vom gleichen Client kommen, behandelt werden.

Keine

Keine Affinität, das heißt, Anfragen werden an zufällige Clustermitglieder weitergeleitet.

Einfach

Anfragen werden immer an dasselbe Clustermitglied weitergeleitet. Dies ist die Standardeinstellung.

Netzwerk

Anfragen aus demselben Netzwerk werden an dasselbe Clustermitglied weitergeleitet.

Klicken Sie auf „OK". Nun ist die Konfiguration abgeschlossen, und der NLB-Cluster besteht zumindest aus einem Host, was Sie aber noch nicht wirklich weiterbringt.

Sie sollten zumindest einen zweiten Host hinzufügen.

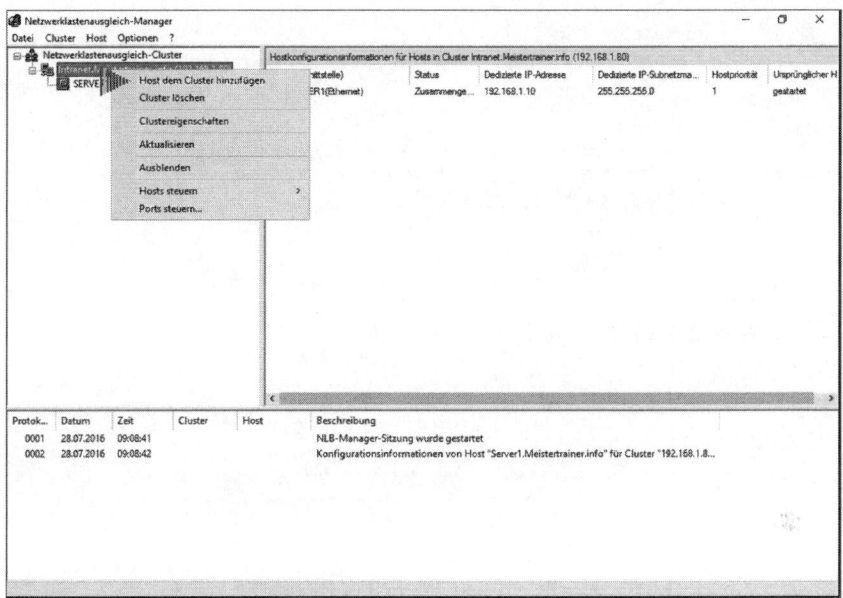

Abbildung 5.18: Hinzufügen eines weiteren Hosts

Nun sollten Sie überprüfen, was der Assistent denn in Bezug auf die IP-Konfiguration im Hintergrund getan hat.

Wichtig ist, dass die neue virtuelle IP-Adresse im DNS-Server eingetragen ist, denn sonst können die Clients ja den Cluster nicht erreichen.

Sie überprüfen dies, indem Sie die DNS-Konsole öffnen, und nach einem Eintrag für die Adresse 192.168.1.80 suchen.

Sollte dieser Eintrag nicht vorhanden sein, erstellen Sie ihn manuell.

ACHTUNG!

Wenn Sie möchten, dass der Cluster auch über den FQDN erreicht werden soll, müssen Sie hier natürlich noch einen Alias anlegen!

Außerdem muss diese virtuelle IP-Adresse auch in der Konfiguration der Netzwerkkarte eingetragen sein.

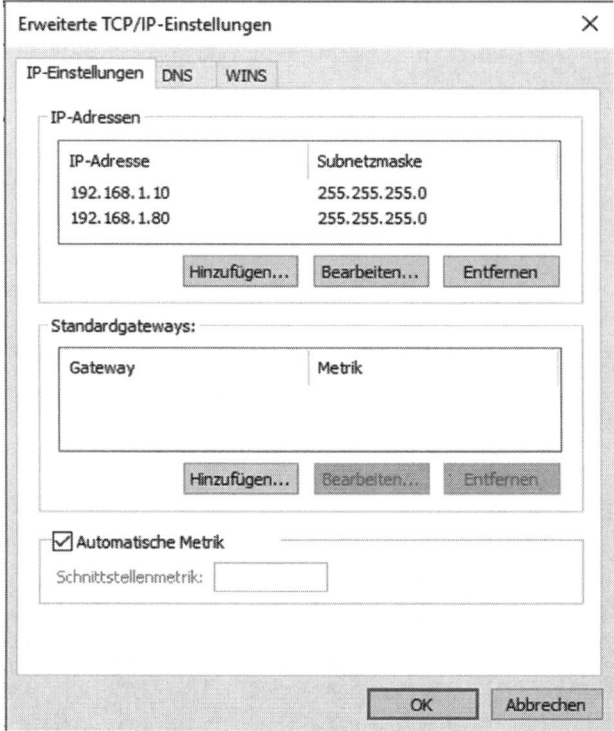

Abbildung 5.19: Virtuelle IP-Adresse

Auch das ist geschehen.

Das war in früheren Versionen von Windows nicht der Fall, hier mussten alle diese Einträge per Hand gemacht werden!

Sonstiges

Wenn Sie den Datenverkehr eines NLB-Clusters „schonend" stoppen möchten, verwenden Sie den Befehl „DrainStop".

Mit diesem Befehl können Sie zwar den Datenverkehr beenden, aber langsam, denn aktive Verbindungen werden nicht unterbrochen, nur ist es nicht mehr möglich, neue Verbindungen aufzubauen.

Diese Vorgehensweise ist ideal, wenn Sie Wartungsarbeiten vornehmen möchten. Nachdem alle Verbindungen getrennt sind, können Sie den internen Status auch auf „Stop" schalten.

5.3.3 Einen NLB-Cluster von einer früheren Version upgraden

Ein Upgrade von einer früheren Betriebssystemversion kann auf zwei Arten gemacht werden:

Sie deaktivieren den gesamten NLB-Cluster und machen für alle Knoten das Upgrade. Damit fällt der NLB-Cluster für die Zeit des Upgrades aus.

Die andere Möglichkeit ist ein „Rolling Upgrade".

Dabei machen Sie nacheinander ein Upgrade der einzelnen Knoten, bis alle auf dem aktuellen Stand sind. Der NLB-Cluster kann währenddessen weiterlaufen.

5.4 Failover-Servercluster

Eine weitere Clusterlösung ist der Failover-Servercluster. Hierbei ist der Aufbau wesentlich aufwändiger als bei NLB, da nicht nur autonome Hosts zu einem Verbund zusammengeschlossen werden, sondern gemeinsame Speichermedien benötigt werden.

Windows Server 2016 bietet die Möglichkeit, dass bis zu 64 physischen Knoten und bis zu 4.000 virtuelle Computern pro Cluster zusammengefasst werden können. Diese Rechner erscheinen dem Client gegenüber als ein einziger Server.

Auch in einem Servercluster ist es kein Problem, wenn ein Server ausfällt, die anderen Knoten übernehmen die Arbeit des Knotens, der ausgefallen ist.

Unterschiede Servercluster und NLB-Cluster

Bisher scheinen sowohl Servercluster als auch NLB-Cluster identisch zu arbeiten. Es gibt aber einige Unterschiede, die auch den Einsatzzweck für beide Lösungen deutlich machen:

NLB

NLB betreibt IP-Loadbalancing, IP-Anwendungen werden auf den Mitgliedern des NLB-Clusters verteilt, damit auch bei hohem Datenverkehrsaufkommen eine angemessene Reaktionszeit gewährleistet ist.

Servercluster

Ein Servercluster dagegen kann Informationen über den Status einer Anwendung oder eines Dienstes innerhalb des Clusters austauschen. Dies übersteigt das IP-Loadbalancing erheblich.

Neuerungen in Windows Server 2016

In Windows Server 2016 wurden einige Neuerungen eingeführt.

Clusterbetriebssystem Rolling Update

Beim Rolling Update können Sie einen Knoten offline nehmen, diesen updaten und wieder online nehmen. Dann wird der Cluster im gemischten Modus ausgeführt, bis Sie alle Clusterknoten auf den neuesten Stand gebracht haben. Dann können Sie die Clusterversion anheben.

Speicherreplikation

Mit der Speicherreplikation ist es möglich, komplette Festplatten auf einen anderen Server zu replizieren, diese können auch in einem Speicherpool sein. Diese Funktion haben wir bereits in Kapitel 2 besprochen, kann aber natürlich auch in einer Clusterumgebung genutzt werden.

Azure Cloud Zeuge

Im Quorum kann nun auch ein Azure Cloud Zeuge eingesetzt werden, später mehr dazu.

Virtual Machine resiliency

Hierbei werden virtuelle Knoten überwacht und bei Fehler gegebenenfalls offline geschaltet.

Site-aware, Workgroup- und Multidomain Cluster

Die Flexibilität der Anwendungsszenarien ist stark erweitert worden.

5.4.1   Wie arbeitet ein Servercluster?

Alle Anwendungen, die im Cluster laufen sollen, werden auf allen Knoten installiert, laufen aber immer nur auf einem Knoten.

Dies ermöglicht, dass mehrere Anwendungen im gleichen Cluster laufen können. Sollte ein Knoten ausfallen, werden die Anwendungen oder Dienste mit sehr kurzer Verzögerung auf einem anderen Knoten im Servercluster gestartet.

Dies ist ein Aktiv/Aktiv Cluster, denn es ist nicht nötig, dass ein Knoten die komplette Steuerung des Clusters übernimmt, und keine produktiven Aufgaben ausführen kann.

Es erklärt sich von selber, dass ein Servercluster optimal funktioniert, wenn die Hardware auf allen Knoten möglichst ähnlich ist, denn wenn eine Anwendung den Knoten „wechseln" muss, sollte die Umgebung etwa identisch mit der alten Umgebung sein, damit die Arbeitsgeschwindigkeit zumindest ähnlich bleibt.

Die Quorumressource

Alle Servercluster unter Windows Server 2016 haben eine Gemeinsamkeit: Die Quorumressource.

Das Quorum ist ein Speichermedium, auf der die Informationen über den Cluster gespeichert werden, und außerdem wird hier eine Kopie der Datenbank des Serverclusters gespeichert.

Das Quorum ist von extremer Bedeutung für die Notfallwiederherstellung eines Serverclusters.

Verschiedene Servercluster

Sie können unter Windows Server 2016 verschiedene Arten von Serverclustern einrichten. Die Auswahl des richtigen Modells erfolgt je nach Anforderungen in der Firma.

Das Quorum-Modell von Windows Server 2016 ist bedeutend sicherer als das Quorum-Modell, das bis zum Windows Server 2003 zum Einsatz kam.

Dort wurde in den meisten Fällen der sogenannte „Servercluster mit einem Quorum" benutzt. Dies bedeutet, dass ein Cluster nur funktioniert hat, wenn er mit der Ressource, auf der das Quorum gespeichert ist, kommunizieren kann.

Das machte das Quorum natürlich zu einem „Single Point of failure".

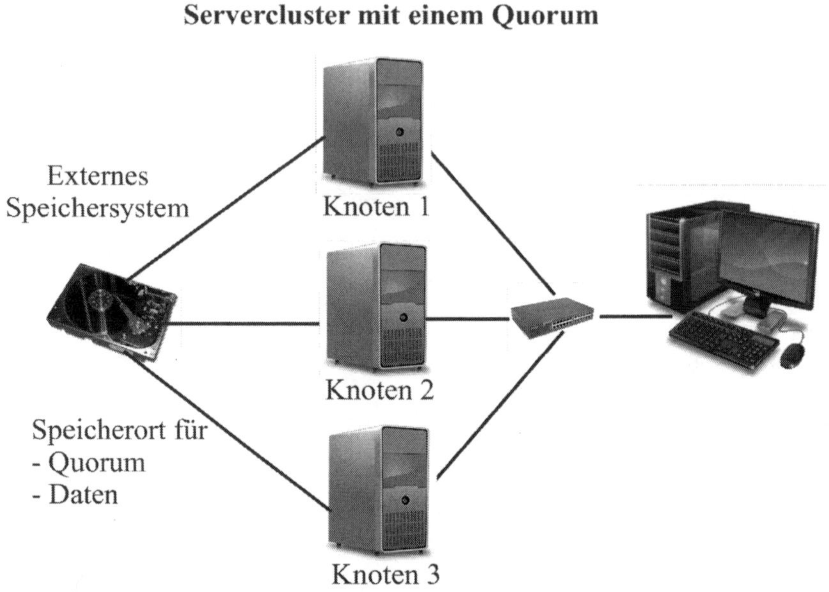

Servercluster mit einem Quorum

Externes
Speichersystem

Knoten 1

Knoten 2

Speicherort für
- Quorum
- Daten

Knoten 3

Abbildung 5.20: Servercluster mit einem Quorum

Windows Server 2016 hat dagegen ein anderes Konzept der Quorumverwaltung, um diese Problematik zu umgehen.

Eine Mehrheit von „Votes" entscheidet, ob ein Cluster ein Quorum erreicht.

Wahlberechtigt sind Knoten, also Clustermitglieder, und auch Festplatten („Disk Witness") und Freigabe („File Share Witness"), im gemeinsamen Speicher.

Als Neuerung kommt in Server 2016 noch ein „Azure-Cloud-Zeuge" hinzu, also ein Zeuge, der sich in der Cloud befindet.

Hauptknotensatz Servercluster

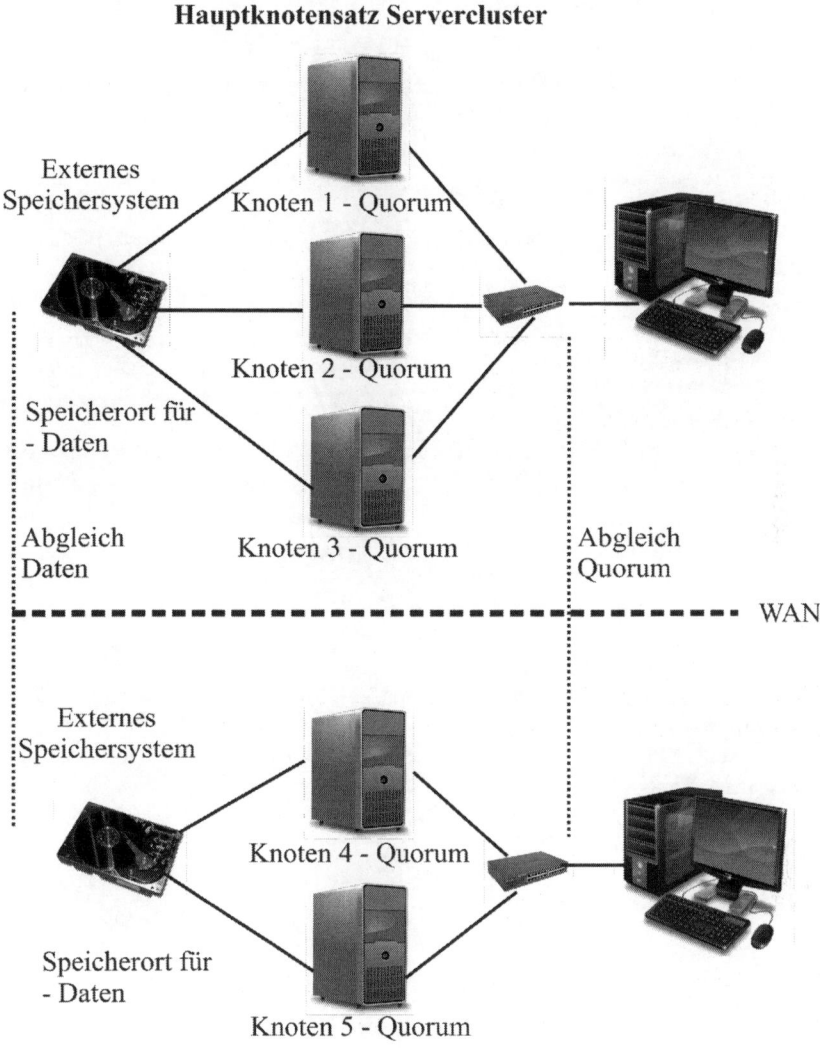

Abbildung 5.21: Quorumverwaltung in Server 2016

In diesem Modell gibt es Ausfallsicherheit.

Im Endeffekt stehen fünf Quorumarten zur Auswahl:

Knotenmehrheit

(für Cluster mit einer ungeraden Anzahl von Knoten empfohlen)

Jeder verfügbare Knoten kann wählen. In diesem Fall funktioniert der Cluster nur, wenn mehr als die Hälfte der Knoten online sind.

Knoten- und Datenträgermehrheit

Jeder Knoten und eine festgelegte Festplatte im Cluster-Speicher (Disk Witness) kann wählen. Die Voraussetzung ist nur, dass diese „Wähler" verfügbar sein müssen. Auch hier funktioniert der Cluster nur, wenn mehr als die Hälfte der „Wähler" verfügbar sind.

Knoten- und Dateifreigabemehrheit

Jeder Knoten und eine festgelegte Freigabe im Cluster-Speicher (File Share Witness) kann wählen. Die Voraussetzung ist nur, dass diese „Wähler" verfügbar sein müssen. Auch hier funktioniert der Cluster nur, wenn mehr als die Hälfte der „Wähler" verfügbar sind.

Knoten- und Cloudmehrheit

Jeder Knoten und ein Cloud Zeuge (Azure-Cloud Witness) kann wählen. Die Voraussetzung ist nur, dass diese „Wähler" verfügbar sein müssen. Auch hier funktioniert der Cluster nur, wenn mehr als die Hälfte der „Wähler" verfügbar sind.

Keine Mehrheit

Der Cluster hat das Quorum, wenn ein einziger Knoten verfügbar ist. Nur aktive Knoten können dem Cluster beitreten.

Auswahl des richtigen Quorummodus

Normalerweise wählt der Assistent den richtigen Modus aus. Allerdings gibt es einige Empfehlungen, die Sie berücksichtigen sollten.

Konfiguration des Clusters	Bevorzugter Quorummodus
Ungerade Knotenanzahl	Knotenmehrheit
Gerade Knotenanzahl, ein einzelner Standort	Knoten- und Datenträgermehrheit
Gerade Knotenanzahl, mehrere Standorte	Knoten- und Dateifreigabemehrheit
Gerade Knotenanzahl, kein gemeinsamer Speicher	Knoten- und Dateifreigabemehrheit
2 Knoten Cluster	Knoten- und Dateifreigabemehrheit
Cluster mit mehreren Standorten	Knoten- und Cloudmehrheit

5.4.2 Konfiguration des gemeinsamen Speichers

Bevor Sie mit der Einrichtung eines Serverclusters beginnen können, müssen Sie sich natürlich noch Gedanken über den gemeinsamen Speicher machen.

Er sollte sicher, schnell, und immer verfügbar sein.

Windows Server 2016 unterstützt für den gemeinsam genutzten Speicher FibreChannel, iSCSI oder SAS. Es werden auch GPT-Datenträger unterstützt. Damit können Datenträger angelegt werden, die größer als 2 TB sind.

Natürlich können auch freigegebene virtuelle Festplatten als Speicher benutzt werden.

Mit Windows Server 2008 R2 sind bereits Freigegebene Clustervolumes (Cluster Shared Volumes, CSVs) eingeführt worden.

Damit wurde eine verteilte Dateizugriffslösung generiert, sodass mehrere Knoten im Cluster gleichzeitig auf dasselbe NTFS-Dateisystem zugreifen können.

Zunächst waren die CSVs nur dafür gedacht, virtuelle Maschinen zu hosten, die auf einem Hyper-V Server im Servercluster laufen. Der

Vorteil war, dass alle Knoten Zugriff auf den Speicher hatten. Sollte ein Knoten mit einer virtuellen Maschine ausfallen, kann sie sofort auf einem anderen Knoten starten, da der Zugriff vorhanden ist.

Diese Lösung wurde in Laufe der Hyper-V Versionen deutlich verbessert. Mittlerweile ist es auch möglich, CSVs zusammen mit einem „Horizontal skalierten Dateiserver" zu verwenden.

Horizontal skalierte Dateiserver

Das Merkmal eines horizontal skalierten Dateiservers ist, dass alle Dateifreigaben auf allen Knoten gleichzeitig online sind. Das wird auch als Aktiv/Aktiv bezeichnet.

5.4.3   Installation eines Failover-Clusters

Wichtig ist, dass Sie die Knoten, also Clustermitglieder, mit einer ausreichenden Anzahl an Netzwerkkarten ausstatten.

Sie benötigen in jedem Fall

- 1 Netzwerkkarte für das LAN (Clientzugriff)
- 1 Netzwerkkarte für den Heartbeat (interne Kommunikation)
- 1 Netzwerkkarte für den Speicher

Die dritte Netzwerkkarte variiert natürlich in der Ausführung, je nachdem, wie der Speicher angeschlossen ist.

Die Kommunikationsart (intern oder extern) können Sie mit dem Cmdlet

Get-ClusterNetwork

festlegen.

Bevor wir den Failover-Cluster installieren, müssen wir zunächst den gemeinsamen Speicher konfigurieren.

Dafür werden wir „DC" als iSCSI Zielserver verwenden und dort drei Datenträger definieren.

Danach werden für diese drei Datenträger die iSCSI-Initiatoren für Server1 und Server2 erstellt.

Im letzten Schritt wird von den Servern 1 und 2 her die Verbindung zu den iSCSI Datenträgern hergestellt und für die Verwendung vorbereitet.

1. Schritt: Installation des iSCSI-Zielservers auf DC

Der iSCSI-Zielserver wird als Rollendienst der Datei-/Speicherdienste installiert. Die Vorgehensweise wurde in Kapitel 2 besprochen.

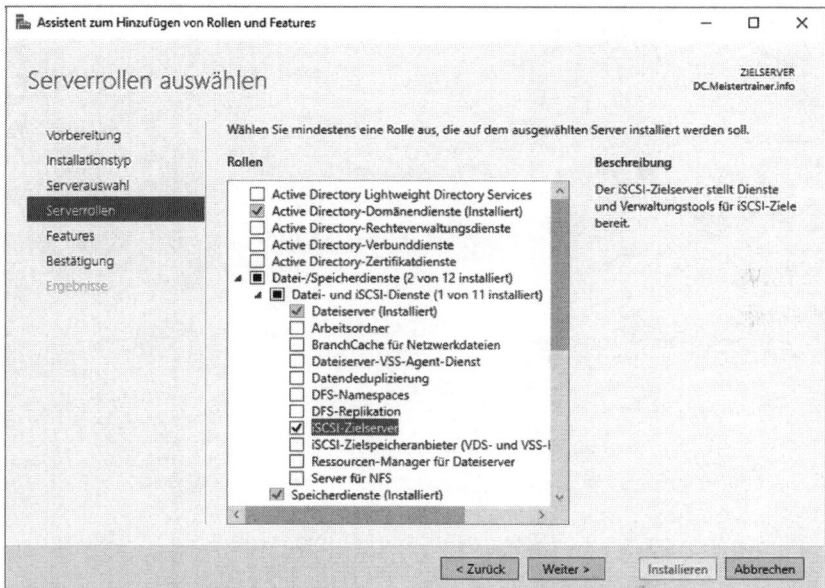

Abbildung 5.22: Installation iSCSI-Zielserver

Nun erstellen Sie im Servermanager einen neuen virtuellen iSCSI-Datenträger.

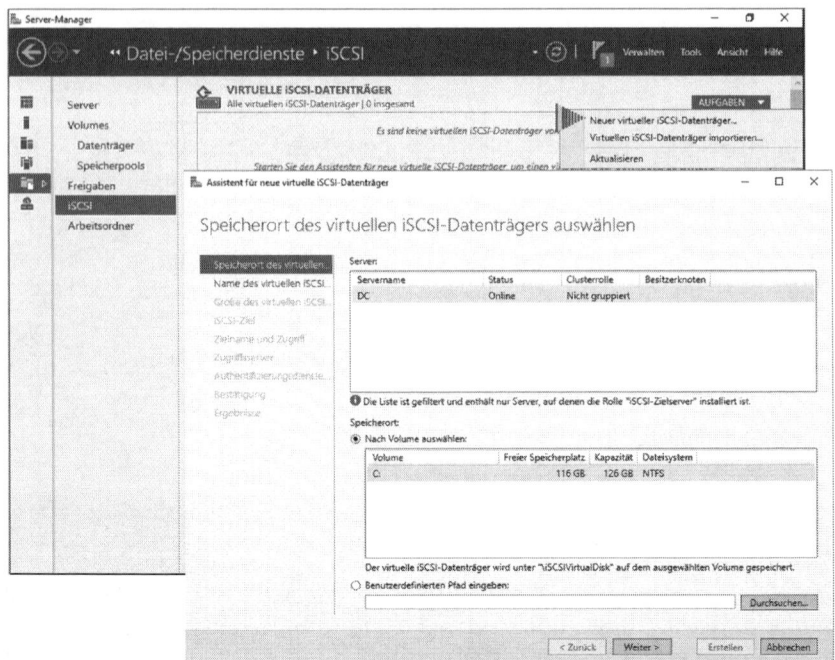

Abbildung 5.23: Neuer iSCSI-Datenträger

In unserem Lehrbeispiel benutzen wir folgende Parameter:

Speicherort: Festplatte C:\

Name: Disk1

Größe: 5 GB, fest

Im nächsten Schritt wählen Sie „Neues iSCSI-Ziel" aus und vergeben den Namen „DC-Disk1".

Fügen Sie nun die Zugriffsserver Server1 und Server2 hinzu.

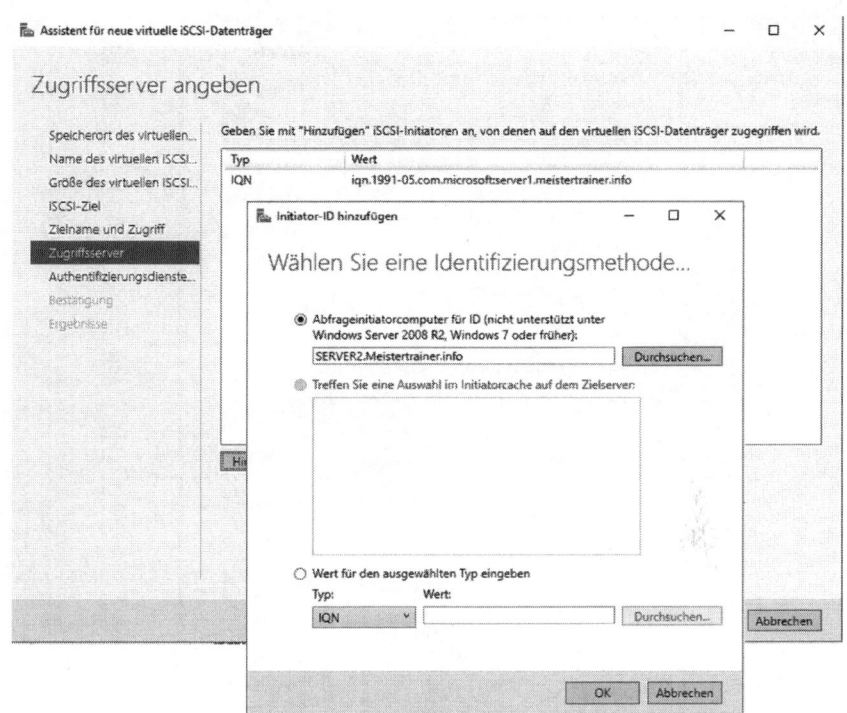

Abbildung 5.24: Zugriffsserver

Nach Beendigung des Assistenten sind die iSCSI-Ziele erstellt und für die Zugriffsserver Server1 und Server2 konfiguriert.

2. Schritt: Verbinden der Server mit den iSCSI-Zielen

Im nächsten Schritt verbinden wir Server1 und Server2 mit den eben definierten iSCSI-Zielen.

Dafür öffnen Sie das Tool „iSCSI-Initiator", bestätigen die Änderungen für den Dienst und wählen im nächsten Fenster als Ziel den DC aus, egal, ob mit FQDN oder mit der IP-Adresse.

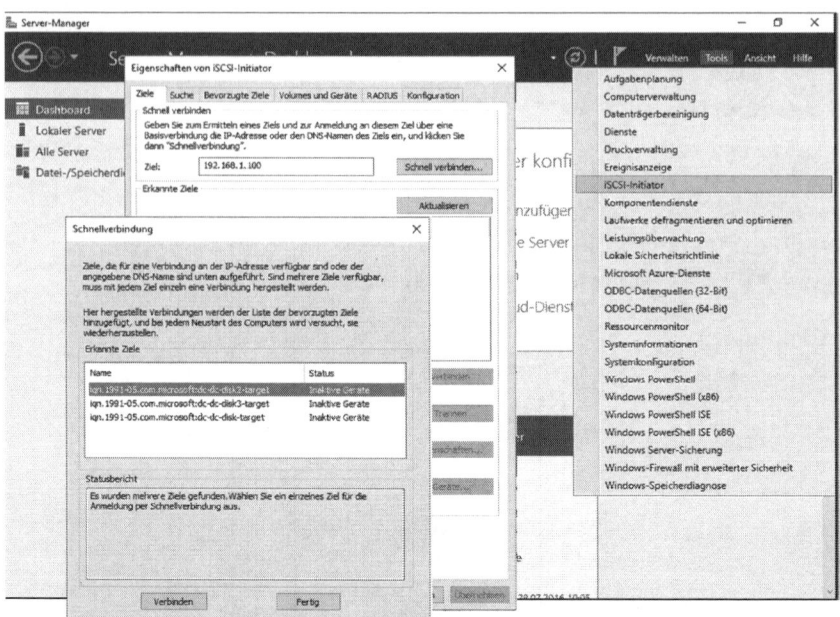

Abbildung 5.25: Hinzufügen der iSCSI-Ziele

Nun werden Ihnen alle drei iSCSI-Ziele auf dem DC angezeigt.
Verbinden Sie den Server mit allen drei Zielen.

Wiederholen Sie die gleichen Schritte auf dem zweiten Server.

3. Schritt: Verfügbar machen der Datenträger

Der nächste Schritt macht die Datenträger verfügbar.

Öffnen Sie dafür auf Server1 die Datenträgerverwaltung. Dort sind nun
die drei Datenträger sichtbar.

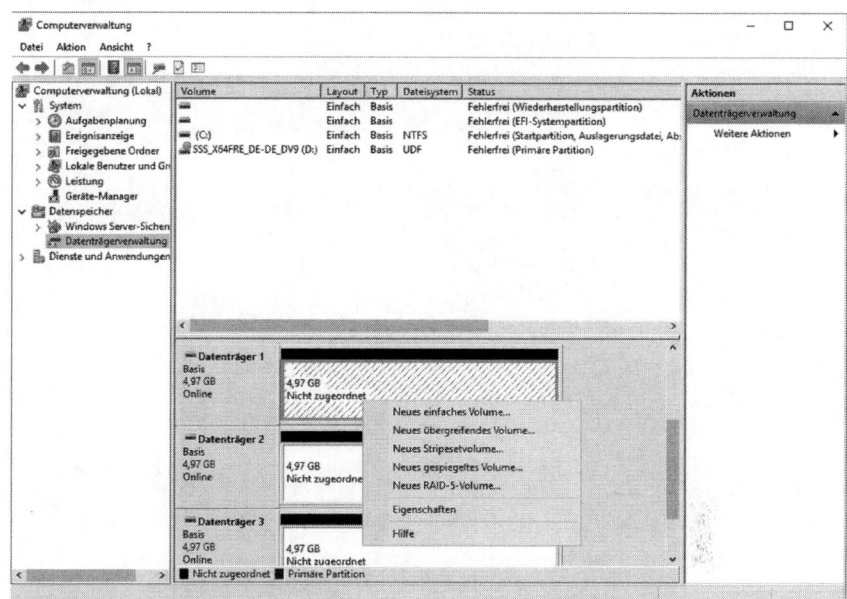

Abbildung 5.26: Datenträger

Bringen Sie die Datenträger online, initialisieren Sie sie und formatieren Sie sie mit NTFS.

Zur späteren besseren Identifizierung der Datenträger sollten Sie noch deren Eigenschaften bearbeiten und ihnen die Namen

- Daten01
- Daten02
- Daten03

geben.

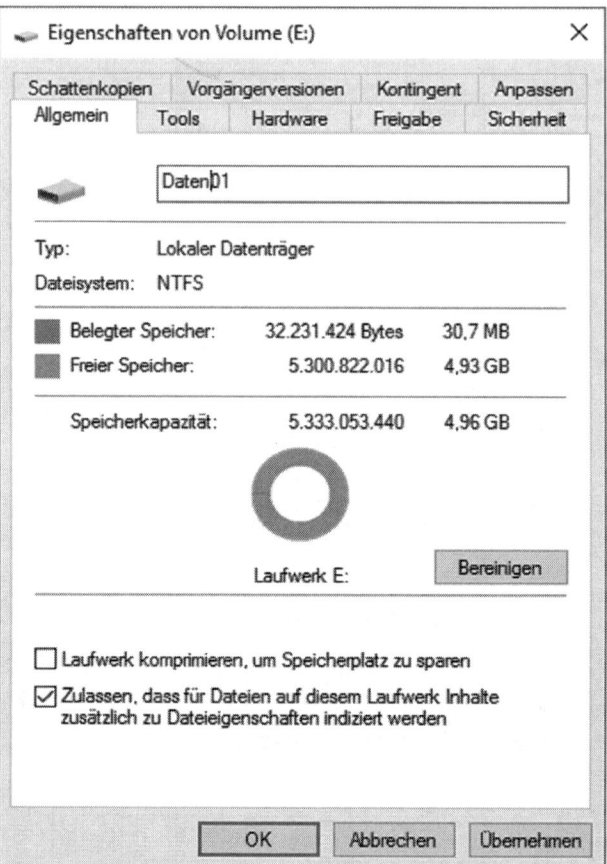

Abbildung 5.27: Namen ändern

Wechseln Sie auf Server2 und öffnen Sie auch dort die Datenträgerverwaltung.

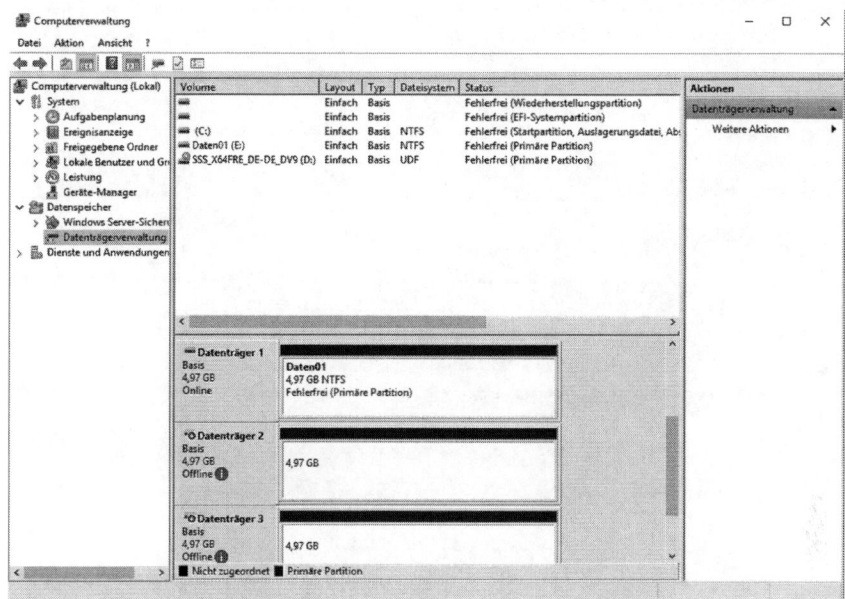

Abbildung 5.28: Datenträgerverwaltung

Hier sehen Sie ebenfalls die drei Festplatten.

Sobald Sie sie online gestellt haben, sind sie verfügbar, da sie schon formatiert sind.

Nun haben wir gemeinsamen Speicherplatz und können den Failover Cluster installieren.

Der Failover-Cluster ist ein Feature und wird dementsprechend installiert.

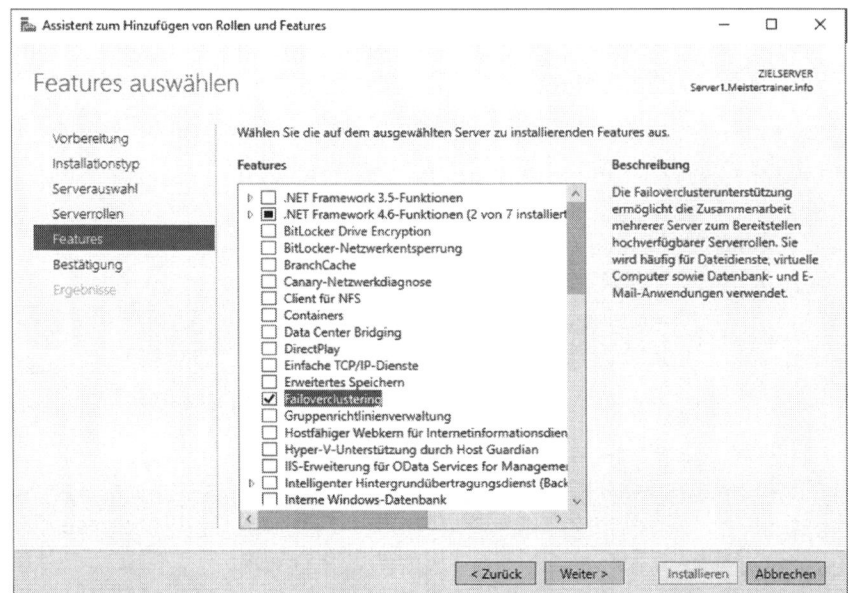

Abbildung 5.29: Failover-Cluster

Die Failover-Clusterverwaltung steht danach bei den „Tools" zur Verfügung.

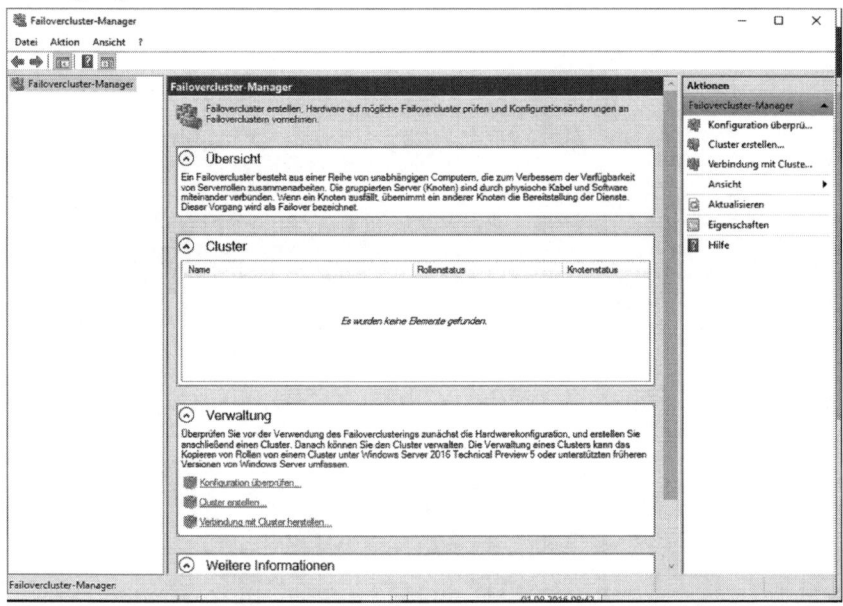

Abbildung 5.30: Konsole

Die Konfiguration des Clusters beginnt immer mit einer Überprüfung.

Microsoft unterstützt nur Konfigurationen, die eine Überprüfung fehlerfrei bestanden haben.

Also klicken Sie auf „Konfiguration überprüfen" und starten die zugrundeliegende Konfiguration.

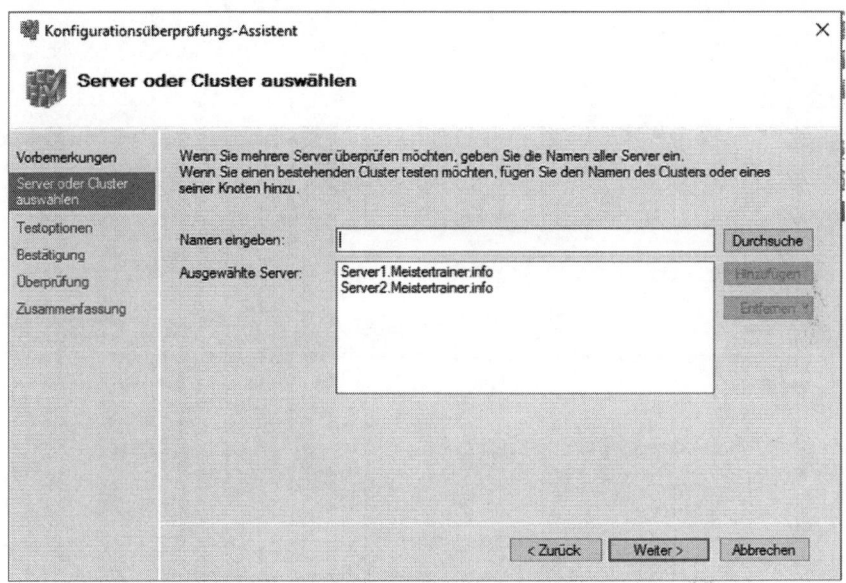

Abbildung 5.31: Auswahl

Nach der Auswahl, was überprüft werden soll, können Sie sich entscheiden, ob Sie alles testen möchten, oder nur Teilgebiete.

Wenn Sie im Anschluss einen Cluster einrichten möchten, sollten Sie alle Tests ausführen lassen.

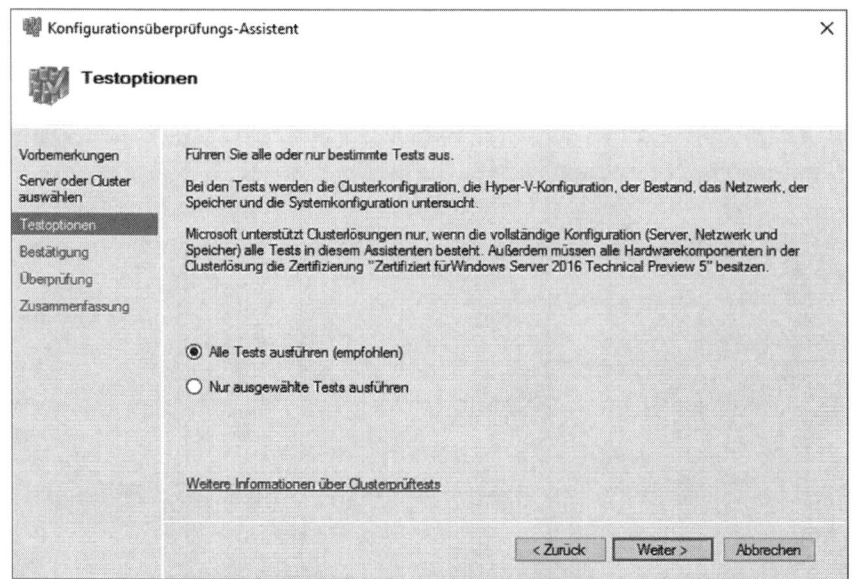

Abbildung 5.32: Testauswahl

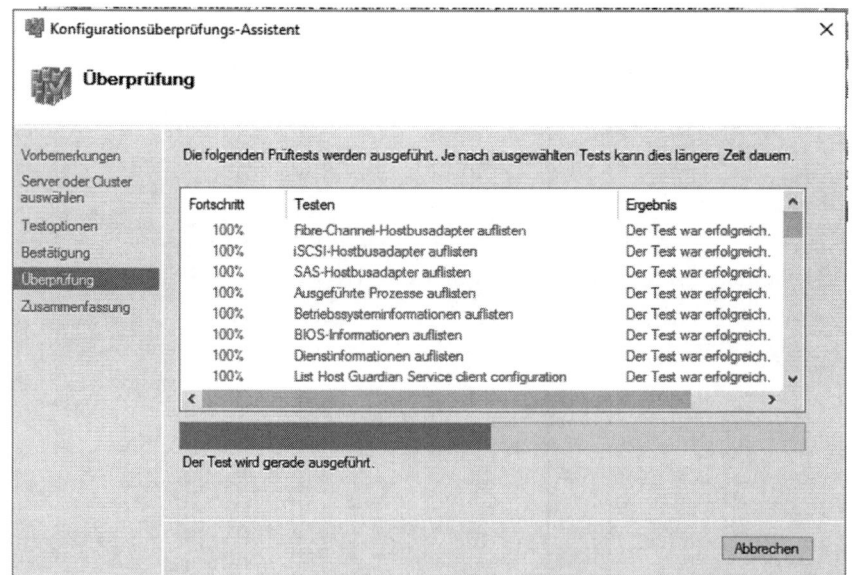

Abbildung 5.33: Tests

Die Tests umfassen

- Systemkonfigurationstests
- Netzwerktests
- Speichertests

Nach Abschluss der Tests können Sie beginnen, den Cluster einzurichten. Klicken Sie auf „Cluster erstellen", falls der Assistent nicht automatisch startet.

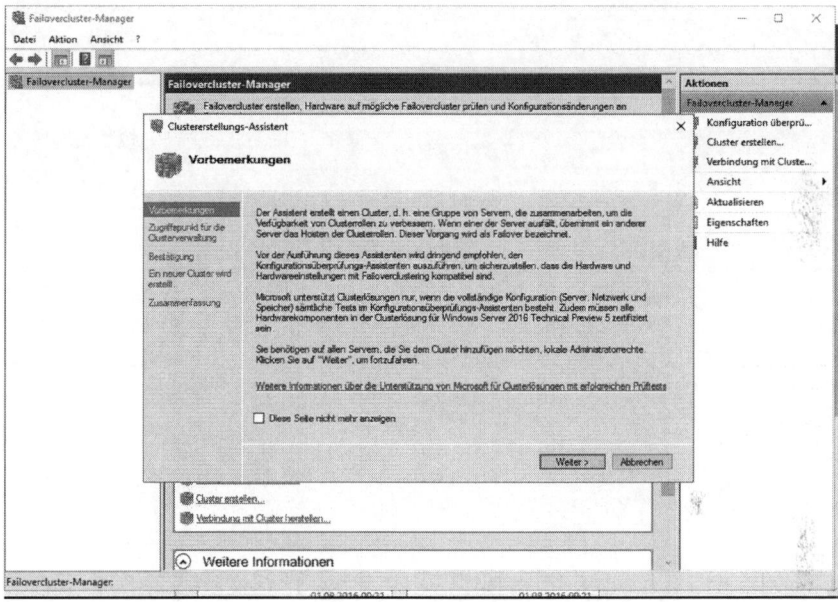

Abbildung 5.34: Cluster erstellen

Auch hier hilft Ihnen ein Assistent bei der Einrichtung.

Sie wählen die Server aus, die dem Cluster hinzugefügt werden sollen, und geben dem Cluster einen Namen.

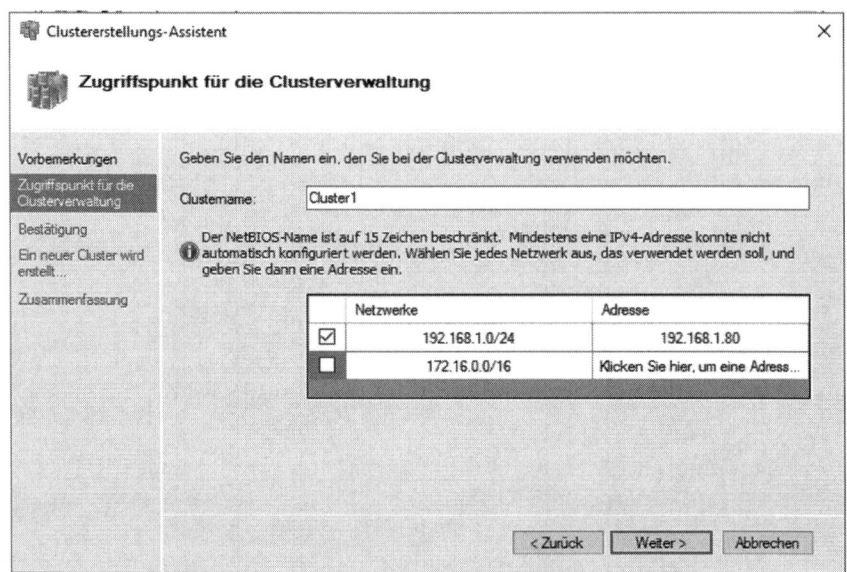

Abbildung 5.35: Namen und IP-Adresse

Danach geben Sie noch die Netzwerkkarten und die IP-Adressen an.

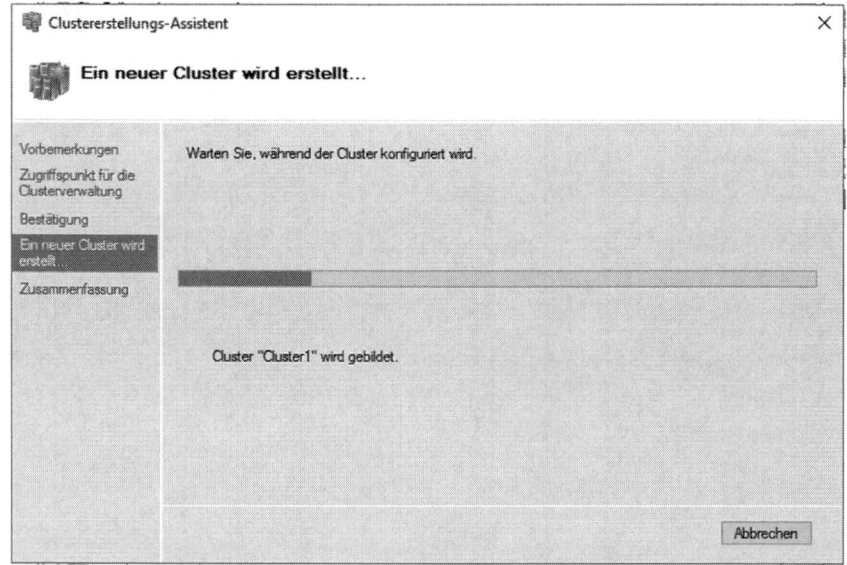

Abbildung 5.36: Cluster wird erstellt

Damit ist die Konfiguration abgeschlossen, und der Cluster wird eingerichtet.

Später können Sie noch weitere Konfigurationsschritte vornehmen, unter anderem auch die Einrichtung des Speichers und des Quorums.

5.4.4 Cluster ohne Active Directory in einer Arbeitsgruppe

Windows Server 2016 ermöglicht, einen Cluster auch ohne Active Directory einzurichten.

In den Versionen 2012 ist Microsoft den Schritt der Unabhängigkeit vom Active Directory beim Starten der Knoten schon gegangen, seit Server 2016 wird sogar zur Installation des Clusters keine Domänenzugehörigkeit mehr benötigt.

Allerdings ist der Clusterbetrieb ohne Active Directory mit einigen Einschränkungen verbunden, da auch Kerberos nicht zur Verfügung steht.

Cluster-Rolle	Unterstützt in einer Arbeitsgruppe	Hinweis
Hyper-V	Unterstützt, aber nicht empfohlen	Keine Live Migration
Dateiserver	Unterstützt, aber nicht empfohlen	Keine Kerberos-Authentifizierung möglich
SQL Server	Unterstützt	SQL Server Authentifizierung

Einrichten eines Clusters in einer Arbeitsgruppe

Wenn die Knoten des Clusters in einer Arbeitsgruppe sind, sollte zunächst das DNS-Suffix angepasst werden.

Dazu gehen Sie in

- Systemsteuerung
- System und Sicherheit
- System
- Einstellungen ändern

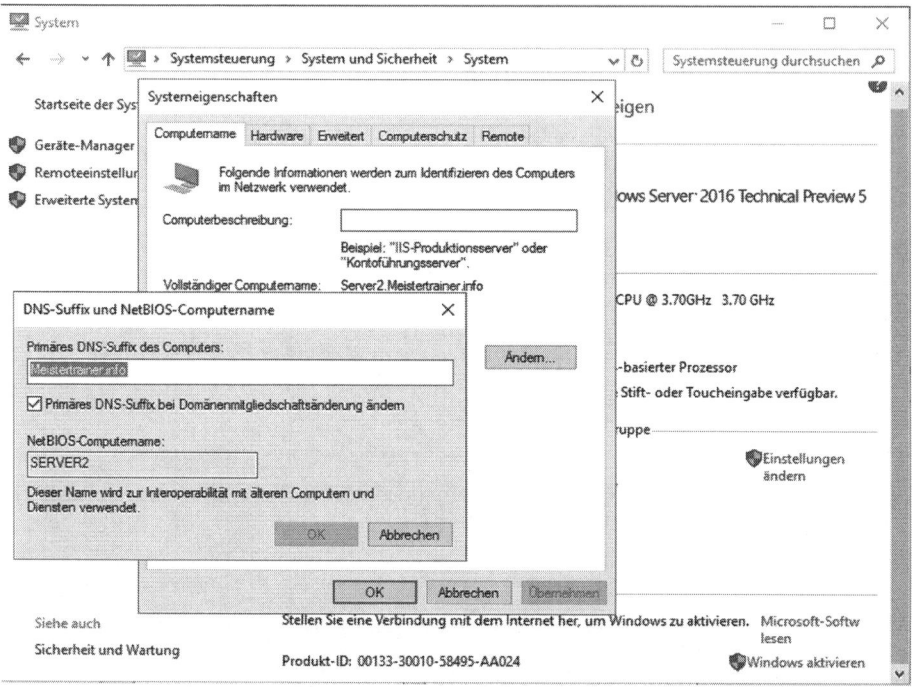

Abbildung 5.37: Ändern des DNS-Suffixes

Hier können Sie das DNS-Suffix nach Ihren Wünschen ändern. Bei einer Domänenzugehörigkeit wäre es nicht notwendig, weil der Domänenname das DNS-Suffix ist, aber in einer Arbeitsgruppe existiert keines.

Diese Änderung nehmen Sie auf allen Knoten des Clusters vor.

Der nächste Schritt ist die Eintragung der Knoten im DNS-Server.

Nun können Sie auf den Knoten das Feature installieren.

5.4.5   Konfigurieren der Clustereinstellungen

Die grundsätzliche Konfiguration eines Clusters wird in der Konsole vorgenommen.

Wenn Sie mit der rechten Maustaste auf den Namen des Clusters klicken, erhalten Sie eine Auswahl an Möglichkeiten. Einige finden Sie an anderer Stelle erneut, wir gehen dann dort auf sie ein.

Cluster überprüfen

Hier können Sie den Test, den Sie bei der Installation ausgeführt haben, erneut ausführen.

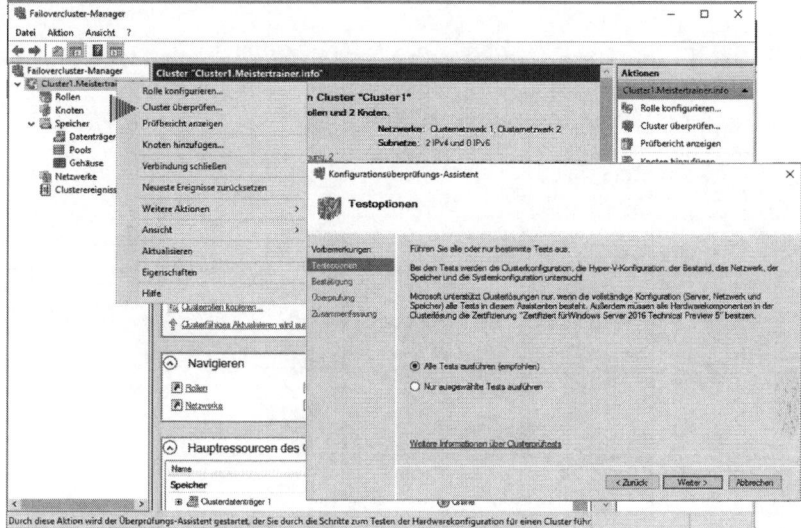

Abbildung 5.38: Überprüfen

Dies ist sinnvoll, wenn Einstellungen geändert worden sind.

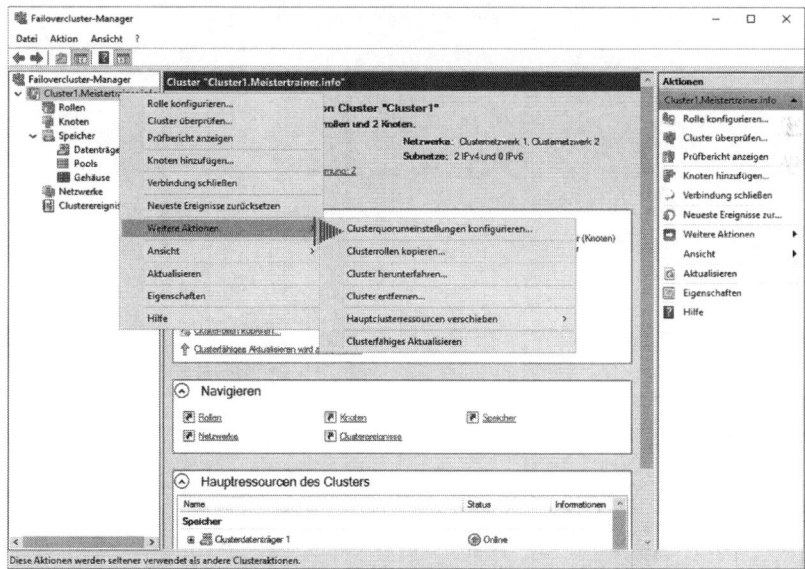

Abbildung 5.39: Quorumeinstellungen

Clusterquorumeinstellungen konfigurieren

Bei der Installation wird das Quorummodell so eingerichtet, wie es für den Cluster momentan am besten ist.

Allerdings können Sie Anforderungen ändern, wenn neue Knoten hinzugefügt werden oder andere Änderungen eintreten.

In diesem Fall können Sie das Quorummodell jederzeit ändern.

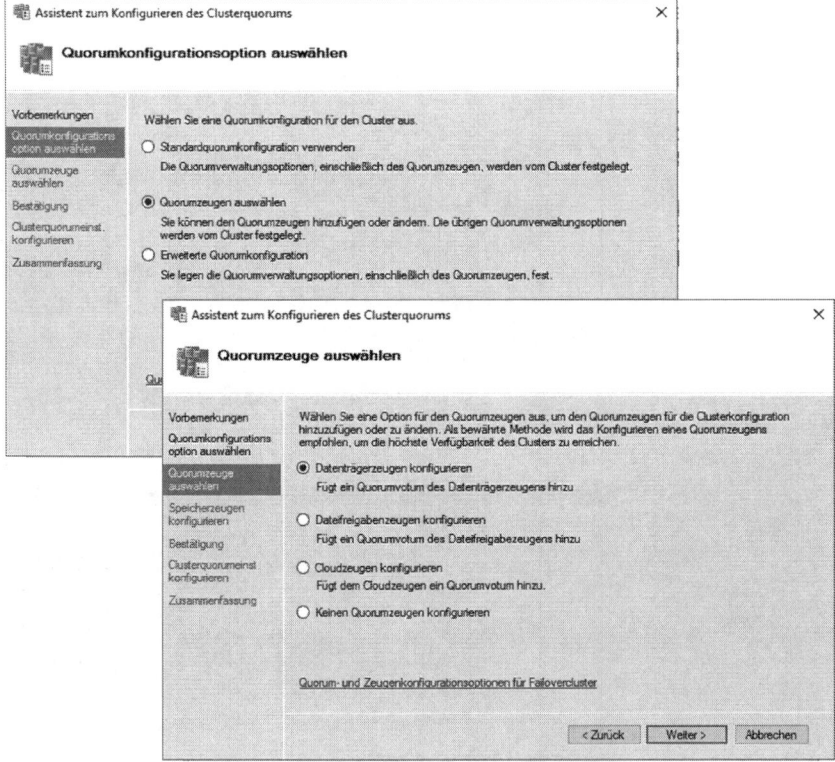

Abbildung 5.40: Ändern des Quorummodells

Hauptclusterressource verschieben

Hier können Sie die Ressourcen von einem Knoten auf einen anderen verschieben.

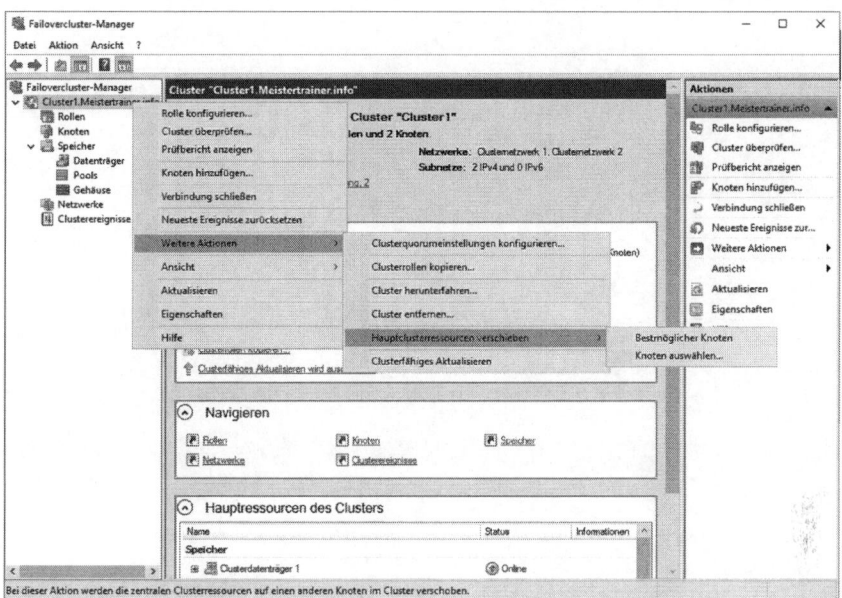

Abbildung 5.41: Hauptclusterressource verschieben

Clusterfähiges Aktualisieren

Das Aktualisieren der Knoten eines Clusters ist naturgemäß problematisch. Oft muss ein Neustart vorgenommen werden, dazu müssen die Ressourcen und Rollen eventuell verschoben werden. Insgesamt ist das ein sehr großer Aufwand.

Das clusterfähige Aktualisieren (Cluster-Aware Updating, CAU) ist eine Funktion, die eigenständig die Updates auf den Knoten eines Clusters einspielt und die Verteilung der Ressourcen übernimmt.

Dadurch fällt der Cluster nicht aus, und manuelle Eingriffe bleiben erspart.

Failover-Servercluster

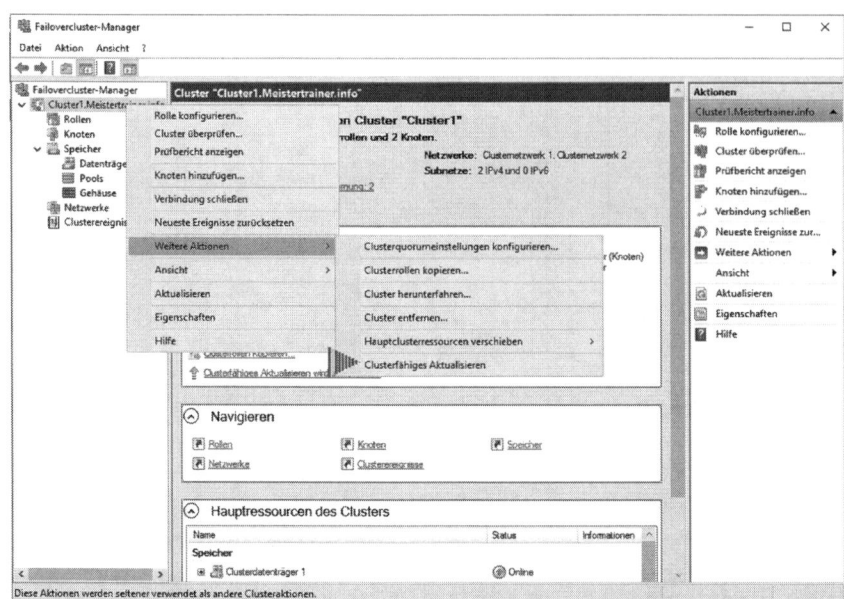

Abbildung 5.42: Clusterfähiges Aktualisieren

Hier können Sie alle relevanten Einstellungen vornehmen.

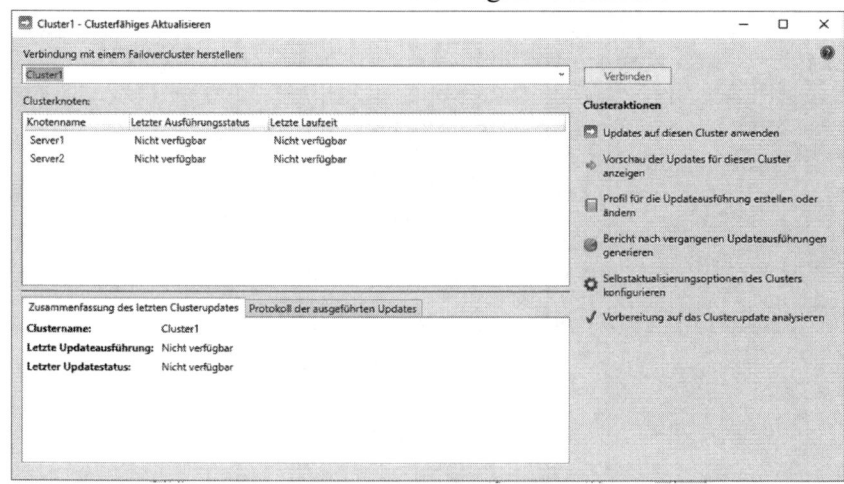

Abbildung 5.43: Einstellungen

Node Fairness (Ausgleichsmodul)

Dies ist eine neue Funktion von Server 2016.

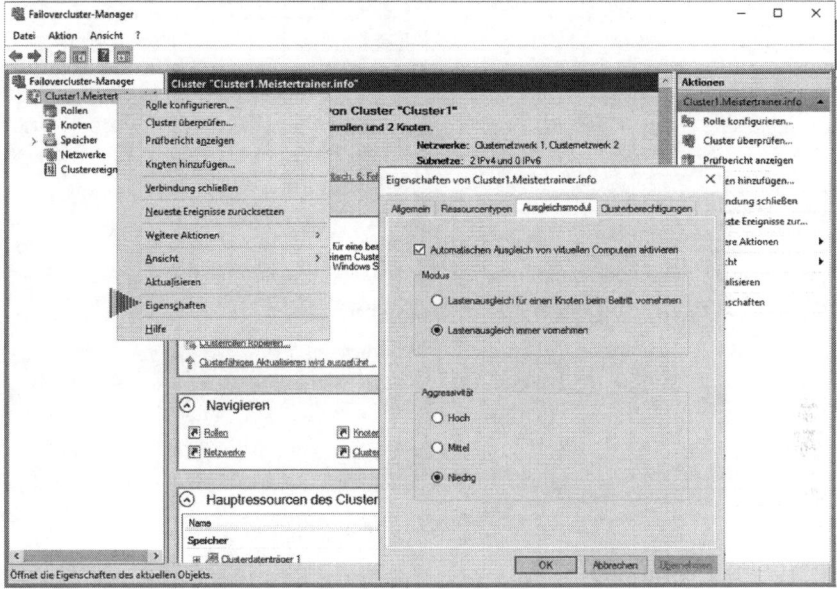

Abbildung 5.44: Node Fairness

Wenn Sie auf den Knoten virtuelle Maschinen betreiben, können diese automatisch live auf einen anderen Knoten im Cluster migriert werden, wenn der ursprüngliche Knoten zu stark belastet ist.

Sie haben zwei Möglichkeiten zur Auswahl:

Lastausgleich für einen Knoten beim Beitritt vornehmen

Hier wird beim Hinzufügen eines Knotens automatisch ein Ausgleich gemacht.

Lastausgleich immer vornehmen

In dieser Einstellung wird alle 30 Minuten der Belastungszustand überprüft und gegebenenfalls wird reagiert.

Natürlich können Sie diese Einstellungen auch über die PowerShell machen, hier lautet der Befehl

(Get-Cluster).AutoBalancerMode = <Wert>

Wert	Bedeutung
0	Nicht aktiviert
1	Load balance, wenn ein neuer Knoten dazukommt
2	Load balance, wenn ein neuer Knoten dazukommt und alle 30 Minuten

Nun stellt sich noch die Frage, ab welchem Schwellenwert eine Verschiebung initiiert wird. Dies wird mit „Hoch, Mittel und Niedrig" definiert.

Diese Einstellung können Sie mit der PowerShell machen. Der Befehl lautet

(Get-Cluster).AutoBalancerLevel = <Wert>

Wert	Bedeutung
1	Verschieben, wenn die Last des Hosts > 80% ist
2	Verschieben, wenn die Last des Hosts > 70% ist
3	Verschieben, wenn die Last des Hosts > 60% ist

Der Standardwert ist „1".

Knoten hinzufügen

Diese Funktion haben wir schon in den Eigenschaften des Serverclusters gesehen und finden Sie hier erneut. Dies ist die logischere Stelle.

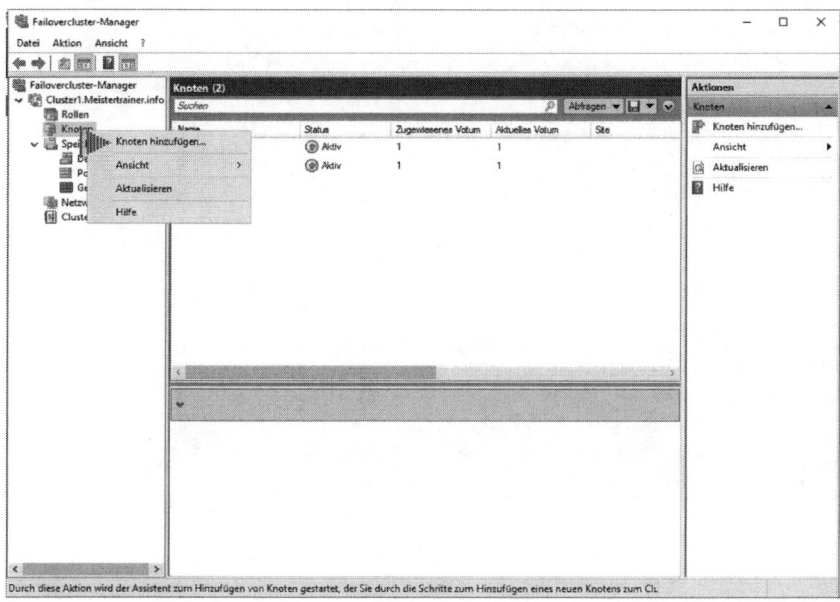

Abbildung 5.45: Knoten hinzufügen

Sie können jederzeit neue Knoten zu einem bestehenden Cluster hinzufügen, wenn alle Voraussetzungen erfüllt sind.

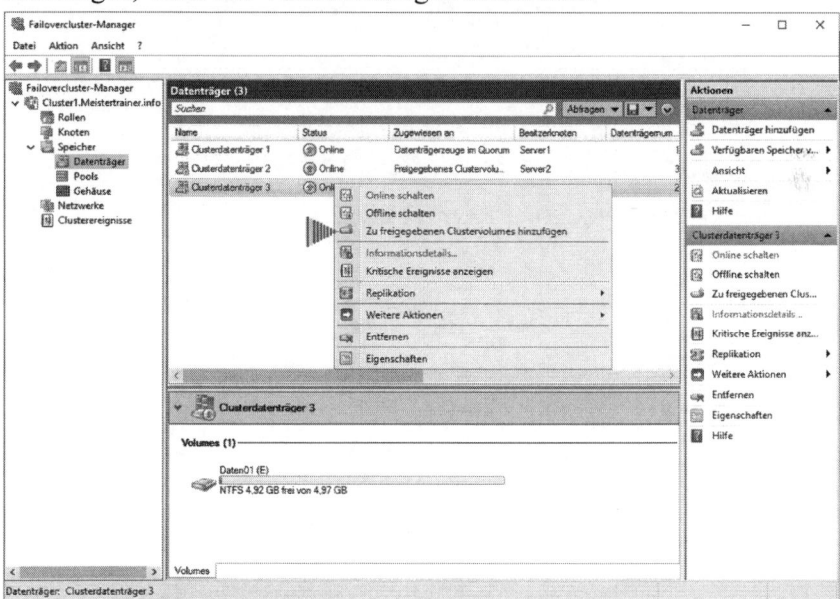

Abbildung 5.46: Cluster Shared Volumes

Cluster Shared Volumes

Um Cluster Shared Volumes zu erstellen, wählen Sie einen Datenträger aus und klicken Sie im Kontextmenü auf „Zu freigegebenen Clustervolumes hinzufügen".

Netzwerke

Hier können Sie die Einstellungen für die Livemigration vornehmen, dazu später mehr.

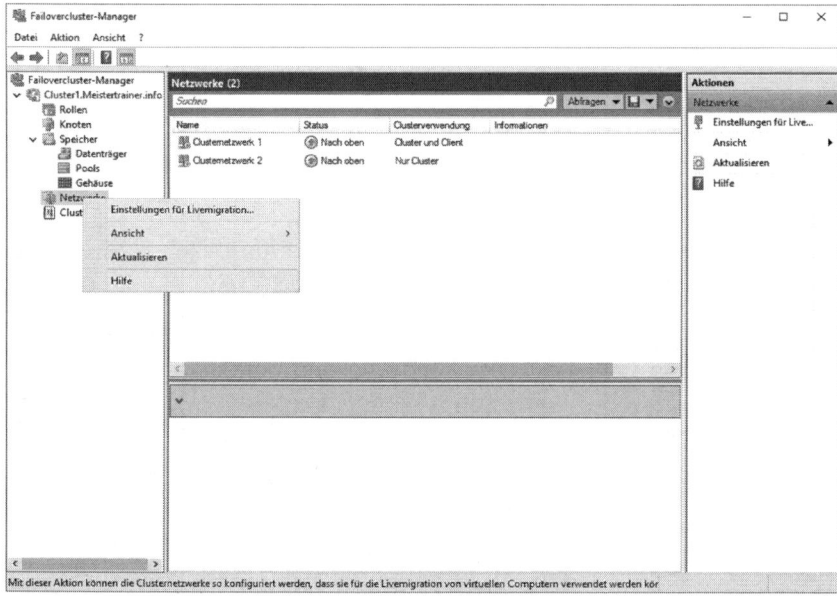

Abbildung 5.47: Livemigration

5.4.6   Einrichten einer Clusterrolle

Um einen Dienst oder eine Anwendung zu clustern, ist es nur nötig, dass diese Anwendung installiert ist.

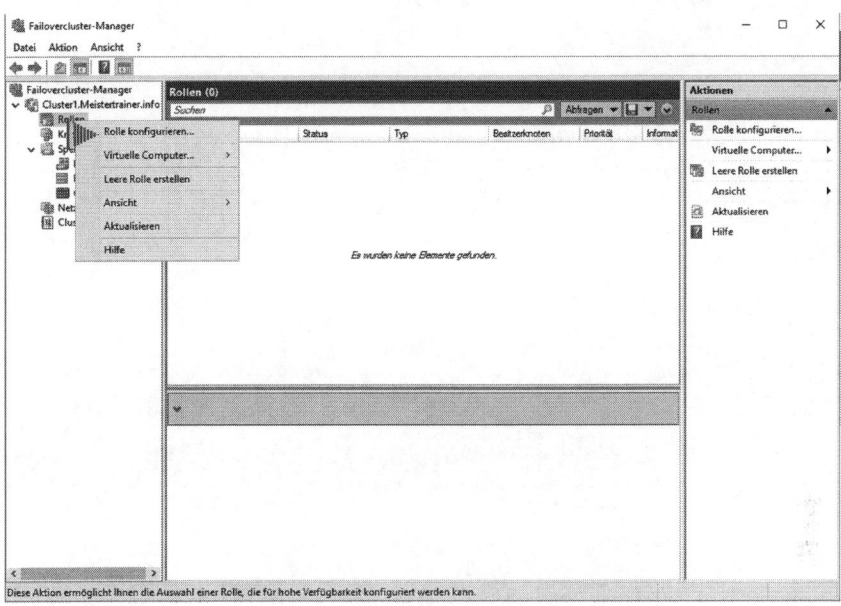

Abbildung 5.48: Rolle konfigurieren

ACHTUNG!

In unserem ersten Beispiel soll ein Fileserver geclustert werden, dazu ist es nötig, auf den Knoten die Rolle „Dateiserver" zu installieren.

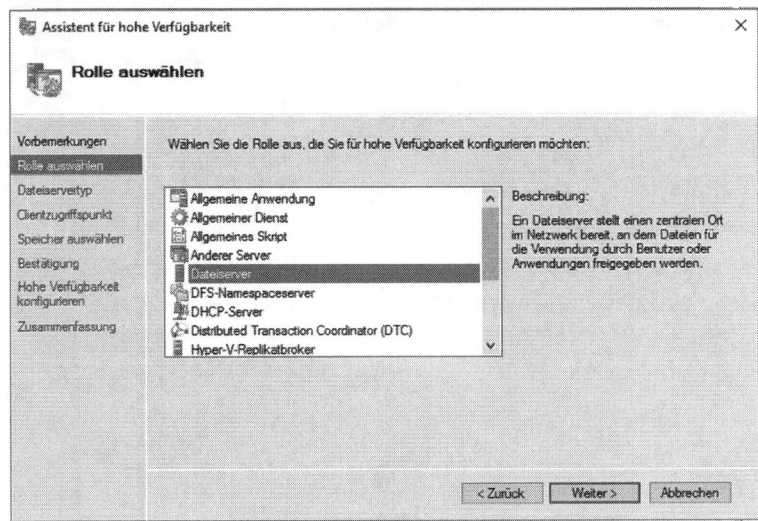

Abbildung 5.49: Dateiserver

Dann öffnen Sie die Failover-Clusterverwaltung und wählen „Rolle konfigurieren".

Nun wählen Sie „Dateiserver" aus. Diese Auswahl ist nur aktiv, wenn die entsprechende Rolle auch installiert ist.

Die nächste Auswahl ist der Dateiservertyp.

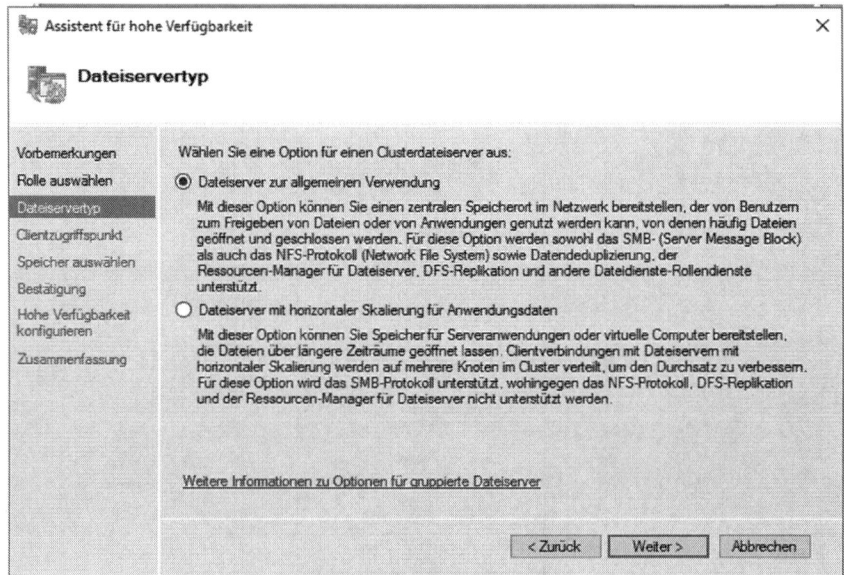

Abbildung 5.50: Dateiservertyp

Hier haben Sie zwei Möglichkeiten zur Auswahl:

Dateiserver zur allgemeinen Verwendung

Dies ist der klassische Fileserver, den wir ja bereits kennen. Es werden alle Komponenten der Rolle „Dateiserver" unterstützt, auch DFS.

Dateiserver mit horizontaler Skalierung für Anwendungsdaten

Hier wird das Speichern von Serveranwendungsdaten wie beispielsweise Dateien virtueller Hyper-V-Computer in Dateifreigaben ermöglicht.

Ein großer Vorteil ist, dass Sie das gleiche Maß an Zuverlässigkeit, Verfügbarkeit, Verwaltbarkeit und hoher Leistung erhalten, das Sie von einem SAN (Storage Area Network) erwarten würden.

Nun geben Sie den Namen an.

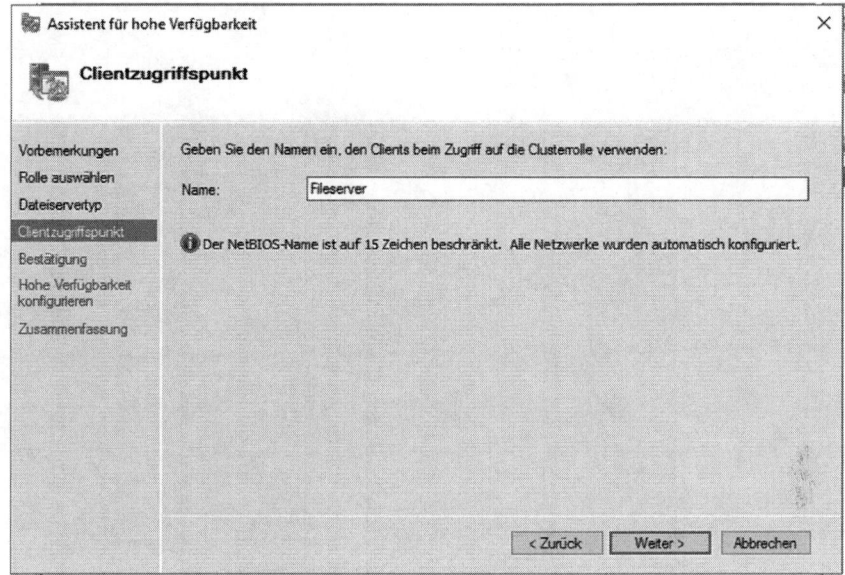

Abbildung 5.51: Name

Nun wird die Rolle erstellt.

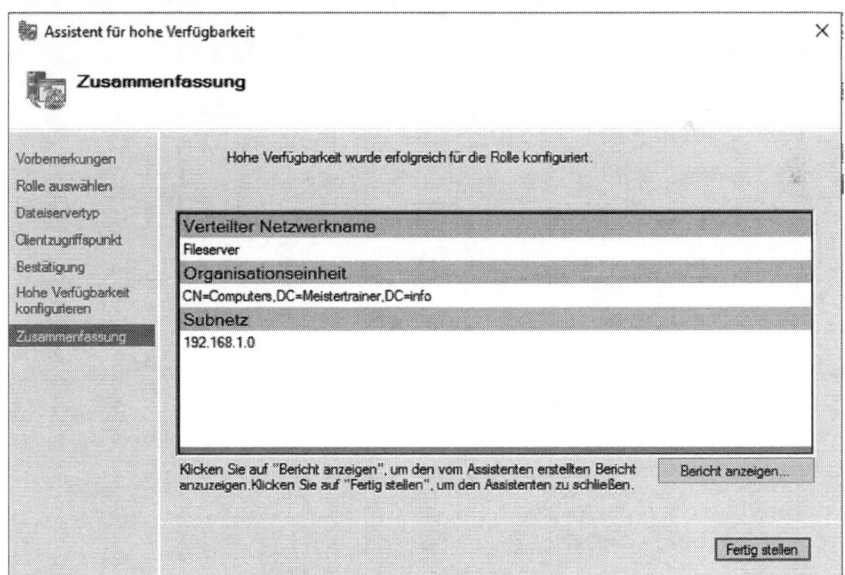

Abbildung 5.52: Rolle wird erstellt

Nun ist es ein Fileserver, allerdings ohne Freigaben.

Diese können wir hinzufügen, indem wir die Rolle suchen und mit der rechten Maustaste „Dateifreigabe hinzufügen" wählen.

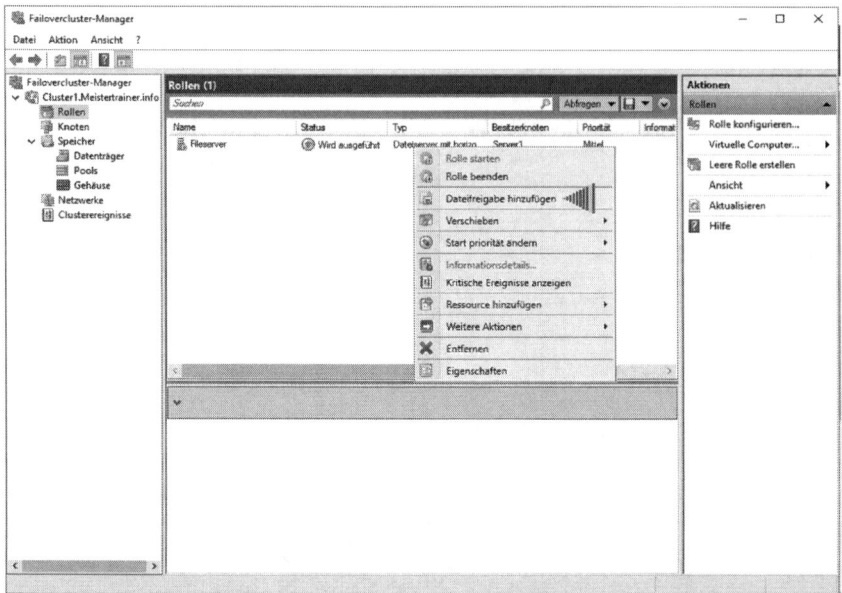

Abbildung 5.53: Dateifreigabe hinzufügen

Im nächsten Schritt wird das Profil für die Freigabe gewählt.

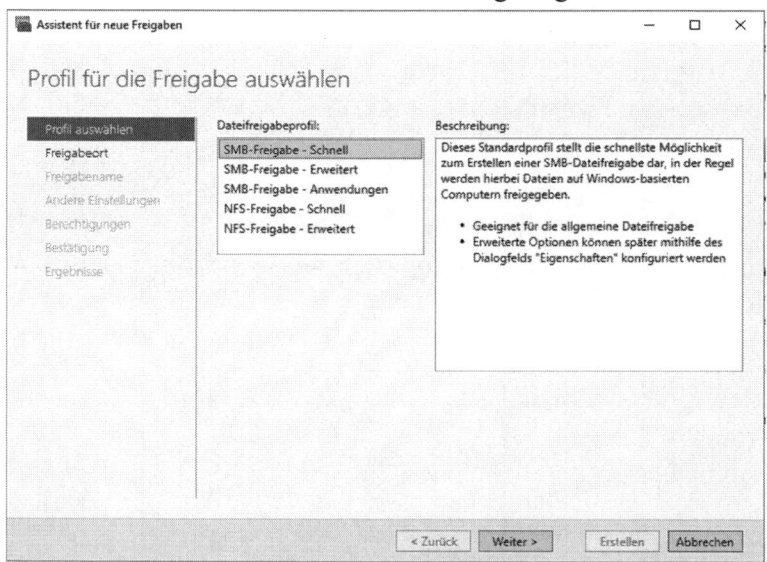

Abbildung 5.54: Profil

Sie haben folgende Auswahlmöglichkeiten:

SMB-Freigabe – Schnell

Einfache, schnelle Möglichkeit, eine Freigabe zu erstellen. In der Regel werden Dateien auf Windows Computern freigegeben.

Geeignet für die allgemeine Dateifreigabe.

Die Eigenschaften können später konfiguriert werden.

SMB-Freigabe –Erweitert

Kann gewählt werden, wenn der Ressourcenmanager für Dateiserver installiert ist, da auf dessen Möglichkeiten zurückgegriffen wird.

SMB-Freigabe – Anwendungen

Hier wird eine SMB-Freigabe mit Einstellungen für Hyper-V, bestimmte Datenbanken und andere Serveranwendungen erstellt.

NFS-Freigabe - Schnell

Wie SMB-Freigabe – Schnell, nur für NFS.

NFS-Freigabe - Erweitert

Wie SMB-Freigabe – Erweitert, nur für NFS.

Wir wählen SMB-Freigabe – Schnell.

Nun können Sie im weiteren Verlauf des Assistenten die Freigabe konfigurieren. Danach steht sie zur Verfügung.

5.4.7   Rollen konfigurieren

Nachdem der geclusterte Dienst oder die geclusterte Anwendung eingerichtet ist, können Sie festlegen, auf welchem Knoten die Ausführung stattfinden soll.

Es kann immer nur jeweils ein Knoten sein, auf dem der Dienst oder die Anwendung ausgeführt wird. Allerdings können Sie bestimmen, welcher Knoten dafür in Frage kommt.

Wählen Sie den Dienst oder die Anwendung, die Sie konfigurieren wollen, und öffnen Sie das Eigenschaftenmenü.

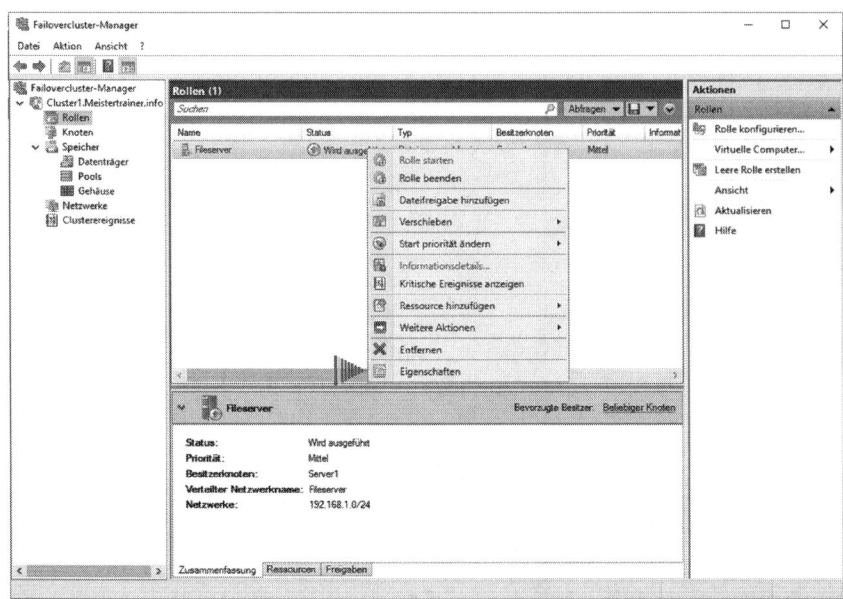

Abbildung 5.55: Eigenschaften

Auf der Karteikarte „Allgemein" können Sie die bevorzugten Besitzer konfigurieren.

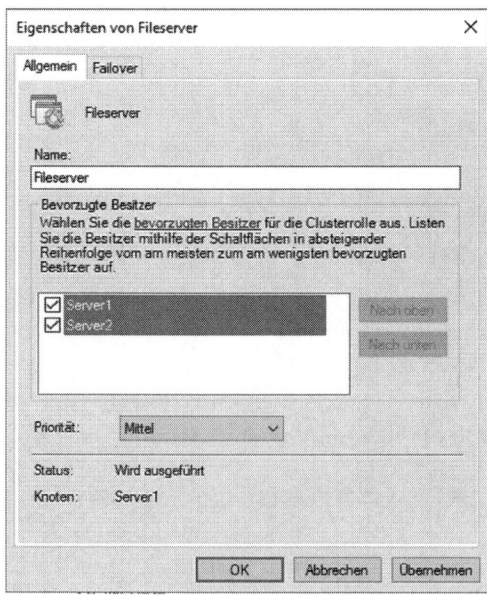

Abbildung 5.56: Bevorzugte Besitzer

Wählen Sie alle Knoten aus, die als mögliche Ausführungsknoten in Frage kommen.

Die Priorität legen Sie auch hier fest. Der „bevorzugte" Besitzer ist der Knoten, der in der Liste ganz oben steht, dieser hat die Ausführung in erster Linie.

Alle anderen Besitzer, die Sie gewählt haben, sinken in der Priorität, können aber die Funktion übernehmen.

Wenn ein Ausfall des bevorzugten Besitzers vorkommt, wird die Ausführung auf den zweiten in der Liste übertragen, und so weiter.

Klicken Sie nun auf die Karteikarte „Failover". Hier legen Sie fest, was im Fehlerfall zu tun ist.

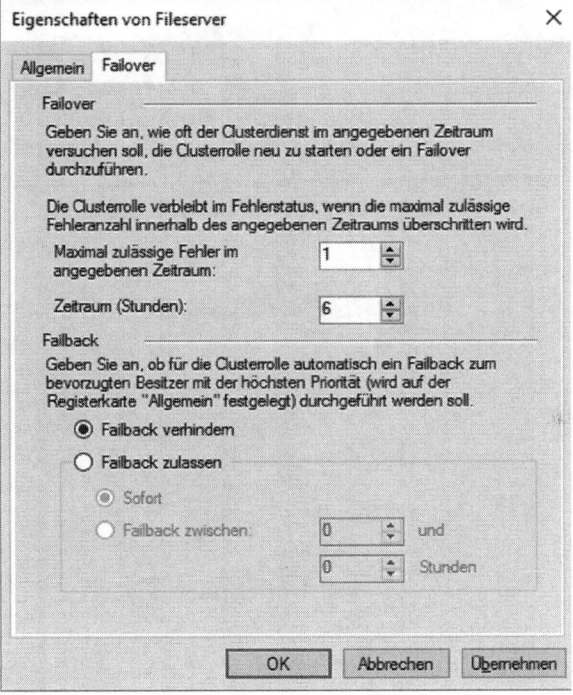

Abbildung 5.57: Failover

Hier legen Sie fest, wie oft innerhalb eines festgelegten Zeitraums versucht werden soll, den Dienst auf einem ausgefallenen Knoten neu zu starten.

Außerdem können Sie festlegen, ob das „Failback", also das Zurückführen auf den bevorzugten Besitzer automatisch ausgeführt werden soll, oder nicht.

5.5 Einrichten von Storage Spaces Direct

Bereits in Kapitel 2 haben wir uns über Speicherplätze oder Storage Pools unterhalten. Hierbei ist es möglich, Lokale Festplatten eines Servers als Speicherplatz zur Verfügung zu stellen.

Seit Windows Server 2016 ist es möglich, dass sich die einzelnen Festplatten nicht mehr auf einem Server befinden, sie können auf verschiedenen Servern sein.

Diese Funktion nennt sich „Storage Spaces Direct".

Storage Spaces Direct in einer Clusterumgebung

Um Storage Spaces Direct in einer Clusterumgebung nutzen zu können, benötigen wir mindestens vier Clusterknoten. In Zukunft soll das Feature auch mit weniger Knoten zur Verfügung stehen, momentan sind aber mindestens vier Knoten gefordert.

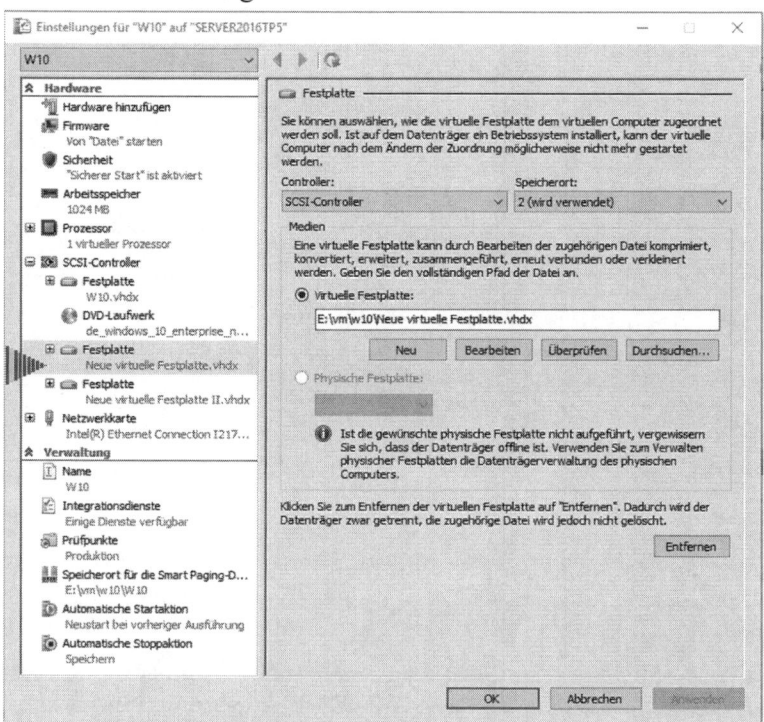

Abbildung 5.58: Zusätzliche Festplatten

Auf allen Knoten müssen mindestens drei Festplatten verfügbar sein, eine für die Maschinendaten und zwei zusätzliche Platten für Storage Spaces Direct.

Bei virtuellen Maschinen ist der einfachste Weg, zusätzliche SCSI-Platten zu definieren.

Die weiteren Vorbereitungen sind dieselben, die wir bei den Speicherplätzen besprochen haben, die Festplatten müssen in der Datenträgerverwaltung online und initialisiert sein. Partitionen dürfen keine erstellt werden.

Nun muss das Feature „Storage Spaces Direct" aktiviert werden. Dies können wir mit der PowerShell machen. Der Befehl wird auf einem Clusterknoten ausgeführt.

Enable-ClusterStorageSpacesDirect

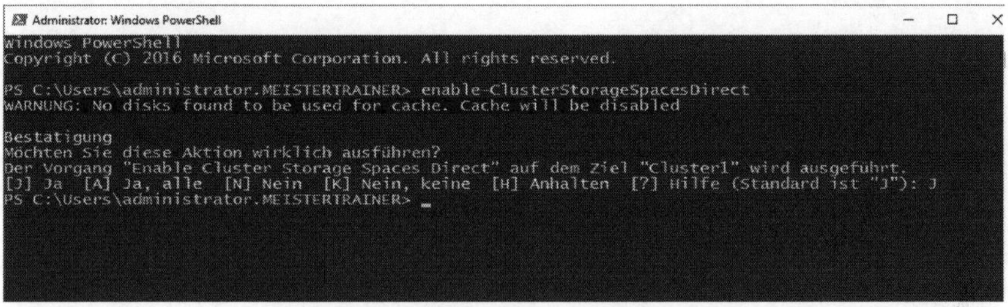

Abbildung 5.59: Aktivierung abgeschlossen

Nun können Storage Spaces Direct erstellt werden. Dazu öffnen Sie den Failovercluster-Manager und navigieren zu „Speicher – Pools".

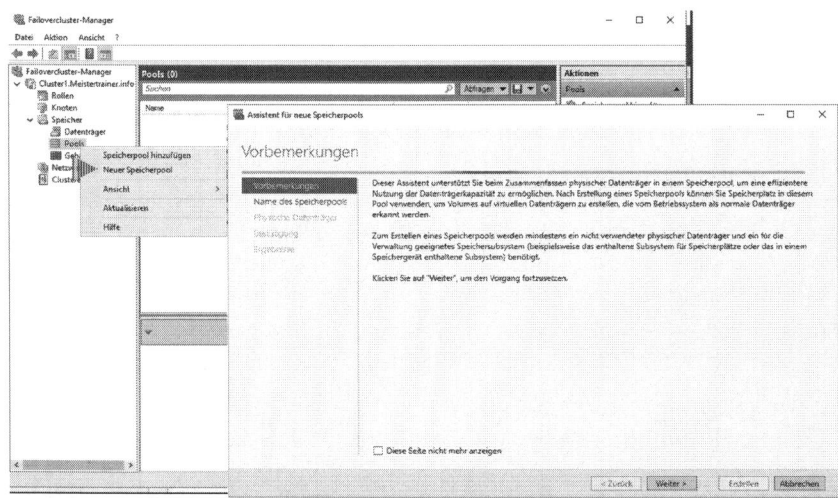

Abbildung 5.60: Erstellen von Storage Spaces Direct

Hier erstellen Sie nun Speicherplätze, die mit den Festplatten im Cluster gebildet werden.

Dies können Sie natürlich auch mit der PowerShell machen. Die Syntax lautet:

New-StoragePool

Im Anschluss geht die Konfiguration weiter, wie in Kapitel 2 besprochen, z.B. können Speicherplätze angelegt werden.

5.6 Verwalten von virtuellen Maschinen auf Clusterknoten

In vielen Szenarien wird ein Cluster genutzt werden, um virtuelle Maschinen zu hosten.

Dafür muss die Rolle Hyper-V auf allen Knoten installiert werden und virtuelle Maschinen im Cluster installiert werden.

Diese virtuellen Maschinen können dann ausfallfrei betrieben werden.

Früher in diesem Kapitel haben wir schon von „Fair Node" gehört, der Funktion, dass virtuelle Maschinen bei einer bestimmten Last des Knotens auf einen anderen Knoten migriert werden.

Dies ist nur eine Möglichkeit, virtuelle Maschinen in einem Cluster zu verwalten.

5.6.1 Einrichten von hochverfügbaren virtuellen Maschinen

Um hochverfügbare virtuelle Maschinen einzurichten, benötigen wir mindestens zwei Clusterknoten und auf jedem dieser Knoten die Rolle Hyper-V.

In unserer Übungsumgebung können wir dies lösen, indem wir Server1 und Server2 zu „Nested Hosts" machen, wie in Kapitel 3 besprochen.

Danach können wir auf beiden Knoten Hyper-V installieren.

Weiterhin benötigen wir genügend gemeinsamen Speicher, um die Daten der zukünftigen VMs zu speichern.

Dazu vergrößern wir auf DC die virtuellen iSCSI-Datenträger.

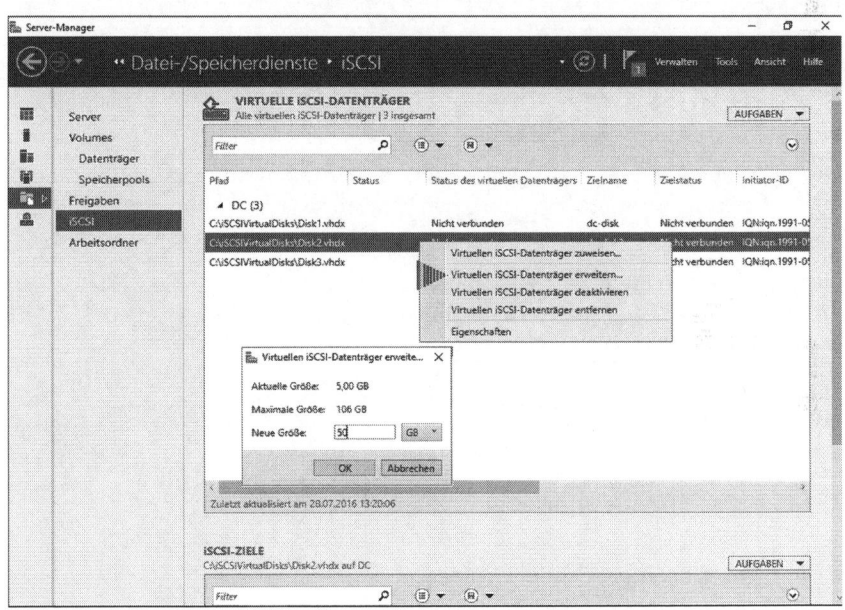

Abbildung 5.61: iSCSI-Datenträger vergrößern

Nun überprüfen wir, welcher Knoten momentan den Speicherplatz benutzt.

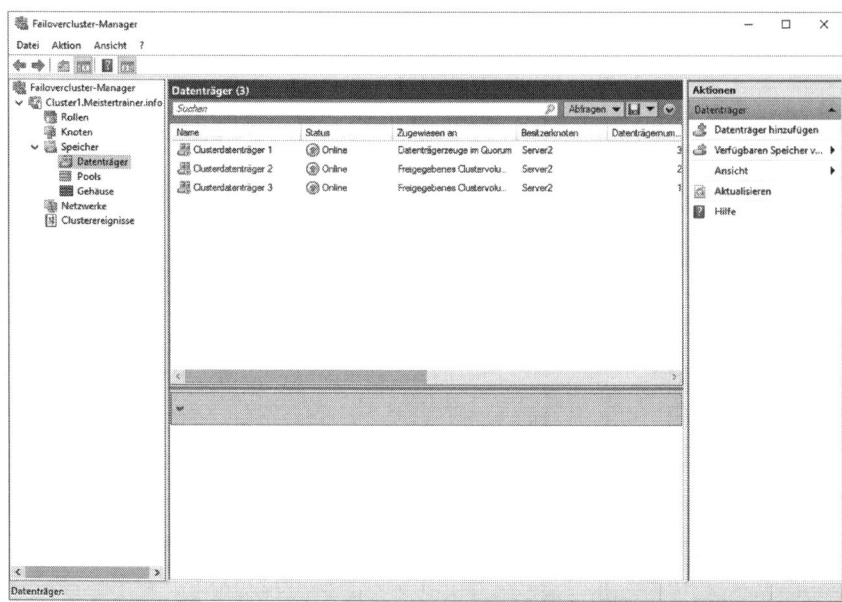

Abbildung 5.62: Besitzerknoten

Dort öffnen wir die Datenträgerverwaltung und vergrößern das entsprechende Volume.

Nun können wir den Standardspeicherplatz für die virtuellen Maschinen ändern, und auf einer der CSV beziehen.

Abbildung 5.63: Speicherplatz ändern

Die Syntax ist C:\ClusterStorage\VolumeX.

Nun können wir endlich eine hochverfügbare VM installieren.

Dies machen wir im Failovercluster-Manager.

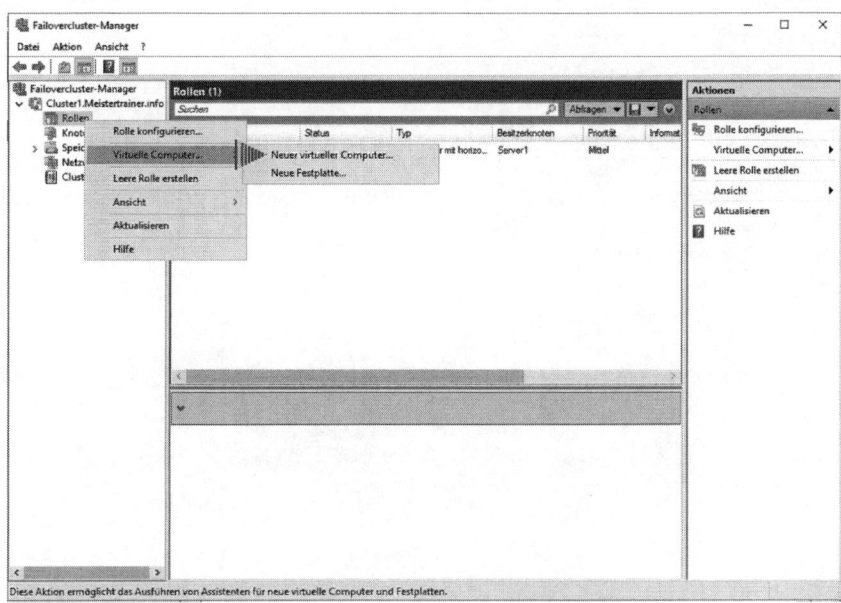

Abbildung 5.64: Einrichten einer hochverfügbaren VM

Wir wählen „Rollen" – „virtuelle Computer".

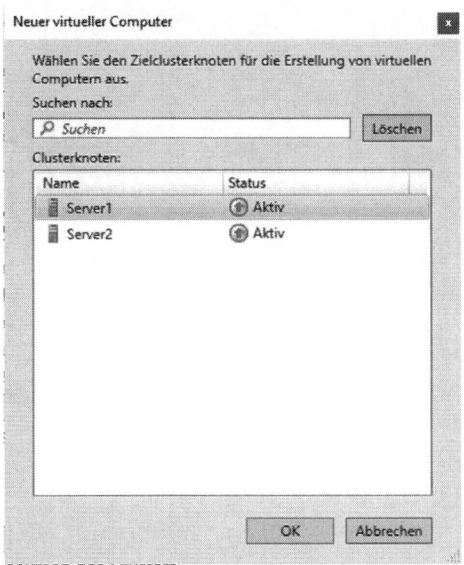

Abbildung 5.65: Auswahl Zielknoten

Ein Assistent startet.

Der erste Schritt besteht aus der Auswahl des Knotens, der die VM später beherbergen soll.

Danach startet der bekannte Assistent zur Erstellung von virtuellen Computern.

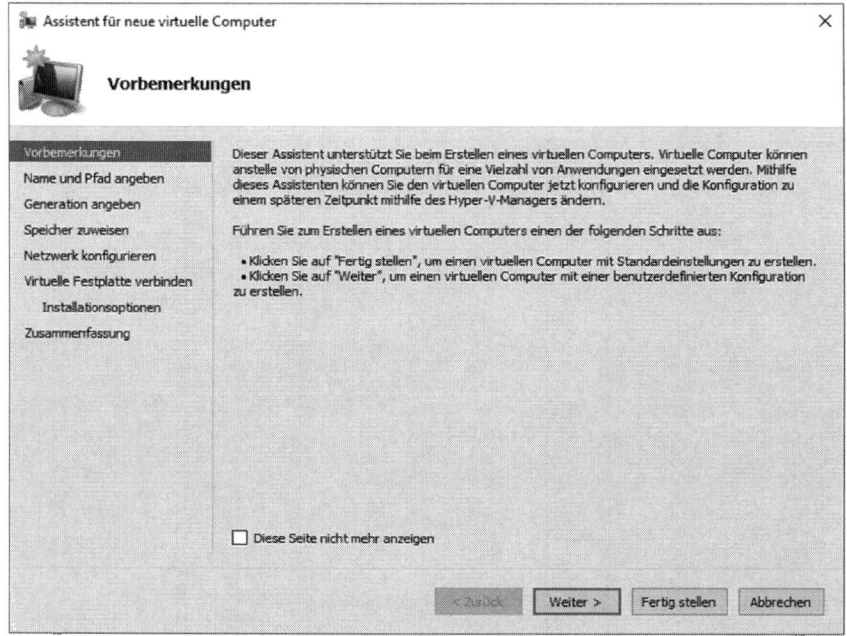

Abbildung 5.66: Assistent

Der virtuelle Computer wird normal erstellt.

Danach startet automatisch ein Assistent, der die Hochverfügbarkeit einrichtet, wenn alle Parameter stimmen.

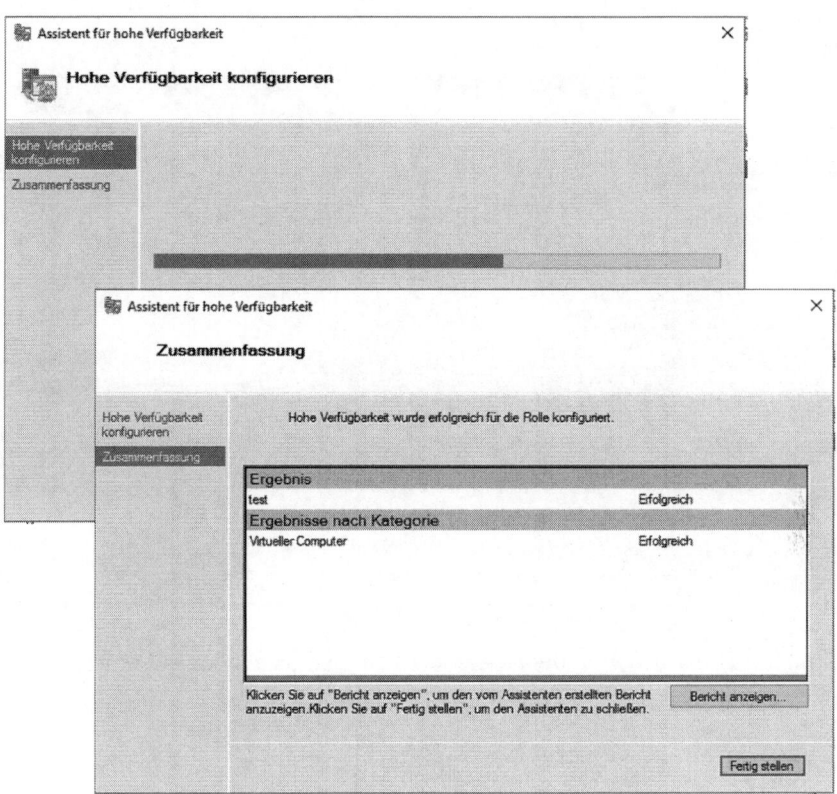

Abbildung 5.67: Hochverfügbarkeit ist eingerichtet

Nun wird der virtuelle Computer auf dem gewählten Clusterknoten ausgeführt.

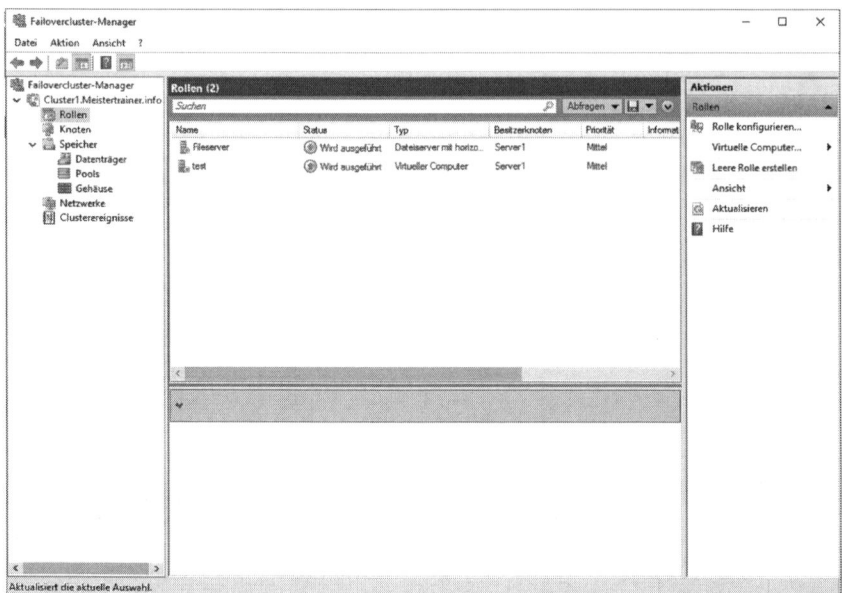

Abbildung 5.68: VM wird ausgeführt

Nun können wir betrachten, welche Arten der „Bewegung" der virtuellen Maschinen oder deren Speicherdaten möglich sind.

Geschütztes Netzwerk

Bereits im Kapitel 3 haben wir über die Einstellungen virtueller Computer gesprochen.

Das Thema „Geschütztes Netzwerk" haben wir zunächst verschoben, da es nur in Zusammenhang mit Hyper-V Clustering von Bedeutung ist.

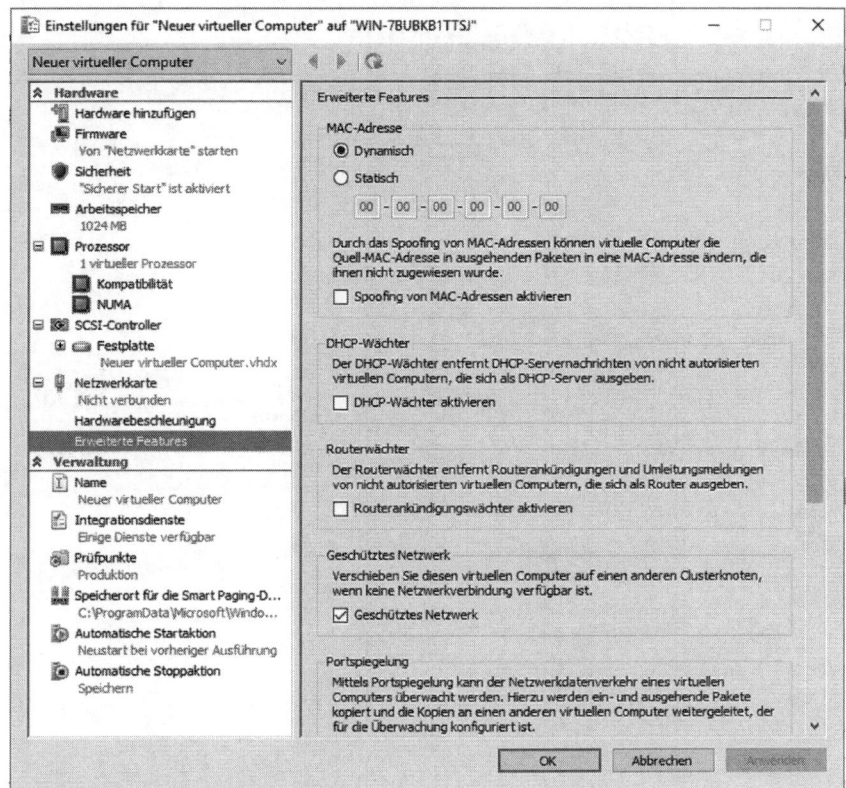

Abbildung 5.69: Erweiterte Features

Die Einstellung „Geschütztes Netzwerk" gibt es seit Server 2012 R2. Sie wird auf der virtuellen Netzwerkkarte konfiguriert und ist standardmäßig aktiviert.

Hierbei wird die virtuelle Maschine automatisch auf einen anderen Clusterknoten verschoben, sobald die Verbindung mit diesem geschützten Netzwerk ausfällt.

Natürlich gibt es für die Aktivierung und Deaktivierung auch ein PowerShell Cmdlet:

Set-VMNetworkAdapter   -VMName   VM1   -NotMonitoredInCluster
$True/False

5.6.2 Speichermigration

Die von einem virtuellen Computer verwendeten virtuellen Festplatten
können zu verschiedenen physikalischen Speicherorten verlagert werden,
ohne dass die Ausführung des virtuellen Computers unterbrochen werden
muss.

Das ist ein großer Vorteil, denn ein virtueller Computer muss nicht mehr
offline geschaltet werden, um den zugrunde liegenden physikalischen
Speicher verschieben, warten oder aktualisieren zu können.

Speichermigration im Clusterumfeld

Wenn Sie den Speicher eines virtuellen Computers im Clusterumfeld
migrieren wollen, können Sie dies sehr einfach im Failovercluster-
Manager machen.

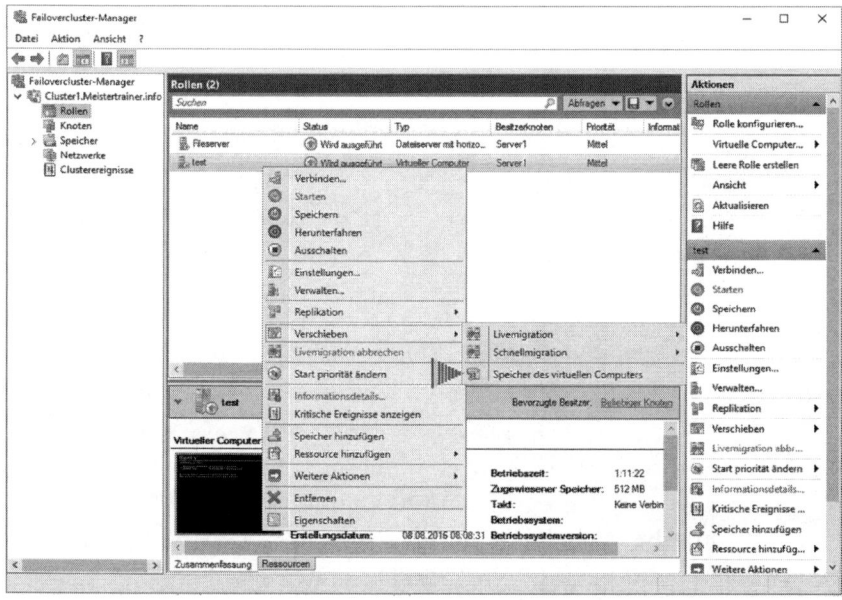

Abbildung 5.70: Speichermigration

Sie wählen unter „Rollen" den entsprechenden virtuellen Computer aus
und gehen auf „Verschieben – Speicher des virtuellen Computers".

Speichermigration ohne Clusterumfeld

Natürlich kann der Speicher eines virtuellen Computers unter bestimmten
Bedingungen auch ohne Clusterumfeld verschoben werden.

Voraussetzungen für die Speichermigration:

- Eine oder mehrere Installationen von Windows Server 2016 mit der Rolle Hyper-V

- Der Prozessor muss die Virtualisierung unterstützen

- Virtuelle Maschinen, die für die Benutzung von virtuellen Festplatten konfiguriert sind

ACHTUNG!

Die Speichermigration ist nicht möglich, wenn der Speicher auf einer physikalischen Festplatte ist! Nur virtuelle Festplatten können verschoben werden!

Die Vorgehensweise der Speichermigration

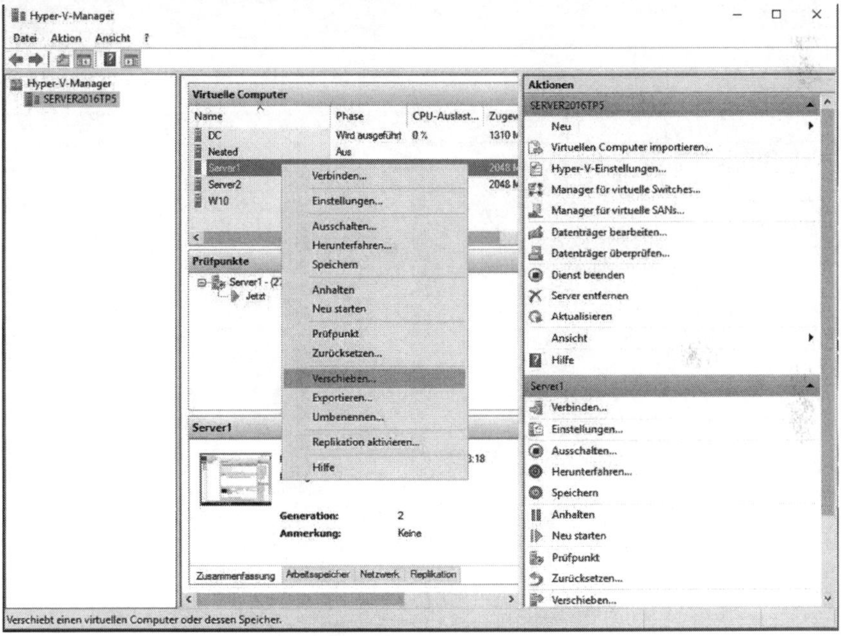

Abbildung 5.71: Verschieben

Damit eine Speichermigration während der Laufzeit funktionieren kann, ist die Vorgehensweise folgendermaßen:

- Die Lese- und Schreibzugriffe gehen während des Kopiervorgangs zunächst weiter auf die Quellfestplatte

- Nach dem Kopiervorgang werden die Schreibzugriffe auf beide virtuelle Festplatten gemacht

395

- Währenddessen werden die Änderungen, die sich in der Zeit des Kopierens ergeben haben, kopiert
- Nach diesem Kopiervorgang der letzten Änderungen wird nur noch auf die neue virtuelle Festplatte zugegriffen.
- Die Quellfestplatte wird gelöscht

Zum Verschieben des Speicherplatzes wählen Sie im Kontextmenü der Maschine „Verschieben…".

Ein Assistent startet.

Da wir nur den Speicher und nicht die ganze Maschine verschieben wollen, wählen wir „Speicher des virtuellen Computers verschieben".

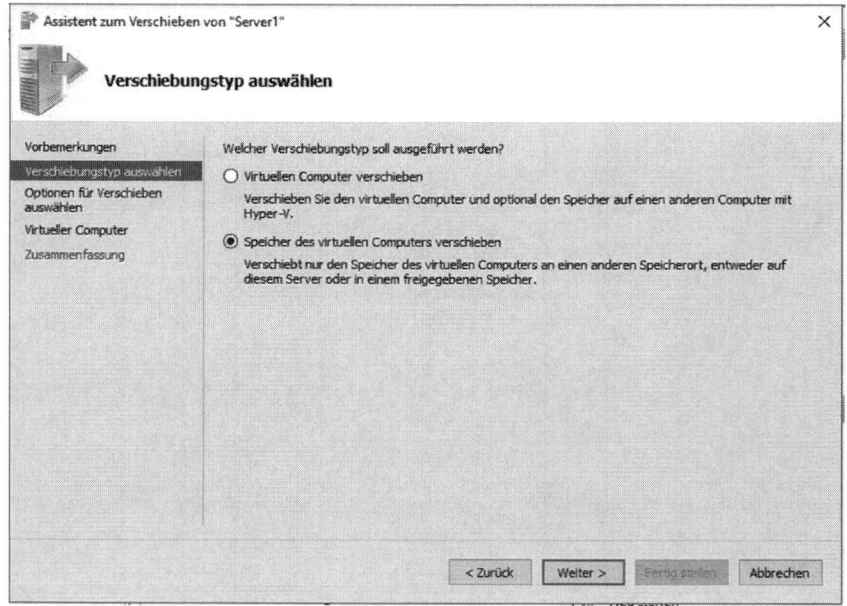

Abbildung 5.72: Speicher verschieben

Nun haben Sie drei Optionen.

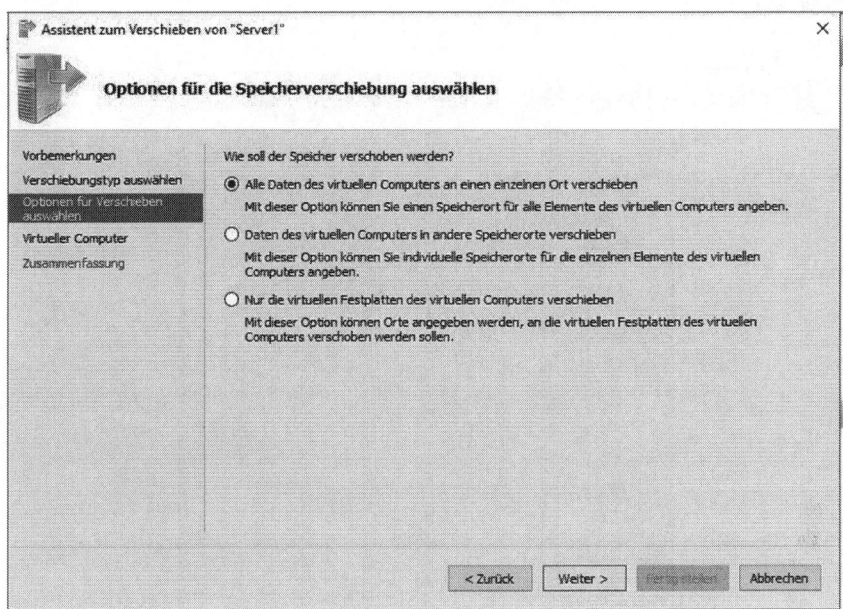

Abbildung 5.73: Optionen

Danach wird die Migration ausgeführt.

Während der Migration ist die Leistung natürlich gering.

Natürlich können Sie die Speichermigration auch mit der PowerShell ausführen. Der Befehl hierfür lautet:

Move-VMStorage

5.6.3   Livemigration

Die Livemigration wurde bereits in Windows Server 2008 R2 eingeführt, wurde aber mit Windows Server 2016 erheblich verbessert.

Livemigration bedeutet, dass virtuelle Maschinen (nicht nur der Speicher!) innerhalb eines Hyper-V Clusters auf eine andere Hostmaschine verschoben werden können, ohne dass die Maschine heruntergefahren werden muss.

Dies ist gerade in größeren Umgebungen eine wichtige Funktion.

Auch kann die Livemigration nun auch in nicht-geclusterten Umgebungen durchgeführt werden, dann wird sie „Shared Nothing Live Migration" genannt.

Voraussetzungen für die Livemigration

- Zwei oder mehrere Server mit Hyper-V
- Hardwareunterstützung für Virtualisierung
- Gleicher Hardwarehersteller (alle Prozessoren müssen beispielsweise entweder AMD oder Intel haben, Migration über gemischte Prozessoren ist nicht möglich!)
- Alle Server müssen zur selben Active Directory Domäne gehören oder die Domänen müssen Vertrauensstellungen haben
- Die virtuellen Maschinen müssen virtuelle Festplatten oder virtuelle Fibre Channel Festplatten haben (keine lokalen Festplatten)

Falls die Prozessoren zwar vom gleichen Hersteller sind, aber verschiedenen Generationen angehören, ist es möglich, diese Unterschiede auszugleichen, indem Sie in der virtuellen Maschine „Zu einem physischen Computer mit einer anderen Prozessorversion migrieren" aktivieren.

Die Vorgehensweise der Livemigration

Beginn der Livemigration

Der Quellserver stellt eine TCP-Verbindung zum Zielserver her um die Konfigurationsdaten zu übertragen.

Eine rudimentäre virtuelle Maschine wird auf dem Zielserver mit Arbeitsspeicher auf dem Zielserver erstellt.

Arbeitsspeicherseiten werden auf den Zielknoten übertragen

Nun wird der Arbeitsspeicher auf den Zielserver kopiert. Dieser Vorgang wird mehrfach wiederholt, um alle Änderungen zu übertragen.

Bis hierher kann der Prozess der Livemigration noch abgebrochen werden!

Der neue Arbeitsspeicher wird benutzt

Im nächsten Schritt wird die Benutzung des Arbeitsspeichers auf den neuen Speicherort gelegt.

Die neue virtuelle Maschine auf dem Zielserver startet

Nun nimmt die neue virtuelle Maschine ihre Arbeit auf. Die alte virtuelle

Maschine wird entfernt.

Eine der Voraussetzungen für eine erfolgreiche Livemigration ist, dass auf den Clusterknoten gleiche Prozessoren nötig sind. Dies bedeutet, dass zumindest der Hersteller der Prozessoren der gleiche sein muss.

Sollten sich unterschiedliche Prozessoren des gleichen Herstellers auf den Knoten befinden, können diese Unterschiede mit einer einfachen Einstellung der jeweiligen virtuellen Prozessoren ausgeglichen werden.

Wählen Sie im Failovercluster-Manager die entsprechende virtuelle Maschine aus, gehen Sie auf „Einstellungen".

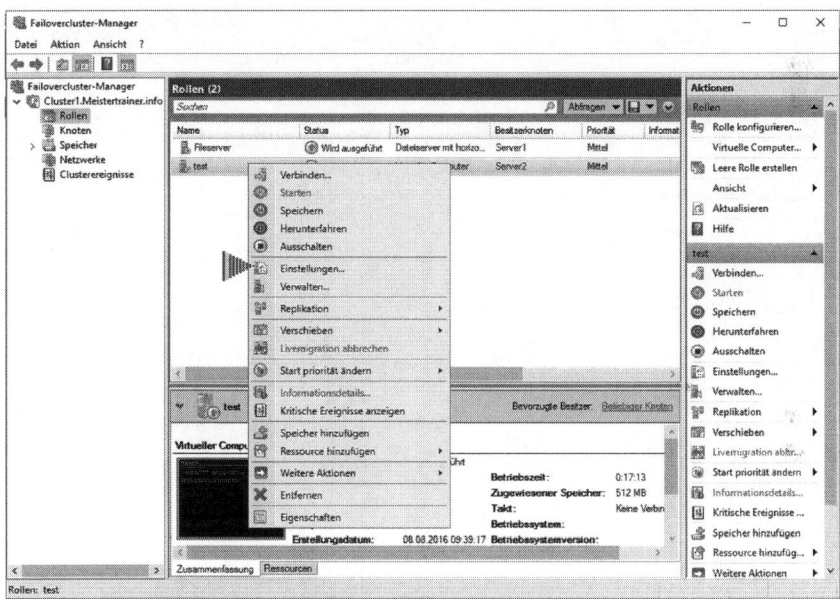

Abbildung 5.74: Einstellungen

Hier bearbeiten Sie den Punkt „Prozessor – Kompatibilität".

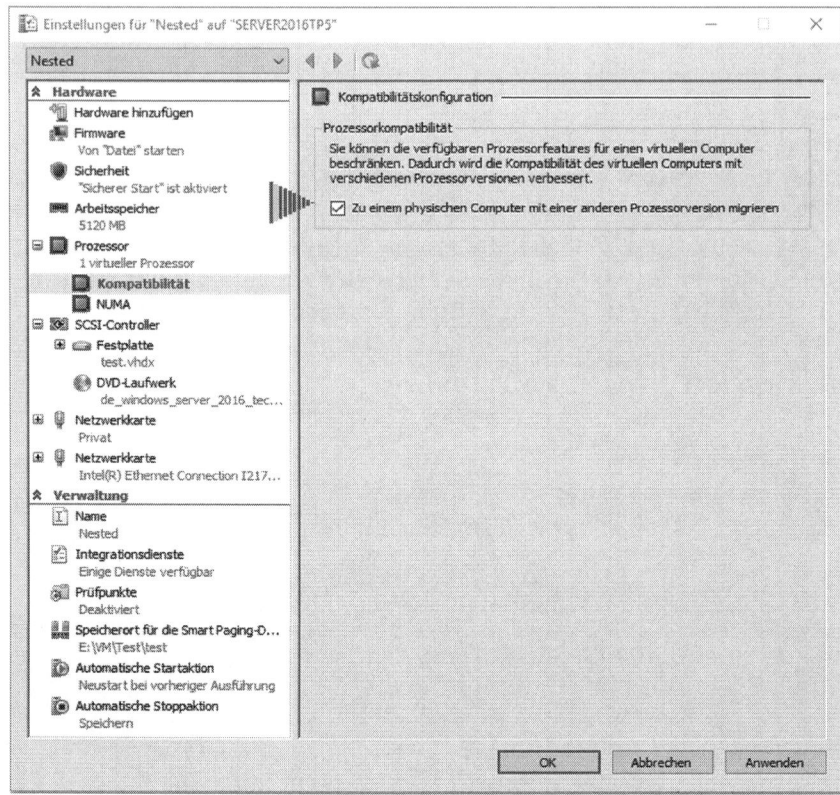

Abbildung 5.75: Prozessorkompatibilität

Um die Livemigration benutzen zu können, müssen Sie zunächst die Hyper-V Einstellungen des Servers bearbeiten.

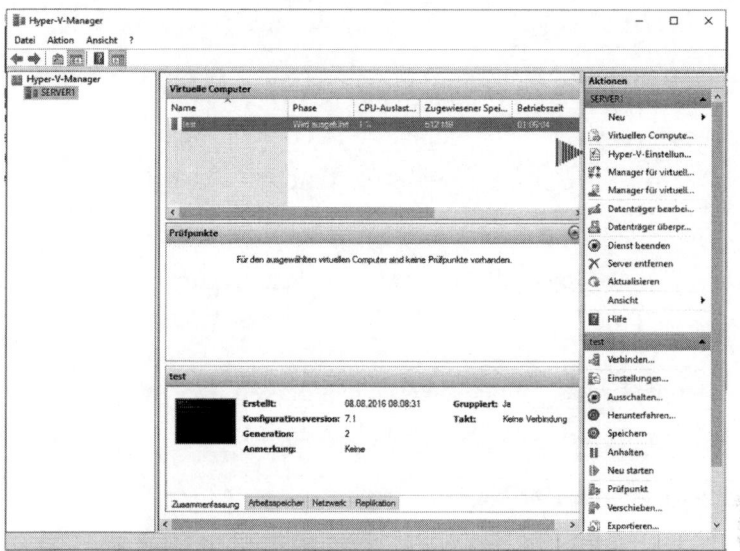

Abbildung 5.76: Hyper-V Einstellungen

Hier aktivieren Sie die Livemigration und legen die Anzahl der gleichzeitigen Livemigrationen fest.

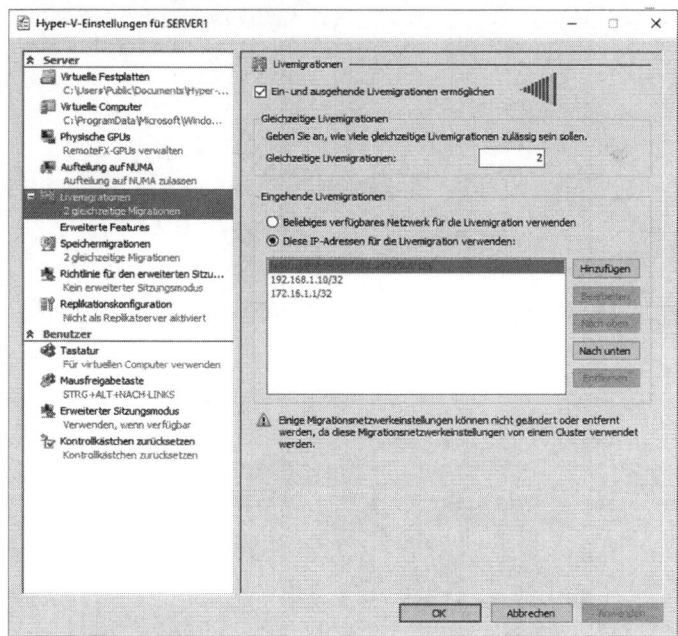

Abbildung 5.77: Livemigration aktivieren

Sie können das natürlich auch mit PowerShell aktivieren. Der Befehl dafür lautet

Enable-VMMigration -Computername <VM1>,< VM2>

Die Namen der virtuellen Computer werden mit Komma getrennt.

Auch die Anzahl der gleichzeitigen Migrationen kann per PowerShell festgelegt werden:

Set-VMHost   -Computername   -MaximumVirtualMachineMigrations <AnzahlDerGleichzeitigenMigrationen>

Nun wechseln Sie auf den Unterpunkt „Erweiterte Features".

Hier können Sie das Authentifizierungsprotokoll wählen.

Die normale und sicherste Wahl ist „Kerberos".

Konfiguration für Kerberos

Allerdings müssen Sie noch eine Konfigurationseinstellung vornehmen, um Kerberos benutzen zu können.

Sie müssen für die an der Livemigration benutzten Computer eine eingeschränkte Delegierung festlegen.

Dazu öffnen Sie „Active Directory-Benutzer und –Computer" und wählen das Computerkonto eines der an der Livemigration beteiligten Computers.

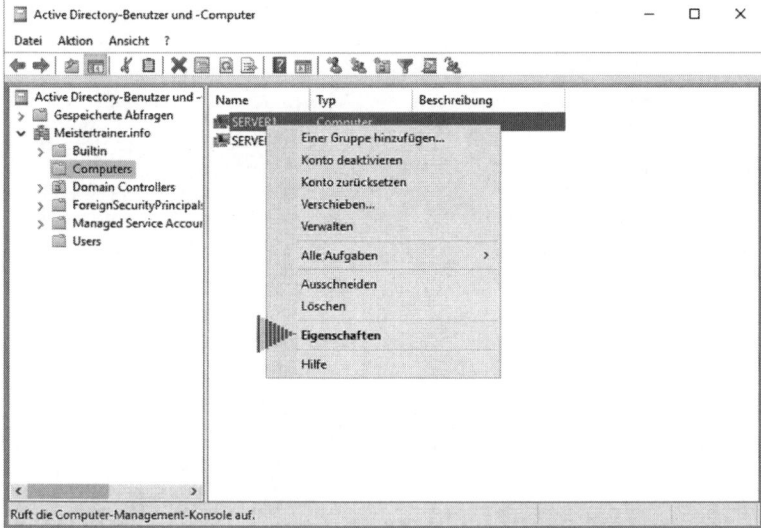

Abbildung 5.78: Computerkonto

Hier bearbeiten Sie die „Eigenschaften" und wechseln auf die Karteikarte „Delegierung".

Abbildung 5.79: Auswahl

Hier wählen Sie „Computer nur bei Delegierungen angegebener Dienste vertrauen" – „Nur Kerberos verwenden".

Dann klicken Sie auf „Hinzufügen" und wählen den zweiten an der Livemigration beteiligten Server aus.

Danach wählen Sie die benötigten Dienste aus.

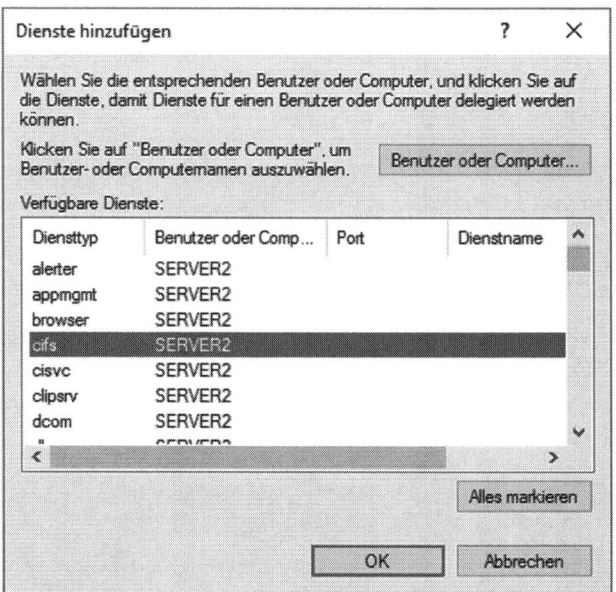

Abbildung 5.80: Dienste

Dies ist auf jeden Fall der Dienst „cifs", der zum Verschieben des Speichers benötigt wird.

Für das Verschieben der virtuellen Maschinen benötigen Sie noch den „Migrationsdienst für virtuelles System von Microsoft".

Führen Sie diese Schritte auch für das Computerkonto des zweiten Servers aus.

Die Authentifizierung über Credential Security Support Provider (CredSSP) ist im Vergleich zu Kerberos weniger sicher. Dadurch ist sie nicht die erste Wahl für Produktivumgebungen. Sie müssen sich am Server zuerst anmelden, damit eine Live Migration überhaupt ausgeführt werden kann. Ein Remote-Management ist daher nicht möglich.

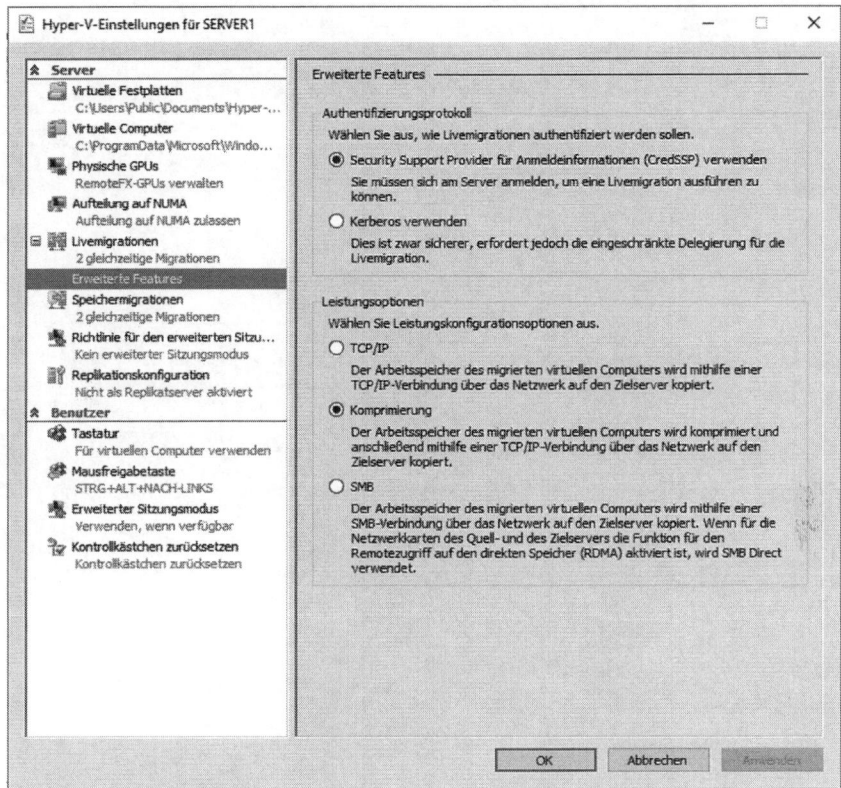

Abbildung 5.81: Authentifizierung und Leistungsoptimierung

Nun können die Maschinen migriert werden.

Dies wird im Clusterumfeld über den Failovercluster-Manager gemacht.

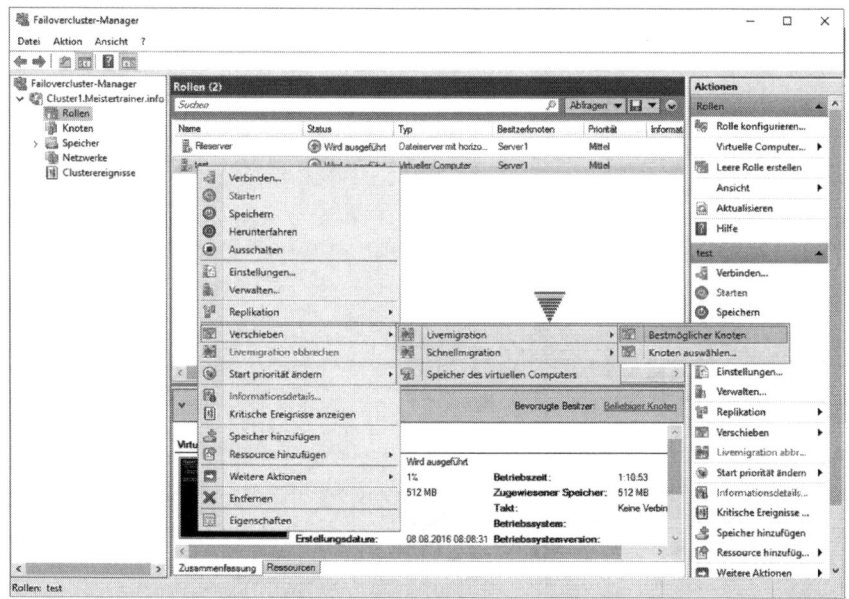

Abbildung 5.82: Live-Migration

Der PowerShell-Befehl hierfür lautet:

Move-VM "VM-2016-CORE" H-CLUSTER-N2

An dieser Stelle noch eine kleine Anmerkung:

Es gibt ein neues Feature, mit Namen „Data Center Bridging", das im Buch für die Prüfung 70-741 genauer behandelt wird. Diese steuert die Bandbreitennutzung.

Sollten Sie also die Bandbreite bei der Livemigration steuern wollen, und mit Quality of Service arbeiten, müssen Sie dieses Feature installieren.

5.6.4   Shared Nothing live-Migration

Wie oben erwähnt, die die Live Migration in erster Linie für virtuelle Maschinen in einem Hyper-V Cluster gedacht.

Allerdings lassen sich mit dieser Technik auch virtuelle Maschinen ohne SAN ohne Unterbrechung verschieben. Diese Funktion ist mit Server 2012 R2 eingeführt worden.

Auch für die Shared Nothing live Migration gilt die Einschränkung der

Prozessoren, sie müssen zumindest vom gleichen Hersteller sein, Generationsunterschiede lassen sich auch hier durch die „Prozessorkompatibilität" ausgleichen.

Der nächste Schritt ist ebenfalls die Migrationskonfiguration auf beiden Seiten, wie bei der Live Migration.

Auch für die Authentifizierung gilt prinzipiell das gleiche, CredSSP ist weniger sicher, Kerberos ist das Protokoll der Wahl.

Allerdings wird Kerberos nicht ohne weitere Konfigurationseinstellungen funktionieren.

Öffnen Sie dafür „Active Directory Benutzer und –Computer" und suchen Sie dort das Computerkonto des Quellservers.

Hier wechseln Sie zur Karteikarte „Delegierung" und wählen „Computer bei Delegierungen angegebener Dienste vertrauen – Nur Kerberos verwenden".

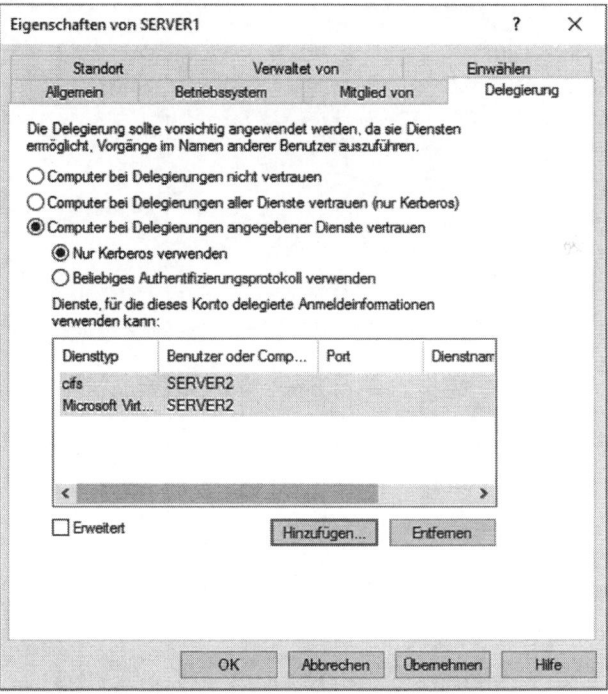

Abbildung 5.83: Delegierung

Fügen Sie hier die folgenden Dienste für den Zielserver hinzu:

- Cifs
- Migrationsdienst für virtuelles System von Microsoft

Diese Schritte müssen Sie auf dem Zielcomputer ebenfalls vornehmen, wobei Sie die Dienste natürlich auf den Quellserver beziehen.

Nun können Sie die Maschinen auch ohne Clusterumgebung migrieren.

Dies nehmen Sie im Hyper-V Manager vor.

Dazu klicken Sie mit der rechten Maustaste auf den Quellcomputer und wählen „Verschieben".

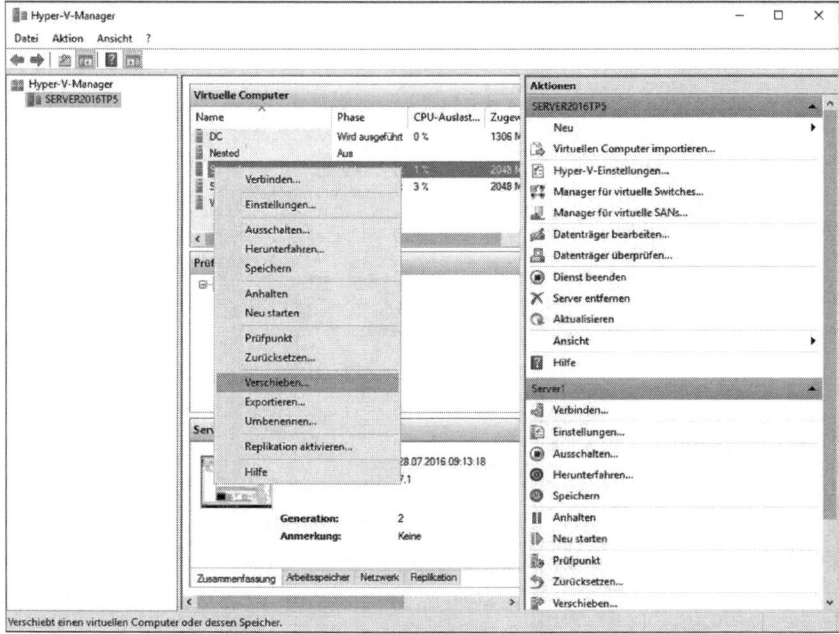

Abbildung 5.84: Migrieren

Im Assistenten wählen Sie „Virtuellen Computer verschieben".

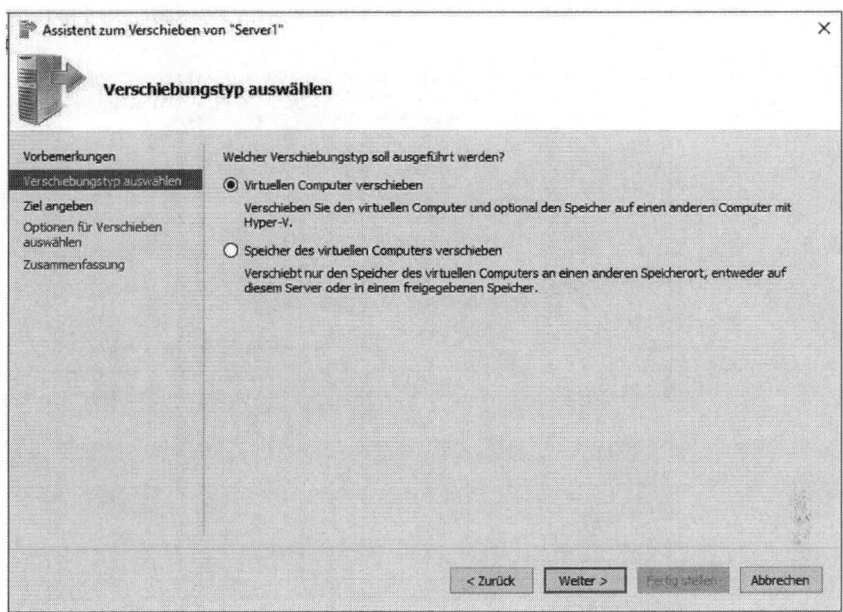

Abbildung 5.85: Virtuellen Computer verschieben

Damit ist die Livemigration initiiert.

5.6.5   Schnellmigration (Quick Migration)

Eine weitere Möglichkeit, virtuelle Maschinen innerhalb eines Serverclusters zu migrieren ist die Schnellmigration.

Sie ist die ältere Variante und wurde eigentlich von der Livemigration ersetzt.

Die wird aber weiterhin benutzt, falls eine Maschine nicht für die Livemigration geeignet ist, beispielsweise, weil die Prozessorunterschiede nicht ausgeglichen werden können.

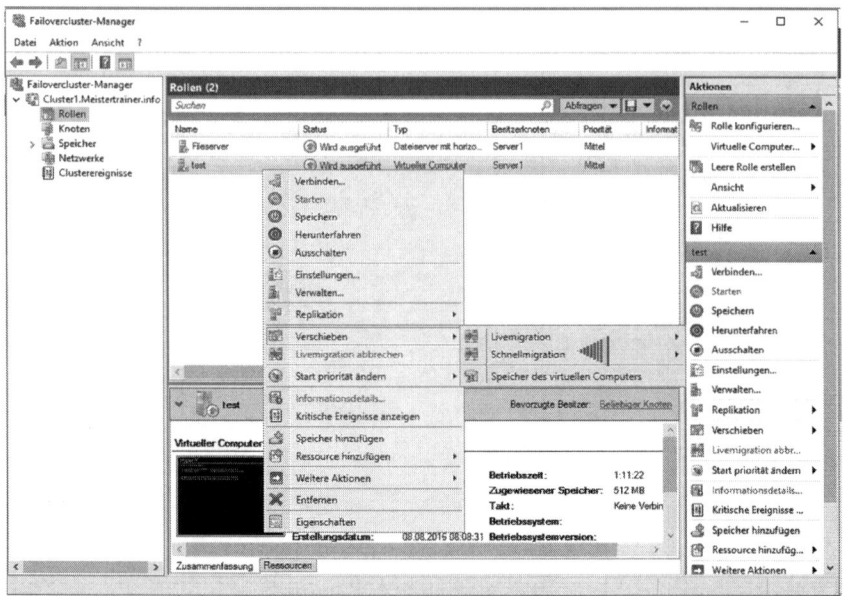

Abbildung 5.86: Schnellmigration

Die Schnellmigration ist nicht komplett ohne Ausfallzeit, bei ihr wird die virtuelle Maschine gespeichert, dann verschoben und wieder gestartet.

5.6.6 Exportieren und Importieren von virtuellen Maschinen

Eine letzte Möglichkeit der Migration müssen wir noch besprechen, das ist das Exportieren und Importieren von virtuellen Maschinen.

Diese Art der „Bewegung" virtueller Maschinen kommt dann infrage, wenn alle anderen Möglichkeiten scheitern, also beispielsweise bei virtuellen Maschinen ohne Clusterverbund unterschiedliche Prozessoren vorhanden sind.

5.6.7 Zusammenfassung der „Bewegungsmöglichkeiten" virtueller Maschinen

Bewegungsart	Innerhalb eines Serverclusters	Ohne Servercluster
Speichermigration im Hyper-V-Manager		X
Speichermigration im Failovercluster-Manager	X	
Livemigration	X (bei gleicher Prozessorarchitektur)	
Shared Nothing Livemigration		X (bei gleicher Prozessorarchitektur)
Schnellmigration	X	
Export und Import		X

5.7 Zusammenfassung, Übungen / Aufgaben

5.7.1 Zusammenfassung

Hyper-V Replica ist eine Funktion, die in Windows Server 2012 eingeführt wurde.

Mit Hyper-V Replica wird eine virtuelle Maschine auf einen zweiten Hyper-V Host repliziert, jedoch nicht gestartet.

Der Replikatserver ist der Server, auf dem die produktive virtuelle Maschine gespiegelt wird.

Auf ihm müssen Sie Einstellungen für die gesamte Maschine machen, also „Hyper-V Einstellungen".

Danach müssen Sie noch den primären Server für die Replikation konfigurieren.

Dazu wählen Sie im Kontextmenü der virtuellen Maschine „Replikation

411

aktivieren…".

Der NLB ist die einfachere Form eines Clusters.

Ein einzelner Windows Server 2016 Rechner kann ausfallen, oder hat in Spitzenzeiten zu wenig Leistung. Gerade Webserver sind ein gutes Beispiel für diesen Anwendungszweck.

Eine Lösung ist es nun, mehrere Windows Server 2016 Server zu einem „Verbund" zusammenzufügen, dann können alle Ressourcen gemeinsam genutzt werden.

Damit können Sie sowohl die Zuverlässigkeit, als auch die Leistung erhöhen. Es können zwischen 2 und 32 Rechner einem NLB-Cluster angehören. Diese einzelnen Rechner werden auch „Knoten" genannt.

Das „Load Balancing" findet auf IP-Ebene statt, nicht direkt im Serververbund. Der NLB-Cluster erhält eine gemeinsame IP-Adresse, mit der er angesprochen werden kann.

Eine weitere Clusterlösung ist der Failover-Servercluster. Hierbei ist der Aufbau wesentlich aufwändiger als bei NLB, da nicht nur autonome Hosts zu einem Verbund zusammengeschlossen werden, sondern gemeinsame Speichermedien benötigt werden.

Windows Server 2016 bietet die Möglichkeit, dass bis zu 64 physischen Knoten und bis zu 4.000 virtuelle Computer pro Cluster zusammengefasst werden können. Diese Rechner erscheinen dem Client gegenüber als ein einziger Server.

Auch in einem Servercluster ist es kein Problem, wenn ein Server ausfällt, die anderen Knoten übernehmen die Arbeit des Knotens, der ausgefallen ist.

Unterschiede Servercluster und NLB-Cluster

Bisher scheinen sowohl Servercluster als auch NLB-Cluster identisch zu arbeiten. Es gibt aber einige Unterschiede, die auch den Einsatzzweck für beide Lösungen deutlich machen:

NLB

NLB betreibt IP-Loadbalancing, IP-Anwendungen werden auf den Mitgliedern des NLB-Clusters verteilt, damit auch bei hohem Datenverkehrsaufkommen eine angemessene Reaktionszeit gewährleistet ist.

Servercluster

Ein Servercluster dagegen kann Informationen über den Status einer Anwendung oder eines Dienstes innerhalb des Clusters austauschen. Dies übersteigt das IP-Loadbalancing erheblich.

Neuerungen in Windows Server 2016

In Windows Server 2016 wurden einige Neuerungen eingeführt.

Clusterbetriebssystem Rolling Update

Beim Rolling Update können Sie einen Knoten offline nehmen, diesen updaten und wieder online nehmen. Dann wird der Cluster im gemischten Modus ausgeführt, bis Sie alle Clusterknoten auf den neuesten Stand gebracht haben. Dann können Sie die Clusterversion anheben.

Speicherreplikation

Mit der Speicherreplikation ist es möglich, komplette Festplatten auf einen anderen Server zu replizieren, diese können auch in einem Speicherpool sein. Diese Funktion haben wir bereits in Kapitel 2 besprochen, kann aber natürlich auch in einer Clusterumgebung genutzt werden.

Azure Cloud Zeuge

Im Quorum kann nun auch ein Azure Cloud Zeuge eingesetzt werden.

Virtual Machine resiliency

Hierbei werden virtuelle Knoten überwacht und bei Fehler gegebenenfalls offline geschaltet.

Site-aware, Workgroup- und Multidomain Cluster

Die Flexibilität der Anwendungsszenarien ist stark erweitert worden.

Alle Servercluster unter Windows Server 2016 haben eine Gemeinsamkeit: Die Quorumressource.

Das Quorum ist ein Speichermedium, auf der die Informationen über den Cluster gespeichert werden, und außerdem wird hier eine Kopie der Datenbank des Serverclusters gespeichert.

Das Quorum ist von extremer Bedeutung für die Notfallwiederherstellung eines Serverclusters.

Windows Server 2016 ermöglicht, einen Cluster auch ohne Active Directory einzurichten.

In den Versionen 2012 ist Microsoft den Schritt der Unabhängigkeit vom Active Directory beim Starten der Knoten schon gegangen, seit Server 2016 wird sogar zur Installation des Clusters keine Domänenzugehörigkeit mehr benötigt.

Allerdings ist der Clusterbetrieb ohne Active Directory mit einigen

Einschränkungen verbunden, da auch Kerberos nicht zur Verfügung steht.

Die grundsätzliche Konfiguration eines Clusters wird in der Konsole vorgenommen.

Wenn Sie mit der rechten Maustaste auf den Namen des Clusters klicken, erhalten Sie eine Auswahl an Möglichkeiten.

Um einen Dienst oder eine Anwendung zu clustern, ist es nur nötig, dass diese Anwendung installiert ist.

Nachdem der geclusterte Dienst oder die geclusterte Anwendung eingerichtet ist, können Sie festlegen, auf welchem Knoten die Ausführung stattfinden soll.

Es kann immer nur jeweils ein Knoten sein, auf dem der Dienst oder die Anwendung ausgeführt wird. Allerdings können Sie bestimmen, welcher Knoten dafür in Frage kommt.

Bereits in Kapitel 2 haben wir uns über Speicherplätze oder Storage Pools unterhalten. Hierbei ist es möglich, Lokale Festplatten eines Servers als Speicherplatz zur Verfügung zu stellen.

Seit Windows Server 2016 ist es möglich, dass sich die einzelnen Festplatten nicht mehr auf einem Server befinden, sie können auf verschiedenen Servern sein.

Diese Funktion nennt sich „Storage Spaces Direct".

Um Storage Spaces Direct in einer Clusterumgebung nutzen zu können, benötigen wir mindestens vier Clusterknoten. In Zukunft soll das Feature auch mit weniger Knoten zur Verfügung stehen, momentan sind aber mindestens vier Knoten gefordert.

In vielen Szenarien wird ein Cluster genutzt werden, um virtuelle Maschinen zu hosten.

Dafür muss die Rolle Hyper-V auf allen Knoten installiert werden und virtuelle Maschinen im Cluster installiert werden.

Diese virtuellen Maschinen können dann ausfallfrei betrieben werden.

Die von einem virtuellen Computer verwendeten virtuellen Festplatten können zu verschiedenen physikalischen Speicherorten verlagert werden, ohne dass die Ausführung des virtuellen Computers unterbrochen werden muss.

Das ist ein großer Vorteil, denn ein virtueller Computer muss nicht mehr offline geschaltet werden, um den zugrunde liegenden physikalischen Speicher verschieben, warten oder aktualisieren zu können.

Die Livemigration wurde bereits in Windows Server 2008 R2 eingeführt, wurde aber mit Windows Server 2016 erheblich verbessert.

Livemigration bedeutet, dass virtuelle Maschinen (nicht nur der Speicher!) innerhalb eines Hyper-V Clusters auf eine andere Hostmaschine verschoben werden können, ohne dass die Maschine heruntergefahren werden muss.

Dies ist gerade in größeren Umgebungen eine wichtige Funktion.

Auch kann die Livemigration nun auch in nicht-geclusterten Umgebungen durchgeführt werden, dann wird sie „Shared Nothing Live Migration" genannt.

Eine weitere Möglichkeit, virtuelle Maschinen innerhalb eines Serverclusters zu migrieren ist die Schnellmigration.

Sie ist die ältere Variante und wurde eigentlich von der Livemigration ersetzt.

Die wird aber weiterhin benutzt, falls eine Maschine nicht für die Livemigration geeignet ist, beispielsweise, weil die Prozessorunterschiede nicht ausgeglichen werden können.

Eine letzte Möglichkeit der Migration müssen wir noch besprechen, das ist das Exportieren und Importieren von virtuellen Maschinen.

Diese Art der „Bewegung" virtueller Maschinen kommt dann infrage, wenn alle anderen Möglichkeiten scheitern, also beispielsweise bei virtuellen Maschinen ohne Clusterverbund unterschiedliche Prozessoren vorhanden sind.

5.7.2   Übungen

Wenn es Ihre Übungsumgebung zulässt:

1. Konfigurieren Sie zwischen zwei Hostmaschinen Hyper-V Replika.

Diese Übungen sind in jeder Übungsumgebung machbar:

2. Starten Sie die drei virtuellen Maschinen DC, Server1 und Server2. Melden Sie sich jeweils als Administrator der Domäne „meistertrainer.info" an.
3. Installieren Sie auf Server1 das Feature Netzwerklastenausgleich (NLB).
4. Konfigurieren Sie NLB nach Ihren Wünschen.

5. Kontrollieren Sie die Konfiguration.

6. Installieren Sie auf Server2 das Feature Netzwerklastenausgleich (NLB).

7. Fügen Sie Server2 als zweites Mitglied zum NLB Cluster hinzu.

8. Überprüfen Sie auch jetzt die Konfiguration.

9. Setzen Sie die virtuellen Maschinen zurück zum Prüfpunkt „Installation".

10. Fahren Sie Server1 und Server2 herunter und fügen Sie jeweils zwei neue Netzwerkkarten hinzu. Starten Sie die Server dann wieder.

11. Geben Sie den Netzwerkkarten folgende IP-Adressen:

    Server1:

Ethernet 2:	IP	10.10.10.1 (Heartbeat)	

    Belassen Sie die automatische Subnetzmaske

Ethernet 3:	IP	172.16.1.1 (Speicher)	

    Belassen Sie die automatische Subnetzmaske

    Server2:

Ethernet 2:	IP	10.10.10.2 (Heartbeat)	

    Belassen Sie die automatische Subnetzmaske

Ethernet 3:	IP	172.16.1.2 (Speicher)	

    Belassen Sie die automatische Subnetzmaske

12. Installieren Sie auf „DC" den iSCSI-Zielserver und fügen Sie drei virtuelle iSCSI Datenträger hinzu.

13. Definieren Sie drei Ziele.

14. Definieren Sie Server1 und Server2 als Zugriffsserver.

15. Machen Sie die Datenträger auf Server1 und Server2 verfügbar.

16. Installieren Sie das Feature „Failoverclustering" auf Server1 und Server2.

17. Führen Sie eine Überprüfung durch.

18. Beginnen Sie mit der Einrichtung eines Clusters.

19. Nennen Sie den Cluster „Cluster1" und wählen Sie das Netzwerk 192.168.1.0/24 aus. Die IP-Adresse des Clusters ist 192.168.1.80.

20. Betrachten Sie alle Konfigurationsmöglichkeiten des Clusters.

21. Installieren Sie die Rolle „Dateiserver" auf Server1 und Server2.

22. Fügen Sie im Clustermanagement die Rolle „Dateiserver" hinzu.

23. Wählen Sie „Dateiserver zur allgemeinen Verwendung".

24. Nennen Sie die Rolle „Daten" und geben Sie ihr die IP-Adresse 192.168.1.85.

25. Wählen Sie alle drei Datenträger aus.

26. Betrachten Sie die Eigenschaften der geclusterten Rolle und alle Konfigurationsmöglichkeiten.

Wenn Sie noch Zeit haben:

27. Machen Sie „Server1" und „Server2" zu „Nested Hosts".

28. Installieren Sie auf „Server1" und „Server2" die Rolle Hyper-V.

29. Sorgen Sie dafür, dass auf dem iSCSI Volume genug Speicherplatz ist.

30. Installieren Sie eine hochverfügbare virtuelle Maschine im Cluster.

31. Nehmen Sie eine Speichermigration vor.

32. Nehmen Sie eine Livemigration vor.

33. Setzen Sie die virtuellen Maschinen auf den Prüfpunkt „Installation" zurück.

5.7.3   Aufgaben

1. Sie betreiben eine Windows Server 2016 Domäne.

   Diese Frage gehört zu einer Reihe von ähnlichen Fragen.

   Sie betreiben einen Server 2016 Hyper-V Host mit einer virtuellen Maschine.

   Sie möchten den Speicher der virtuellen Maschine verschieben.

   Was tun Sie?

2. Sie betreiben eine Windows Server 2016 Domäne.

   Wie können Sie bei einer Livemigration festlegen, welcher Netzwerkadapter für eingehenden Datenverkehr benutzt wird? Benutzen Sie die PowerShell.

3. Sie betreiben eine Windows Server 2016 Domäne.

   Sie haben mehrere Firmenstandorte mit Hyper-V Hosts, die mit WAN-Verbindungen verbunden sind.

Sie möchten QoS Richtlinien für Livemigration zwischen den Standorten festlegen.

Was installieren Sie?

4. Sie betreiben eine Windows Server 2016 Domäne.

   Was ist der erste Schritt zum Installieren eines Failoverclusters?

5. Sie betreiben eine Windows Server 2016 Domäne.

   Sie haben 2 Hyper-V Server 2016 Rechner als Failoverclusterknoten konfiguriert und einen iSCSI-Speicher hinzugefügt.

   An welcher Stelle können Sie diesen Speicher erweitern, so dass beide Knoten gleichzeitig auf den Speicher zugreifen können?

6. Sie betreiben eine Windows Server 2016 Domäne.

   Sie haben zwei Hyper-V Windows Server 2016 Rechner für die Hyper-V Replikation konfiguriert.

   An welcher Stelle können Sie einen Test-Failover auslösen?

7. Sie betreiben eine Windows Server 2016 Domäne.

   Sie haben zwei Clusterknoten, auf denen eine virtuelle Maschine ausgeführt wird.

   An welcher Stelle konfigurieren Sie die Überwachung?

8. Sie betreiben eine Windows Server 2016 Arbeitsgruppe.

   Dort möchten Sie einen Failovercluster einrichten.

   Was müssen Sie zuerst tun?

9. Sie betreiben eine Windows Server 2016 Domäne.

   Auf einem Server 2016 möchten Sie Storage Spaces Direct einrichten.

   Wie lautet das Cmdlet dafür?

10. Sie betreiben eine Windows Server 2016 Domäne.

    Sie möchten einen Datenträger für Storage Spaces Direct verwenden, auf dem bereits eine Partition angelegt ist.

    Was müssen Sie als erstes tun?

11. Sie betreiben eine Windows Server 2016 Domäne.

    Wie können Sie sicherstellen, dass in einem Clusternetzwerk nur die clusterinterne Kommunikation aktiviert ist?

    Benutzen Sie ein Cmdlet.

12. Sie betreiben eine Windows Server 2016 Domäne.

    Wie können Sie verhindern, dass eine virtuelle Maschine, die in einem Hyper-V Cluster läuft, auf einen anderen Clusterknoten verschoben wird, wenn die Netzwerkverbindung unterbrochen wird?

Benutzen Sie ein Cmdlet.

13. Sie betreiben eine Windows Server 2016 Domäne.

Wie stellen Sie sicher, dass bei einer Livemigration Kerberos benutzt wird?

6 Warten und Überwachen der Serverumgebung

Prüfungsanforderungen von Microsoft:

o   Maintain Server Installations

o   Monitor Server Installations

Quelle: Microsoft

Lernziele:

*   Patchmanagement
*   Server überwachen
*   Erweiterte Überwachung

6.1   Einführung

Überwachung und Wartung von Servern gehören zu den alltäglichen Administratortätigkeiten. Zum einen ist es wichtig, die Server ständig auf dem aktuellen Stand zu haben, zum anderen sollte man im Idealfall Probleme erkennen, bevor sie entstehen.

Microsoft liefert hierfür einige Tools.

6.2   Patchmanagement

Microsoft überarbeitet alle seine Programme häufig und stellt neue Updates zur Verfügung.

Microsoft hat aus diesem Grund das Windows Update eingeführt. Dabei verbindet sich der *Automatic Update Client* (AUC) (ggf. automatisiert) zu der Website Windows Update und stellt fest, ob dem System wichtige Sicherheitsupdates fehlen, um diese ggf. von dort zu beziehen und zu installieren.

Leider birgt die automatische Verbindung und das Herunterladen aller

Updates auch Nachteile: Der Administrator kann nicht kontrollieren, welche Updates und Sicherheitspatches installiert werden.

Um diese Problematik zu umgehen, wurde WSUS (Windows Server Update Service) entwickelt. Wenn Sie WSUS benutzen, installieren Sie auf einem Server in Ihrem Unternehmen die WSUS Software. Dieser WSUS Server verbindet sich dann mit der Microsoft Windows Update Seite, und zieht sich alle verfügbaren Updates auf den WSUS Server.

Der Administrator kann nun die einzelnen Patches testen, und wenn sie gut funktionieren, kann er sie zur Installation freigeben.

Wenn dies der Fall ist, und die Clients sind korrekt konfiguriert, verbinden sich die Clients nicht direkt mit dem Windows Update Server, sondern mit dem internen WSUS Server. Von ihm bekommen sie ihre Updates, und so werden nur freigegebene Updates installiert.

6.2.1   Installation des WSUS-Servers

Windows Server 2016 verwaltet WSUS als Rolle, die Sie im Servermanager installieren können.

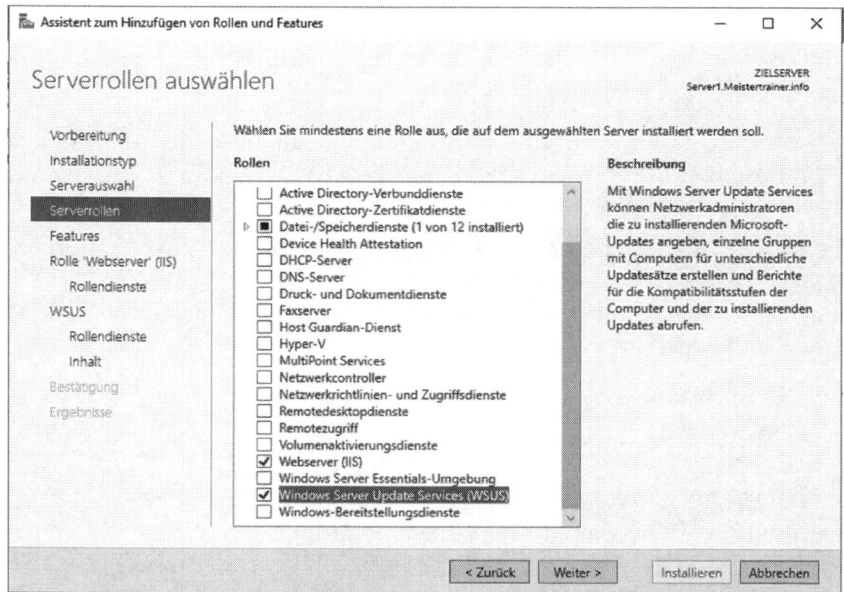

Abbildung 6.1: Installation

Bei Auswahl von WSUS werden automatisch diverse Features mitinstalliert.

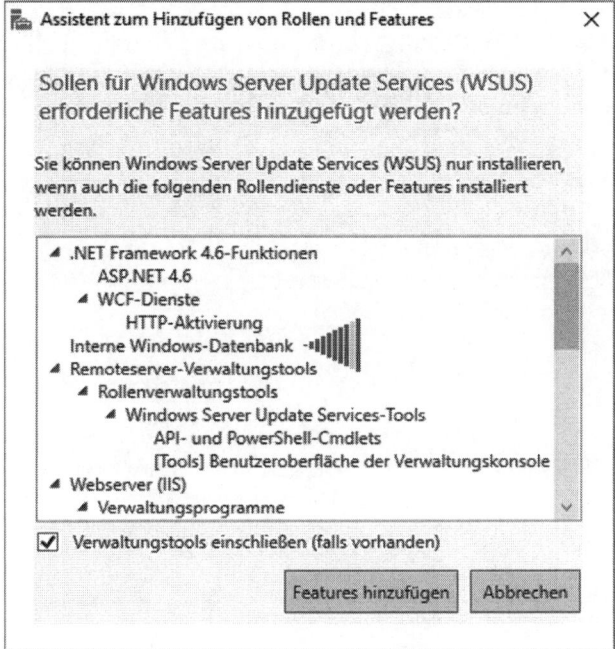

Abbildung 6.2: Features

Wichtig hierbei ist die „Interne Windows-Datenbank", denn die Daten müssen in einer Datenbank gespeichert werden.

Natürlich wäre auch ein SQL-Server möglich, der müsste aber vorher installiert und eingerichtet sein.

Sie sehen auch bei den Rollendiensten, dass eine Datenbankverbindung vorhanden sein muss.

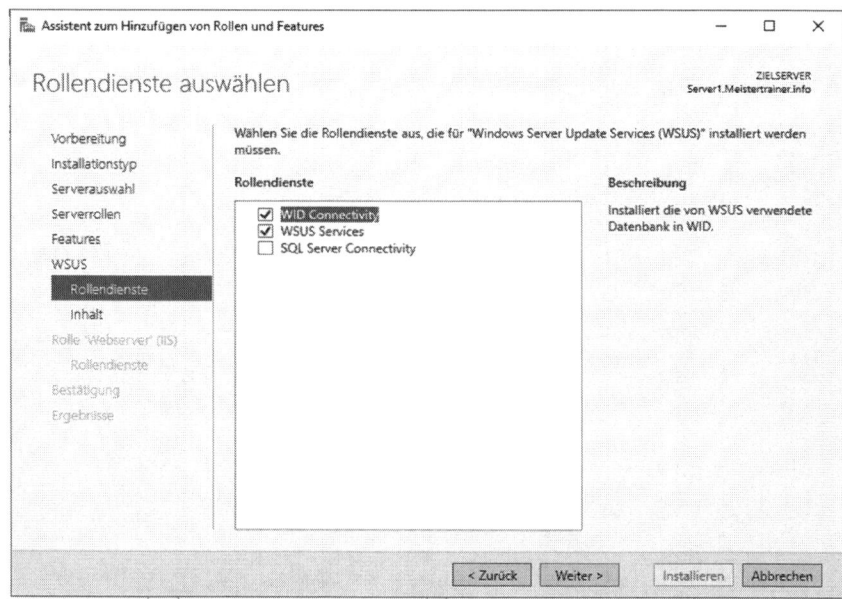

Abbildung 6.3: Rollendienste

In unserem Fall ist es „WID Connectivity" also die Verbindung zur internen Windows Datenbank.

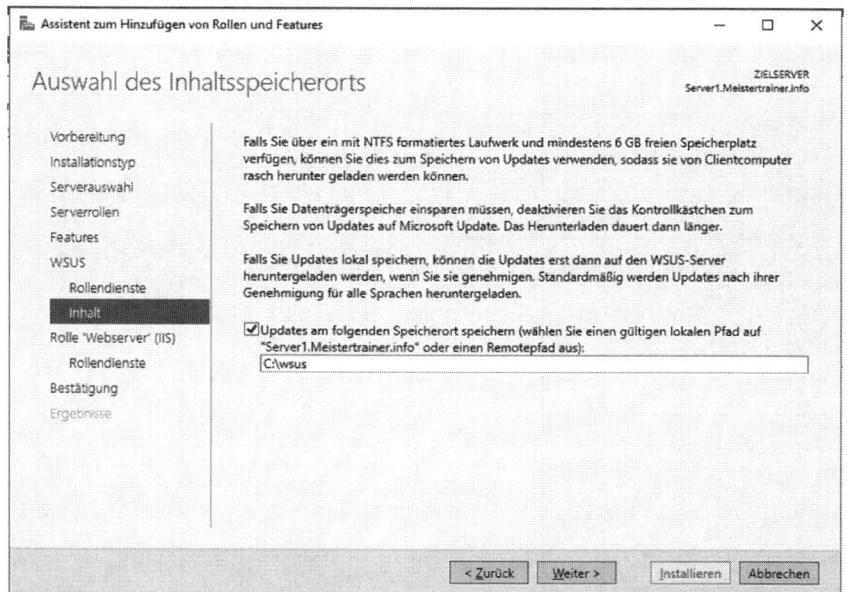

Abbildung 6.4: Speicherort

Zum Schluss muss noch ein Speicherort für die Updates gewählt werden. Hier sollte genügend Speicherplatz zur Verfügung stehen, da die Datenmenge sehr groß sein kann.

Dann wird die Rolle installiert.

Nach Beendigung der Installation muss noch eine „Nachinstallationsaufgabe" ausgeführt werden.

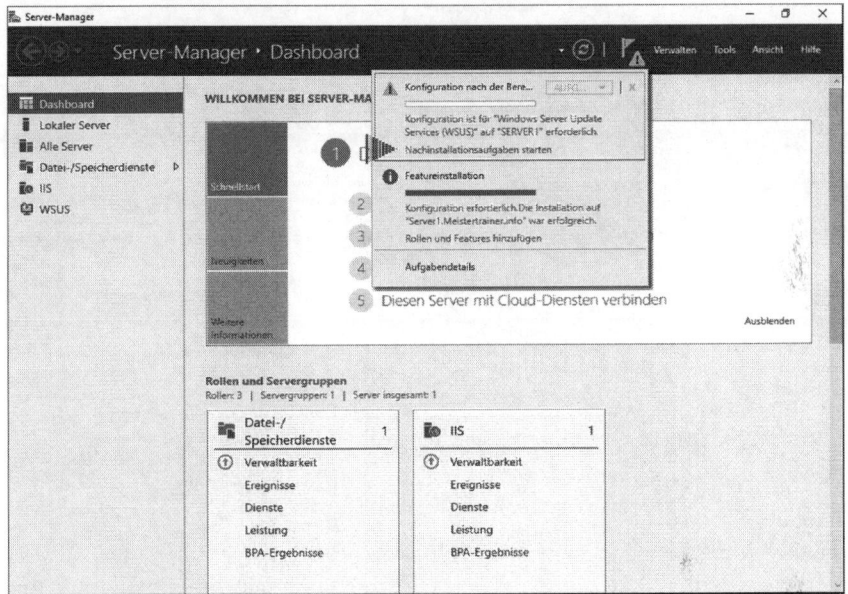

Abbildung 6.5: Nachinstallationsaufgabe

Hierbei wird die Datenbank eingerichtet.

6.2.2 Grundkonfiguration des WSUS Servers

Nach der Installation und dem Download der Updates können Sie die Verwaltungskonsole des WSUS Servers starten und die ersten Konfigurationsschritte machen.

Der Assistent für die Ersteinrichtung startet automatisch, nachdem Sie in den „Tools" „WSUS" auswählen.

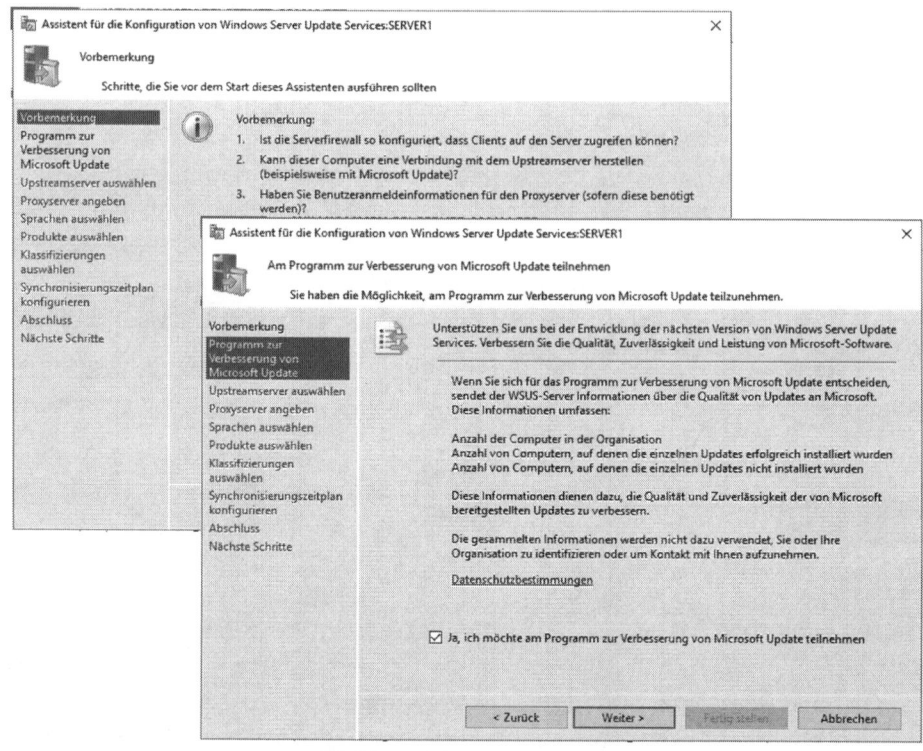

Abbildung 6.6: Assistent

Zunächst erhalten Sie allgemeine Hinweise zur Konfiguration des WSUS Servers. Dann können Sie sich entscheiden, ob Sie am Programm zur Verbesserung von Microsoft Update teilnehmen wollen.

Im nächsten Schritt treffen Sie schon eine wichtige Entscheidung, nämlich, ob der zu konfigurierende WSUS Server seine Updates direkt von Microsoft bezieht oder ob er sie von einem anderen WSUS Server erhalten soll.

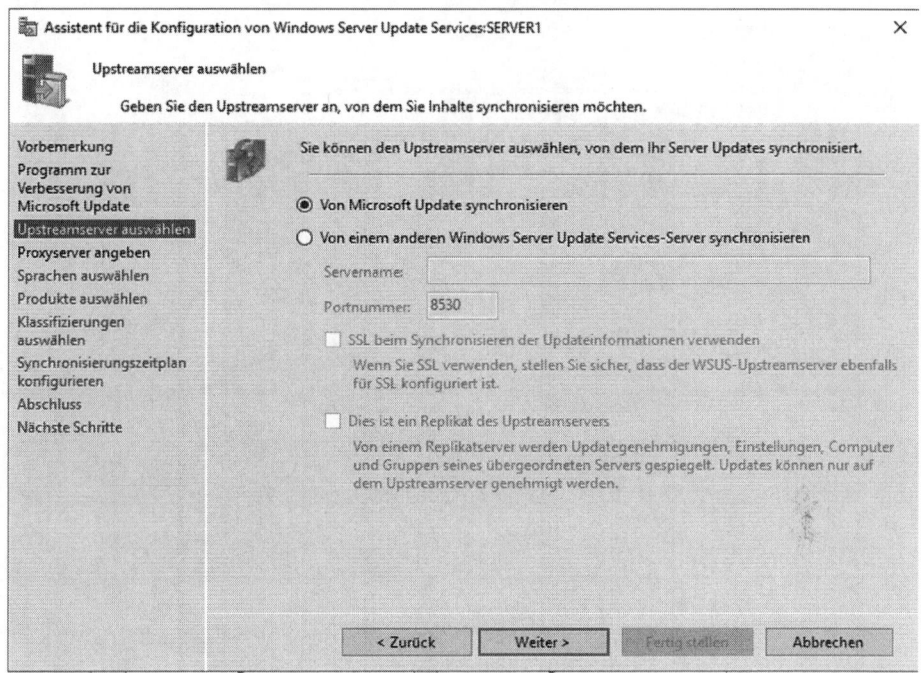

Abbildung 6.7: Updates erhalten

Wenn Sie die Updates von einem anderen Windows Server Update Service-Server erhalten wollen, müssen Sie folgende Ports festlegen:

- 8530 für http
- 8531 für https

Diese Möglichkeit können Sie wählen, wenn Sie im Unternehmen mehrere WSUS Server betreiben.

Nun legen Sie einen Proxyserver fest, falls er benötigt wird.

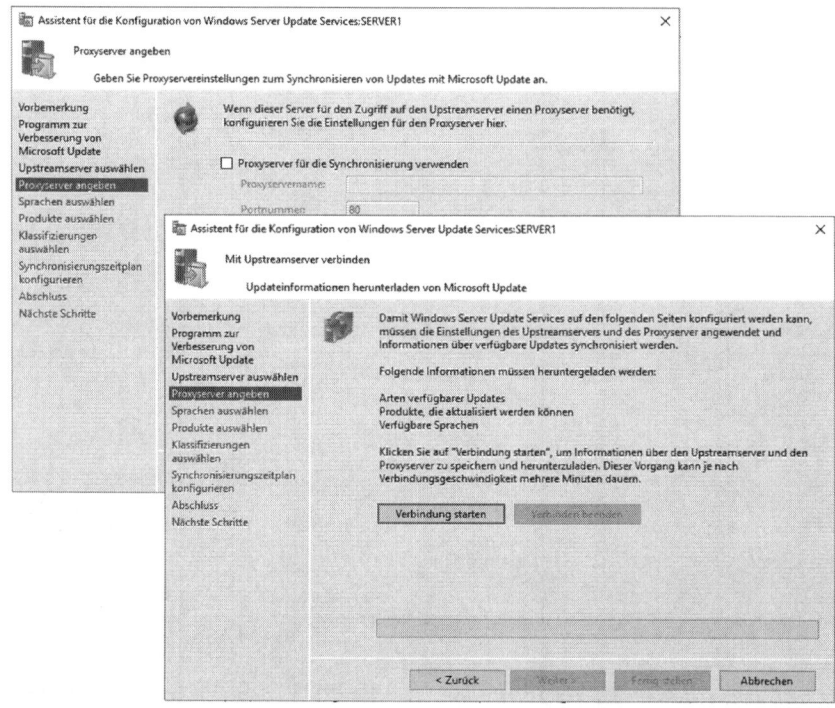

Abbildung 6.8: Erste Internetverbindung

Danach klicken Sie auf „Verbindung starten" und aus dem Internet werden folgende Listen heruntergeladen:

- Arten verfügbarer Updates
- Produkte, die aktualisiert werden können
- Verfügbare Sprachen

Obwohl dies verhältnismäßig wenige Informationen sind, dauert der Download relativ lange.

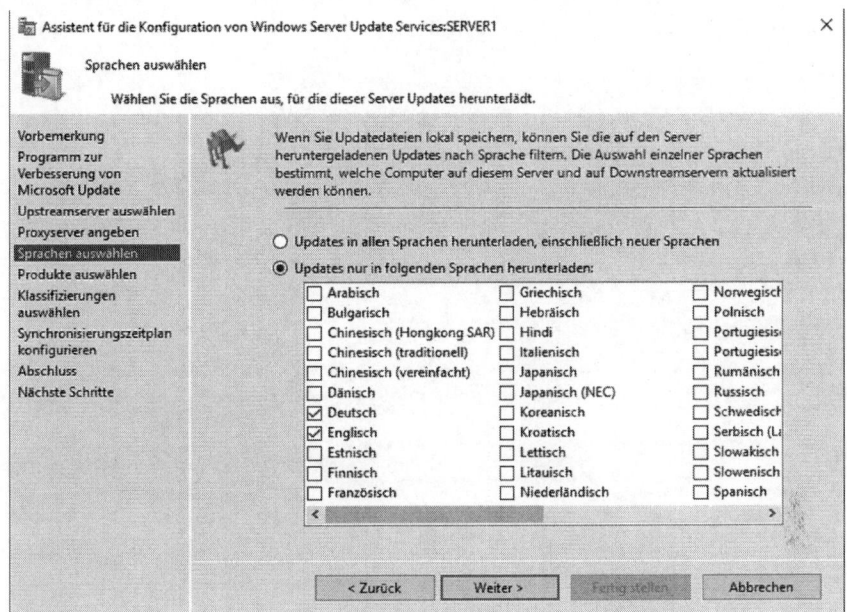

Abbildung 6.9: Sprachauswahl

Nun können Sie die Sprachen auswählen.

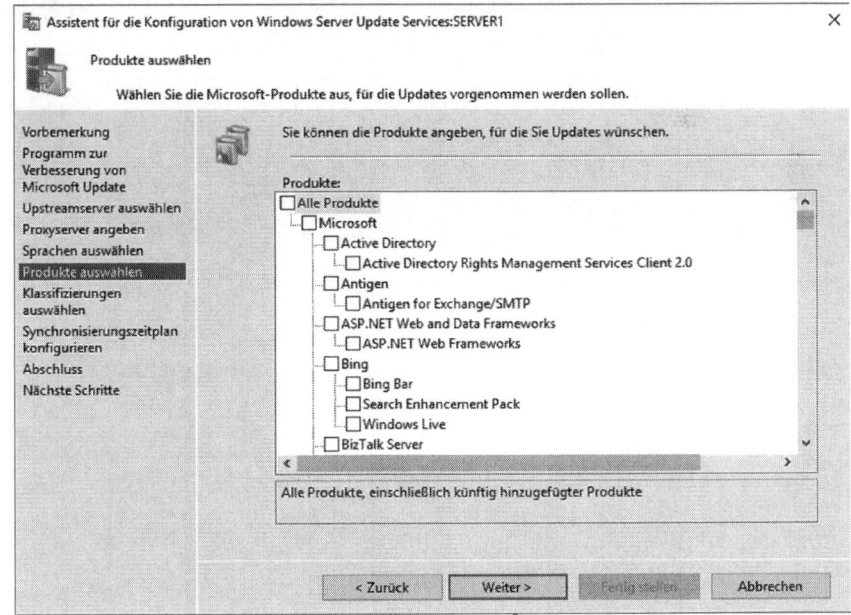

Abbildung 6.10: Produkte

Der nächste Schritt ist die Auswahl der Produkte, für die Sie Updates möchten.

ACHTUNG!
Standardmäßig sind alle Office-Produkte und alle Windows Versionen ausgewählt! Passen Sie diese Auswahl auf jeden Fall an Ihre Bedürfnisse an.

Der nächste Schritt ist die Auswahl der Updateklassifizierung.

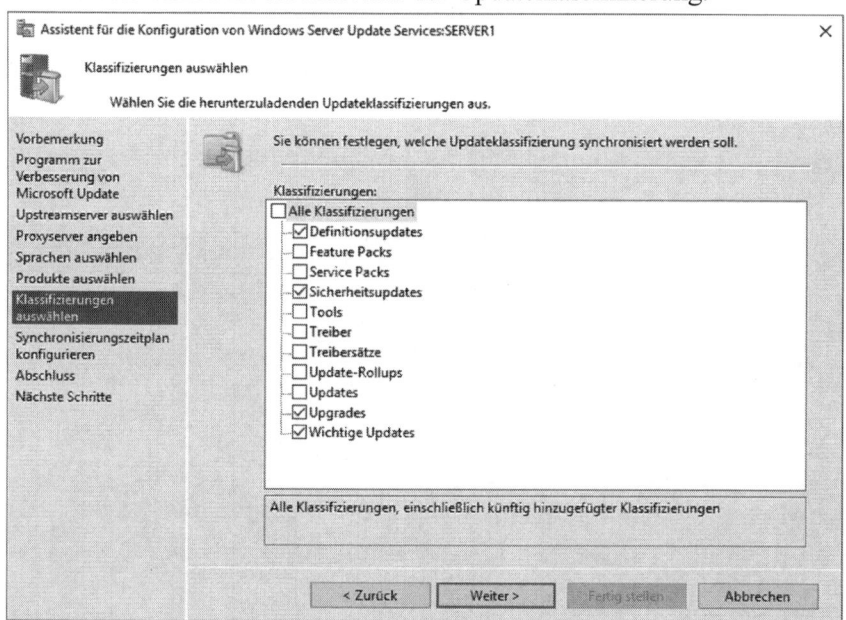

Abbildung 6.11: Updateklassifizierung

Der letzte Punkt ist der Synchronisationszeitplan.

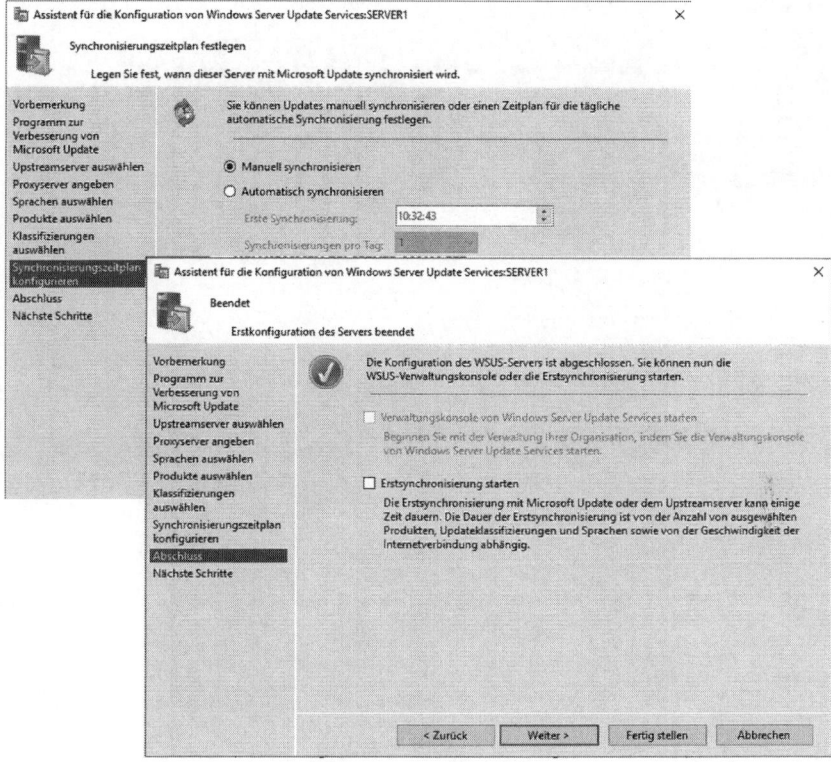

Abbildung 6.12: Zeitplan

Starten Sie auf jeden Fall die Erstsynchronisation.

Die Updates werden jetzt heruntergeladen.

Patchmanagement

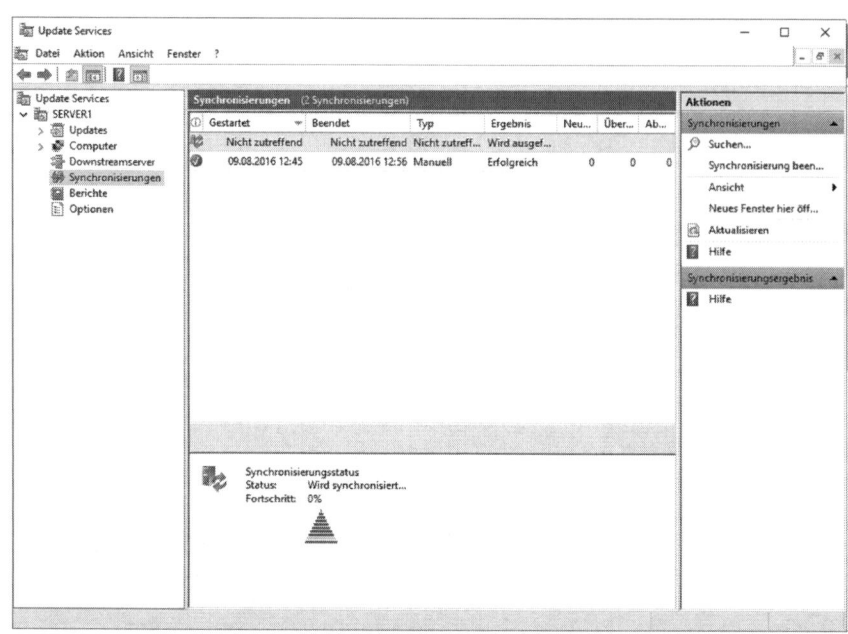

Abbildung 6.13: Download der Updates

Nach einer Weile sind die Updates verfügbar.

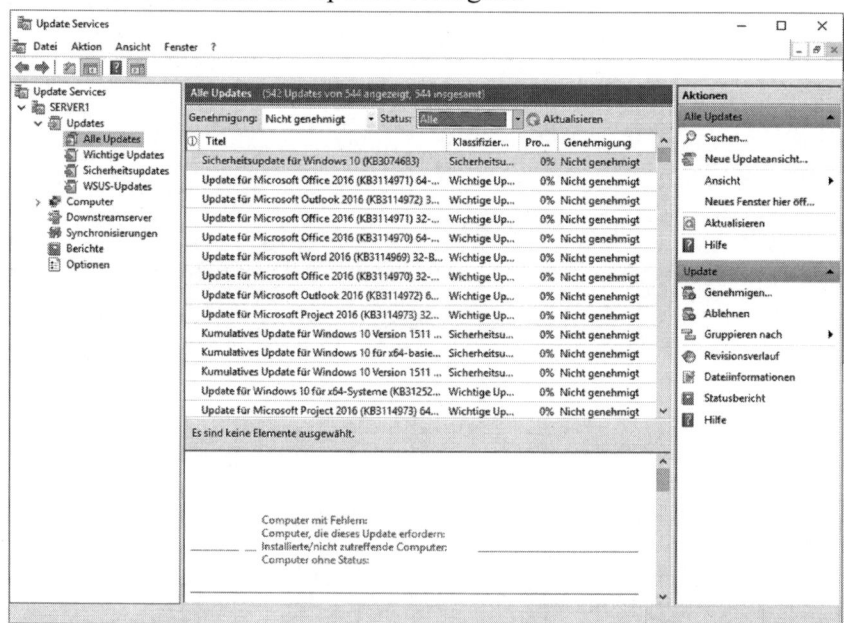

Abbildung 6.14: Updates

6.2.3 Konfiguration der Clients

Die Clients müssen so konfiguriert werden, dass sie den WSUS Server als Updateserver erkennen.

Dies wird in einer Gruppenrichtlinie vorgenommen.

Die Vorgehensweise der Konfiguration ist immer gleich. Öffnen Sie die zu konfigurierende Gruppenrichtlinie und navigieren Sie an folgende Stelle:

- Computerkonfiguration

- Richtlinien

- Administrative Vorlagen

- Windows-Komponenten

- Windows Update

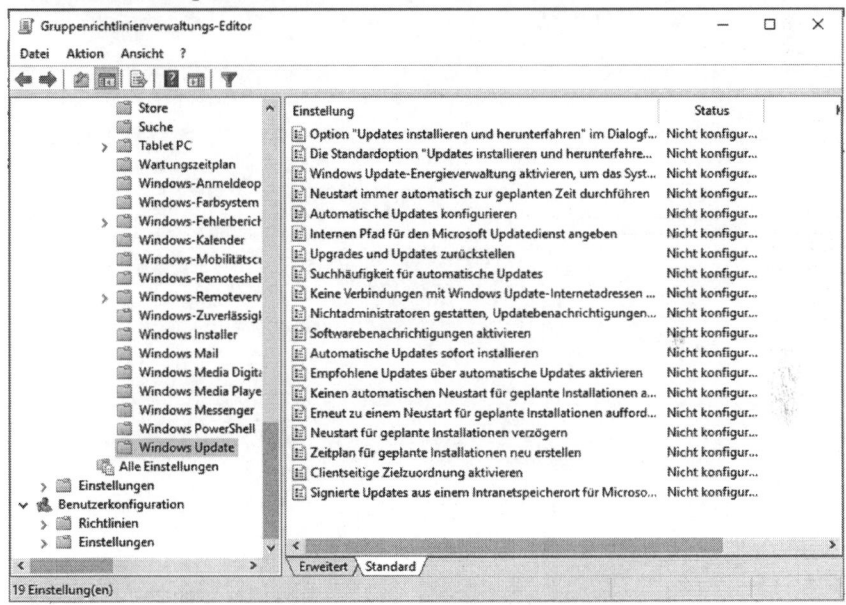

Abbildung 6.15: Gruppenrichtlinie

Hier haben Sie die Möglichkeit, das Verhalten für Updates für alle Computer festzulegen.

Automatische Updates konfigurieren

Diese Funktion müssen Sie aktivieren. Damit erhalten alle Clients das automatische Update zugewiesen.

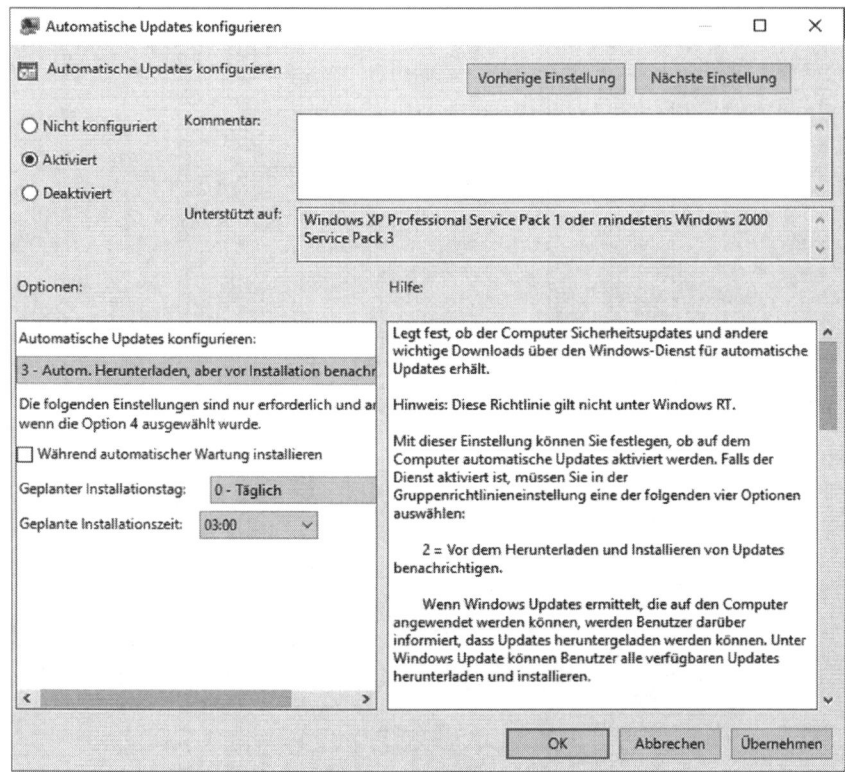

Abbildung 6.16: Automatische Updates

ACHTUNG!
Die Nummerierung beginnt mit „2", nicht mit „1"!

Für die Konfiguration haben Sie drei Optionen zur Verfügung:

2: Vor Herunterladen und Installation benachrichtigen

Wenn Windows Updates vorhanden sind, wird in der Taskleiste ein Symbol angezeigt, dass Updates installiert werden können.

Durch Klicken auf das Symbol oder die Meldung können Sie Updates zum Downloaden auswählen. Die ausgewählten Updates werden im Hintergrund übertragen. Nach dem Download wird erneut ein Symbol im Statusbereich angezeigt, das Sie darüber informiert, dass die Updates installiert werden können.

3: Autom. Herunterladen, aber vor Installation benachrichtigen

Windows sucht nach anwendbaren Updates für den Computer und überträgt diese im Hintergrund automatisch (der Benutzer wird während dieses Vorgangs nicht benachrichtigt oder gestört). Nach Abschließen des Downloads wird ein Symbol im Statusbereich mit der Benachrichtigung angezeigt, dass diese Updates installationsbereit sind. Durch Klicken auf das Symbol oder die Meldung können Sie die Updates auswählen, die Sie installieren möchten.

4: Autom. Herunterladen und laut Zeitplan installieren

Legen Sie den Zeitplan mit den Optionen in der Gruppenrichtlinieneinstellung fest. Standardmäßig sind Installationen für 3 Uhr morgens geplant, falls kein Zeitplan angegeben wird. Falls für Updates ein Neustart erforderlich ist, startet Windows den Computer automatisch neu (Falls ein Benutzer am Computer angemeldet ist, wenn Windows neu gestartet werden soll, wird der Benutzer benachrichtigt und kann den Neustart verzögern).

Die Zeit, zu der die Updates installiert werden, kann von Ihnen angepasst werden, wenn Sie Option 4 gewählt haben.

5: Lokalen Administratoren ermöglichen, Einstellungen auszuwählen

Mit dieser Option wird es den lokalen Administratoren erlaubt, eine Konfiguration auszuwählen.

Internen Pfad für den Microsoft Updatedienst angeben

Dies ist eine sehr wichtige Einstellung, denn hier können Sie den Pfad festlegen, von dem aus die Clients die Updates empfangen.

Hier geben Sie die Standardwebsite des SUS Servers an, in unserem Fall ist die URL http://server1.meistertrainer.info. Eventuell muss noch ein Port angegeben werden.

Auch eine Seite für den Intranetserver für die Statistik muss angegeben werden.

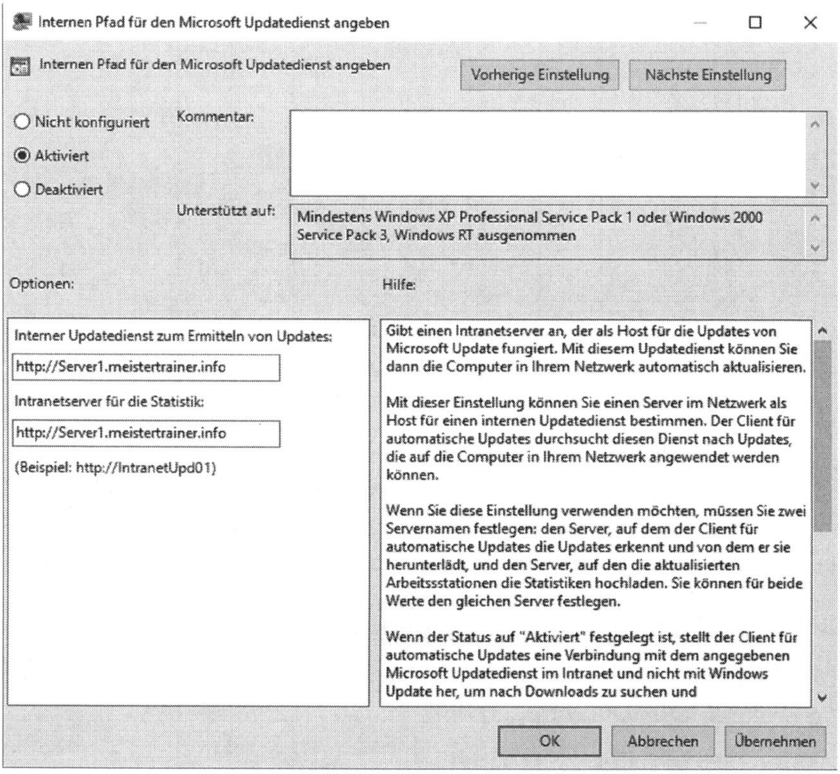

Abbildung 6.17: Interner Pfad

Sie können die Konfiguration auch über die Befehlszeile zuweisen.

Geben Sie in der Eingabeaufforderung ein:

wuauclt.exe /detectnow

Diese Befehlszeilenoption weist die Funktion „Automatische Updates"
an, sofort eine Verbindung zum WSUS-Server herzustellen.

6.2.4 WSUS Cmdlets

Natürlich kann WSUS auch komplett mit Cmdlets eingerichtet werden.

Hier ist ein Auszug der wichtigsten:

Cmdlet	Bedeutung
Add-WsusComputer	Fügt einen Clientcomputer zu einer Gruppe hinzu
Add-WsusDynamicCategory	Fügt dem WSUS Server eine dynamische Kategorie hinzu
Approve-WsusUpdate	Genehmigt ein Update
Deny-WsusUpdate	Verweigert ein Update
Get-WsusClassification	Zeigt eine Liste aller vorhandenen Klassifizierungen an
Get-WsusComputer	Zeigt das Computerobjekt an
Get-WsusDynamicCategory	Zeigt dynamische Kategorien an
Get-WsusProduct	Zeigt eine Liste aller verfügbaren Produkte an
Get-WsusServer	Zeigt den WSUS Server an
Get-WsusUpdate	Zeigt das WSUS Update Objekt an
Invoke-WsusServerCleanup	Ruft das Cleanup des WSUS Servers auf
Remove-WsusDynamicCategory	Entfernt eine dynamische Kategorie
Set-WsusClassification	Stellt die erlaubten Updates ein
Set-WsusDynamicCategory	Stellt den Synchronisationsstatus einer dynamischen Kategorie ein
Set-WsusProduct	Legt die Aktivierung der zu synchronisierenden Kategorie fest
Set-WsusServerSynchronization	Legt fest, ob der WSUS Server von einem Upstream Server oder von Microsoft synchronisiert

6.3   Server überwachen

Um einen Server zu kontrollieren, sollten Sie die Möglichkeiten kennen, die Leistungsdaten abzurufen.

6.3.1   Der Task-Manager

Die einfachste und auch bekannteste Überwachungsmöglichkeit ist der Task-Manager. Ihn können Sie aufrufen über

*   STRG-ALT-ENTF

*   Task-Manager starten

Zunächst einmal sehen Sie die Ansicht, in der die gestarteten Apps angezeigt werden, hier können Sie die Apps beenden, wenn sie nicht mehr reagieren.

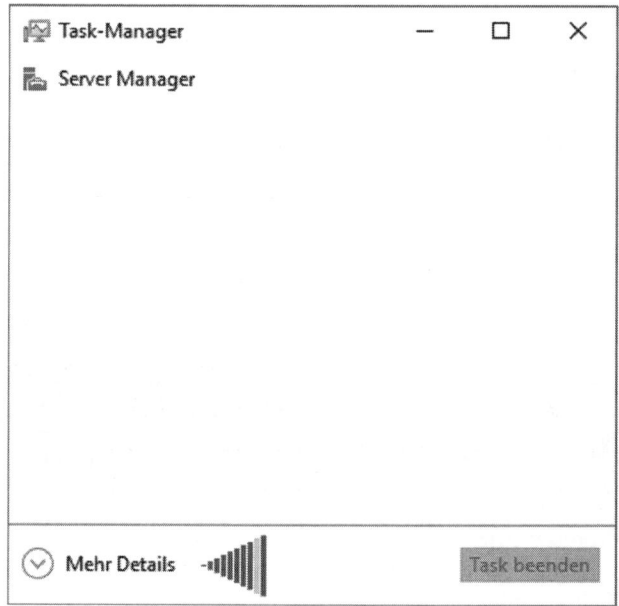

Abbildung 6.18: Task-Manager

Allerdings ist diese Ansicht nicht sehr aussagekräftig, all die anderen Informationen, die wir aus den älteren Systemen kennen, sind nicht sichtbar.

Deswegen sollten Sie auf „Mehr Details" klicken.

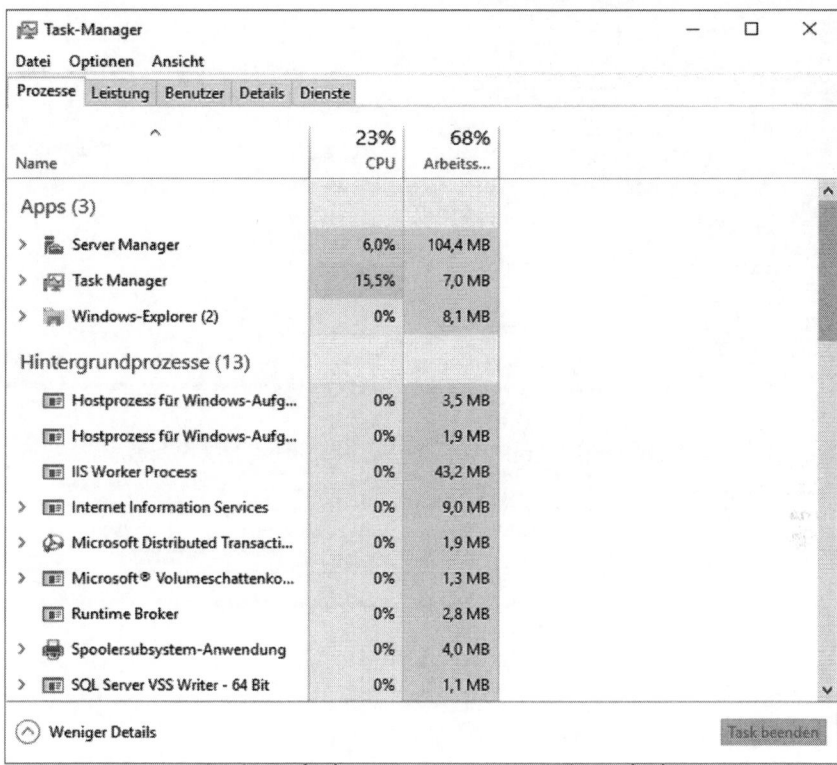

Abbildung 6.19: Prozesse

In der Karteikarte „Prozesse" werden nicht nur die Apps, sondern auch die Hintergrund- und die Windowsprozesse angezeigt.

Dies kann von Bedeutung sein, wenn ein Systemprozess Probleme macht.

Die Karteikarte „Leistung" gibt Auskunft über die Systemparameter.

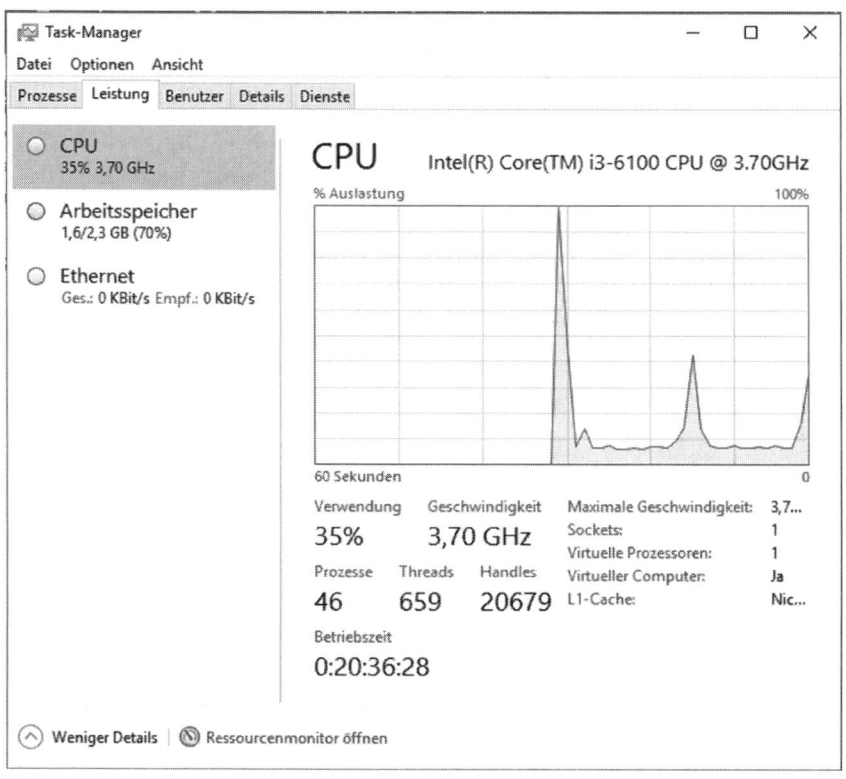

Abbildung 6.20: Leistung

Sie sehen grafisch dargestellt die Auslastung der CPU, des Arbeitsspeichers, der Datenträger und der Netzwerkkarte.

Wenn Sie zwei CPU im System haben, sehen Sie die gesamte CPU-Leistung und im einzelnen beide CPU aufgeführt. Wenn ein CPU wenig Last, der andere beinahe die ganze Last trägt, deutet das darauf hin, dass der zweite Prozessor von den Anwendungen nicht verwendet wird.

In diesem Fall müssen Sie den entsprechenden Prozess in der Karteikarte „Prozesse" gezielt auf den entsprechenden Prozessor legen (rechte Maustaste).

Auf der Karteikarte „Benutzer" sehen Sie alle momentan angemeldeten Benutzer und können diese vom Netzwerk trennen.

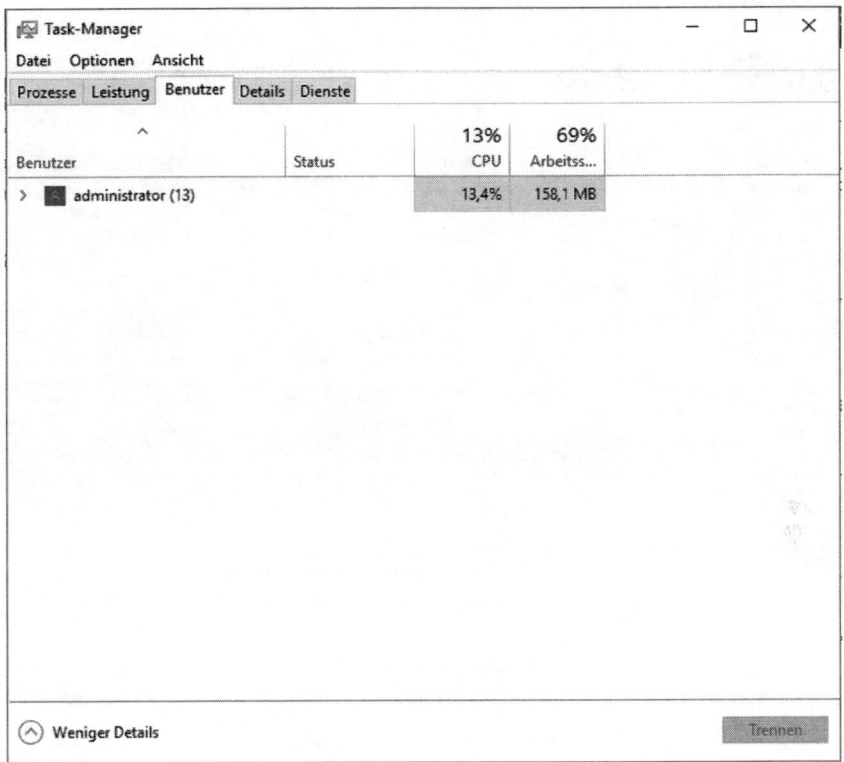

Abbildung 6.21: Benutzer

Die Karteikarte „Details" gibt Ihnen detailliert Auskunft über alle
Prozesse.

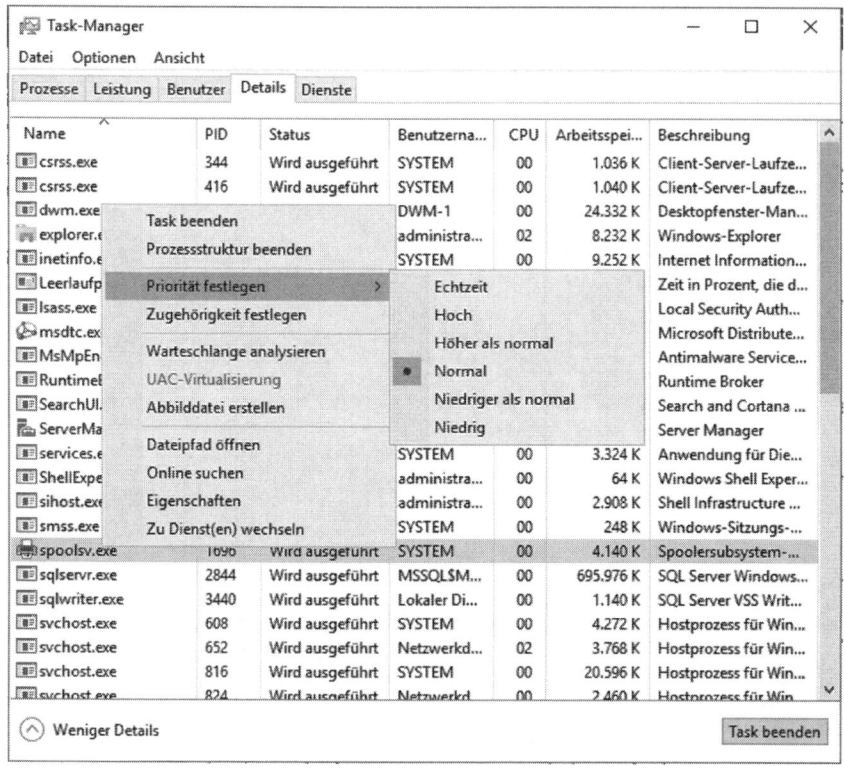

Abbildung 6.22: Details

Wenn Sie mit der rechten Maustaste auf einen einzelnen Prozess klicken, können Sie die Prioritäten der Prozesse festlegen, mit der sie ausgeführt werden.

Normale Anwendungen werden meistens mit der Priorität „Normal" ausgeführt.

ACHTUNG!

Sie können die Prioritäten der Prozesse verändern. Seien Sie aber vorsichtig! Verändern Sie niemals Systemprozesse und geben Sie niemals einem Prozess die Priorität „Echtzeit". Ein Prozess mit der Priorität „Echtzeit" würde alle anderen Prozesse komplett blockieren!

Die Karteikarte „Dienste" listet alle momentan gestarteten Dienste.

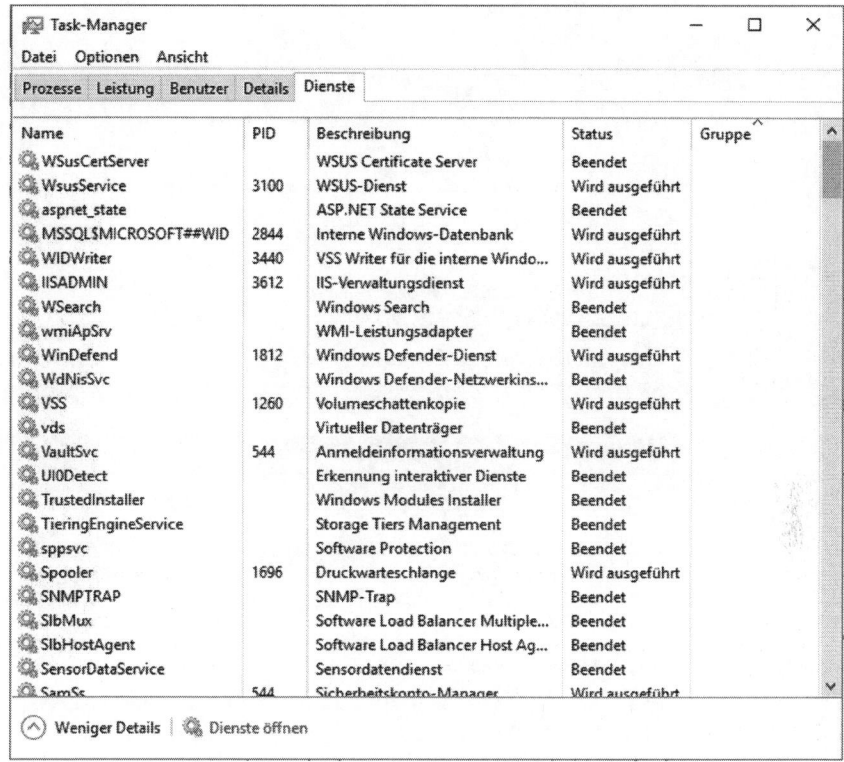

Abbildung 6.23: Dienste

6.3.2   Die Leistungsüberwachung

Wenn Sie eine systematische Überwachung der Performancedaten eines Windows Server 2016 Computers benötigen, sollten Sie auf den Systemmonitor, der auch „Leistungsüberwachung" genannt wird, zurückgreifen. Die Leistungsüberwachung erlaubt eine weitaus genauere Untersuchung der verschiedenen Leistungsdaten, als es mit dem Task-Manager möglich ist.

Sie finden dieses Tool in der Computerverwaltung.

Hier wählen Sie

* Leistung

* Überwachungstools

* Leistungsüberwachung

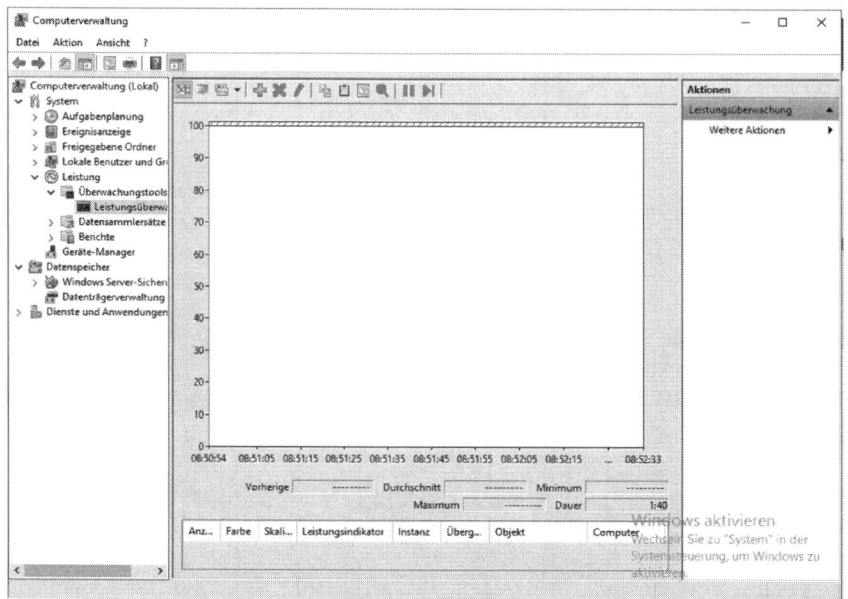

Abbildung 6.24: Systemmonitor

Zunächst sehen wir ein leeres Koordinatensystem.

Um Werte zu erhalten, müssen Aufzeichnungsdaten definiert werden. Diese Daten heißen „Leistungsindikatoren".

Klicken Sie auf das grüne Plus im oberen Bereich des Systemmonitors.

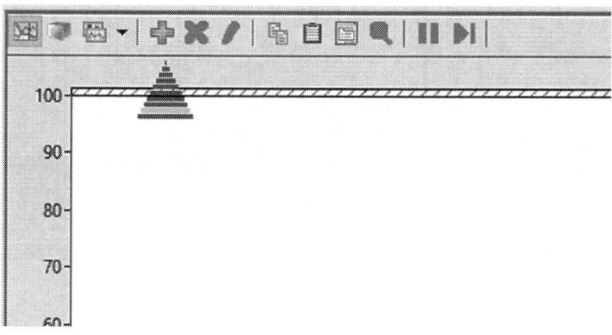

Abbildung 6.25: Hinzufügen von Leistungsindikatoren

Sie erhalten nun ein Auswahlfenster.

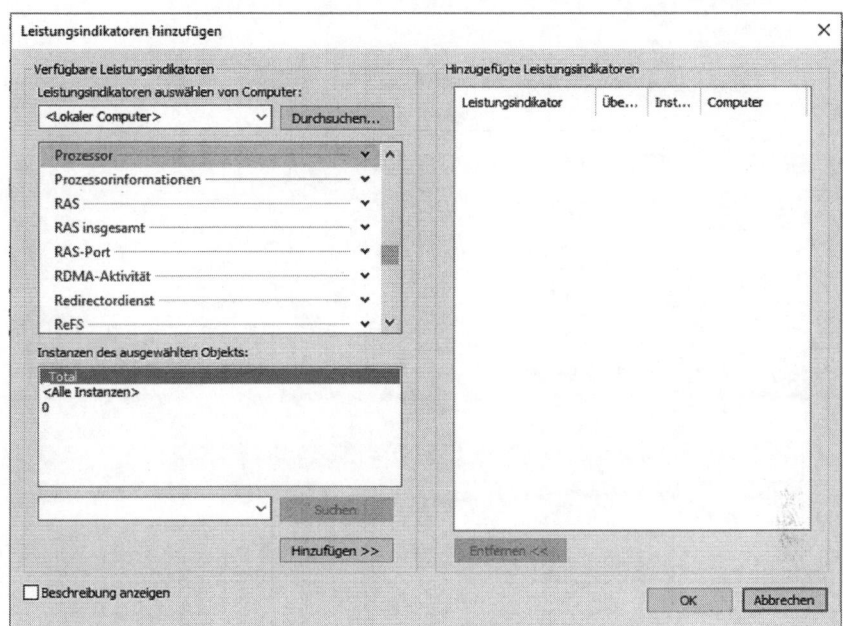

Abbildung 6.26: Auswahlfenster

Auswahl, welcher Computer überwacht wird

Sie haben die Möglichkeit, den lokalen Computer zu überwachen, oder auch einen Remotecomputer.

Leistungsindikatoren wählen

Leistungsindikatoren sind Werte, die sich auf das Leistungsobjekt beziehen.

Um beispielsweise für das Leistungsobjekt „Prozessor" Indikatoren auszuwählen, öffnen Sie die Auswahl, indem Sie auf den kleinen Pfeil neben „Prozessor" klicken.

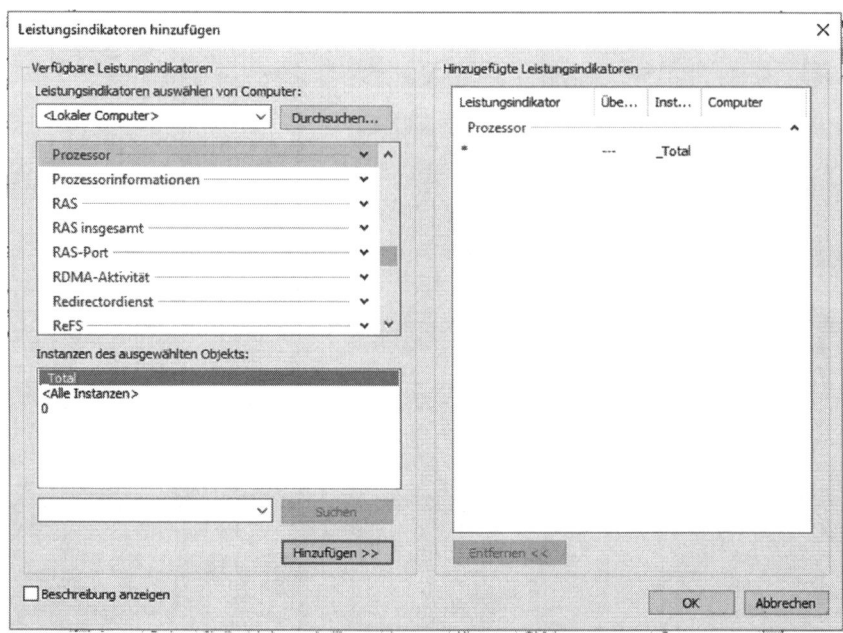

Abbildung 6.27: Leistungsindikatoren

Nun wählen Sie einzelne Indikatoren aus und wählen „Hinzufügen". Sie erscheinen danach im rechten Auswahlfenster.

Instanzen

Die Instanzenauswahl ist nicht immer relevant. Wenn Sie beispielsweise mehrere Prozessoren haben, können Sie wählen, welche Instanz der Prozessoren überwacht werden soll, ein einzelner Prozessor (Instanz 0. 1…) oder alle (total).

Auf diese Art können Sie sich alle Leistungswerte anzeigen lassen, die Sie für relevant halten.

Wenn Sie nun auf „OK" klicken, erhalten Sie eine Analyse der gewählten Leistungsindikatoren in Echtzeit.

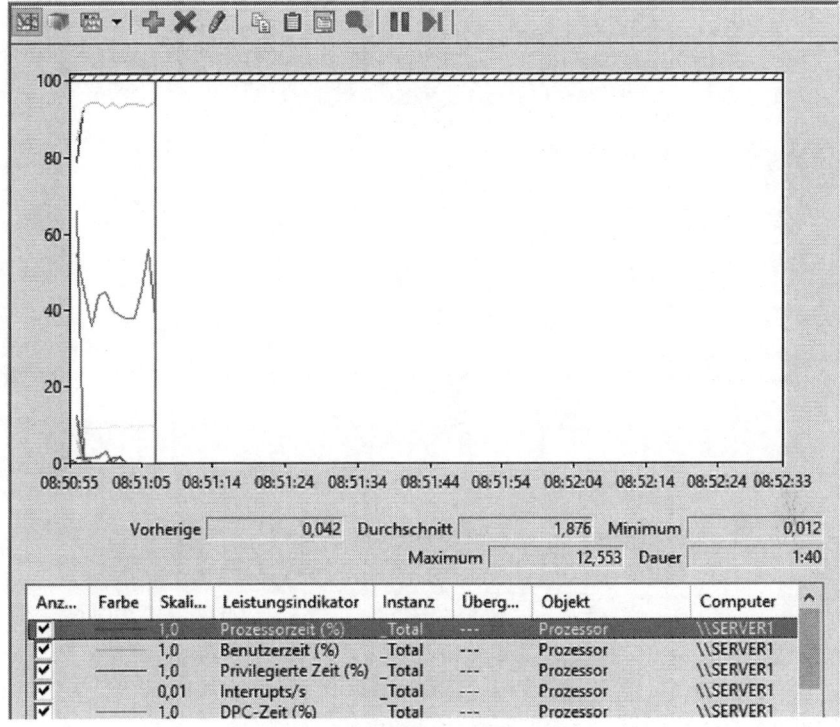

Abbildung 6.28: Echtzeitanalyse

Die Standarddarstellung ist die Diagrammdarstellung.

Wenn Sie möchten, können Sie diese Darstellungen aber ändern, indem Sie eine Auswahl bei den „Darstellungen" treffen.

Abbildung 6.29: Darstellungen

Histogramm

In einem Histogramm werden alle Daten als Balken dargestellt.

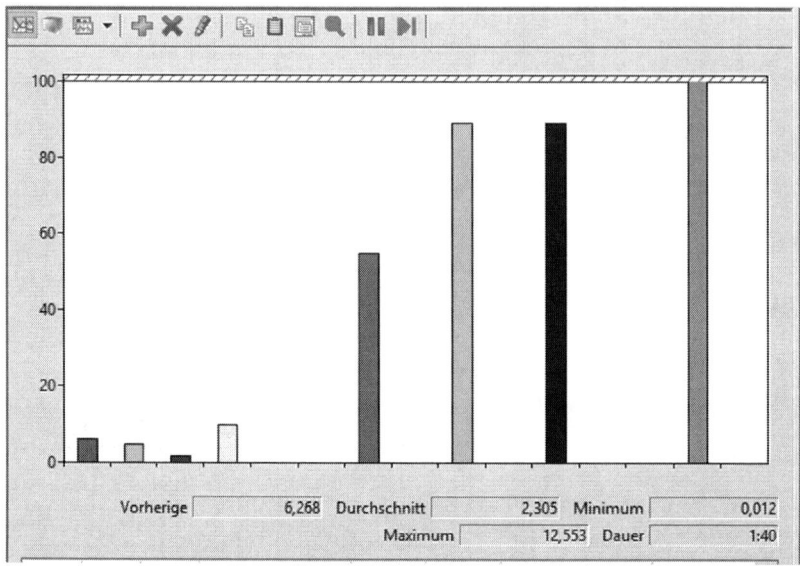

Abbildung 6.30: Histogramm

Bericht

Auch eine Berichtansicht ist möglich.

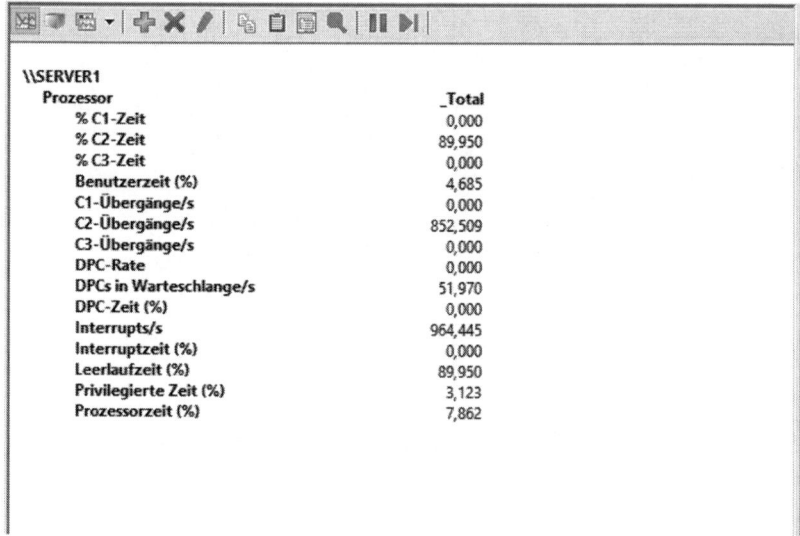

Abbildung 6.31: Bericht

Der Bericht stellt die Daten in Zahlenform dar und ist besser, um Werte exakt abzulesen.

6.3.3 Die Ereignisanzeige

Die Ereignisanzeige ist eine komplette Sammlung aller Ereignisse, die das System oder auch die Anwendungen betreffen.

Wer die Ereignisanzeige von älteren Windows Versionen noch kennt, wird erstaunt sein, wie stark die Darstellung verbessert wurde und wie detailliert nun die Ereignisse gesucht werden können.

Auch die Ereignisanzeige finden Sie in der Computerverwaltung.

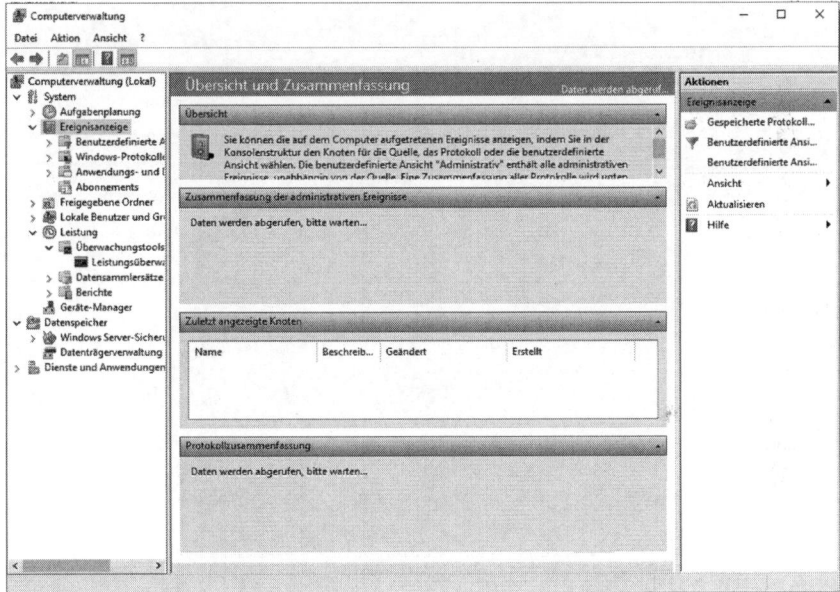

Abbildung 6.32: Ereignisanzeige

Die Startseite ist eine Zusammenfassung der wichtigsten Ereignisse.

Die einzelnen Protokolle

Die Ereignisanzeige teilt sich auf in die verschiedenen Protokolle.

Zunächst sehen Sie die benutzerdefinierten Ansichten. An dieser Stelle können Sie eigene Protokolle erstellen.

In vielen Fällen ist es schwierig, aus vielen einzelnen Protokollen immer genau die Ereignisse herauszusuchen, die gerade von Belang sind. Deswegen ist die Möglichkeit, eigene Protokolle zu erstellen, besonders interessant.

Auffällig ist, dass bereits ein Protokoll in dieser Ansicht vorhanden ist, nämlich das Protokoll „Administrative Ereignisse".

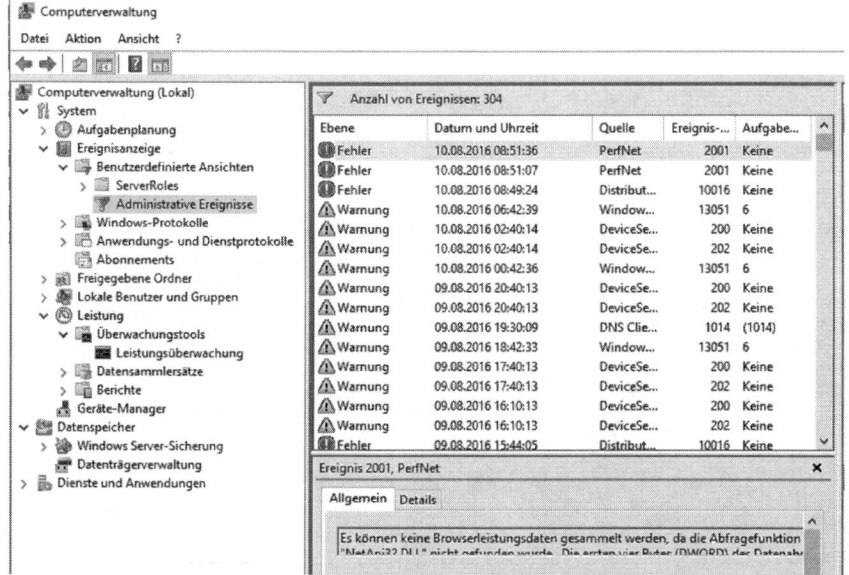

Abbildung 6.33: Administrative Ereignisse

Hier sind bereits alle Ereignisse, die die Administration des Systems betreffen, dargestellt.

Sie sehen, alle Ereignisse sind in drei Kategorien eingeteilt.

ⓘ Information
Nicht kritisch, nur zur Information

⚠ Warnung
Nicht unbedingt kritisch, sollte beobachtet werden

🛑 Fehler
Kritisch und kann zu Systeminstabilität führen

Es gibt eine große Anzahl an weiteren Protokollen, in denen die entsprechenden Ereignisse dargestellt werden.

Abonnement

Eine interessante Möglichkeit der Kontrolle bieten die Abonnements.

Mit Abonnements können Sie Ereignisse von anderen Computern sammeln und damit von einer zentralen Stelle aus eine Überwachung durchführen.

Wenn Sie ein neues Abonnement erstellen möchten, erhalten Sie die Warnung, dass der Windows-Ereignissammlungsdienst gestartet und konfiguriert sein muss.

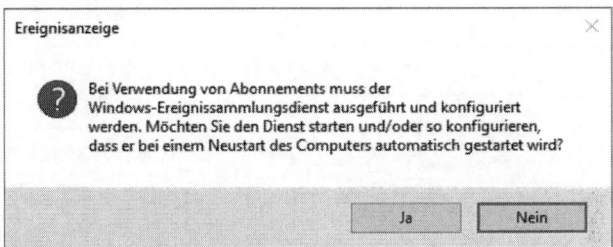

Abbildung 6.34: Warnmeldung

Sie können die Konfiguration automatisch vornehmen lassen, indem Sie auf „Ja" klicken.

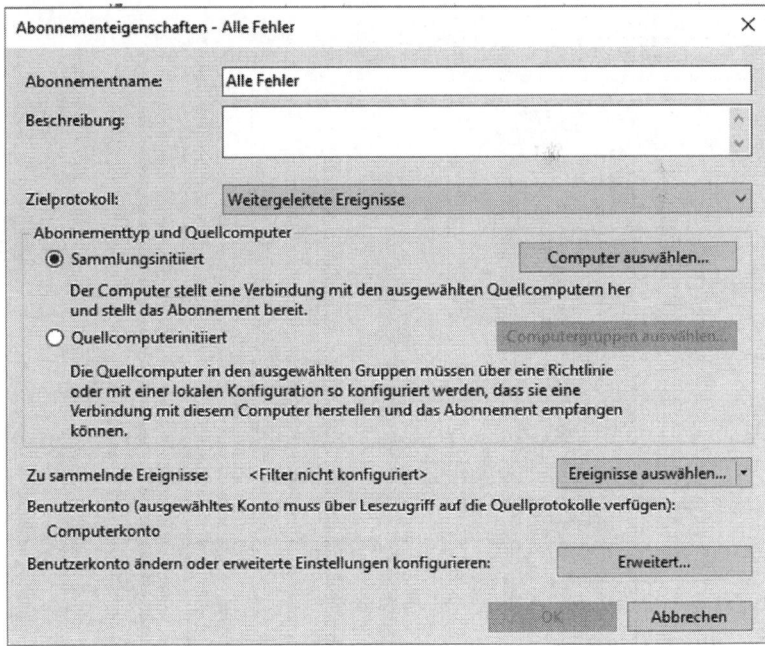

Abbildung 6.35: Abonnementeigenschaften

Nun geben Sie dem Abonnement einen Namen und suchen den oder die Quellcomputer aus.

Im nächsten Schritt legen Sie die zu überwachenden Ereignisse fest.

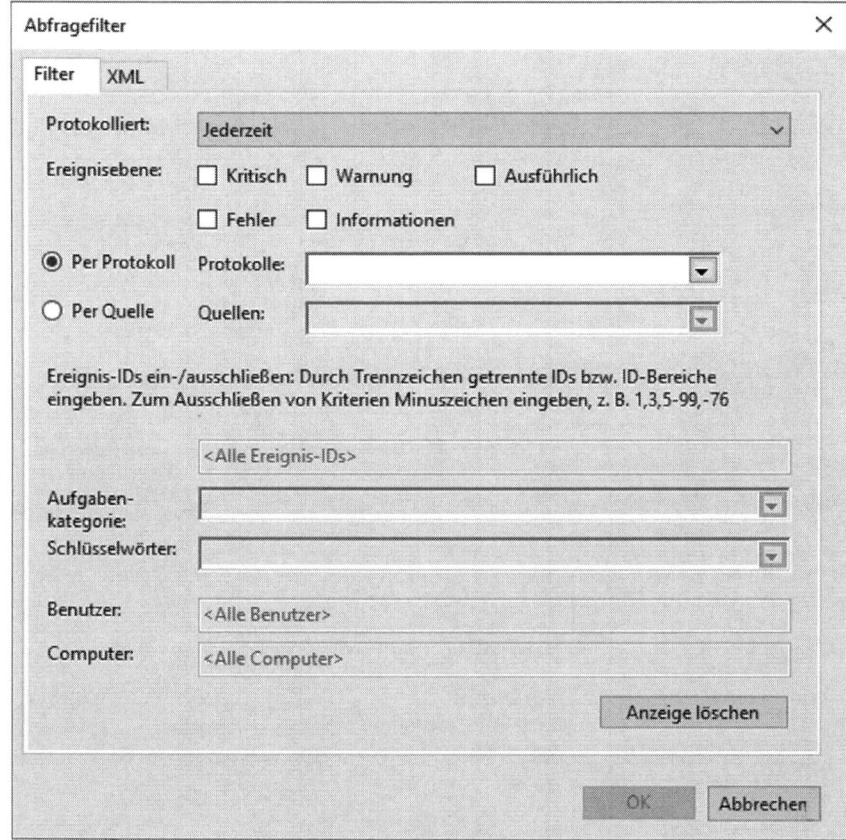

Abbildung 6.36: Ereignisse

Damit haben Sie ein neues Abonnement erstellt.

Aufgaben anfügen

Leider ist es in den meisten Fällen so, dass das Ereignisprotokoll nur dann überprüft wird, wenn Sie bereits ein Problem haben.

Besser wäre es, wenn Sie dies bereits vorher machen würden, oder wenn Sie zumindest eine Meldung erhalten könnten, wenn bestimmte Ereignisse eintreffen.

Diese Möglichkeit gibt es zum Glück in Windows Server 2016.

Dazu suchen Sie sich ein Ereignis aus, bei dessen Eintreffen Sie in

Zukunft gewarnt werden wollen und klicken mit der rechten Maustaste auf dieses Ereignis.

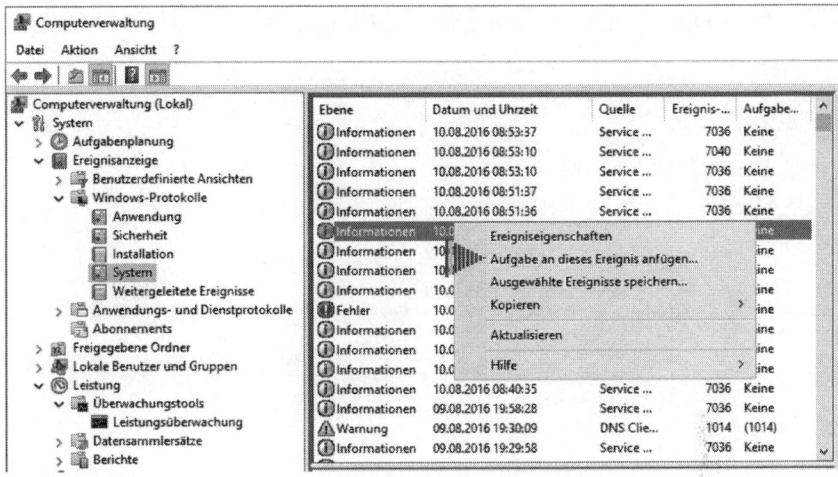

Abbildung 6.37: Ereignis

Sie wählen hier „Aufgabe an dieses Ereignis anfügen".

Nun startet ein Assistent, der Ihnen beim Erstellen der Aufgabe hilft.

Zunächst geben Sie dem Ereignis einen Namen und erhalten noch eine Zusammenfassung des ausgewählten Ereignisses.

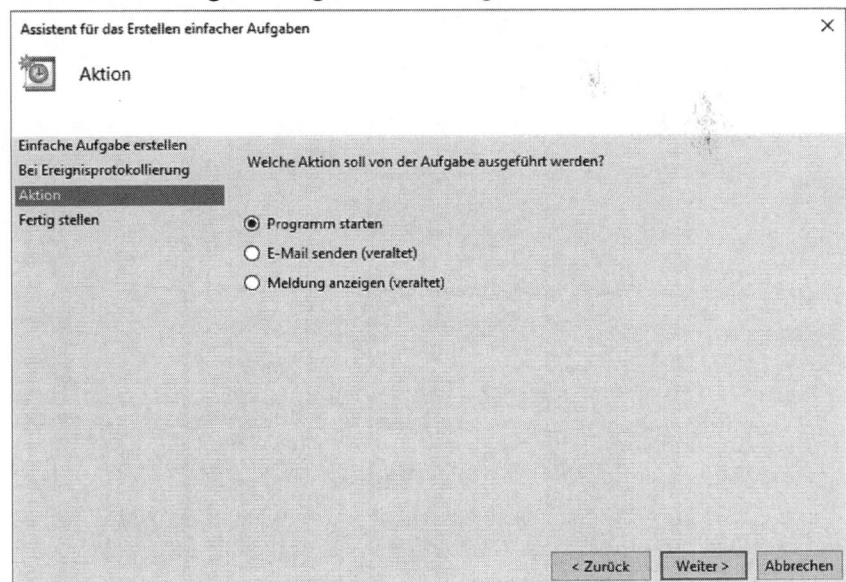

Abbildung 6.38: Aktion

Dann wählen Sie, welche Aktion ausgeführt werden soll.

Sie können ein Programm starten lassen, eine E-Mail schicken lassen, oder eine Meldung auf dem Bildschirm anzeigen lassen.

6.3.4   Datensammlersätze und Berichte

Mit Datensammlersätzen können Sie die Performance des Rechners über einen längeren Zeitraum hinweg überwachen und bestimmte Indikatoren aufzeichnen.

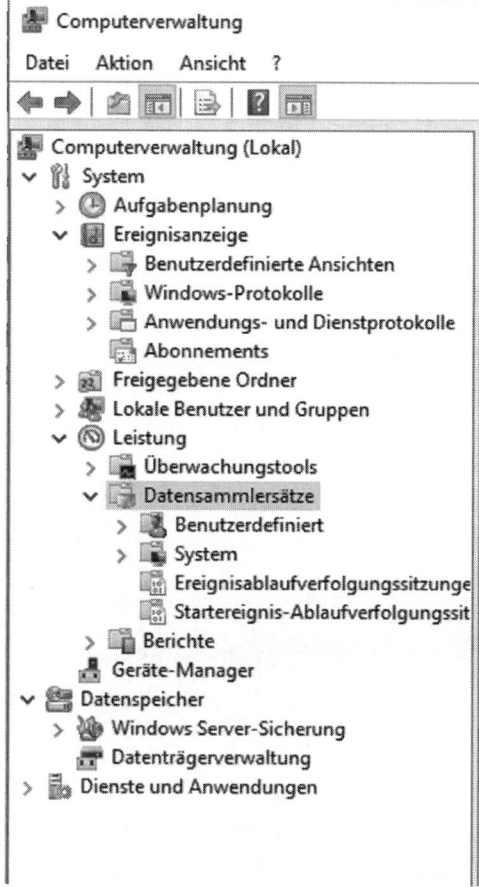

Abbildung 6.39: Datensammlersätze

Wenn Sie zu den Datensammlersätzen wechseln, sehen Sie, dass bereits einige Datensammlersätze vordefiniert sind, wie System oder Ereignisablaufverfolgung.

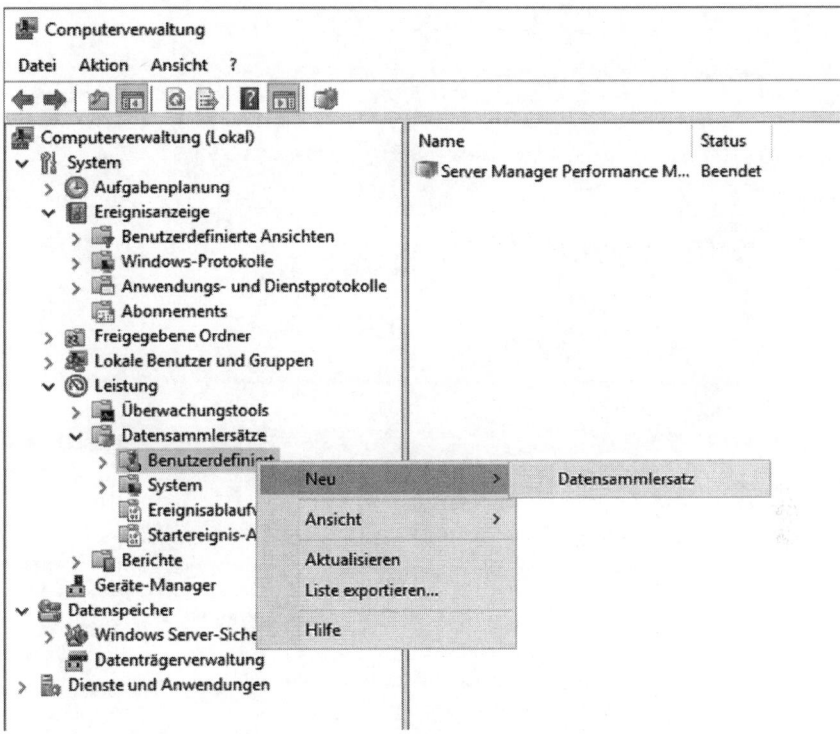

Abbildung 6.40: Erstellen eines benutzerdefinierten Sammlungssatzes

Interessanter ist allerdings die Möglichkeit, eigene Datensammlersätze zu definieren, mit denen Sie die Probleme des Systems verfolgen können.

Zunächst geben Sie dem Sammlungssatz einen Namen und entscheiden sich, ob Sie den Sammlungssatz aus einer Vorlage erstellen möchten, oder völlig frei generieren.

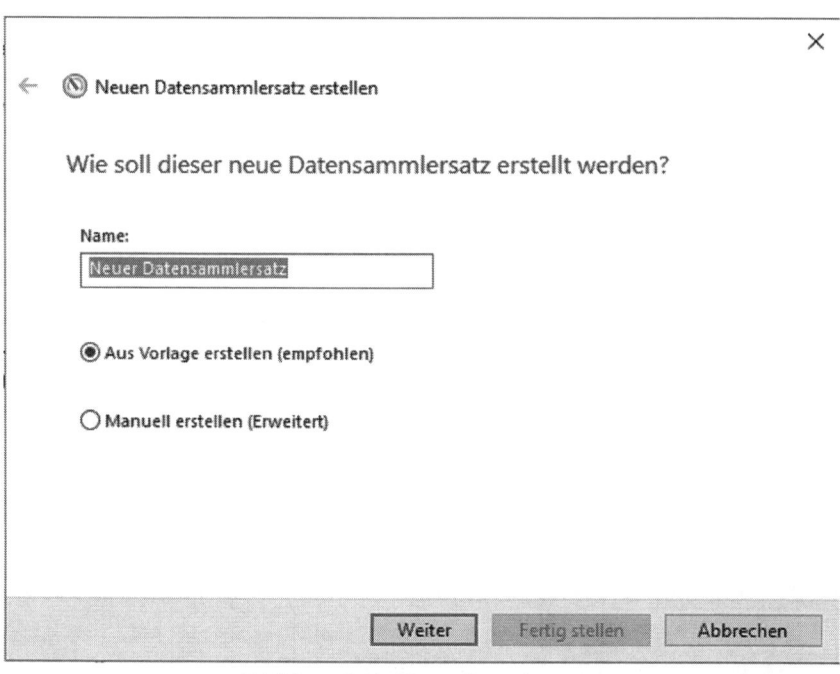

Abbildung 6.41: Neuer Sammlungssatz

Zunächst sollten Sie „Aus Vorlage erstellen" wählen, wenn Sie etwas mehr Erfahrung haben, können Sie auch einen manuellen Sammlungssatz erstellen.

Nun entscheiden Sie sich für die Vorlage, die Sie für den Sammlungssatz benutzen möchten.

Im letzten Schritt geben Sie den Speicherort an.

Sie können wählen, ob der Sammlungssatz zunächst nur erstellt werden soll, oder ob er gleich gestartet wird.

Ein gestarteter Sammlungssatz kann eine beliebige Zeit laufen und muss aber zur Auswertung angehalten werden.

Wenn Sie den Sammlungssatz angehalten haben, können Sie den Bericht über diese Sammlung betrachten und eine detaillierte Auswertung machen.

6.3.5   Das Tool „Systemkonfiguration"

Das Tool „Systemkonfiguration" ist ein kleines Tool, mit dem Sie die aktuelle Systemkonfiguration betrachten und einige Einstellungen ändern können.

Sie öffnen es durch Eingabe von „Msconfig.exe".

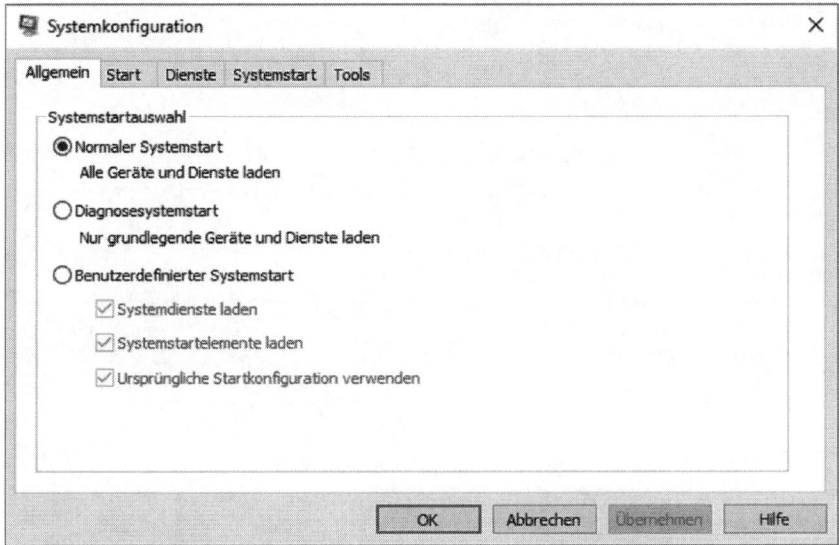

Abbildung 6.42: Allgemein

Die Karteikarte „Allgemein"

Hier finden Sie Funktionen für den Systemstart. Sie können hier einstellen, was Windows beim nächsten Systemstart ausführen soll:

- Normaler Systemstart (Alle Gerätetreiber und Dienste laden)
- Diagnosesystemstart (Nur grundlegende Geräte und Dienste laden)
- Benutzerdefinierter Systemstart

An dieser Einstellung sollten Sie normalerweise nichts ändern, da der erste Eintrag „Normaler Systemstart" für das System die richtige Auswahl ist.

Die Karteikarte „Start"

Hier sehen Sie die Einstellungen für den Systemstart.

Dies sind die Einstellungen, die Sie mit dem Tool „BCDEdit.exe" gemacht haben.

Außerdem können Sie wählen, ob Sie einen abgesicherten Start möchten und mit welchen Optionen dieser abgesicherte Start stattfinden soll.

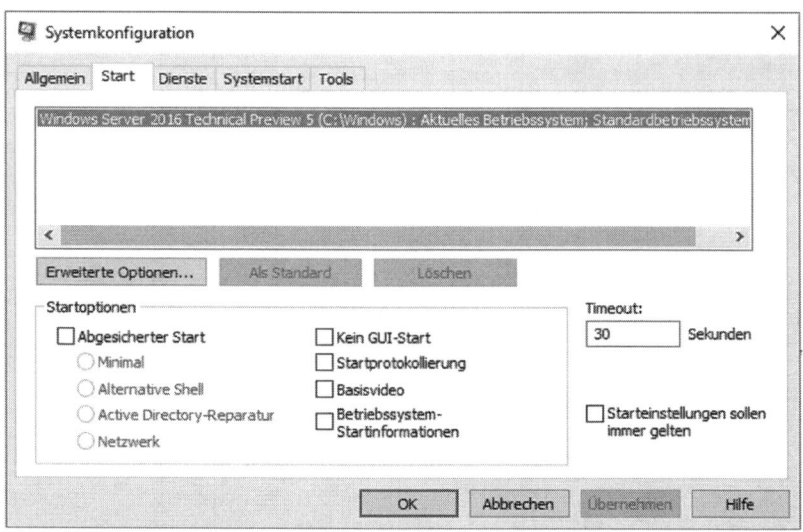

Abbildung 6.43: Start

Die Karteikarte „Dienste"

Über diesen Eintrag können Sie sich die vorhandenen Dienste auf Ihren Rechner anzeigen lassen. Sie können hier nicht benötigte Dienste deaktivieren, dabei sollten Sie aber beachten, dass Sie keine wichtigen Dienste ausschalten.

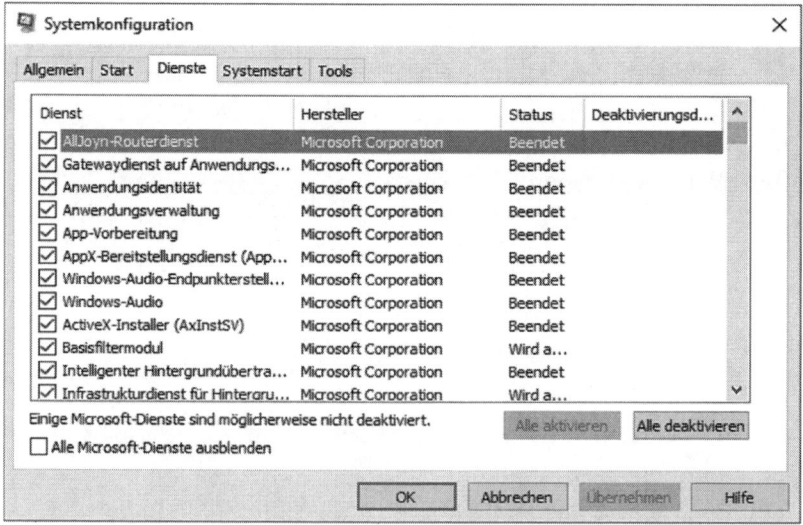

Abbildung 6.44: Dienste

Über die Checkbox „Alle Microsoft-Dienste ausblenden" können Sie alle Microsoft-Dienste ausblenden lassen und sehen somit nur noch die Dienste, welche von anderen Programmen/Herstellern installiert wurden.

Die Karteikarte „Systemstart"

Hier werden weitere Programme und Tools aufgeführt, die beim Starten von Windows automatisch gestartet werden.

Durch das Deaktivieren von nicht gebrauchten Einträgen, können Sie den Systemstart oft beschleunigen.

Hierbei werden Sie zum Taskmanager weitergeleitet.

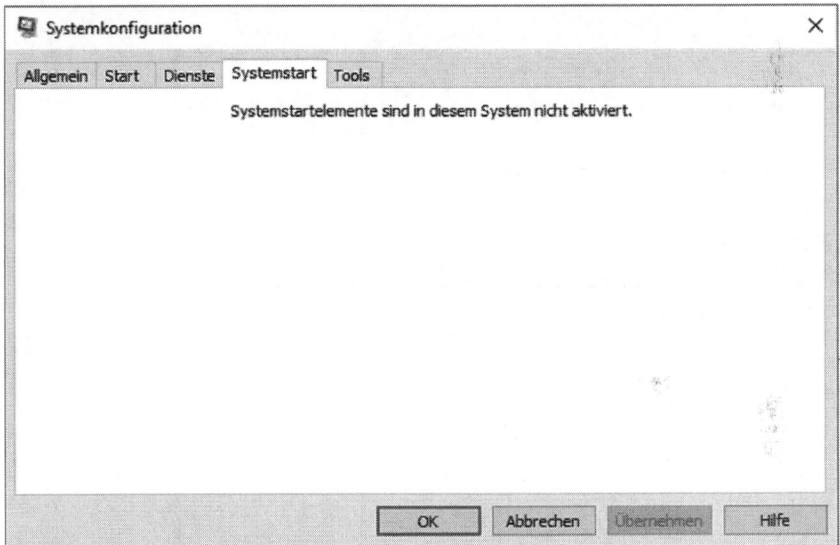

Abbildung 6.45: Systemstart

Die Karteikarte „Tools"

Hier können Sie Konfigurationseinstellungen und Tools von Windows aufrufen. Wählen Sie dafür das entsprechende Tool aus und klicken Sie anschließend auf den Button „Starten".

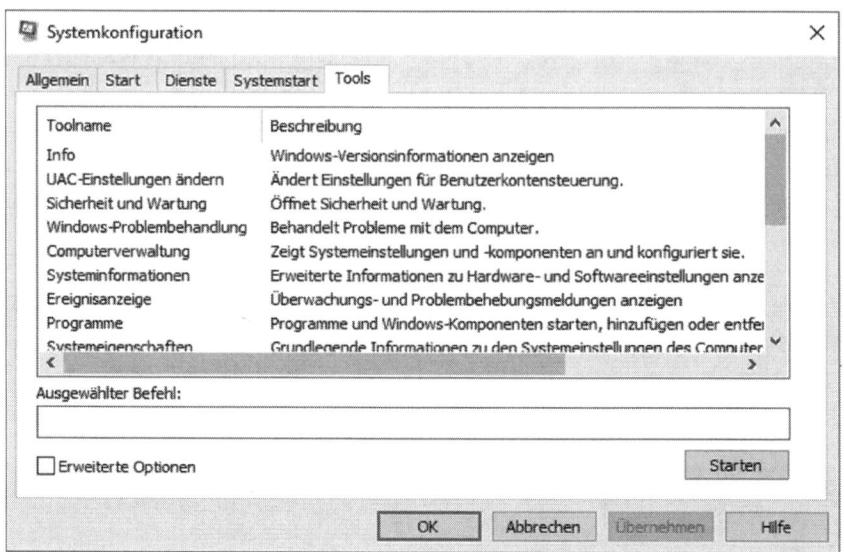

Abbildung 6.46: Tools

6.4 Erweiterte Überwachung

Die Überwachung ist ein großer Bestandteil einer Serververwaltung. So müssen Sie wissen, ob jemand unbefugten Zugriff auf bestimmte Ressourcen erlangt hat.

Um die erweiterte Überwachung zu betrachten, sollten wir zunächst die „einfache" Überwachung mithilfe der Überwachungsrichtlinien wiederholen:

6.4.1 Überwachungsrichtlinien

Manchmal ist es nötig, nachzuprüfen, ob das Netzwerk wirklich so sicher ist, wie man es gerne hätte. Microsoft hat eine ganze Reihe an Überwachungsmöglichkeiten mit dem Server 2016 mitgeliefert, es sollte in jedem Fall möglich sein, das Netzwerk nach Schwachpunkten zu untersuchen.

Ein großer Schwachpunkt ist die Sicherheit nach außen. Wie sollen Sie zum Beispiel nachvollziehen, dass niemand versucht, durch Erraten des Kennwortes in das Netzwerk einzudringen?

Oder ist es in Ihrer Firma auch schon passiert, dass Dateien verschwunden sind, aber niemand hat sie gelöscht?

Um solche Manipulationsversuche von außen (oder auch von innen!) festzustellen, benötigen Sie eine Überwachungsfunktion.

ACHTUNG!

Wir bewegen uns hier im Bereich der Gruppenrichtlinien. Obwohl diese Thematik nicht Bestandteil dieses Kurses ist, möchten wir ihnen trotzdem die Einstellungsmöglichkeiten zeigen.

Wählen Sie dort die gewünschte Gruppenrichtlinie aus und navigieren Sie zu

- Computerkonfiguration
- Richtlinien
- Windows-Einstellungen
- Sicherheitseinstellungen
- Überwachungsrichtlinie

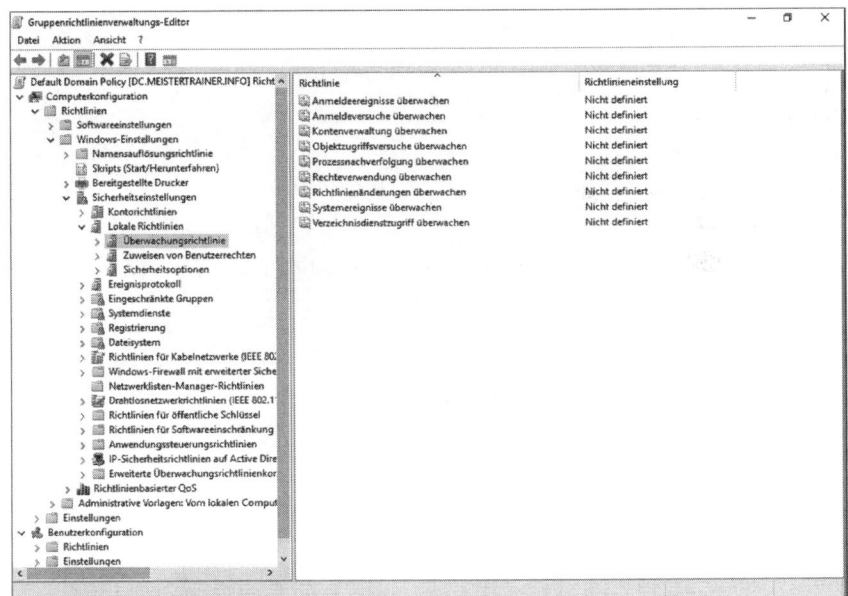

Abbildung 6.47: Überwachungsrichtlinie

Hier sind verschiedene Überwachungseinstellungen dargestellt.

Einstellungen	Bedeutung
Anmeldeereignisse überwachen	Zugriffe auf den lokalen Computer, um sich lokal anzumelden, können überwacht werden
Anmeldeversuche überwachen	Zugriffe auf das Active Directory, um sich an der Domäne anzumelden, können überwacht werden
Kontenverwaltung überwachen	Zugriffe auf Konten, mit dem Ziel der Erstellung, Änderung oder Löschung, können überwacht werden
Objektzugriffsversuche überwachen	Zugriffe auf Ordner, Dateien oder Drucker können überwacht werden
Prozessverfolgung überwachen	Einzelne Prozesse, das sind Teile eines Programms, können überwacht werden
Rechteverwendung überwachen	Das Einsetzen eines Benutzerrechts kann überwacht werden
Richtlinienänderung überwachen	Änderungen an Gruppenrichtlinien können überwacht werden
Systemereignisse überwachen	Ereignisse, die das System betreffen, können überwacht werden. Beispiel: Herunterfahren eines Computers
Verzeichnisdienstzugriff überwachen	Der Zugriff auf Objekte im Active Directory kann überwacht werden

Wenn Sie hier Konfigurationen vornehmen, werden die entsprechenden Überwachungseinträge im Ereignisprotokoll vorgenommen.

Wie Sie sehen, sind die Überwachungsmöglichkeiten mehr als ausreichend. Sie müssen sich als nächstes überlegen, ob Sie

- Erfolg oder
- Fehlschlag

einer Aktion aufzeichnen möchten.

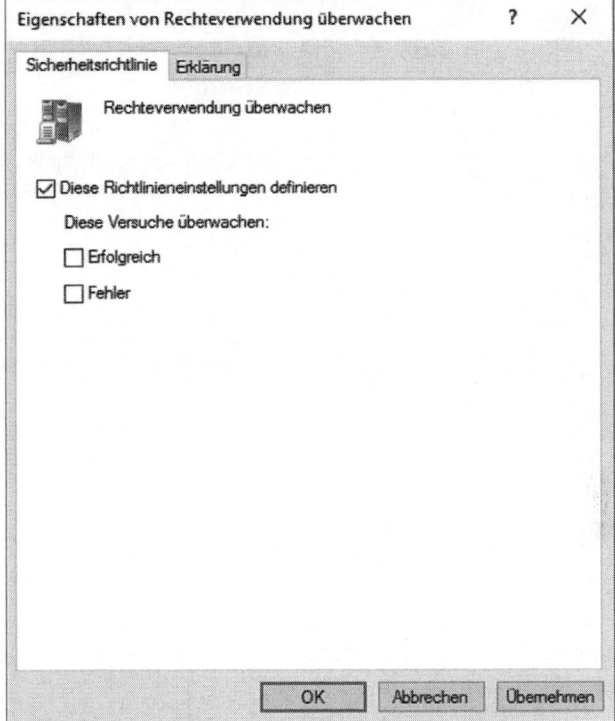

Abbildung 6.48: Fehlschlag oder Erfolg

Ein Beispiel:

Seit einiger Zeit vermuten Sie Zugriffsversuche auf die Domäne von unbefugten Personen. Sie möchten gerne wissen, wann und von welcher Maschine aus Angriffe versucht werden.

In diesem Fall sollten Sie „Anmeldeversuche" und dabei „Fehlschlag" aktivieren. Erfolgreiche Anmeldeversuche können Sie getrost außen vor lassen, denn sonst zeichnen Sie auch alle Anmeldeversuche aller Mitarbeiter auf.

ACHTUNG!

Jede Überwachung ist ein Eingriff in die Arbeitsumgebung der Mitarbeiter. Sprechen Sie jede Überwachung mit den Mitarbeitern oder dem Betriebsrat ab!

Nun stellt sich die Frage, ob das einfache Aussuchen, ob Erfolg oder Fehlschlag aufgezeichnet werden soll, ausreicht.

In den allermeisten Fällen wird es ausreichen, aber bei einigen Zugriffen wäre die Überwachungsbandbreite zu groß, und das Ereignisprotokoll würde in kürzester Zeit überquellen.

Diese Ereignisse sind

- Objektzugriffsversuche
- Verzeichnisdienstzugriffe

Wenn Sie Objektzugriffe nicht weiter einschränken könnten, würde jedes Öffnen, Benutzen oder Löschen einer Datei oder eines Ordners und jedes Benutzen eines Druckers von allen Benutzern aufgezeichnet werden. Das kann natürlich keine Lösung sein.

Auch bei Verzeichnisdienstzugriffen ist das Problem vorhanden. Aus diesem Grund müssen für diese zwei Überwachungsrichtlinien weitere Einschränkungen getroffen werden.

Einstellungen	Weitere Einschränkungen
Anmeldeereignisse überwachen	Nicht nötig
Anmeldeversuche überwachen	Nicht nötig
Kontenverwaltung überwachen	Nicht nötig
Objektzugriffsversuche überwachen	Ja: • Welche Gruppe • Welches Ereignis
Prozessverfolgung überwachen	Nicht nötig
Rechteverwendung überwachen	Nicht nötig
Richtlinienänderung überwachen	Nicht nötig
Systemereignisse überwachen	Nicht nötig
Verzeichnisdienstzugriff überwachen	Ja: • Welche Gruppe • Welches Ereignis

Weitere Einschränkungen: Objektzugriff Ordner und Dateien

Um die Überwachung des Objektzugriffs auf Ordner oder Dateien weiter einzuschränken, öffnen Sie den Explorer.

Ein Beispiel:

Aus einem Ordner mit Namen „Daten" verschwinden regelmäßig Dateien, aber niemand will sie gelöscht haben. Aus diesem Grund haben Sie eine Überwachungsrichtlinie erstellt, die den Erfolg und den Fehlschlag des Objektzugriffs überwachen soll. Sie möchten nicht nur wissen, wer erfolgreich eine Datei gelöscht hat, sondern auch, wer es erfolglos probiert hat.

Um nun die weiteren Einschränkungen zu treffen, öffnen Sie die Eigenschaften des Ordners „Daten".

- Sicherheit
- Erweitert
- Überwachung
- Hinzufügen

Abbildung 6.49: Überwachung eines Ordners

Wie Sie sehen, ist kein Überwachungseintrag erstellt.

Um die Überwachung zu konfigurieren, klicken Sie auf „Hinzufügen".

Nun suchen Sie sich die Gruppe oder den Benutzer aus, den Sie überwachen wollen.

In unserem Beispiel haben wir noch keine Ahnung, wer der Übeltäter sein könnte. Aus diesem Grund wählen wir die zu überwachende Gruppe sehr groß, nämlich die Domänen-Benutzer.

Danach erscheint ein Fenster, in dem wir noch die Art der Aktion eintragen müssen, die überwacht werden soll.

Da wir in unserem Beispiel nur wissen möchten, wer Daten löscht, wählen wir auch nur „Löschen" aus.

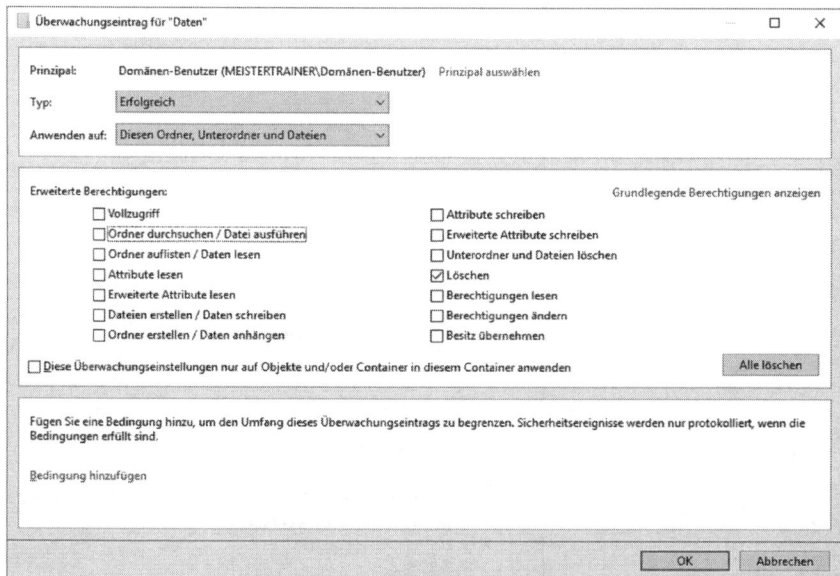

Abbildung 6.50: Auswahl der Aktion

ACHTUNG!

Wie Sie bemerkt haben, werden hier die NTFS-Rechte bearbeitet. Deswegen ist es nur auf NTFS-Partitionen möglich, Datei- und Ordnerzugriff zu überwachen. Auf einer FAT Partition besteht dafür keine Möglichkeit!

Ein Tipp: Entfernen Sie die Überwachungseinträge nach Beendigung der Überwachung wieder. Wenn Sie nur die Überwachung deaktivieren, haben Sie auf den ersten Blick zwar das gleiche erreicht, aber wenn Sie später ein anderes Objekt überwachen möchten, und die Überwachung in der Sicherheitskonsole wieder einrichten, bekommen Sie ansonsten auch die alten Einträge angezeigt. Um diesen Datenmüll zu vermeiden und um das Ganze übersichtlich und verwaltbar zu halten, sollten Sie die NTFS-Rechte auf jeden Fall entfernen.

Weitere Einschränkungen: Objektzugriff Drucker

Im Prinzip gilt das gleiche für den Zugriff auf Drucker.

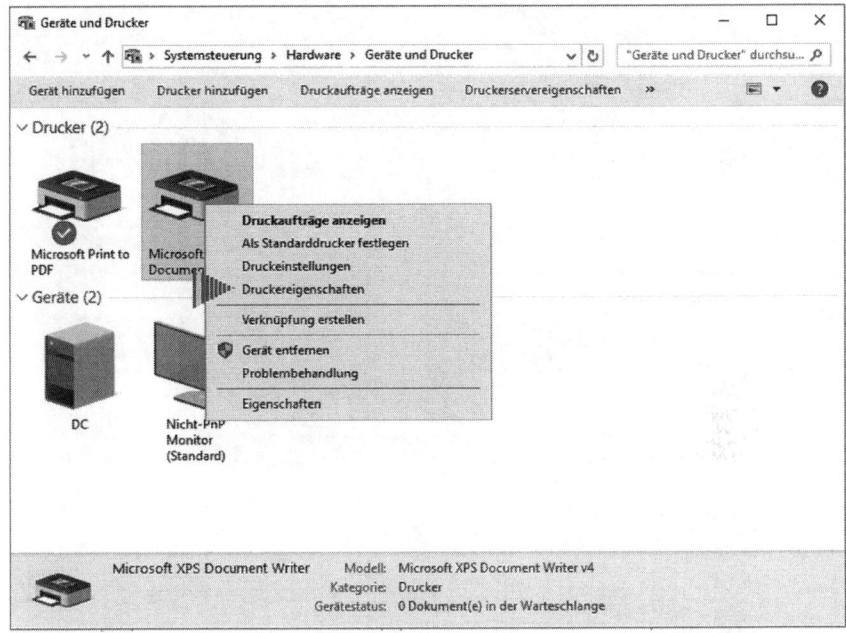

Abbildung 6.51: Überwachung von Druckern

Auch Drucker haben eine Rechtestruktur, die den NTFS-Rechten ähnlich ist. Da sie ebenfalls unter die Überwachungsrichtlinie „Objektzugriff" fallen, muss auch hier eine Einschränkung getroffen werden.

Analog zu den Zugriffsrechten auf Dateien und Ordner können auch hier Einschränkungen getroffen werden.

Die Rechte sind hier natürlich die Druckerrechte.

Weitere Einschränkungen: Objektzugriff Active Directory Objekte

Als letzte Einschränkung der Objektüberwachung ist noch der Verzeichnisdienstzugriff zu nennen. Dies ist eine eigene Überwachungsrichtlinie, und unterliegt den gleichen Regeln wie Dateien, Ordner und Drucker.

Wenn man beispielsweise wissen möchte, wer im Active Directory in der OU „Verkauf" auf die Objekte zugreift, müssen die Einstellungen zusätzlich zu den Überwachungseinstellungen in der Sicherheitskonsole auch noch im „Active Directory – Benutzer und-Computer" gemacht werden.

ACHTUNG!

Um die Karteikarte „Sicherheit" zu sehen, muss die Ansicht des Active Directory –Benutzer und –Computer auf „Erweiterte Features" umgeschaltet werden.

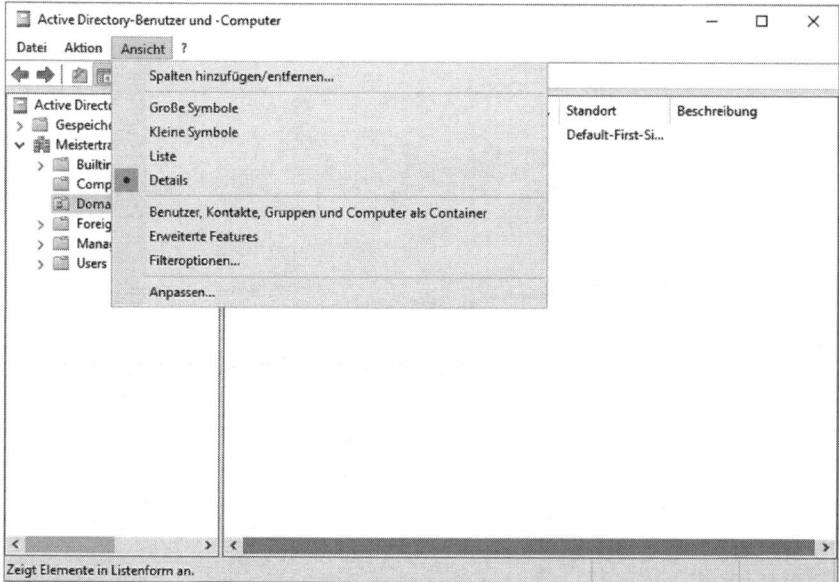

Abbildung 6.52: erweiterte Features

Nun können Sie die Berechtigungen vergeben.

- Rechte Maustaste auf den Container oder die OU
- Eigenschaften
- Sicherheit
- Erweitert
- Überwachung

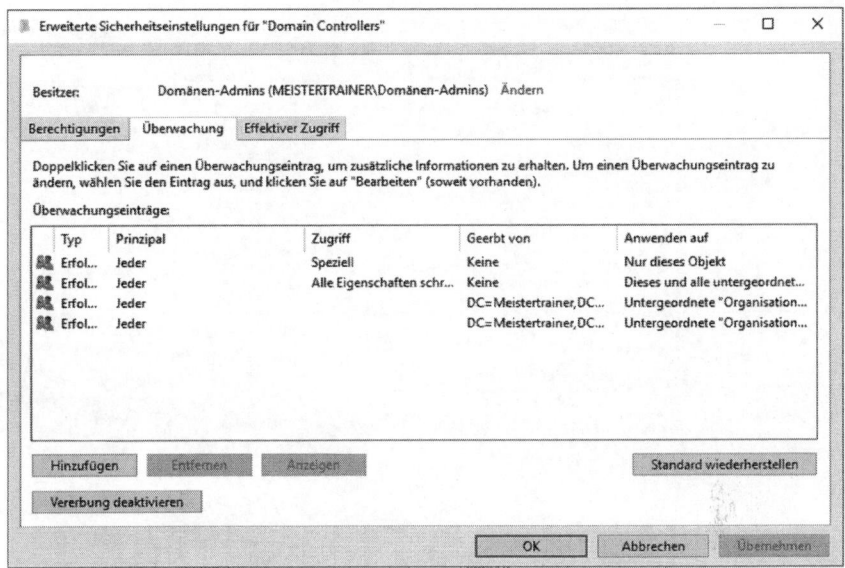

Abbildung 6.53: Überwachungseinträge

Wie Sie hier erkennen können, wird im Active Directory standardmäßig bereits der Zugriff überwacht.

Wo finden sich denn nun die ganzen Ergebnisse der Überwachung?

Alle Überwachungseinträge werden im Ereignisprotokoll vorgenommen, das Sie über den Servermanager öffnen können.

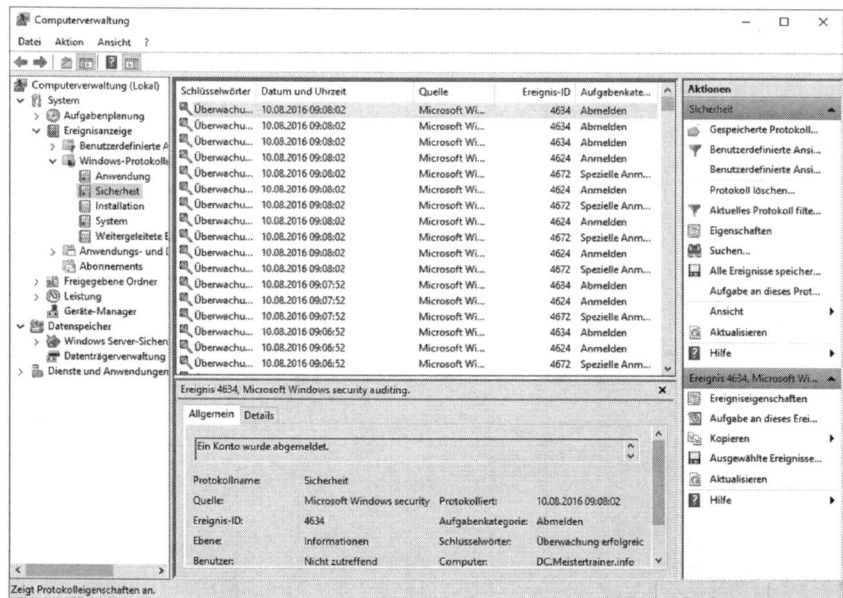

Abbildung 6.54: Ereignisprotokoll

Hier betrachten Sie das Protokoll „Sicherheit".

Auditpol

Natürlich gibt es für diese Funktionalität auch ein Befehlszeilentool:

Auditpol

6.4.2 Erweiterte Überwachungsrichtlinien-konfiguration

Windows Server 2016 hat die Überwachungsrichtlinien stark erweitert, damit die Überwachung besser gesteuert werden kann.

Diese Einstellungen finden Sie in einer Gruppenrichtlinie unter

- Computerkonfiguration
- Richtlinien
- Windows–Einstellungen
- Sicherheitseinstellungen
- Erweiterte Überwachungsrichtlinienkonfiguration
- Überwachungsrichtlinien

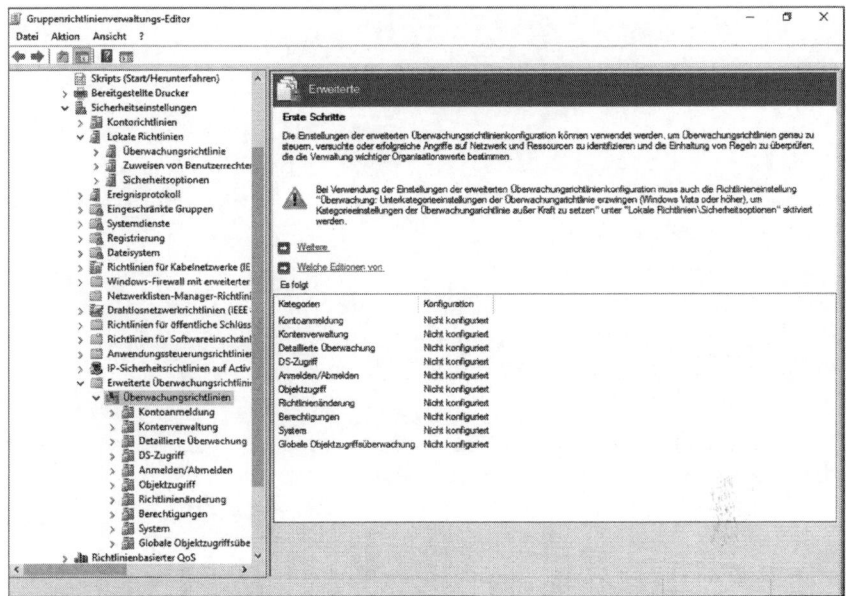

Abbildung 6.55: Erweiterte Überwachungsrichtlinien

Allerdings sind diese Einstellungen nicht automatisch verfügbar, um sie benutzen zu können, müssen Sie zuvor eine weitere Einstellung in der Gruppenrichtlinie machen!

Unter

- Computerkonfiguration
- Richtlinien
- Windows–Einstellungen
- Sicherheitseinstellungen
- Lokale Richtlinien
- Sicherheitsoptionen

müssen Sie zunächst den Punkt „Überwachung: Unterkategorieeinstellungen der Überwachungsrichtlinie erzwingen…" aktivieren.

Die erweiterten Überwachungsrichtlinien werden nur von Clients ab Windows 7 und Servern ab 2008 R2 unterstützt.

6.5 Zusammenfassung, Übungen / Aufgaben

6.5.1 Zusammenfassung

Microsoft überarbeitet alle seine Programme häufig und stellt neue Updates zur Verfügung.

Microsoft hat aus diesem Grund das Windows Update eingeführt. Dabei verbindet sich der *Automatic Update Client* (AUC) (ggf. automatisiert) zu der Website Windows Update und stellt fest, ob dem System wichtige Sicherheitsupdates fehlen, um diese ggf. von dort zu beziehen und zu installieren.

Leider birgt die automatische Verbindung und das Herunterladen aller Updates auch Nachteile: Der Administrator kann nicht kontrollieren, welche Updates und Sicherheitspatches installiert werden.

Um diese Problematik zu umgehen, wurde WSUS (Windows Server Update Service) entwickelt. Wenn Sie WSUS benutzen, installieren Sie auf einem Server in Ihrem Unternehmen die WSUS Software. Dieser WSUS Server verbindet sich dann mit der Microsoft Windows Update Seite, und zieht sich alle verfügbaren Updates auf den WSUS Server.

Windows Server 2016 verwaltet WSUS als Rolle, die Sie im Servermanager installieren können.

Die Clients müssen so konfiguriert werden, dass sie den WSUS Server als Updateserver erkennen.

Dies wird in einer Gruppenrichtlinie vorgenommen.

Um einen Server zu kontrollieren, sollten Sie die Möglichkeiten kennen, die Leistungsdaten abzurufen.

Die einfachste und auch bekannteste Überwachungsmöglichkeit ist der Task-Manager.

Wenn Sie eine systematische Überwachung der Performancedaten eines Windows Server 2016 Computers benötigen, sollten Sie auf den Systemmonitor, der auch „Leistungsüberwachung" genannt wird, zurückgreifen. Die Leistungsüberwachung erlaubt eine weitaus genauere Untersuchung der verschiedenen Leistungsdaten, als es mit dem Task-Manager möglich ist.

Sie finden dieses Tool in der Computerverwaltung.

Die Ereignisanzeige ist eine komplette Sammlung aller Ereignisse, die das System oder auch die Anwendungen betreffen.

Wer die Ereignisanzeige von älteren Windows Versionen noch kennt, wird erstaunt sein, wie stark die Darstellung verbessert wurde und wie detailliert nun die Ereignisse gesucht werden können.

Auch die Ereignisanzeige finden Sie in der Computerverwaltung.

Mit Datensammlersätzen können Sie die Performance des Rechners über einen längeren Zeitraum hinweg überwachen und bestimmte Indikatoren aufzeichnen.

Das Tool „Systemkonfiguration" ist ein kleines Tool, mit dem Sie die aktuelle Systemkonfiguration betrachten und einige Einstellungen ändern können.

Sie öffnen es durch Eingabe von „Msconfig.exe".

Manchmal ist es nötig, nachzuprüfen, ob das Netzwerk wirklich so sicher ist, wie man es gerne hätte. Microsoft hat eine ganze Reihe an Überwachungsmöglichkeiten mit dem Server 2016 mitgeliefert, es sollte in jedem Fall möglich sein, das Netzwerk nach Schwachpunkten zu untersuchen.

Ein großer Schwachpunkt ist die Sicherheit nach außen. Wie sollen Sie zum Beispiel nachvollziehen, dass niemand versucht, durch Erraten des Kennwortes in das Netzwerk einzudringen?

Um solche Manipulationsversuche von außen (oder auch von innen!) festzustellen, benötigen Sie eine Überwachungsfunktion.

Windows Server 2016 hat die Überwachungsrichtlinien stark erweitert, damit die Überwachung besser gesteuert werden kann.

6.5.2   Übungen

1. Starten Sie die virtuellen Maschinen „DC 1" und „Server1". Melden Sie sich als Administrator der Domäne „Meistertrainer.info" an.

2. Installieren Sie WSUS auf Server1. Benutzen Sie die interne Datenbank.

3. Konfigurieren Sie WSUS nach Ihren Wünschen.

4. Betrachten Sie alle Überwachungsmöglichkeiten des Task-Managers.

5. Erstellen Sie eine Leistungsüberwachung mit dem Systemmonitor.

6. Betrachten Sie die Protokolle der Ereignisanzeige.

7. Fügen Sie eine Aufgabe an.

8. Erstellen Sie einen Datensammlersatz.

9. Arbeiten Sie mit dem Tool „Systemkonfiguration".

10. Erstellen Sie eine Überwachungsrichtlinie.

6.5.3   Aufgaben

1. Sie betreiben eine Windows Server 2016 Domäne.

   Sie haben zwei WSUS Server, die miteinander synchronisieren sollen.

   Welchen Port öffnen Sie an der Firewall?

2. Sie sind der Administrator Ihrer Firma.

   Sie haben einen WSUS Server installiert. Wie können Sie festlegen, dass die Kommunikation mit dem Updateserver über eine Firewall stattfinden soll?

3. Sie sind der Administrator Ihrer Firma.

   Sie haben einen WSUS Server installiert. Wie können Sie festlegen, dass auch alle Featurepacks vom Updateserver heruntergeladen werden?

4. Sie sind der Administrator Ihrer Firma.

   Sie möchten eine Systemanalyse machen, die das Active Directory analysieren soll.

   Welches Tool sollten Sie benutzen?

Anhang A:

Lösungen zu den Aufgaben

Lösungen Kapitel 1
1. Mit Automatic Virtual Machine Activation (AVMA)
2. Get-WindowsOptionalFeature
3. Windows Feature <Name der Rolle>

   {

   Ensure = „Present"

   Name="Name"

   }

   Service <Name des Diensts>

   {

   Name = „Name"

   StartupType = „Automatic"

   State = „running"

   }
4. Import-Module

   New-NanoServerImage

Lösungen Kapitel 2
1. Speicherpool erstellen

   Virtuellen Datenträger erstellen (Fehlertoleranz wird hier festgelegt)

   Volume erstellen
2. Set-PhysicalDisk

   Remove-PhysicalDisk
3. Import-TPMOwnerOut
4. New-SRPartnership , Parameter ReplicationMode
5. Sie dürfen kein System- oder Startvolume sein

Sie müssen mit dem NTFS-Dateisystem formatiert sein

Sie können als Master Boot Record (MBR) oder GUID-Partitionstabelle (GPT) partitioniert sein

Sie können sich in Speicherfreigaben befinden, z. B. Speicher mit einem Fibre Channel- oder SAS-Array oder einem iSCSI-SAN, wenn das Windows-Failoverclustering vollständig unterstützt wird

Sie dürfen nicht vom Microsoft Resilient File System (ReFS) abhängig sein

Sie dürfen nicht größer als 64 TB sein

Sie müssen für das Betriebssystem als nicht austauschbare Laufwerke verfügbar gemacht werden. Remote zugeordnete Laufwerke werden nicht unterstützt

Lösungen Kapitel 3

1. Sie aktivieren im Hyper-V Manager das NIC-Teaming
2. Datenträger muss Offline sein
   Datenträger muss im Hyper-V Manager an einen IDE-Controller angeschlossen sein
3. Sie ändern den Switch auf „Privat" mit Set-VMSwitch
4. *Set-VMProcessor   -VMName   <NameDerVM>   -ExposeVirtualizationExtensions 1*

   Get-VMNetworkAdapter -VMName <NameDerVM> | Set-VMNetworkAdapter -MacAddressSpoofing On

   Set-VMMemory <NameDerVM> -DynamicMemoryEnables $false
5. Optimize-VHDd
6. Install-WindowsFeature (Feature Host Guardian muss installiert werden)
7. Mit „Diskpart" eine neue Partition erstellen, damit BitLocker diese Partition benutzen kann
8. New-vhd.....-parentPath
9. Add-VMNetworkAdapterExtendedAcl

10. New-VMSwitch

11. Set-VMProcessor –VMName <>-
    ExposeVirtualizationExtensions $true

    Set-VMMemory <> -DynamicMemoryEnables $false

    Get-VMNetworkAdapter –VNName <> | Set-
    VMNetworkAdapter –MacAddressSpoofing on

12. Nur mit Maschinen, die auch die VLAN-ID 3 haben

13. Sie müssen einen älteren Netzwerkadapter hinzufügen

14. Die Grafikkarte auf dem Host deaktivieren

15. Set-VHD

16. Set-NetAdapterRss

    oder

    Enable-NetAdapterRSS

17. Stop-VM

    Upgrade-VMVersion

    Set-VM –CheckpointType

    Checkpoint-VM

Lösungen Kapitel 4

1. Installieren des Features „Container"

   Installieren von Docker

   Installieren eines Basisabbilds

2. Mac Address Spoofing wird aktiviert

   Get-VMNetworkAdapter –VNName <> | Set-
   VMNetworkAdapter –MacAddressSpoofing on

3. Sie bearbeiten die Datei deamon.json

4. Docker run

Lösungen Kapitel 5

1. Im Hyper-V Manager eine Speichermigration

2. Set-VMHost

3. Das Feature Data Center Bridging

4. Server-Manager – Rolle installieren

5. Failovercluster-Manager

6. Hyper-V Manager

7. Failovercluster-Manager

8. Ein DNS-Suffix einrichten

9. Enable-ClusterStorageSpacesDirect

10. Die Partition löschen

11. Get-ClusterNetwork

12. Set-VMNetworkAdapter   -VMName   VM1   - NotMonitoredInCluster $True/False

13. Konfigurieren Sie die Delegierungseinstellungen in den Eigenschaften der Computerkonten der beiden Hyper-V Hosts

Lösungen Kapitel 6

1. 8530 (http)

   8531 (https)

2. Optionen - Updatequelle und Proxyserver.

3. Optionen – Produkte und Klassifizierungen

4. Sammlungssatz

Index